*Discurso do método*
*&*
*Ensaios*

FUNDAÇÃO EDITORA DA UNESP

*Presidente do Conselho Curador*
Mário Sérgio Vasconcelos

*Diretor-Presidente*
Jézio Hernani Bomfim Gutierre

*Superintendente Administrativo e Financeiro*
William de Souza Agostinho

*Conselho Editorial Acadêmico*
Danilo Rothberg
João Luís Cardoso Tápias Ceccantini
Luiz Fernando Ayerbe
Marcelo Takeshi Yamashita
Maria Cristina Pereira Lima
Milton Terumitsu Sogabe
Newton La Scala Júnior
Pedro Angelo Pagni
Renata Junqueira de Souza
Rosa Maria Feiteiro Cavalari

*Editores-Adjuntos*
Anderson Nobara
Leandro Rodrigues

RENÉ DESCARTES

# *Discurso do método*
# *&*
# *Ensaios*

Organização

Pablo Rubén Mariconda

Tradução

César Augusto Battisti, Érico Andrade, Guilherme Rodrigues Neto,
Marisa Carneiro de Oliveira Franco Donatelli, Pablo Rubén Mariconda,
Paulo Tadeu da Silva

© 2018 Editora Unesp

Título original:
*Discours de la methode pour bien conduire sa raison et chercher la verité dans les sciences plus La dioptrique, Les météores et La géométrie qui sont des essais de cette méthode*

Direitos de publicação reservados à:
Fundação Editora da Unesp (FEU)
Praça da Sé, 108
01001-900 – São Paulo – SP
Tel.: (0xx11) 3242-7171
Fax: (0xx11) 3242-7172
www.editoraunesp.com.br
www.livrariaunesp.com.br
feu@editora.unesp.br

Dados Internacionais de Catalogação na Publicação (CIP) de acordo com ISBD
Elaborado por Vagner Rodolfo da Silva – CRB-8/9410

D445d
Descartes, René
 Discurso do método & Ensaios / René Descartes; organizado por Pablo Rubén Mariconda; traduzido por César Augusto Battisti, Érico Andrade, Guilherme Rodrigues Neto, Marisa Carneiro de Oliveira Franco Donatelli, Pablo Rubén Mariconda, Paulo Tadeu da Silva. – São Paulo: Editora Unesp, 2018.

 Tradução de: *Discours de la methode pour bien conduire sa raison et chercher la verité dans les sciences plus La dioptrique, Les météores et La géométrie qui sont des essais de cette méthode*
 ISBN: 978-85-393-0755-5

 1. Filosofia. II. Descartes, René. III. Discurso do método. IV. Geometria. V. Dióptrica. VI. Filosofia Francesa. VII. Século XVII. I. Battisti, César Augusto. II. Andrade, Érico. III. Rodrigues Neto, Guilherme. IV. Donatelli, Marisa Carneiro de Oliveira Franco. V. Mariconda, Pablo Rubén. VI. Silva, Paulo Tadeu da. VII. Título.

CDD 194
CDU 166/167

Editora afiliada:

Asociación de Editoriales Universitarias de América Latina y el Caribe

Associação Brasileira de Editoras Universitárias

# Sumário

Prefácio . *7*
Introdução . *11*

**Discurso do método** . *63*
**A dióptrica** . *125*
**Os meteoros** . *239*
**A geometria** . *349*

**Índices**

Índice das principais dificuldades explicadas em *A dióptrica* . *477*
Índice das principais dificuldades explicadas em *Os meteoros* . *493*
Índice dos assuntos de *A geometria* . *513*

Referências bibliográficas . *519*

## *Prefácio*

É com satisfação que apresentamos esta edição comentada da tradução para o português do *Discours de la méthode* e dos três ensaios (*La dioptrique, Les météores, La géométrie*) que originalmente o acompanhavam, publicados por Descartes em 1637. A tradução foi feita a partir do original francês que se encontra no volume VI da edição das obras completas de Descartes, editada por Charles Adam & Paul Tannery, sob o título *Œuvres de Descartes*, utilizando a reimpressão em fac-símile de 1996, pela editora Vrin em colaboração com o Centre National du Livre. Tendo em vista que a edição de Adam e Tannery é utilizada pelos estudiosos e intérpretes de Descartes como obra de referência das passagens citadas na literatura especializada não só da obra aqui traduzida, mas de todas as demais obras do autor e inclusive de sua correspondência, indicamos na margem interna do texto da tradução a paginação dessa edição canônica, marcando com barras duplas o ponto de mudança de página. Entretanto, na introdução e nas notas, as referências a passagens da tradução serão feitas mediante a indicação das páginas desta edição. Para todas as demais obras, abreviamos a indicação da edição de Adam e Tannery por AT, seguida pelo número do volume em algarismos romanos e da indicação das páginas correspondentes à passagem citada ou referida. Isso, sem dúvida, facilitará a tarefa dos leitores interessados em aprofundar o estudo, porque permitirá o acesso fácil e rápido na edição em português do *Discurso & Ensaios* das passagens correspondentes citadas pelos estudiosos e especialistas da filosofia e da ciência de Descartes.

Reproduzimos da edição de 1637 os sumários originais que se encontram ao final depois dos três ensaios — *A dióptrica*, *Os meteoros* e *A geometria* —, mantendo, entretanto, para o último ensaio sobre a geometria, as entradas dos assuntos na margem externa das páginas. Preferimos, no caso de *A geometria*, manter a redundância e publicar também o sumário final, pois há uma evidente diferença entre os dois tipos de sumários. Enquanto o sumário lateral funciona como se introduzisse subtítulos que circunscrevem os assuntos tratados, seu espalhamento pelo texto perde o que é fornecido pelo sumário final, que apresenta uma melhor visão de conjunto localizando um assunto particular na ordenação geral dos assuntos tratados.

Esta tradução é o resultado da aventura intelectual coletiva de uma equipe de pesquisadores e professores universitários constituída em 2012 em Ilhéus, Bahia, por ocasião de um encontro acadêmico de história da filosofia moderna. A equipe foi então composta por Marisa Carneiro de Oliveira Franco Donatelli, para a tradução e notas do *Discurso do método*; Pablo Rubén Mariconda e Guilherme Rodrigues Neto, para a tradução e notas de *A dióptrica*; Paulo Tadeu da Silva e Érico Andrade, para a tradução e notas de *Os meteoros*; e César Augusto Battisti, para a tradução e notas de *A geometria*. A equipe contou também com a colaboração de Eduardo Salles de Oliveira Barra para a primeira versão da tradução de *A geometria* e de Roberto Bolzani Filho para a tradução dos textos em latim de *Os meteoros* (p.342-4) e de *A geometria* (p.367-8, 369-70), a qual se encontra no corpo do texto, seguida pelo original latino.

As primeiras versões da tradução dos textos foram então submetidas a um extenso trabalho de revisão e uniformização da redação, realizado pelo organizador da edição, Pablo Rubén Mariconda, com vistas a assegurar sua fidelidade textual, uma vez que a perspectiva adotada foi a da tradução literal, mantendo o texto em português o mais próximo possível do original francês. Entretanto, essa uniformização não esteve isenta de dificuldades advindas do fato de que o texto introdutório do *Discurso do método*, assim como *A dióptrica* e *Os meteoros*, foram compostos por meio do remanejamento e rescrita de partes de trabalhos anteriores, tais como *As regras para a direção do espírito* e *O mundo ou tratado da luz*, este último abandonado em 1633 com a condenação de Galileu pelo Santo Ofício. Esse processo de acoplamento

*Prefácio*

de textos escritos em épocas diferentes produziu diferenças de estilo, particularmente notáveis em *Os meteoros*, entre os discursos que o compõem. Procuramos o máximo possível respeitar em português o sentido do texto cartesiano, mantendo ao mesmo tempo as variações de seu estilo de redação. Muito particularmente utilizou-se como princípio uma pontuação minimalista, evitando interromper os longos parágrafos e respeitando as recorrentes elipses (do sujeito e verbo principal) na construção argumentativa do autor. Convém lembrar também a este respeito que a ortografia e mesmo por vezes a construção gramatical empregadas por Descartes não são ainda as do francês atual, que se estabiliza sintática e gramaticalmente pouco depois nas obras do dramaturgo Jean Racine (1639-1699) e nas famosas fábulas do poeta Jean de La Fontaine (1621-1695). Ainda assim, encontra-se em *Discurso do método & Ensaios* um dos primeiros exemplos de discurso científico (matemático) e técnico no vernáculo francês.

Uma obra seminal como *Discurso & Ensaios*, que gerou muitas controvérsias científicas e filosóficas em sua época e que, a partir do século XVIII, produziu muitas interpretações de sua significação histórica, precisa ser anotada para que possa ser considerada por um público mais amplo. As notas foram então escritas com a intenção de auxiliar o leitor não especializado ou iniciante em três direções. Primeiro, as notas iniciais de cada um dos ensaios apresentam a estrutura e organização da argumentação desenvolvida por Descartes, alertando para os conteúdos centrais dos textos. Segundo, as notas contextuais permitem esclarecer aspectos importantes dos temas tratados, empregando para isso a correspondência de Descartes. Terceiro, as notas críticas visam apresentar as principais interpretações a respeito de teses cartesianas, sugerindo a bibliografia relevante para o aprofundamento dos estudos. Por fim, foram mantidas algumas notas da edição original com a respectiva indicação.

## Agradecimentos

Ao Instituto de Estudos Avançados da Universidade de São Paulo (IEA/USP) pelo financiamento que permitiu a realização de uma reunião científica entre os participantes da tradução, na sede do Instituto, em São

Paulo, nos dias 10 a 12 de setembro de 2013, na qual ficaram acertados os parâmetros que guiaram a tradução da obra.

Nos anos seguintes, até a conclusão da tradução e das notas, os trabalhos se desenrolaram no âmbito da Associação Filosófica Scientiae Studia, à qual agradecemos o apoio recebido.

Por fim, agradeço aos leitores da Introdução, Plínio Smith, Sylvia Garcia, Hugh Lacey e Norma Freire, que permitiram, por suas críticas e sugestões, uma maior precisão no desenvolvimento do argumento.

São Paulo, março de 2018
*Pablo Rubén Mariconda*
Professor Titular de Filosofia da Ciência,
Departamento de Filosofia,
Faculdade de Filosofia, Letras e Ciências Humanas,
Instituto de Estudos Avançados,
Universidade de São Paulo.

## Introdução
## *Ciência e técnica em* Discurso do método *& Ensaios de Descartes*

*Pablo Rubén Mariconda*

*não é suficiente ter o espírito bom,*
*mas o principal é aplicá-lo bem* (p.70)

Em outubro de 1637 é anonimamente publicada, com o título de *Discurso do método para bem conduzir a própria razão e procurar as verdades na ciência, mais A dióptrica, Os meteoros e A geometria que são ensaios desse método*, a primeira obra de Descartes, a qual é unanimemente considerada como um marco fundamental para o processo de constituição da ciência moderna. *Discurso & Ensaios* anuncia explicitamente o advento de uma filosofia prática que promove a união entre a ciência e a técnica, dando o primeiro passo para o nascimento da tecnologia, entendida como racionalização científica (metódica) da técnica, para tornar efetivo o ato técnico de controle (domínio) da natureza, cuja possibilidade se assenta na concepção de que a natureza é simples matéria em movimento, desprovida de qualquer finalidade intrínseca. Essa filosofia prática, resultante do exercício do método proposto por Descartes, que unifica as ciências e as técnicas e permite informar a produção de artefatos técnicos e soluções técnicas em vista da melhoria das condições de vida, tornar-se-á cada vez mais presente no cotidiano e acabará por conduzir a profundas modificações na configuração da cultura e de nossos modos de vida. Ainda assim, o maior mérito de Descartes em *Discurso & Ensaios* é estabelecer as condições epistemológicas e ontológicas para transformar a medicina em filosofia prática, o que proporcionou a constituição da mentalidade médica característica da modernidade.

## 1 As distorções ocasionadas por publicar *Discurso do método* separado do resto da obra

*Discurso & Ensaios* sofreu as vicissitudes do tempo, na sua própria época e na posteridade, e a difusão dos quatro ensaios que compõem a obra seguiu caminhos tortuosos, de modo que seu impacto efetivo esteve ligado, em cada período, a partir da segunda metade do século XVII, à recepção muito desigual de cada um deles. Desde muito cedo a obra publicada anonimamente em 1637, em francês, e depois com a autoria explícita de Descartes em 1644, em latim, teve excluído, pelo próprio autor, o ensaio final *A geometria*, que será objeto de uma edição separada em latim por Van Schooten, no ano de 1649. Além disso, a partir do século XIX, o *Discurso do método* passou a ser publicado separadamente dos outros dois ensaios, *A dióptrica* e *Os meteoros*, sob a alegação de uma diferença flagrante entre a contribuição filosófica mais ampla, presente no *Discurso*, e a contribuição científica, presente nos *Ensaios*. Dessa perspectiva considera-se a primeira mais fundamental que a segunda, já que é possível apontar evidentes deficiências nas explicações mecânicas de Descartes, tais como naquelas que dependem da suposição (falsa) da transmissão instantânea da luz, que são, por isso, abandonadas, retendo-se apenas a lei dos senos (lei da refração), a qual, entretanto, é completamente descontextualizada de sua exposição em *A dióptrica*. Além disso, mesmo as contribuições matemáticas de *A geometria*, de difícil alocação disciplinar, são difusamente referidas como constitutivas da geometria analítica, negligenciando o fato de que as investigações desenvolvidas nesse ensaio são o melhor exemplo de aplicação do método, nas quais, com maior razão, se deve aprender a praticá-lo.

Desse modo, contrariamente à intenção do próprio autor – para quem o *Discurso do método* é explicitamente um prefácio aos outros três ensaios e é ele mesmo um *ensaio*, e não um *tratado*, sobre o método (cf. AT, I, p.349) –, o *Discurso* passa a ser tomado como um texto que tem uma unidade independente e inteligível em si mesmo. Consolida-se a visão de que ele contém a exposição canônica do método proposto por Descartes, sendo publicado em edições escolares pelo mundo afora como uma obra autônoma que representa significativamente a exigência do método como condição prévia para a obtenção da ciência. Assim, a separação do *ensaio* do método do conjunto de ensaios do qual originalmente fazia parte e o tratamento separado dispensado pela tradição filosófica ao *Discurso do método* em detrimento dos "ensaios desse método" produziram basicamente três tipos de distorções na interpretação do aporte cartesiano.

Em primeiro lugar, fizeram supor que a principal via de acesso à ciência, o método proposto por Descartes, devia ser justificada pela metafísica – conduzindo a uma imagem recorrente da concepção cartesiana da ciência como sendo *desde sempre* uma física metafísica (antes que uma física matemática mecanicista). Essa imagem é, por exemplo, defendida por Garber (1992), ou por Duhem (1893), que acusa Descartes de promover a invasão da física pela metafísica por meio de suas analogias mecânicas e explicações mecanicistas. Essa linha interpretativa tornou-se tradicional na história da filosofia e produziu, de certo modo, uma perspectiva de *leitura retrospectiva* da ciência cartesiana segundo a qual o *Discurso do método* (tomado isoladamente) é interpretado à luz de obras posteriores, como as *Meditações metafísicas* (publicadas em 1644) ou os *Princípios de filosofia* (publicados em 1648). Nessa operação retrospectiva, a justificação do método proposto pelo *Discurso do método* passa a depender da fundamentação metafísica proporcionada pelo quadro geral das *Meditações metafísicas*, incluídas a série de seis objeções e respostas.

O *Discurso do método*, tomado isoladamente, é então considerado como o texto definitivo (a exposição canônica) sobre o método; texto que já prepara a fundamentação metafísica da ciência. Mas isso se faz em clara oposição à intenção do próprio Descartes e obviamente às expensas da unidade da obra *Discurso & Ensaios*, a qual custou imensos esforços a Descartes, obrigando-o a tomar uma série de decisões e a remanejar incansavelmente material já escrito. Com efeito, não há melhor argumento em favor de considerar o *Discurso do método* e os *Ensaios* como indissociáveis na compreensão do método do que uma passagem da carta que Descartes escreve a Mersenne em março de 1637, quando a obra já estava sendo impressa:

pois não ponho [como título] *Tratado do método*, mas *Discurso do método*, o que é o mesmo que *Prefácio* ou *Advertência concernente ao método*, para mostrar que não tenho a intenção de ensiná-lo, mas somente de falar dele. Pois, como se pode ver do que eu disse, o método consiste mais na prática do que na teoria, e nomeio os tratados que seguem de *Ensaios desse método*, porque pretendo que as coisas que eles contêm não puderam ser encontradas sem ele [o método], e que se pode conhecer por eles o que ele [o método] vale; como também inseri alguma coisa de metafísica, de física e de medicina no primeiro discurso, para mostrar que ele [o método] se estende a todos os tipos de matérias. (Carta de Descartes a Mersenne, março de 1637; AT, I, p.349)

Como se vê, a decisão de pôr o título *Discurso do método* tinha a intenção de sinalizar que se trata de um discurso (ensaio) introdutório aos outros discursos (ensaios) que compõem *A dióptrica*, *Os meteoros* e *A geometria*. E, dado que o método é mais propriamente "uma *prática* do que uma *teoria*", os ensaios que seguem são nomeados "*Ensaios desse método*" por três motivos: primeiro, porque eles expõem resultados que foram obtidos pela aplicação do método; segundo, porque se pode obter deles o quanto o método vale, ou seja, servem de prova da fecundidade do método; e terceiro, porque o acréscimo no discurso introdutório, nas partes IV e V, de "alguma coisa de metafísica, de física e de medicina" mostra que o método se estende a todo tipo de matérias, ou seja, ele se mostra de aplicação universal. Essa linha argumentativa visa justificar o método – que é uma espécie de *heurística de equacionamento e resolução* de problemas – tendo em vista sua *fecundidade*, isto é, sua capacidade de gerar soluções, e sua *universalidade*, isto é, a possibilidade de ser aplicado em princípio a "todos os tipos de matérias", das quais um exemplo é a metafísica. Portanto, a separação do discurso inicial do restante da obra oblitera totalmente a questão da justificação do método em vista de sua fecundidade e universalidade. O que justifica o método são seus resultados; e essa justificação prescinde, no que diz respeito a *Discurso & Ensaios*, da metafísica.

Mas, à primeira distorção, que oblitera a perspectiva de justificação do método, segue-se a segunda, que obscurece a dimensão prática na qual opera o método ("o método consiste mais na prática do que na teoria") e anula sua contribuição à constituição de uma *filosofia prática* diferente da filosofia especulativa, exposta na Parte VI do *Discurso* (p.112-3), cujos melhores frutos são esperados na medicina. A dimensão prática em que opera o método desaparece, obscurecendo agora a relação entre a "teoria do método", exposta nas partes I e II do *Discurso*, e a "prática do método", cujos resultados são expostos na Parte V do *Discurso* e nos três ensaios desse método e cujo alcance como filosofia prática e condições de desenvolvimento são tratados na Parte VI. A transformação, operada pela distorção, do método proposto por Descartes em um método eminentemente teórico e matemático (racional e *a priori*) é feita às expensas das aplicações do método nos textos que acabamos de citar, os quais envolvem experiências/ experimentos e o uso de hipóteses/analogias mecânicas no tratamento dos mais variados assuntos, mesmo os de geometria, em uma dimensão que se revela aplicativa e técnica.

A segunda distorção consiste então em desconsiderar o alcance técnico do método e em diminuir ou anular as relações propiciadas pelo método entre a ciência e a técnica, tais como propostas em *Discurso & Ensaios*, por exemplo na explicação da circulação do sangue na Parte V do *Discurso*, ou, mais significativamente ainda, em *A dióptrica*, que pode ser considerado um tratado tecnológico no sentido de racionalização científica (imposição da ordem e medida) de um procedimento artesanal (técnico) de produção de lentes. De todo modo, o que impediu o eclipse total da filosofia prática cartesiana, tal como proposta em *Discurso & Ensaios*, foi o aporte decisivo de Descartes à medicina, muito bem exemplificada na Parte V do *Discurso* com a apresentação da explicação cartesiana da dupla circulação do sangue e com a distinção entre humano e animal, a qual contém a célebre concepção do animal-máquina que se mostrará fundamental para o avanço da medicina moderna, tal como previsto por Descartes na Parte VI do *Discurso*. Mas mesmo o reconhecimento do aporte decisivo de Descartes para a constituição da perspectiva científica moderna na medicina se dá ao preço de desligar a medicina do projeto de unificação das ciências do qual fazia parte, desconsiderando, por exemplo, as investigações de anatomia e fisiologia do olho em vista do desenvolvimento da instrumentação óptica.

A terceira distorção é decorrente não só de tomar o *Discurso do método* separadamente, mas também da separação de *A geometria* do conjunto da obra, o que reforçou a suposição de que o desenvolvimento matemático de Descartes nessa obra não tinha alcance prático e constituía em grande medida um desenvolvimento teórico-abstrato ligado à matemática pura. O ensaio de geometria é, então, interpretado à luz do desenvolvimento da matemática e assimilado ao nascimento da geometria analítica. Esvazia-se desse modo seu conteúdo prático e seu caráter aplicado. Na verdade, essa interpretação de que *A geometria* é uma obra de matemática pura dá um golpe mortal na filosofia prática cartesiana que tinha como o melhor exemplo da aplicação do método exatamente os resultados matemáticos alcançados em vista das questões práticas do traçado de elipses e hipérboles, figuras estas que os vidros devem ter para realizar os efeitos previstos em *A dióptrica*. Não se trata de dizer que *A geometria* se esgota na resolução dos problemas geométricos propostos pela dióptrica e que ela não contém desenvolvimentos propriamente teóricos, como é o caso da proposta de um método geral de resolução de equações e de construção das curvas que as representam. Trata-se antes de afirmar que também *A geometria* está alinhada ao projeto de filosofia prática proposta pela sexta parte do *Discurso do método*.

## 2 O projeto a que se liga *Discurso & Ensaios*

Tomemos, então, *Discurso & Ensaios* como uma unidade, a ser considerada em si mesma como um todo. A obra está composta pelo discurso introdutório em seis partes, que constitui o ensaio sobre o método; pelos dez discursos que compõem o ensaio sobre lentes e instrumentos ópticos; pelos dez discursos do ensaio sobre meteorologia, o qual contém a explicação cartesiana do arco-íris; e pelos três livros que compõem o ensaio de geometria sobre a resolução de equações e a produção das curvas correspondentes. Cabe notar que o uso do termo "discurso" visa acentuar o caráter público da obra, uma vez que um discurso é um conjunto de proposições dispostas com certa ordem e extensão pelas quais alguém declara *em público* o que pensa a respeito de certo assunto.

Se considerarmos que os ensaios de 1637 são, conforme a intenção de Descartes, todos ensaios do método, então é possível reorientar a interpretação, eliminando de uma só vez as distorções referidas, mantendo como pano de fundo a radicalidade do projeto cartesiano do qual esta obra faz parte. A hipótese interpretativa básica – que justifica a presente publicação integral da tradução da obra original – é que esses ensaios de 1637 são ensaios do método no sentido de serem expressões de resultados alcançados mediante a aplicação de uma espécie de *heurística racional* concernente "à ordem e à medida" – exposta nas partes I a IV do *Discurso* – que permite chegar a resultados na perspectiva de uma unificação das ciências. Assim, é o sucesso da aplicação do método na obtenção desses resultados – a teoria das lentes; a explicação do funcionamento óptico de telescópios e microscópios; a explicação óptica de fenômenos atmosféricos ilusórios, como o arco-íris; a explicação do funcionamento do olho na visão – que justifica a adoção e a prática do método. Esses resultados são também a expressão do estado do projeto cartesiano em 1637.

A hipótese interpretativa explora evidentemente uma vantagem que temos em relação aos contemporâneos de Descartes, que é a de ter acesso a textos anteriores do autor, publicados póstuma e tardiamente, como é o caso das *Regras para a direção do espírito*, ou ainda, das *Olympica*, perdidas, mas das quais temos o relato de Baillet (AT, X, p.180-8). Como, nesta introdução, nos opomos à leitura retrospectiva, não faremos recurso às obras publicadas por Descartes depois de 1637. A ideia central é recuperar por meio desses textos anteriores os indícios do projeto de Descartes a partir de sua manifestação mais original, a qual está ligada aos três sonhos ou visões da noite de 10 para 11 de novembro de 1619, que, segundo o relato de Baillet, ocorrem em virtude de um período de intenso trabalho negativo, propriamente de destruição do saber tradicional, na investigação da verdade. Naquela noite, nos diz Baillet, Descartes deitou-se cheio de entusiasmo e agitação "com o pensamento totalmente ocupado por *ter encontrado nesse mesmo dia os fundamentos da ciência admirável*" (AT, X, p.181, grifo no original).

Sem comentar aqui os sonhos (cf. Rodis-Lewis, 1995, p.47 ss.; Gaukroger, 1999, p.143-51) – que são pouco elucidativos quanto aos fundamentos dessa ciência admirável descoberta em 1619, ou mesmo quanto ao que se deve entender por "ciência admirável" –, esta é a primeira menção à concepção radical da unidade e universalidade da ciência. Entretanto, podemos recorrer às *Regras para a direção do espírito*, compostas ao longo da década de 1620, para ter uma indicação da descoberta por Descartes de um *método universal*. Encontramos então, logo na Regra I, a ideia do restabelecimento dos fundamentos sólidos e certos da unidade das ciências:

> Com efeito, visto que todas as ciências nada mais são do que sabedoria humana [a razão], a qual permanece sempre una e idêntica, por muito diferentes que sejam os objetos a que se aplique, e não recebe deles mais distinções do que a luz do sol da variedade das coisas que ilumina, não há necessidade de impor aos espíritos quaisquer limites. (Descartes, 1985, p.12; AT, X, p.360)

Descartes utiliza, na redação dessa regra, uma profusão de termos sinônimos ou quase sinônimos: "sabedoria humana", "mente", "conhecimento"; "bem pensar"; "bom senso" (*bona mens*); "luz natural da razão", para expressar o que, no *Discurso do método*, se reduz ao "bom senso" e à "razão". Mas isso não obscurece a ideia de que a unidade das ciências fica aqui garantida pela participação de cada ciência no "bom senso ou sabedoria universal" (Descartes, 1985, p.12; AT, X, p.360), de modo que

> [...] é preciso acreditar que todas as ciências estão de tal modo conexas entre si que é muitíssimo mais fácil aprendê-las todas ao mesmo tempo do que separar uma só que seja das outras. Portanto, se alguém quiser investigar a sério a verdade das coisas, não deve escolher uma ciência particular: estão todas unidas e dependentes umas das outras; mas pense aumentar a luz natural da razão [...] para que, em cada circunstância da vida, o intelecto mostre à vontade o que deve escolher. (Descartes, 1985, p.13; AT, X, p.361)

A Regra I, cujo enunciado nos diz que "a finalidade dos estudos deve ser a orientação do espírito para emitir juízos sólidos e verdadeiros sobre tudo o que se lhe depara", conclui significativamente falando dos progressos que se obterão pela via geral do "aumento da luz natural da razão", a qual permite a unificação das ciências particulares, pois estão todas unidas e interdependentes em virtude da unidade da razão ou, se se quiser, da sabedoria universal. É clara também, na passagem citada, uma exigência de ordem prática que se alia à exigência puramente especulativa de aumentar a luz natural da razão. Do mesmo modo, diz Descartes na Parte I do *Discurso do método*: "sempre tive um imenso desejo de aprender a distinguir o verdadeiro do falso, para ver claro em minhas ações, e caminhar em segurança nesta vida" (p.75). Convém, portanto, não negligenciar a dimensão prática da proposta cartesiana, que é bastante ampla, pois se estende das questões teóricas matemáticas, físicas e cosmológicas (científicas), e das questões técnicas "das ciências úteis para o bem-estar da existência ou para o prazer que se encontra na contemplação da verdade" (Descartes, 1985, p.12; AT, X, p.361), nas quais a razão deve optar entre a afirmação e a negação, até os problemas morais e práticos, propiciados pelas "circunstâncias da vida", quando a razão se vê confrontada com várias soluções verossímeis possíveis.

Procuremos saber mais no que consiste o "aumento da luz natural da razão", recorrendo à Regra IV, cujo enunciado é: "o método é necessário na procura da verdade" (Descartes, 1985, p.23; AT, X, p.371). Essa regra está constituída por duas partes que contêm muitas repetições, de modo a parecerem duas versões diferentes dadas por Descartes a um mesmo assunto, aparentemente o da unidade das ciências. Na primeira parte da regra, Descartes emprega unicamente o vocábulo "*methodus*" e define claramente o que se deve entender por *método*:

> regras certas e fáceis que permitem a quem exatamente as observar nunca tomar por verdadeiro algo falso e, sem desperdiçar inutilmente nenhum esforço da mente, mas aumentando sempre gradualmente o saber, atingir o conhecimento verdadeiro de tudo o que será capaz de saber. (Descartes, 1985, p.24; AT, X, p.371-2)

Descartes deixa claro, logo a seguir, que o alvo é epistemológico (refere-se ao conhecimento científico) e consiste em "não tomar absolutamente nada falso por verdadeiro, e chegar ao conhecimento de tudo" (Descartes, 1985, p.24; AT, X, p.372). Almeja-se, portanto, a um conhecimento unificado e universal. Na justificação apresentada pela primeira parte da regra, Descartes expõe a unidade das ciências como tendo seu fundamento na razão natural, por meio das operações intelectivas racionais de intuição (*intuitus*) e de dedução (*deductio*). Com isso, ele indica que o método se acrescenta às operações racionais de intuição e de dedução.

Para melhor entender a filiação dessa indicação, pode-se recorrer à própria origem etimológica da palavra "razão", que se origina na palavra grega *lógos*, a qual significa, ao mesmo tempo, *falar* (juntar e compor) e *calcular* (contar e pôr em uma razão precisa duas unidades, que é propriamente medir). Ora, *falar* e *calcular* constituem propriamente o *pensar* (cf. Granger, 1962, p.10-4), ou o que se pode chamar de a *razão natural*. Mas a razão, enquanto atividade de pensar, comporta operações em graus diferentes, porque o *falar* demanda uma razão intuitiva que está em operação no uso da linguagem; a linguagem assenta em uma intuição imediata do sentido do que é afirmado, enquanto o calcular, o medir e, de modo amplo, o argumentar são exercidos por uma razão discursiva que se serve de operações mediatas, que se realizam passo a passo, como a indução e a dedução.

Entretanto, na segunda parte da Regra IV, o vocábulo "*methodus*" desaparece e Descartes passa a empregar sistematicamente "*mathesis*" (normalmente traduzido por "matemática"). Trata-se, com efeito, do único texto de Descartes em que esse termo é empregado e, mais importante, em que se dá uma direção à redação que se afasta do enunciado da própria regra, que se refere à necessidade do método. Tomemos, ainda assim, a caracterização mais precisa que Descartes fornece do que seria a *mathesis universalis*:

> Refletindo mais atentamente, pareceu-me por fim óbvio relacionar com a *Mathesis* tudo aquilo em que apenas se examinam a ordem e a medida, sem ter em conta se é em números, figuras, astros, sons, ou em qualquer outro objeto que semelhante medida se deve procurar; e, por conseguinte, deve haver uma ciência geral que explique tudo o que se pode investigar acerca da ordem e da medida, sem as aplicar a uma matéria especial: essa ciência designa-se, não pelo vocábulo suposto, mas pelo vocábulo já antigo e aceite pelo uso de *Mathesis universalis*, porque esta contém tudo o que contribui para que as outras ciências se chamem partes da matemática. (Descartes, 1985, p.29; AT, X, p.377-8)

Nessa passagem, a *mathesis universalis* – a *matemática universal*, na maioria das traduções das *Regras para a direção do espírito* – é entendida como uma ciência (de nível superior) que examina apenas a *ordem* e a *medida* consideradas em si mesmas, independentemente de todos os objetos (números, figuras, astros, sons etc.) aos quais possam ser aplicadas. Aparentemente, na concepção de Descartes, é essa disciplina de nível superior que produziria a unificação não só das disciplinas designadas no singular como a "matemática", a saber, a aritmética e a geometria, mas também daquelas que Descartes designa como matemáticas no plural e a tradição de sua época como "ciências médias", e que já nas *Regras para direção do espírito* se podem designar de *matemáticas aplicadas*: a astronomia, a música, a óptica e a mecânica.

Talvez o projeto mais radical de Descartes e também o mais antigo, o de uma *ciência admirável*, tenha sido o de produzir uma matemática universal da ordem e da medida, uma ciência de nível superior que conduzisse a uma unificação das ciências matemáticas particulares. Entretanto, já na própria Regra IV, vimos a primeira parte fornecer outra versão para a unidade da ciência mais atenta ao papel do método no uso da razão, como recurso insubstituível de estabelecimento da "ordem e medida". Nessa versão, o que conduz à unidade da ciência é a possibilidade de todas estarem baseadas em um único método racional. E é essa última versão – sofisticadamente elaborada e argumentada – que podemos encontrar em 1637 no momento da publicação de *Discurso & Ensaios*.

## 3 A apresentação do método no *Discurso do método*

Vistas na sua totalidade, as seis partes do *Discurso do método* compõem um ensaio introdutório que contém uma apresentação do método (partes I-IV), de seu alcance (Parte V) e de como a prática do método resulta em uma filosofia prática (e efetivamente produtiva) que nos tornará "donos e possuidores da natureza" (Parte VI).

Concentremo-nos, por ora, na apresentação do método, que se inicia com a célebre definição de "que a capacidade de bem julgar e de distinguir o verdadeiro do falso, que é o que se denomina propriamente *bom senso* ou *razão*, é naturalmente igual em todos os homens" (p.69-70). Trata-se de uma característica naturalmente distintiva do homem, "pois pela razão, ou bom senso, na medida em que ela é a única coisa que nos torna homens, distinguindo-nos dos animais, quero crer que ela existe inteiramente em cada um" (p.70). Dessa maneira, Descartes introduz o sujeito (indivíduo) no centro da operação de produção do conhecimento. Assenta desse modo a razão no indivíduo e o conhecimento no sujeito. É nos indivíduos (enquanto substâncias individuais pensantes) que o bom senso habita. Descartes lembra, entretanto, que os indivíduos servem-se diferentemente dessa razão (que cada um tem inteiramente) e chegam a resultados diferentes ("opiniões diversas") por servirem-se de vias diferentes e não considerarem as mesmas coisas, de modo que, conclui, "não é suficiente ter o espírito bom, mas o principal é aplicá-lo bem" (p.70); portanto, o que faz a diferença é o modo (o método) pelo qual cada indivíduo emprega a própria razão para chegar ao conhecimento da verdade. Descartes funda, assim, de modo cabal o individualismo metodológico.

Descartes considera, então, que desde a juventude encontrou-se em condições de chegar a "considerações e máximas, das quais formei um método" (p.70), que é tão fecundo e que lhe permite colher frutos tais que ele tem "extrema satisfação do progresso que pens[a] ter feito na busca da verdade" (p.70). Entretanto, como o método é uma via principalmente individual (obtida por prática e experiência do sujeito), Descartes decide apresentar sob a forma de relato autobiográfico "os caminhos que segui e, desse modo, representar minha vida como em um quadro" (p.71), a fim de que, tornando-a pública, cada um possa julgar o emprego que ele fez do método a partir de seu relato; e ele próprio possa corrigi-lo a partir da crítica dos outros. Esclarece então que seu "propósito não é o de ensinar aqui o método que cada um deve seguir para bem conduzir sua razão, mas somente fazer ver de que maneira eu me esforcei por conduzir a minha" (p.71).

Somos, assim, convidados a considerar o relato autobiográfico como uma *fábula* que apresenta alguns exemplos de situações em que ele aplicou o método, das quais o leitor pode retirar como que uma moral, seguindo as máximas que pensa poderem ser imitadas e abandonando aquelas que lhe parecerem inaceitáveis, mas sempre esforçando-se por praticar o método. Nessa exposição, deparamo-nos, já na Parte I, com máximas pertencentes ao método, como considerar "como falso tudo aquilo que era somente verossímil" (p.74), "não procurar mais outra ciência, a não ser aquela que poderia encontrar em mim mesmo, ou então no grande livro do mundo" (p.75); e "não crer muito firmemente em nada daquilo que só me tivesse persuadido pelo exemplo e pelo costume" (p.75). Essas máximas serão, contudo, agrupadas e sintetizadas nas quatro regras do método expostas a seguir na Parte II, e complementadas ainda pelos preceitos da "moral de provisão" da Parte III.

Convém, entretanto, insistir que *Discurso & Ensaios*, em sua totalidade, é um relato feito na primeira pessoa (muito raramente emprega o "nós"), de modo que a obra toda pode ser tomada como uma *fábula* ou, antes, como um conjunto de fábulas que relatam como Descartes, com o uso do método, chegou à solução dos mais variados problemas teóricos e práticos de óptica, de física (particularmente dos fenômenos meteorológicos, incluindo os aparentes, como o arco-íris) e de geometria. Esses relatos autobiográficos e fabulares podem então ser tomados como aplicações exemplares do método, das quais se pode extrair uma moral que favoreça a adesão aos procedimentos do método racional ou, mais simplesmente, que o leitor possa tomar como exemplares e, então, esforçar-se por seguir na prática.

Na Parte II, tendo tomado a decisão de "procurar o verdadeiro método para chegar ao conhecimento de todas as coisas das quais meu espírito fosse capaz" (p.80), Descartes examina sucintamente "três artes ou ciências" – a lógica, a análise dos geômetras e a álgebra – para mostrar que se assentam todas em grande número de preceitos, alguns bons, outros maus, e que podem contribuir para a constituição do método, desde que este incluísse a vantagem que essas artes têm e estivesse isento dos defeitos que elas apresentam. Essa passagem é uma indicação relevante de que o método está dirigido, em grande medida, ao equacionamento dos problemas, a reescrever os problemas sob a forma de equações algébricas.

Descartes propõe então o método composto pelas quatro seguintes regras (preceitos).

A Regra 1 (regra da evidência) tem duas partes. A primeira consiste em considerar verdadeiro somente o que é *evidentemente* verdadeiro, ou seja, "evitar cuidadosamente a precipitação e a prevenção"; e a segunda consiste em só aceitar nos próprios juízos o que se apresenta tão *clara e distintamente* ao espírito que não se tenha nenhuma ocasião de pô-lo em dúvida (p.81).

A Regra 2 (regra da divisão em partes) consiste em dividir (desmembrar) cada uma das dificuldades a examinar em tantas partes (parcelas) quantas possíveis e que sejam requeridas para melhor resolvê-las.

A Regra 3 (regra da ordem) consiste em conduzir por ordem os pensamentos, começando pelos objetos mais simples e mais fáceis de conhecer, para ascender gradativamente, como que por degraus, até o conhecimento dos objetos mais compostos, "e supondo mesmo uma ordem entre aqueles que não se precedem naturalmente uns aos outros" (p.81).

A Regra 4 (regra da enumeração) consiste em fazer em tudo enumerações tão completas e revisões tão gerais, que se esteja seguro de nada omitir.

Após ter apresentado as quatro regras, Descartes se apressa em apresentar como exemplo de aplicação bem-sucedida do método as soluções de problemas geométricos (propostos na *Coleção matemática* de Pappus de Alexandria)[1] que a análise geométrica grega mais avançada não conseguira resolver, apontando, além disso, para uma unificação, promovida pelo método, que permite não só a correção algébrica de todos os defeitos da análise geométrica grega (p.82), mas também, ao ensinar "a seguir a verdadeira ordem e a enumerar exatamente todas as circunstâncias daquilo que se procura, contém tudo aquilo que dá certeza às regras da aritmética" (p.83). Pode-se ver aqui que Descartes opera um deslocamento na compreensão do que produz a unidade das ciências; afasta-se da *mathesis universalis* – concebida na segunda parte da Regra IV como uma ciência da ordem e da medida –, para atribuir a unidade ao método racional tal como proposto pelas quatro regras, as quais compõem uma *heurística racional* para o equacionamento de problemas. De qualquer modo, Descartes afirma inequivocamente que o método o conduziu aos desenvolvimentos matemáticos relatados e conclui

---

[1] Pappus de Alexandria (*c.*290-*c.*350) escreveu um tratado conhecido como *Collectio mathematica* (*Coleção matemática*), que é muitas vezes a única fonte que temos dos conhecimentos matemáticos dos estudiosos que o antecederam. A *Coleção* está composta por oito livros, dos quais faltam o primeiro e parte do segundo.

afirmando que o que se segue corresponde a aplicações que fez do método em outras ciências, evidenciando desde o início que a linha argumentativa é a de defender a universalidade e a fecundidade do método por meio de suas aplicações bem-sucedidas.

Apresentados os preceitos do método, Descartes, na Parte III, passa a tratar da "moral de provisão", que estabelece de modo geral uma moral mínima para as ações da vida cotidiana durante o exercício do método. Descartes reconhece, assim, a necessidade de fornecer ao método uma espécie de complemento moral (um código prático) que permita ao praticante do método, o qual requer o questionamento de todo o conhecimento e a suspensão dos juízos, agir na vida comum, impedindo que se permaneça irresoluto nas ações, "enquanto a razão me obrigasse a sê-lo em meus juízos" (p.84). A moral de provisão está constituída então por três máximas, que podemos sintetizar como segue.

A primeira máxima é obedecer às leis e aos costumes do próprio país, reter a religião na qual se foi instruído e agir seguindo as opiniões mais moderadas, admitidas nas práticas dos que se considera como sensatos (p.84).

A segunda máxima é "ser o mais firme e o mais resoluto possível" nas ações e não seguir com menos constância uma opinião duvidosa como se fosse verdadeira, uma vez que se tenha decidido segui-la (p.85-6).

A terceira máxima é "procurar sempre vencer a mim próprio, antes que a fortuna, e de antes mudar meus desejos do que a ordem do mundo e, em geral, de acostumar-me a crer que nada há que esteja inteiramente em nosso poder" (p.86).

Não será aqui discutido se Descartes chega à elaboração de uma moral "definitiva" que supere a provisoriedade da moral exposta no *Discurso*, porque essa discussão envolve a consideração de textos posteriores, como a carta-prefácio à edição em francês dos *Princípios da filosofia* (1647), a correspondência no período entre 1645 e 1647 e o *Tratado das paixões da alma* (1649).

O que importa é que essa provisoriedade em 1637 depende, de um lado, das condições de aplicação do método e, de outro lado, da existência de um hiato entre a situação moral e a situação cognitiva, porque, enquanto nesta última temos uma prática dirigida de modo que a "luz natural da razão" decida entre o verdadeiro e o falso, na situação moral, a prática do método impossibilita a decisão de agir e conduz à irresolução.

Entretanto, consideradas em conjunto, podemos dizer que essas máximas expressam uma moral minimalista, composta pela *moderação* nas posições adotadas (primeira máxima), pela *constância* na execução das decisões tomadas (segunda máxima), e por uma sabedoria de tipo estoico na consideração dos eventos (terceira máxima). O caráter provisório dessa moral aparece em aspectos como o acento colocado na máxima da moderação sobre a necessidade de regrar-se segundo a opinião dos "mais sensatos" (p.84), enquanto o individualismo metodológico (que funda o método) vincula-se, como Descartes insiste adiante, ao ideal de "poder julgar cada coisa por si mesmo" (p.87). Note-se que o "julgar por si mesmo" é precisamente o meio-termo entre dois vícios: aceitar passivamente a opinião dos outros e não suspender o juízo sobre tudo, isto é, não julgar sobre nada; ora, entre esses dois extremos, entre esses vícios, está o meio-termo, a moderação, que é julgar por conta própria quando a razão nos mostra onde está a verdade. Também se encontra essa provisoriedade na rapidez de certas formulações, como a de que "é suficiente bem julgar para bem fazer" (p.88), e na ideia de que a dedicação constante de "julgar o melhor que se possa" permitirá adquirir "todas as virtudes, e conjuntamente todos os outros bens que se possa adquirir" (p.88). De qualquer modo, toda vez que a prática do método não seja suficiente para determinar a certeza de uma decisão acerca dos problemas práticos e morais, propiciados pelas "circunstâncias da vida", as máximas da moral de provisão permitem romper a irresolução e agir, e, ao mesmo tempo, asseguram a *razoabilidade* da decisão, o que Descartes associa, como veremos, à certeza moral.

Descartes encerra a seguir, na Parte IV, a exposição do método com uma discussão sobre a fundamentação metafísica do sujeito (do eu), que é o fundamento do individualismo metodológico estabelecido por essas quatro primeiras partes do *Discurso*. Com efeito, Descartes apresenta primeiramente o *cogito* – "eu penso, logo eu sou" (p.91) – como primeira verdade. O sujeito pensante completa a alteração do sentido da relação entre o sujeito e o objeto do conhecimento, que já se encontrava claramente indicada na Regra I das *Regras para a direção do espírito*, de modo que os objetos deixam de ser determinantes das condições do conhecimento (como o eram em Aristóteles) e é agora o sujeito, enquanto sede individual da razão, que passa a impor a ordem e a medida, racionalmente constituídas, aos objetos, os quais são, desse modo, unificados pelo método. Isso permite que se estabeleça uma distinção ontológica, fundamental para o projeto de *Discurso & Ensaios*, entre o espírito (a mente) e o corpo, entre o *pensamento* ou a *res cogitans* – entendida como "uma substância cuja essência ou natureza consiste apenas em pensar, e que, para ser, não necessita de lugar algum, nem depende de qualquer coisa material" (p.91) – e o *corpo* ou a *matéria*, entendida como *res extensa*, isto é, como mera extensão. Essa distinção ontológica, como veremos na Seção 4, está também na base da diferença entre os humanos e os animais e da célebre caracterização dos corpos vivos (inclusive o humano) como máquinas ou conjunto de mecanismos.

A seguir, por meio do reconhecimento de suas próprias imperfeições, reveladas pelo exame crítico (cético) de suas opiniões prévias e por meio do conhecimento de "algumas perfeições que não possuía" (p.92), Descartes chega à existência de um ser perfeito, Deus. A regra da evidência (Regra I) encontra assim seu fundamento, pois, "se não soubéssemos que tudo o que existe em nós de real e de verdadeiro provém de um ser perfeito e infinito, por mais claras e distintas que fossem nossas ideias, não teríamos qualquer razão que nos assegurasse que elas possuem a perfeição de serem verdadeiras" (p.95). Convém lembrar que Descartes expande, na Regra I, o âmbito da faculdade intuitiva (*intuitus mentis*) da razão natural que, como vimos, aplica-se originalmente à apreensão imediata do *sentido* da linguagem, fazendo-a abarcar também a apreensão clara e distinta da *verdade* do conhecimento. É essa ampliação do âmbito do poder da razão, que transcende agora as ideias e alcança os objetos no mundo, que ele se vê obrigado a justificar metafisicamente, garantindo-o na existência de Deus. Apesar disso, se, de um lado, há uma fundamentação metafísica do método, de outro, essa fundamentação só é possível graças a uma aplicação do próprio método, ou seja, a própria justificação da Regra I depende de uma aplicação da regra e, nesse sentido, há uma certa autonomia do método em relação à metafísica.

Descartes adverte, entretanto, que, no regime de evidência no qual se dá a aplicação do método, deve-se distinguir entre a *certeza moral* e a *certeza meta-*

*física* (p.94). Considera a primeira, que na edição francesa é designada pela palavra *"assurance"* ("segurança"), como um tipo de certeza mais subjetiva, no sentido de ser dependente da vivência individual, referindo-se, assim, aos costumes e à conduta da vida, e de ligar-se desse modo à razoabilidade nas ações cotidianas (dependente das máximas da moral de provisão). A *certeza metafísica*, por outro lado, decorre de que a regra da evidência ou "que as coisas que concebemos muito clara e distintamente são todas verdadeiras, só é certo porque Deus é ou existe, é um ser perfeito e tudo aquilo que existe em nós provém dele" (p.95). Deus é, portanto, o fundamento metafísico que garante a certeza do conhecimento estabelecido por meio da regra da evidência (da clareza e distinção).

De todo modo, nesse regime de evidência, a evidência da razão é superior à evidência da *imaginação* ou à evidência dos *sentidos*, pois, como diz Descartes, "jamais devemos deixar-nos persuadir a não ser pela evidência de nossa razão. E deve-se observar que eu digo de nossa razão e de modo algum de nossa imaginação nem de nossos sentidos" (p.96). E, com efeito, a aplicação do método e o reconhecimento da verdade envolverão uma operação racional (operada pela razão) entre a imaginação e os sentidos.

## 4 Os elementos das explicações mecanicistas

A Parte V do *Discurso* está dedicada integralmente a uma apresentação sumária dos resultados físico-cosmológicos e médicos que compunham um tratado intitulado *O mundo ou tratado da luz*, o qual continha uma parte dedicada ao homem, e que havia sido abandonado em virtude da condenação de Galileu pelo Santo Ofício em 1633. Assim, após ter afirmado no parágrafo inicial que, pela aplicação do método e, em particular, pela aplicação da regra da evidência – que consiste em "não admitir coisa alguma como verdadeira que não me parecesse mais clara e certa do que [...] as demonstrações dos geômetras" (p.96-7) – chegou ao conhecimento de "certas leis que Deus estabeleceu de tal modo na natureza" que são "exatamente observadas em tudo que existe ou que se faz no mundo" (p.97), a partir das quais obteve as explicações que serão apresentadas até o final dessa parte.

Note-se que as leis da natureza são as que impõem a ordem e direcionam o caos inicial e indeterminado de matéria, fazendo que, com o tempo, cheguemos à configuração atual do mundo. Com efeito, se aceitarmos que o método é uma heurística racional de descoberta ou determinação da ordem e da medida, podemos entender a importância da descoberta, com seu auxílio, de leis naturais e seu papel nas explicações mecanicistas que Descartes nos apresenta aqui nos dois domínios de estudo a que aplicou o método. Informa-nos, assim, sobre resultados alcançados que não serão tratados em *Discurso & Ensaios*, mas que guardam vínculos importantes com a perspectiva adotada em *A dióptrica* e em *Os meteoros*.

Convém notar que as explicações cartesianas — seja a explicação cosmológica e, em geral, as explicações físicas (relativas a todos os tipos de *corpos físicos*), seja a explicação da dupla circulação do sangue (e todas aquelas relativas ao *corpo humano*) — são unificadas pela perspectiva mecanicista que consiste em aplicar a uma matéria indiferenciada (mera extensão) "as regras das mecânicas, que são as mesmas que as da natureza" (p.107). Para entender o funcionamento das explicações mecanicistas, é preciso considerar mais atentamente a teoria da matéria de Descartes e sua relação com a concepção plenista do universo, segundo a qual o universo é um *pleno* de matéria; concepção que nega peremptoriamente a existência do vazio, mesmo daquele que poderia ser concebido entre os corpos integrais do mundo (Sol, Lua, planetas, estrelas).

Já vimos que Descartes define a matéria como *res extensa*, ou seja, como sendo extensão indefinida em três dimensões, dotada de propriedades que se reduzem à divisibilidade ilimitada das partes, à figura e à mobilidade. Todos os corpos são então concebidos como compostos de pequenas partes figuradas ou corpúsculos de tal modo dispostos que exista entre essas partes o mínimo de intervalo, o qual, entretanto, é preenchido pela "matéria sutil", concebida como uma "substância extremamente fluida e sutil" (AT, I, p.139-40), cujo movimento é responsável pelo movimento das pequenas partes componentes dos corpos. Será, então, o movimento da matéria sutil invisível que, ao mudar as disposições das partes componentes, permitirá explicar mecanicamente, por exemplo, as diferenças visíveis entre os corpos sólidos e líquidos.

Convém notar que a divisibilidade ilimitada é a propriedade da matéria que permite a Descartes substituir a hipótese atomista do vazio pela hipótese da matéria sutil. E convém notar também que é a divisibilidade ilimitada das partes da matéria que permite justificar o recurso, no caso dos corpos animais e humanos, à hipótese dos "espíritos animais". Estes se encontram no cérebro, nos nervos e nos músculos e são "como um vento muito sutil" composto das partes "mais agitadas" e "mais penetrantes" do sangue (p.107). Descartes utiliza esse conceito para substituir a explicação aristotélica do conjunto de funções associadas à "alma sensitiva" por uma explicação mecânica que não precisa supor a existência dessa alma. Assim, esse "vento muito sutil" ("espíritos animais") é utilizado para explicar o movimento dos membros (nos animais e nos homens), a vigília e o sono, os sonhos, as percepções dos sentidos, as paixões interiores, a memória, e a imaginação.

Entretanto, a matéria, tomada unicamente como extensão em três dimensões, é corpo e inerte, no sentido de não ter em si mesma a causa de seu movimento, de modo que a mobilidade da matéria depende, finalmente, das regras da mecânica e, em particular, da atribuição aos corpos materiais de uma *tendência inercial* de realizar todo movimento em linha reta, ou na menor distância possível, e obviamente das *leis de choque*, pois os corpos materiais do pleno, qualquer que seja o tamanho que tenham, só se movem por contato (choque ou pressão).

Com base nessa teoria da matéria, Descartes confere um caráter mecanicista às explicações e descrições científicas, que estarão ligadas ao procedimento de divisão em partes e de exame detalhado do desmembramento produzido pela divisão, prescritos pelas regras 1 e 4, e que constituem como que uma máquina analógica de produção de comparações macro/micro, por meio das quais Descartes explica o funcionamento mecânico de fenômenos compostos e macroscópicos pela disposição e funcionamento mecânico das partes materiais mais ínfimas que os compõem e em que eles podem ser resolvidos. As explicações mecanicistas cartesianas são, assim, explicações do visível pelo invisível.

Apesar do cuidado de Descartes em aparentar um afastamento dos atomistas em assuntos tão fundamentais como o vazio e o átomo, dos quais já em 1630 ele declara negar a existência (cf. carta a Mersenne de 15 de abril de 1630, AT, I, p.130-40), as explicações mecanicistas de Descartes pertencem, de modo amplo, à imagem de mundo do atomismo, isto é, a um quadro interpretativo, originado em Demócrito, Epicuro e Lucrécio, que serviu para embasar a reinvindicação de cientificidade — no caso dos atomistas antigos, de sua física e psicologia, no caso de Descartes, da física e, particularmente, da óptica — das explicações que propõem para dar conta dos acontecimentos visíveis na natureza com base no comportamento dos componentes invisíveis dos corpos materiais. Esse tipo de explicação está então assentado em uma teoria da divisibilidade da matéria de amplo espectro, incluindo teorias que vão da divisibilidade finita (átomo e vazio) à divisibilidade indefinida (matéria sutil, espíritos vitais e pleno). Em suma, apesar de defender o plenismo e a infinita divisibilidade da matéria, Descartes se apoia finalmente na ideia de corpúsculos e, por isso, existe nele ainda uma espécie de atomismo.

Assim, é indisfarçável o corpuscularismo de *Discurso & Ensaios*, a tal ponto que poderíamos servir-nos da frase inicial das *Cogitationes previtae* para descrever a situação, pois, "assim como os atores, quando são chamados ao palco, para que não lhes apareça na fronte o rubor, envergam uma máscara (*personam*), também eu, às vésperas de subir ao palco do mundo, adianto-me mascarado (*larvatus prodeo*)" (AT, X, p.213). Mascarado no anonimato em que publica a edição francesa de 1637; mascarado porque finge uma teoria da matéria diferente da atomista, sem partícula mínima e indivisível (átomo), sem vazio, mas, ainda assim, uma teoria corpuscularista de que o mundo físico é só matéria, sempre extensa, indefinidamente divisível, até tornar-se um vento de matéria sutil que preenche o todo do universo e que o conduz em vórtices em torno das estrelas.

Em todo caso, o principal exemplo no *Discurso* de explicação mecanicista, propiciada pela aplicação do método, é "a explicação do movimento do coração e das artérias, o qual, por ser o primeiro e o mais geral que se observa nos animais, permitirá julgar facilmente a partir dele o que se deve pensar de todos os outros movimentos" (p.101). Nessa explicação, Descartes toma claramente partido a favor da hipótese da dupla circulação do sangue proposta por William Harvey, o único autor explicitamente referido (p.104) por Descartes em toda a obra. A explicação cartesiana, que se estende por várias páginas (p.100-8), é suficientemente conhecida para que seja necessário apresentá-la. Observarei, entretanto, consoante meu interesse aqui, que a explicação cartesiana do batimento cardíaco por meio da rarefação do sangue afasta-se, nesse particular, da posição de Harvey, segundo a qual a contração da cavidade cardíaca (sístole) é provocada por algo na parede do coração que Harvey identifica a uma "força pulsífica", considerada responsável pela propriedade de contração cardíaca. Ora, Descartes rejeita, em sua teoria da matéria, todo tipo de recurso a qualidades ou faculdades essenciais, de modo que, para ele, a expulsão do sangue pelos ventrículos só pode ser explicada por um movimento natural que afeta o próprio sangue; e como esse movimento deve assemelhar-se a uma ebulição ou fermentação resultante da produção de calor no coração, a expulsão do sangue acabará por coincidir com a fase de dilatação (diástole) e não de contração (sístole) do coração. Nesse particular, entretanto, Harvey está mais próximo da consideração de que o coração funciona como um músculo (uma espécie de bomba).

Mas as explicações mecanicistas, em particular aquelas da fisiologia do corpo humano — explicações do funcionamento da circulação sanguínea, da digestão, do cérebro, ou, como em *A dióptrica*, do funcionamento do olho —, possuem todas a característica de conceber todos os corpos dos animais, inclusive os corpos humanos, como *máquinas*, e seus órgãos e sistemas orgânicos como mecanismos. Dito de outro modo, as explicações mecanicistas fazem a suposição fundamental de que o funcionamento dos organismos animais (incluindo o humano) pode ser comparado ao de uma máquina e explicado em termos unicamente de matéria e movimento. Por isso, Descartes encerra sua apresentação das explicações mecânicas com a distinção humano/animal e a doutrina do animal-máquina (animal-autômato), que justifica, em última análise, a redução do corpo humano a uma máquina. É importante atentar para o contexto médico e fisiológico em que a tese do corpo-máquina é forjada e não esquecer a estratégia de explicação empregada (as leis da natureza são as leis da mecânica).

Nesse contexto, o primeiro ponto a considerar é que a tese cartesiana do animal-máquina está assentada na distinção ontológica entre substância extensa (*res extensa*) e substância pensante (*res cogitans*) e pode ser considerada, em certo sentido, como uma especificação dessa distinção. Entretanto, o argumento de Descartes, que se encontra ao final da Parte V do *Discurso* (p.107-10), se desenvolve por meio de duas comparações: as analogias entre o animal e o autômato; e entre o humano e o androide. Diz Descartes:

> se houvesse tais máquinas que tivessem os órgãos e a figura de um macaco, ou de algum outro animal desprovido de razão, nós não teríamos qualquer meio de reconhecer que elas não seriam em tudo da mesma natureza que esses animais, ao passo que, se houvesse outras máquinas que se assemelhassem aos nossos corpos e imitassem nossas ações tanto quanto fosse moralmente possível, teríamos sempre meios muito certos para reconhecer que nem por isso elas seriam verdadeiros homens. (p.108)

Com esse argumento, Descartes está transferindo, de certo modo, a distinção entre humano (provido de razão) e animal (desprovido de razão) anteriormente feita (Parte IV) para o plano comparativo das máquinas, para o plano da comparação entre os *autômatos*, concebidos como máquinas automoventes que imitam a espontaneidade (agora transformada em automatismo) dos animais, e os androides, concebidos significativamente por Descartes como máquinas automoventes que não só imitam os automatismos do corpo humano, mas também "nossas ações o quanto fosse moralmente possível". A diferença que existe entre o humano e o animal, que é o primeiro estar provido de razão, será exatamente o que permitirá distinguir o androide do humano, pois "os meios muito certos" para discriminar entre eles resumem-se a dois critérios que nada mais fazem que se ater ao sentido original da razão. O primeiro critério é o uso da linguagem, que as máquinas que imitam esse uso não empregam a linguagem "como fazemos para declarar aos outros nossos pensamentos" (p.108), porque elas não têm a disposição de compreender o sentido do que se lhes diz, isto é, não têm a capacidade racional de intuição do sentido linguístico; o segundo critério é que, embora possam fazer certas coisas muito bem e até melhor do que nós, as máquinas "não agem pelo conhecimento, mas somente pela disposição de seus órgãos" (p.108), ou seja, não possuem tampouco a capacidade discursiva da razão.

Esses dois critérios apresentados por Descartes permitem, de um lado, mostrar a indistinguibilidade entre o animal e o autômato e, de outro, decidir que se trata de um homem dotado de espírito (alma) – linguagem e razão – e não de um androide, uma máquina que age (opera), tal como todo animal corpóreo, segundo a mera disposição de seus órgãos, ou seja, segundo os seus automatismos, mesmo para um androide que eventualmente fale. Tal como os animais e os autômatos, tampouco os androides, por mais perfeitos que sejam, podem pensar e ter espírito; a rigor, são máquinas que não possuem nem linguagem, nem razão; os autômatos e os androides, assim como os animais, para Descartes, não têm alma.

O resultado dessa *démarche* cartesiana, pela qual o corpo (animal ou humano) é assimilado a um conjunto de automatismos que podem ser reduzidos a uma máquina fabricada (artefato) pela técnica, é o de cancelar a distinção entre natural/artificial, eliminando a fronteira entre a natureza e a técnica, o que proporciona aos autômatos um estatuto fundado na unidade das leis da natureza e da técnica; unidade garantida pelo princípio mecanicista de que "as leis da natureza são as leis da mecânica". Essa eliminação da fronteira entre o animal (produto da natureza) e o autômato (produto da técnica), na qual se situa significativamente a concepção do corpo-máquina, propicia a constituição de um princípio de tecnicidade, segundo o qual todas as funções orgânicas dos corpos animais e humanos que são explicadas mecanicamente podem ser artificialmente reproduzidas por máquinas ou, mais brevemente, tudo o que é explicado mecanicamente na natureza pode ser reproduzido artificialmente pela técnica e, desse modo, controlado, corrigido, melhorado, aperfeiçoado.

O argumento da indistinguibilidade entre o animal e a máquina serve, assim, para instituir o corpo-máquina como uma tecnicidade, isto é, serve para abrir a possibilidade de assimilação do objeto técnico (máquina) ao corpo vivo (natureza) mediante a modelização mecânica dos automatismos dos corpos vivos; ou seja, o corpo-máquina abre a possibilidade da substituição de um órgão natural por um objeto técnico (prótese), em uma combinação entre *natureza* e *artifício* que se mostra compatível com o desenvolvimento tecnológico atual, por exemplo, da cibernética.

Mais importante, entretanto, é ter a concepção do corpo-máquina de Descartes servido para configurar a medicina moderna, porque essa concepção envolve a equiparação do funcionamento do corpo humano e do corpo animal, enquanto corpos materiais sujeitos às mesmas leis mecânicas de funcionamento; e isso serviu de fundamento para a prática experimental da anatomia e da fisiologia comparadas.

## 5 A proposta de uma filosofia prática de *Discurso & Ensaios*

Estamos agora em condições de entender a filosofia prática, proposta por Descartes na Parte VI do *Discurso*. Ela é uma filosofia que promove a união entre o conhecimento científico da natureza (o conhecimento dos corpos materiais) e as técnicas ("dos ofícios de nossos artesãos"). A filosofia prática se assenta, do lado da ciência, no princípio das explicações mecanicistas, que estabelece uma equivalência entre as leis da natureza e as leis da mecânica, e do lado da técnica, no princípio de tecnicidade, segundo o qual tudo que pode ser explicado mecanicamente, pode ser tecnicamente (artificialmente) reproduzido; e isso tem como corolário que todos os corpos na natureza são máquinas. Essa filosofia prática que une a ciência e a técnica, à diferença da filosofia especulativa tradicional que as separava muito nitidamente, tem como principal promessa a de tornar os homens "como que mestres e possuidores da natureza" (p.112).

Essa espécie de dispositivo de controle da natureza, que é a filosofia prática, é desejável, segundo Descartes, porque, primeiro, permite "a invenção [pelo conhecimento das leis naturais] de uma infinidade de artifícios" que servem para a comodidade da vida, mas principalmente para a conservação do supremo bem (individual) que é a saúde, "primeiro e fundamento de todos os outros bens desta vida" (p.112). Nessa passagem, é inequívoca a posição de Descartes segundo a qual a aplicação do método proposto conduzirá a avanços importantes na medicina. Embora reconheça que a medicina de seu tempo está longe de satisfazer as promessas desses avanços, mantém a esperança (que é também um *ideal*) de que "poderíamos livrar-

-nos de uma infinidade de doenças, tanto do corpo quanto do espírito, e mesmo, talvez, do enfraquecimento da velhice, se tivéssemos suficiente conhecimento de suas causas e de todos os remédios que a natureza nos proporcionou" (p.112). Além disso, é na medicina que se manifesta com mais clareza o valor da *neutralidade*, que Descartes concebe em termos morais como "a lei que nos obriga a buscar (no que depende de nós) o bem geral de todos os homens" (p.112); lei que animou também a decisão de finalmente publicar *Discurso & Ensaios*.

Mas o exercício da ciência, que é aqui apresentado como dependente de uma decisão individual – a de "empregar toda minha vida na busca de uma ciência tão necessária [a medicina]" (p.112) – e de uma aplicação rigorosa e disciplinada do método por parte do sujeito do conhecimento (ambos, como vimos, elementos do individualismo metodológico), não pode ficar encerrado na individualidade; ao contrário, na medida em que responde a um imperativo moral (ciência feita em vista do "bem geral de todos os homens"), a filosofia prática é um empreendimento comunitário que congrega os esforços de vários indivíduos, seja no reconhecimento pelos outros dos resultados alcançados com o próprio esforço, seja no acréscimo de resultados obtidos por outros. O individualismo metodológico encontra, afinal, seus limites nas próprias limitações do indivíduo existente, ou seja, na *brevidade da vida* e na *falta de experiência*, ambas as quais são também os impedimentos na busca da ciência. Como nos diz Descartes,

> julguei que não havia melhor remédio contra esses dois impedimentos do que comunicar fielmente ao público o pouco que eu já tivesse encontrado e convidar os bons espíritos a esforçar-se para ir adiante, contribuindo, cada um segundo sua inclinação e seu poder, para as experiências que seria preciso fazer e, além disso, comunicando ao público todas as coisas que aprendessem, a fim de que os últimos começassem por onde os precedentes houvessem terminado e, assim, reunindo as vidas e os trabalhos de muitos, fôssemos todos juntos muito mais longe do que cada um em particular poderia ir. (p.112-3)

Descartes passa então a tratar das *condições de prática* do método em vista do avanço do conhecimento da verdade e desenvolve dois temas: o da importância e das dificuldades da comunicação dos resultados; e o dos meios e recursos (financeiros) necessários para seguir adiante com as experiências que se revelarão cada vez mais necessárias na investigação da natureza e nas produções da filosofia prática.

No que diz respeito à comunicação, Descartes se detém longamente nas razões para publicar ou não os resultados, as quais envolvem questões sobre quem reconhecer como interlocutor; sobre quais objeções e críticas responder ou não; sobre o tempo que se perde em polêmicas e controvérsias; e sobre quais os riscos de publicar em virtude das restrições religiosas que pesam sobre certos temas, tal como o movimento da Terra. Todas essas questões são relevantes em uma situação em que a ciência não está institucionalizada, em que não existem ainda periódicos científicos (surgirão na segunda metade do século XVII) nem está consolidado um método que seja considerado canônico, como o será no curso do desenvolvimento posterior, o método experimental, o que demandará, entretanto, a padronização das unidades de medida, o estabelecimento de uma teoria do erro, o estabelecimento de uma teoria das dimensões etc. Note-se que a comunicação dos resultados obtidos envolve particularmente a *utilidade* desses resultados (p.117) e a prática do método, porque, consoante o individualismo metodológico, "não se poderia tão bem conceber uma coisa e torná-la sua, quando se aprende de outra pessoa, como quando é inventada por si mesmo" (p.117). A comunicação dos resultados pressupõe então uma *atitude ativa*; ela envolve a exigência de que os outros pratiquem o método e, consoante o individualismo metodológico, descubram por si mesmos esses resultados, as justificações de suas aplicações, ou mesmo outras aplicações possíveis; isso supõe, muito particularmente, que se multiplique o estoque de experiência confirmada.

Descartes não deixa de insistir e fazer recomendações para a prática do método. Chama a atenção para a regra da ordem (Regra 3), que nos obriga a examinar tudo a partir do mais simples, e para a importância de habituar-se a aplicá-la "procurando primeiramente as coisas fáceis e passando pouco a pouco, por graus, a outras mais difíceis" (p.119). Não basta, portanto, receber passivamente os resultados que Descartes nos apresenta, porque, nesse caso, contentamo-nos "com a verossimilhança, a qual pode ser encontrada sem grande esforço em todos os tipos de assuntos" (p.118), mas é preciso tomá-los ativamente como resultados na procura da verdade, para o que é necessário esforçar-se no emprego do método, de modo a "encontrar por si mesmos tudo o que penso ter encontrado" (p.119). As quatro regras são, como vimos, diretivas razoavelmente circunscritas que definem amplamente uma heurística racional (matemática) de busca da ordem e da medida. É por isso que somente o esforço atento, que cada um deve fazer ao aplicá-las, pode gerar o hábito da prática do método e, consequentemente, a facilidade em sua aplicação.

O segundo tema da Parte VI, o dos meios de seguir adiante na pesquisa da natureza, diz respeito de maneira significativa aos experimentos que se tornam cada vez mais necessários à medida que a pesquisa avança (p.113), mas também cada vez mais custosos, demandando claramente financiamento, ou cada vez mais dificultosos, por exigirem o concurso de outros e a formação de equipes, o que é sempre um ponto de conflito com a regra da evidência, que se assenta na apreensão intuitiva individual da verdade, e sua contribuição ao conjunto da experiência confirmada. A regra obriga, assim, a refazer as observações e os experimentos; e só prestar assentimento a relatos observacionais quando sejam experiências que não se podem reproduzir, a exemplo do protocolo observacional do padre Scheiner sobre os "cinco sóis que apareceram em Roma no ano de 1629, em 20 de março, duas ou três horas depois do meio-dia" (p.342), o qual é tratado no Discurso 10 de *Os meteoros*.

Cabe notar, entretanto, a propósito dos experimentos, que Descartes e Mersenne, assim como Bacon, Galileu e Kepler, vivem em uma época em que é preciso estabilizar a experiência científica em virtude da acumulação e variedade de experimentos feitos e dos experimentos a fazer, da imprecisão nas comunicações acerca das condições de realização dos experimentos, da introdução abrupta de instrumentos ópticos de observação etc. Nesse contexto dos experimentos — até a estabilização dos padrões de experimentação e da aceitação de um estoque de fatos confirmados, tomados como exemplares de experimentos — é normal que se confie mais na própria experiência, como faz Descartes, prestando mais assentimento às próprias experiências do que às dos outros; mas essa exigência faz que ele seja obrigado a reproduzir os experimentos de outros considerados autoridades nos assuntos investigados, como os experimentos de Kepler na dióptrica e na fisiologia e anatomia do olho ou os experimentos de Teodorico de Freiberg sobre os efeitos dos raios luminosos nas gotas de chuva no arco-íris. Daí a importância no período da discussão sobre a necessidade de refazer experimentos e obter os mesmos resultados que aqueles alcançados pelos primeiros proponentes desses experimentos. É só quando se chega a fatos confirmados, a leis confirmadas, que os experimentos não necessitam mais ser refeitos e as leis passam a carregar simbolicamente o conjunto de suas aplicações aceitas.

A filosofia prática, que é a expressão dos resultados conseguidos mediante a aplicação do método, encontra sua justificação precisamente na utilidade desses resultados. Como veremos a seguir, o principal exemplo da filosofia prática cartesiana, que promove a união entre a ciência e a técnica, encontra-se no ensaio declaradamente tecnológico *A dióptrica*, embora não seja somente nesse ensaio que radica a pretendida prova da fertilidade prática do método.

O *Discurso do método* não cumpre só a função de ser a introdução dos três ensaios que o seguem, mas realiza também a tarefa de transformar a fábula do mundo, contada em *O mundo ou tratado da luz*, na fábula do método, contada no *Discurso & Ensaios*.

## 6 Os ensaios do método e a filosofia prática cartesiana

Os ensaios do método – *A dióptrica*, *Os meteoros* e *A geometria* –, quando considerados da perspectiva da filosofia prática, possuem uma unidade que se organiza em torno da lei da refração (também conhecida como lei dos senos). Em *A dióptrica* isso é bastante evidente porque, após a exposição da lei mecânica que regula o comportamento da luz quando muda de meio, Descartes aplica a lei da refração na explicação do mecanismo da visão no olho humano e explora um conjunto de aplicações práticas e técnicas dessa lei na produção de lentes que servem tanto para a correção da visão natural quanto para o aperfeiçoamento dessa visão por meio da produção de instrumentos ópticos de observação, como telescópios e microscópios. É evidente aqui a contribuição da filosofia prática em benefício do ideal de melhoria das condições da vida humana. Também *Os meteoros*, ensaio que a princípio parece retomar um tema tradicional, tem como objetivo principal aplicar a lei da refração às explicações mecânicas de fenômenos ópticos atmosféricos, ou seja, os fenômenos ópticos aparentes dos halos em torno dos astros, do arco-íris e dos paraélios (falsos sóis). Finalmente, mesmo *A geometria* faz parte desse conjunto, pois também é filha do método de Descartes e tem seus aspectos práticos dominantes, embora ele nos advirta, de início, de seu caráter especializado e dependente de um conhecimento geométrico bem maior do que o elementar, o qual, na época do autor, compreendia os treze livros de *Os elementos de geometria* de Euclides. Mas isso não deve obscurecer o fato de que *A geometria* está designada, consoante o início de *A dióptrica*, a completar a tarefa de dar as demonstrações matemáticas das figuras das lentes determinadas com base na lei de refração e permitir construí-las, isto é, desenhá-las, para fim de produção das lentes. De modo mais geral, *A geometria* completa o circuito tecnológico da filosofia prática cartesiana, representada pelos três ensaios.

## 6.1 A dióptrica *e a técnica*

Tratemos, então, de *A dióptrica*, ensaio que se inicia falando da "invenção das maravilhosas lunetas" (p.127), que tanto contribuíram para o conhecimento da natureza. Entretanto, constata Descartes que, "para vergonha de nossas ciências, essa invenção, tão útil e tão admirável, foi inicialmente alcançada apenas por experiência e por acaso" (p.127). Comenta então que mesmo os telescópios construídos posteriormente àquele de 1609 pelo holandês Metius repetem o padrão técnico de combinação de lentes, sem conseguir explicar-lhe as razões. Ora, isso põe a questão técnica central a ser cientificamente resolvida, ou seja, determinar "as exatas figuras que os vidros devem ter" (p.128) de modo a obter-se o efeito desejado, por exemplo, o de concentrar os raios em um ponto predeterminado. A dióptrica, assim, deve fundamentalmente resolver esse problema, que é tomado como técnico, da perspectiva da filosofia prática. Isso se evidencia no público que Descartes expressamente busca atingir:

uma vez que a execução das coisas de que falarei deve depender da habilidade dos artesãos, os quais comumente não estudaram, procurarei mostrar-me inteligível a todos e nada omitir, nem supor, daquilo que se deve ter aprendido de outras ciências. (p.128)

Trata-se de um ensaio que visa racionalizar cientificamente a produção de lentes e de instrumentos ópticos e que, enquanto ensaio técnico, pretende ter um impacto prático efetivo nessa produção e, por isso mesmo, está escrito em francês e é acessível também aos que não estudaram.

Mas detenhamo-nos um pouco mais na estrutura de *A dióptrica*. O ensaio tem dez discursos, organizados de modo a congregar resultados em três objetos inter-relacionados de investigação: a óptica geométrica e a instrumentação óptica; a investigação médica da anatomia e fisiologia do olho; a epistemologia da sensação visual.

Comecemos pela óptica geométrica. Os discursos 1 e 2 apresentam a lei da reflexão (já conhecida pelos antigos) e a lei da refração (descoberta por Descartes), na qual se apresenta a razão pela qual ocorrem os desvios (a refração) que sofrem os raios de luz ao passar de um meio a outro de densidade diferente. Descartes descobre que essa razão entre o ângulo de incidência e o ângulo de refração dos raios luminosos, quando passam de um meio a outro, pode ser expressa de modo simples por meio da razão entre o seno do ângulo de incidência e o seno do ângulo de refração, que se conhece como *lei dos senos*, publicada pela primeira vez em *A dióptrica*. Mesmo se a lei da refração tenha sido verdadeiramente conhecida por outros com anterioridade, em particular por Snell, cujo escrito entretanto se perdeu, Descartes é o primeiro a anunciá-la publicamente e a desenvolver as aplicações dessa lei, a qual não somente representa o mais importante resultado da óptica geométrica depois dos avanços de Kepler em sua obra homônima em latim (*Dioptrice*), mas também porque, em seu caráter de explicação mecânica da refração, permite o exercício do princípio de tecnicidade e, portanto,

(1) determinar efetivamente a figura das lentes de modo a concentrar os raios paralelos em um só ponto, tomado como foco (discursos 7 e 8);

(2) produzir avanços técnicos na instrumentação óptica, seja de correção, seja de aperfeiçoamento da visão (Discurso 9);

(3) apresentar o desenho ou projeto de uma máquina de talhar e polir vidros de modo a automatizar o processo de produção de lentes (Discurso 10).

Nesta parte relativa à óptica geométrica, a aplicação do método permite unificar investigações matemáticas, físicas e mecânicas relativas a máquinas e produzir, assim, explicações mecânicas baseadas na lei da refração.

Entretanto, em função de exigências relativas à aplicação do método, em particular das regras 2 e 3, que obrigam a dividir as dificuldades em tantas partes quantas possíveis e requeridas para melhor resolvê-las (p.81) e a examinar todas as partes que compõem a dificuldade seguindo a ordem das mais simples às mais compostas, sem nada omitir e "supondo mesmo uma ordem entre aqueles que não precedem naturalmente uns aos outros" (p.81), *A dióptrica* resulta de elaboração complexa. Além da dimensão propriamente óptica da obra, acrescentam-se duas outras dimensões: uma dimensão fisiológica e outra epistemológica, as quais desenvolvem uma concepção mecanicista causal das relações entre o corpo e o espírito no processo da sensação visual, estabelecendo os limites cognitivos da sensação. Assim, os discursos 3 e 5 desenvolvem uma fisiologia inteiramente mecanicista que apresenta uma anatomia descritiva e funcional do olho humano e analisa o modo pelo qual a imagem formada sobre a retina transmite, por meio das terminações do nervo óptico, movimentos ao cérebro que são as únicas informações que ele recebe do exterior. Em total conformidade com a concepção do corpo-máquina, o olho humano é tomado como um instrumento (máquina) e seu funcionamento é analisado (por analogia à câmara escura, ao olho do boi etc.) como o de um mecanismo passível de ser reproduzido por um artefato técnico.

Essa fisiologia mecanicista é complementada pelos discursos 4 e 6, os quais fazem depender a epistemologia da sensação (isto é, a função cognitiva da sensação) do estudo dos sentidos em geral (Discurso 4) e da visão em particular (Discurso 6), substituindo definitivamente a antiga teoria das espécies visuais por um processo meramente causal e dependente da fisiologia (ou de um mecanismo específico) produtor do estímulo ao cérebro, que será transformado em representação visual pelo espírito.

Essas duas dimensões, médica e epistemológica, da investigação de Descartes sobre o funcionamento do olho e da visão são então combinadas com a lei matemática da refração, para conduzir, no Discurso 7, a uma investigação "dos meios de aperfeiçoar a visão" (p.177), entendendo esse aperfeiçoar seja no sentido de corrigir os defeitos da visão natural com os óculos, seja aumentando os poderes da visão natural com os telescópios e microscópios.

Em virtude da Regra 4, que obriga a "analisar, uma por uma, todas as coisas que se relacionam com o nosso objetivo" (p.178, nota 30), Descartes enumera os fatores envolvidos na visão, que são três: "os objetos, os órgãos internos que recebem a ação desses objetos e os órgãos externos que dispõem essas ações a serem recebidas como elas devem sê-lo" (p.177). Examina, a seguir, cada um separadamente. Os *objetos* são de dois tipos: próximos e *acessíveis*; ou afastados e *inacessíveis*. No caso do primeiro tipo, podemos aproximá-los ou melhorar as condições de iluminação do objeto; quanto ao segundo tipo, nada podemos fazer no objeto para melhorar as condições da visão. Quanto aos *órgãos internos*, "que são os nervos e o cérebro", considera Descartes que "nada poderíamos acrescentar a sua estrutura, pois não saberíamos fazer um novo corpo" (p.178) e, mesmo quando alguma intervenção fosse possível, ela seria médica e não óptica. Restam, então, os *órgãos externos*, dentre os quais Descartes inclui "todas as partes transparentes do olho, como também todos os outros corpos que podem ser colocados entre o olho e o objeto" (p.178).

É evidente que estamos aqui na concepção do olho-máquina, composto de mecanismos internos e de mecanismos externos. É verdade que Descartes utiliza o termo "órgão", mas ele resulta totalmente intercambiável com o termo "máquina", de modo que também se pode considerá-lo como uma expressão do "avançar mascarado" ("*larvatus prodeo*"). De todo modo, Descartes parece considerar que a retina e as terminações do nervo óptico que compõem sua superfície constituem um mecanismo interno do olho (o olho como órgão interno), enquanto "as partes transparentes do olho" – que são "três tipos de licores viscosos, ou humores muito transparentes" (p.147), dos quais o intermediário é denominado humor cristalino – correspondem a um mecanismo externo do olho. Para o que nos interessa, é preciso notar que Descartes opera uma equivalência entre os *órgãos externos naturais* ("as partes transparentes do olho") e os *órgãos externos artificiais* (as lentes). Essa equivalência não cancela, entretanto, a diferença entre o tipo de intervenção da medicina "cujo fim é remediar os defeitos da visão pela correção dos órgãos naturais", e o tipo de intervenção da dióptrica, "cujo fim é somente o de remediar os mesmos defeitos pela aplicação de alguns órgãos artificiais" (p.190) ou lentes.

Tendo analisado os três fatores envolvidos na visão e determinado que, para aperfeiçoá-la, só podemos intervir nos *órgãos externos*, Descartes, mediante uma nova aplicação da Regra 4, apresenta uma segunda enumeração, desta feita relativa às condições que os órgãos externos naturais/artificiais devem satisfazer de modo a aperfeiçoar a visão, apresentando os quatro seguintes requisitos:

> O primeiro é que todos os raios, que se dirigem para cada uma das extremidades do nervo óptico venham somente, tanto quanto possível, de uma mesma parte do objeto, e que eles não recebam mudança alguma no espaço que está entre os dois, pois, sem isso, as imagens que eles formam não poderiam ser nem bem semelhantes ao seu original, nem bem distintas. O segundo, que essas imagens sejam bastante grandes, não na extensão do lugar, pois elas não poderiam ocupar senão o pouco de espaço que se encontra no fundo do olho, mas na extensão de seus contornos ou de seus traços, pois é certo que estes serão tanto mais fáceis de discernir quanto maiores forem. O terceiro, que os raios que as formam sejam bastante fortes para mover os pequenos filamentos do nervo óptico e, por esse meio, serem sentidos, mas não a ponto de ferirem a vista. E o quarto, que exista o maior número possível de objetos cujas imagens sejam formadas no olho ao mesmo tempo, a fim de que se possa ver o máximo possível em um só olhar. (p.178-9)

O exame dessas condições estende-se por todo o Discurso 7 e desenvolve-se por meio da analogia entre o órgão externo natural e o órgão externo artificial. Essa analogia permite, uma vez diagnosticado que a imperfeição da visão natural é uma limitação de ordem fisiológica, constituindo-se de "defeitos do olho, os quais consistem em que não é possível mudar suficientemente a figura do humor cristalino, ou mesmo o tamanho da pupila" (p.190), investigar as correções que se podem fazer por meio de órgãos artificiais, como as lentes, que funcionam, com relação aos raios luminosos e à refração que causam nesses raios, do mesmo modo que os três humores e principalmente aquele do cristalino funcionam em refratar os raios luminosos projetando-os na retina (cf. p.146-7). O exame dos limites da visão serve para que, por meio da comparação, se chegue aos meios de compensá-los pela técnica. É por isso que nessa investigação, ao mesmo tempo que analisa os defeitos da visão natural, Descartes discorre sucessivamente sobre os vários instrumentos que servem para aperfeiçoar a visão: os óculos, a lupa, o telescópio e o microscópio.

Assim, uma parte importante da análise da primeira condição é dedicada a tratar o modo como o órgão externo natural, o olho, satisfaz essa condição. Deve-se, então, atentar para como os humores do olho refratam (desviam) para o fundo do olho os raios que nos vêm das coisas; como a possibilidade de estreitar a pupila serve para controlar a intensidade da luz que o olho recebe; como a perfeita escuridão da câmara do olho oposta ao nervo óptico permite que os raios refratados não se misturem; e, por fim, como "a mudança da figura do corpo do olho" permite que, "embora os objetos possam, uma vez ou outra, estar mais ou menos afastados, os raios que vêm de cada um de seus pontos não deixem de unir-se, tão exatamente quanto possível, em tantos outros pontos do fundo do olho" (p.179). O órgão natural encontra neste último aspecto da alteração da figura do olho seus limites, responsável por basicamente três defeitos diferentes, pois

> comumente a todos, ela [a natureza] não nos deu o meio de curvar tanto as superfícies de nossos olhos que possamos ver distintamente os objetos muito próximos, a um dedo ou a meio dedo de distância, ela também falhou em alguns, a quem ela fez os olhos de tal figura que eles não lhes podem servir senão para olhar as coisas afastadas, o que acontece principalmente aos velhos, e, finalmente, em alguns outros a quem, ao contrário, ela os fez tais que eles não lhes servem senão para olhar as coisas próximas, o que é mais comum nos

jovens. De modo que parece que os olhos se formam, no começo, um pouco mais longos e mais estreitos do que deveriam ser, e que, depois, quando se envelhece, tornam-se mais planos e mais largos. (p.180)

Isso posto, Descartes discute como "remediar pela arte esses defeitos" e sua discussão é uma aplicação da lei da refração para a determinação da figura que os vidros devem ter para proceder à correção correspondente. Nessa discussão, apresenta diferentes modos de avançar no aperfeiçoamento da visão.

O Discurso 8 dedica-se à tarefa científica da determinação, por meio da lei de refração e da geometria, das figuras que as lentes devem ter para realizar todas as correções que se mostram necessárias. O Discurso 9, por sua vez, apresenta finalmente a solução para os defeitos da visão natural (p.215-9), a qual consiste em dar às lentes a figura de hipérboles, e desenvolve uma teoria da composição de lentes em tubos, que explica o funcionamento de telescópios e microscópios, propondo-se como perspectiva para o desenvolvimento técnico desses instrumentos de observação científica.

Essa investigação sobre o desenvolvimento instrumental se organiza em torno da distinção entre os *objetos acessíveis* — aqueles que podem ser aproximados do olho tanto quanto se deseje e que podem ser olhados *de perto* — e os *objetos inacessíveis* — que não podem ser aproximados do olho e que só podem ser olhados *de longe*. Essa distinção permite também classificar os instrumentos, distinguindo entre o *telescópio*, que permite olhar para objetos inacessíveis, como os corpos celestes, e o *microscópio*, que permite ver mais distintamente objetos acessíveis.

Embora se considere que Descartes desenvolve em *A dióptrica* uma teoria do telescópio, não deixa de ser notável sua investigação sobre o microscópio (p.222-5), instrumento óptico que amplia a capacidade visual de modo a se poder observar objetos muito pequenos e que estão "próximos e acessíveis". Particularmente importante, do ponto de vista técnico, é a discussão que Descartes faz da questão da iluminação dos objetos a serem vistos através do microscópio e que constitui outra diferença entre o telescópio e o microscópio, além daquela já apontada. Assim, no caso do telescópio, apesar de ele servir para ver objetos que estão distantes, esses objetos ou emitem luz, como o Sol e as estrelas, ou refletem a luz, como os planetas e suas luas. No caso do microscópio, os objetos a serem vistos devem ser iluminados, o que durante muito tempo foi um fator limitante do desenvolvimento técnico desse instrumento.

Entretanto, apesar das dificuldades técnicas encontradas na produção dos microscópios, ele os julga

> sempre muito mais úteis, porque será possível ver, por seu intermédio, as diversas misturas e arranjos das pequenas partes das quais são compostos os animais e plantas, e talvez também os outros corpos que nos rodeiam, e disso obter muita vantagem para chegar ao conhecimento de sua natureza. (p.237)

Em particular, o microscópio pode servir para confirmar a hipótese ou a opinião de Descartes de que "toda sua natureza e sua essência, pelo menos dos corpos inanimados, consistem somente na espessura, na figura, no arranjo e no movimento de suas partes" (p.237). A instrumentação científica que, para ser desenvolvida, depende do conhecimento científico que a racionalize, promove agora, ao possibilitar novas experiências, novos avanços do conhecimento científico. E nisso reside uma de suas importantes contribuições.

## 6.2 Os meteoros *e as explicações mecânicas*

*A dióptrica*, por seu caráter tecnológico, alinha-se claramente à filosofia prática cartesiana, mas mesmo *Os meteoros*, como já dissemos, estão perfeitamente ajustados ao plano de *Discurso & Ensaios*, uma vez que seus sete primeiros discursos podem ser tomados como preparatórios para a aplicação das leis de reflexão e de refração na explicação de fenômenos como o arco-íris e os paraélios, que "são o que se vê sem que existam no céu", isto é, são meras aparências, ilusões dos sentidos, do mesmo tipo que a ilusão do movimento retrógrado dos planetas, dissolvida com a explicação copernicana da ordenação do sistema solar, na qual a Terra é um planeta. Com efeito, o projeto de *Os meteoros* nasce do interesse de Descartes pelo protocolo de observação do padre Scheiner sobre o fenômeno dos cinco sóis observados em Frascati, uma antiga vila patrícia nas cercanias de Roma, em 20 de março de 1629, tal como apresentado no Discurso 10 (p.341-4). Em carta a Mersenne de 8 de outubro de 1629, Descartes afirma que dois meses antes, depois de ter tomado conhecimento dessa observação, interrompeu tudo que fazia "para examinar por ordem todos os meteoros, antes que eu me pudesse satisfazer. Mas penso agora poder dar disso alguma razão e resolvi fazer um pequeno tratado que conterá a razão das cores no arco-íris, as quais me deram mais trabalho do que todo o resto" (AT, I, p.23). Nessa mesma carta, Descartes explica que essa exigência de "examinar por ordem todos os meteoros" (exigência ligada à Regra 2) é, por assim dizer, uma consequência metodológica (que se liga no *Discurso* à Regra 4) que ele caracteriza dizendo: "como jamais encontro nada, a não ser por uma longa sequência de diversas considerações, é necessário que eu me doe inteiramente a uma matéria, quando quero examinar alguma parte dela" (AT, I, p.22).

Vistos da perspectiva das exigências do método, percebe-se que *Os meteoros* foram escritos para poder aplicar as leis ópticas da reflexão e da refração à explicação dos paraélios e do arco-íris — fenômenos ópticos que resultam de condições muito particulares e bastante acidentais das partes atmosféricas que o compõem —, de modo que sua explicação deve ser precedida de sete discursos como parte da exigência do método que obriga a considerar atentamente todas as partes envolvidas na questão e a proceder nessa explicação das partes mais simples para as mais compostas.

Assim, a estrutura de *Os meteoros*, sua organização temática, mais que corresponder ao modelo tradicional de exposição dos assuntos meteorológicos, por exemplo, dividindo-os em gêneros e classificando-os em meteoros ígneos, aquosos, terrestres e aéreos aparentes (cf. Blay, 2009, p.271), segue uma lógica de organização interna ditada pelo método em vista da explicação do arco-íris e dos falsos sóis. Essa exigência metodológica é também responsável pela exposição da teoria das cores, justamente no Discurso 8 de *Os meteoros*, quando aplica essa teoria para explicar as cores do arco-íris, em vez de tratar das cores na discussão de *A dióptrica*.

*Os meteoros* está, assim, organizado em três partes, sendo que a primeira, composta pelo Discurso 1, apresenta a teoria da matéria, da qual já tratamos detalhadamente. O restante do ensaio está organizado segundo uma distinção entre "todas aquelas coisas que se veem no ar e que nele estão" (objetos reais) e "todas as coisas que se podem ver no ar sem que elas nele estejam" (p.311-2) (objetos aparentes ou fenômenos). Desse modo, a segunda parte, composta pelos discursos 2 a 7, trata dos objetos reais e aplica a teoria da matéria à explicação da natureza e do comportamento do ar e da água, dos vapores, das exalações, do sal, dos ventos, das nuvens, da neve, da chuva e do granizo, das tempestades, dos relâmpagos e de "todos os outros fogos que se acendem no ar". A terceira parte, composta pelos três últimos discursos, é dedicada aos fenômenos ópticos aparentes, aos quais Descartes aplica a lei de reflexão e, em particular, a de refração, apresentadas no início de *A dióptrica*, à explicação do arco-íris, dos halos em torno dos astros e dos falsos sóis.

Detenhamo-nos na explicação cartesiana do arco-íris, que é bastante conhecida, e constitui "um marco na óptica" (Gaukroger, 1999, p.333), não sendo surpreendente que Descartes a exiba como uma amostra exemplar da aplicação de seu método, pois, segundo ele, "eu não poderia escolher matéria mais apropriada para fazer ver como, pelo método do qual me sirvo, pode-se chegar a conhecimentos que não tiveram aqueles dos quais temos os escritos" (p.312).

E, com efeito, o arco-íris é um fenômeno atmosférico produzido em condições meteorológicas bem particulares e consideravelmente acidentais; muitas dessas condições envolvem situações específicas, tais como o Sol estar próximo ao horizonte, por detrás do observador que, parado em um lugar sem chuva, vê diante de si uma parede de chuva na qual aparece desenhado o arco-íris. A análise que Descartes faz do arco-íris está assentada em dois experimentos, nos quais ele se utiliza de comparações ou analogias: um conjunto de experimentos com base na analogia da grande gota de água, que permite estudar, em macro, o trajeto dos raios de luz que ocorre, em micro, dentro de cada gota de água da parede de chuva; e o experimento do prisma de cristal, que serve para estabelecer a analogia entre as cores produzidas no prisma e as cores produzidas no arco-íris. Os dois conjuntos de experimentos são responsáveis pelas duas partes da explicação cartesiana do arco-íris. Com base no primeiro, Descartes explica a formação da figura do arco-íris; com base no segundo, ele tenta explicar as cores do arco-íris.

Ora, a explicação completa do arco-íris tem sérias dificuldades quanto às cores que aparecem nos dois arcos do arco-íris. Essas dificuldades podem ser reduzidas a duas, das quais a primeira é a da compatibilização da ordem das cores, tal como aparece no experimento do prisma, com a ordem das cores tal como aparecem nos dois arcos do arco-íris. A segunda, certamente mais grave, diz respeito à arbitrariedade da associação do mecanismo de geração das cores, pensado por Descartes como uma espécie de torção dos raios luminosos que pressionam partes diferentes da matéria sutil que compõem os raios de luz, com a geração das cores no fenômeno do arco-íris. As deficiências da teoria das cores de Descartes estão, em grande medida, ligadas à interpretação mecânica que ele faz dos experimentos com o prisma de vidro.

Entretanto, a parte óptica da explicação cartesiana, que está baseada nas leis de reflexão e refração, é até hoje considerada um exemplo de explicação por leis. Essa explicação pode ser posta nas palavras de Descartes, que a apresenta resumidamente:

> descobri que, após uma reflexão e duas refrações, existem muito mais raios que podem ser vistos sob o ângulo de 41 a 42 graus do que sob qualquer ângulo menor e que não existe raio algum que possa ser visto sob um ângulo maior. Depois disso, descobri também que, após duas reflexões e duas refrações, existem muito mais raios que vêm para o olho sob o ângulo de 51 a 52 graus do que sob qualquer outro ângulo maior e que não existe raio algum que venha de algum ângulo menor. De modo que, de um lado e de outro, existe sombra que limita a luz, a qual, após ter passado por uma infinidade de gotas de chuva iluminadas pelo Sol, vem para o olho sob o ângulo de 42 graus, ou um pouco menor, e causa assim o primeiro e principal arco-íris. E existe também sombra que limita a luz que vem sob o ângulo de 51 graus, ou um pouco maior, e causa o arco-íris externo [...]. (p.322)

Ora, a parte científica da explicação do arco-íris relatada nessa citação está inteiramente assentada nas leis matemáticas da reflexão e da refração. A situação mostra também a importância do estabelecimento de leis naturais para a explicação científica. Quando diz – como o faz, em *A dióptrica*, na analogia da vasilha repleta de uvas, ou, no *Discurso*, na descrição de como os espíritos animais se dirigem para as terminações cerebrais — que o movimento da matéria tende naturalmente a ser em linha reta, Descartes aplica apropriadamente uma lei mecânica à situação. Tudo isso revela o poder das leis da natureza — como a lei de refração ou mesmo, no caso em pauta, a lei de reflexão —, as quais estão aptas a ser utilizadas nas explicações científicas e permitem uma gama de aplicações técnicas. A lei da refração de Descartes, tal como a lei da queda dos corpos de Galileu, expressa matematicamente regularidades de sucessão de eventos observadas na natureza. As leis, assim entendidas, estabelecem fatos cientificamente aceitos que pertencem ao conjunto de fatos compartilhados e, enquanto matemáticas, elas podem ser separadas da física cartesiana da qual faziam parte e integrar outro conjunto matemático, como o da física de Newton. Quando isso acontece, não é só a lei que é aceita, mas também o conjunto de suas aplicações bem confirmadas, dentre as quais constam como as mais importantes as aplicações técnicas que são relativamente independentes da explicação mecanicista fornecida pela física de Descartes para a natureza da luz e dos fenômenos luminosos.

Enfim, para marcar a pertinência de *Os meteoros* à filosofia prática, se é que o que se disse até aqui ainda suscita alguma dúvida, podemos lembrar que Descartes encerra o discurso sobre o arco-íris (p.328-30) esboçando o projeto de um enorme chafariz, o qual — a partir da explicação mecânica do arco-íris resumidamente fornecida anteriormente e consoante o princípio de tecnicidade — pode reproduzir artificialmente o arco-íris, melhorando seu aparecimento com o uso de "óleos, aguardentes e outros licores nos quais a refração se faz sensivelmente maior ou menor do que na água comum" (p.329) das gotas de chuva.

## 6.3 *A geometria e a filosofia prática*

Mesmo em *A geometria*, que, na advertência inicial, Descartes diz recear "que só poderá ser lido por quem já conhece o que há nos livros de geometria" (p.355), à diferença de *A dióptrica* e *Os meteoros*, ensaios nos quais ele afirma ter-se esforçado "para ser inteligível a todos", não se pode deixar de considerar a contribuição para a filosofia prática. É verdade que a investigação geométrica, enquanto prática do método, realiza um aporte teórico, o qual, entretanto, ocasiona uma revolução na prática matemática, com seu simbolismo algébrico, que permite uma reforma da categoria de "magnitude contínua" — tal como caracterizada por Aristóteles nas *Categorias* ou utilizada por Euclides nos *Elementos* — e a redução de todas as magnitudes a números. É significativa, dessa perspectiva, sua contribuição à caracterização aritmética da operação de *potenciação*, da qual provê inclusive a propriedade de fechamento, definindo a unidade como sendo igual a elevar a zero qualquer número dado. Com isso, áreas e volumes não são mais consideradas magnitudes, mas dimensões das magnitudes, que são aritméticas, sempre podendo ser expressas por meio de números. A contribuição para o entendimento aritmético da operação de potenciação também reverte em entendimento de sua operação inversa, a *radiciação*. Ora, tudo isso mostra que os aportes teóricos de Descartes estão imbricados com uma certa prática matemática, com o desenvolvimento de um "estilo algébrico" de abordar problemas e questões matemáticas (cf. Granger, 1974, cap.3).

Convém também não esquecer que *A geometria* é um ensaio, não um tratado, e isso significa que Descartes se afasta de um tratamento axiomático dedutivo, do tipo da geometria clássica, argumentando no interior de um "sistema de dedução natural", mais apropriado ao modo de análise algébrica, o que, por sua vez, significa que, no contexto matemático, o método baseado na ordem e na medida transforma-se em uma heurística de equacionamento e solução de problemas.

De qualquer modo, a estrutura do argumento de Descartes em *Discurso & Ensaios*, que visa justificar o método por seus resultados, faz que *A geometria* resulte ela mesma da aplicação do método e que, assim, seus resultados sejam como que modelos de aplicação do método, e que, apresentados ao modo de ensaio, seja necessário a cada um chegar por si mesmo a muitos resultados, os quais são simplesmente enunciados, praticando os procedimentos exemplificados nas provas de Descartes.

É preciso entender que a concepção de matemática de Descartes comporta dois elementos. Primeiro, "a matemática deve ser considerada como uma ciência *aplicável*, cujas consequências são, pelo menos em princípio, mais importantes do que o conteúdo" (Granger, 1974, p.58, grifo no original). Descartes tranquiliza Mersenne de que seu desgosto com a matemática pura significa que resolveu apenas "deixar a geometria abstrata, isto é, a resolução de questões que só servem para exercitar o espírito; e isto a fim de ter tanto mais lazer para cultivar uma outra geometria que se proponha como questões a explicação de fenômenos da natureza..." (a Mersenne, 27 de julho de 1638; AT, II, p.268). Segundo, "se a matemática não vale por seu conteúdo, *vale por seu método*: o que importa são as soluções gerais" (Granger, 1974, p.59, grifo meu). Ora, o modo pelo qual Descartes aplica o método da ordem e da medida em *A geometria* caracteriza o que Granger chama de "estilo cartesiano", o qual "determina a geometria como métrica e, como métrica, ela permite '*guardar a ordem*' e delimitar o objeto matemático cartesiano" (p.65, grifo meu). Esse "estilo cartesiano" consiste, segundo Granger, em "reduzir o aspecto inteligível da extensão à medida", o que Descartes faz representando por números qualquer magnitude geométrica (linha, área e volume), de modo que uma curva só pode ser tratada pelo conhecimento geométrico "se for suscetível de ser descrita por meio de comprimentos exatamente mensuráveis, qualquer que seja, aliás, o procedimento que aí se empregue, desde que permita guardar a ordem" (p.66).

Isso posto, *A geometria* tem uma função clara na unidade da obra. Ela fornece as construções (desenhos) e demonstrações das figuras das lentes discutidas em *A dióptrica*, objetivo que a une ao objetivo geral da obra de apresentar um conjunto de aplicações da lei da refração, obtidas por meio do método. Assim, a geometria desenvolve uma teoria das curvas expressa algebricamente de modo a poder construir e demonstrar os traçados das curvas elípticas ou hiperbólicas utilizados nas lentes.

Além disso, muito significativamente, *A geometria* mantém de *A dióptrica* os procedimentos de matemática prática ou vulgar utilizados pelos jardineiros – o uso de estacas, réguas e fios – para desenhar as elipses e hipérboles, que são diferentes dos pensados pela geometria pura, na qual a elipse e a hipérbole são consideradas como seções transversais de um cone ou de um cilindro. E o próprio Descartes esclarece por que isso acontece, uma vez que a maneira vulgar de descrever, por exemplo, a elipse "é verdadeiramente bastante grosseira e pouco exata, mas que permite, ao que me parece, compreender melhor sua natureza do que permite a seção de um cilindro ou cone" (p.191).

É interessante notar que em cada uma dessas curvas — a elipse e a hipérbole — a exposição de Descartes se organiza apresentando primeiro o instrumento e depois a operação do instrumento. Assim, para o traçado da elipse utiliza um compasso composto de duas estacas, fincadas a certa distância às quais é atada uma corda que excede essa distância entre as estacas; a operação do compasso consiste em mover a corda estirada em torno das duas estacas, desenhando assim a elipse.

Quanto à hipérbole, o compasso é composto de duas estacas fincadas a certa distância e, "tendo atado a extremidade de uma corda um pouco mais curta [que a régua] à extremidade de uma longa régua," por "um orifício redondo na outra extremidade dessa régua" insere-se uma das estacas "e, por uma argola na outra extremidade da corda," passa-se a outra estaca (p.199). A seguir, a operação do compasso consiste em manter a corda sempre junto da régua e tensa com relação à estaca da argola, fazendo a régua girar em torno da estaca em que ela está enfiada, desenhando assim o ramo superior da hipérbole. Para desenhar o ramo inferior da hipérbole, basta inverter as estacas, pondo o orifício da régua na estaca onde antes estava a argola e esta última na estaca onde antes estava o orifício da régua. Descartes retoma (p.228) esse compasso para desenhar a hipérbole no projeto da máquina do Discurso 10 de *A dióptrica*; projeto no qual o compasso é incorporado como o mecanismo para cortar os vidros hiperbólicos (p.229-30), os quais deverão ser ainda lixados e polidos, por outro mecanismo da máquina (p.234-6), para finalmente obterem-se as lentes.

É evidente aqui o caráter operacional (aplicativo) dos compassos para traçar elipses e hipérboles, decisivo para a aplicação da geometria não só na solução do problema matemático da figura exata que devem ter as lentes para cumprir sua função, mas também na solução do problema técnico da produção material de lentes. Nesse aspecto, *A geometria* faz parte intrínseca da dimensão imagética de *Discurso & Ensaios*, como um polo de ligação entre a ciência e a técnica. A parte nela dedicada ao traçado das formas que devem ter as lentes é um exercício de desenho técnico.

*Introdução*

Ligado a esse mesmo tipo de perspectiva aplicativa e agora para tratar de um problema eminentemente, Descartes propõe, no início do Livro II (p.384) e do Livro III (p.433-4), um instrumento composto de esquadros, o qual permite "encontrar tantas médias proporcionais quantas se desejar" (p.433) entre dois números dados. O cálculo de médias proporcionais está vinculado a um problema geométrico bastante antigo, que é o da duplicação do cubo, no qual se trata de encontrar duas médias proporcionais entre dois números dados. A originalidade do dispositivo proposto por Descartes reside no fato de que ele pode conter tantos esquadros quantos se desejem, permitindo a inserção de qualquer número de médias proporcionais entre os dois números dados. Cabe, entretanto, lembrar que, diferentemente dos outros dois compassos, esta é uma divisa mental ou um instrumento teórico com base no qual se podem fazer cálculos aritméticos (cf. Andrieu, 2004, cap.17).

Penso que todos os aspectos apresentados até aqui permitem concluir que *A geometria*, tal como incorporada a *Discurso & Ensaios*, é também ela um exemplo da filosofia prática cartesiana, que unifica, no caso, a matemática e a técnica.

## 7 O método e as analogias mecânicas

A questão da unidade do livro publicado em 1637 concentrou-se, desde o início, na relação entre os *Ensaios* e as quatro regras propostas na Parte II do *Discurso*. Assim, as quatro regras podem ser consideradas, como propôs Roberval em abril de 1638 (cf. AT, II, p.113), uma *lógica da descoberta* e não uma *lógica da exposição* dos resultados já obtidos. Mas, interpretado dessa perspectiva, o método proposto na Parte II do *Discurso* apresenta uma tensão com os *Ensaios* que o seguem. Os *Ensaios*, como já o afirmamos, foram escritos para provar a excelência do método utilizado pelo autor; entretanto, existe uma grande diferença entre a aplicação do método e a exposição dos resultados obtidos graças a essa aplicação. Assim, o próprio Descartes adverte, na carta que escreve ao padre Vatier em fevereiro de 1638, que os *Ensaios* não são uma aplicação simples e direta do método sugerido no *Discurso*.

não pude tampouco mostrar o uso desse método nos três tratados que apresentei, devido a que ele [o método] prescreve uma ordem para investigar as coisas que é muito diferente daquela que acreditei dever usar para explicá-las. Todavia mostrei certo esboço ao descrever o arco-íris [...]. Ora, o que me fez juntar esses três tratados ao discurso que os precede é que me persuadi que eles poderiam ser suficientes para fazer que aqueles que os examinassem cuidadosamente e os comparassem com aquilo que foi até aqui escrito nesses mesmos assuntos julguem que me sirvo de um método diferente do comum e que ele não é talvez dos piores. (AT, I, p.559-60)

Portanto, segundo Descartes, excetuado o Discurso 8 de *Os meteoros*, que se dedica ao arco-íris, a ordem seguida pelos *Ensaios* não é aquela prescrita pelo método de descoberta. Trata-se, com efeito, de uma *ordem de explicação ou exposição* diferente da *ordem de descoberta* efetivamente seguida na investigação que conduz aos resultados. Os *Ensaios* visam, então, provar pelos resultados a superioridade do método proposto pelo autor. Descartes aponta, assim, para uma diferença entre o método de descoberta e o método de exposição.

Por exemplo, se consideramos o início de *A dióptrica* (discursos 1 e 2) e o comparamos à longa passagem da Regra VIII que trata da anaclástica – "ou seja, a linha em que os raios paralelos se refratam de tal modo que todos, depois da refração, têm um só ponto de intersecção" (Descartes, 1985, p.46; AT, X, p.394) –, podemos perceber como nessa regra é construída a identificação dos dados do problema e como ele é equacionado (posto em equação), embora a solução não seja dada. É somente após o equacionamento da questão que Descartes descobre a lei dos senos para a refração, sem que revele em texto algum como chegou ao resultado. Assim, a exposição em *A dióptrica* dessa lei por meio de três analogias não pode ser considerada senão um resultado confirmado por uma analogia parcial e não uma aplicação do método de descoberta.

Contudo, isso não causa problema e a exposição da lei dos senos para a refração serve perfeitamente ao propósito técnico de Descartes em *A dióptrica*, pois, primeiramente, o estabelecimento dessa lei simples permite evitar as dificuldades experimentais envolvidas no estabelecimento das tabelas de refrações empíricas dos tratados precedentes, inclusive o de Kepler, que é interrompido diante dessas dificuldades; e, em segundo lugar, o estabelecimento da lei da refração permite compreender o funcionamento de aparelhos ópticos e propor uma solução técnica para a fabricação de lentes. Isso significa que, além de produzir um efetivo avanço do conhecimento teórico (no caso matemático), *A dióptrica* cumpre uma função prática fundamental, permitindo a aplicação da lei da refração não só à medição das mudanças do índice de refração, mas também ao corte de vidros para a fabricação de lentes. Além disso, a intercalação da discussão sobre a fisiologia do olho e sobre a epistemologia da sensação visual dá também ao aporte prático a dimensão da *correção* da visão, permitindo a produção de lentes para aqueles que possuem "defeitos da visão", seja os que a possuem curta, seja os que a possuem longa, como diz Descartes (p.179-80).

Entretanto, o uso de analogias no método de exposição empregado nos *Ensaios* conduz à questão das explicações cartesianas e sua relação com a modelização mecanicista. Assim, De Buzon afirma que *Os meteoros* e os dois primeiros discursos de *A dióptrica* permitem "mostrar o poder explicativo da modelização, ligada a uma estrita associação da imaginação, entendida como a capacidade de figurar distintamente um fenômeno (Regra XII), com a matematização compreendida como mecanização" (De Buzon, 2009, p.39).

Os contemporâneos de Descartes criticaram esse uso de analogias, vendo nisso a manutenção de um procedimento tradicional amplamente empregado pela Escolástica e pelos seguidores de Aristóteles. Em sua polêmica com Jean Baptiste Morin, Descartes define muito claramente o que se pode caracterizar como o *regime geral das comparações* (analogias):

> É verdade que as comparações que se costumam utilizar na Escola, explicando as coisas intelectuais pelas corporais, as substâncias pelos acidentes, ou pelo menos uma qualidade por outra de outra espécie, não ensinam senão muito pouco; mas porque, nas comparações de que me sirvo, não comparo senão movimentos a outros movimentos, ou figuras a outras figuras etc., ou seja, comparo coisas que por sua pequenez não podem cair sob nossos sentidos com outras que podem, e que ademais não diferem delas senão como um círculo

grande difere de um pequeno, eu pretendo que elas são o meio mais apropriado para explicar a verdade das questões físicas que o espírito humano possa ter; até o ponto que, quando se assegura que alguma coisa relativa à natureza não pode ser explicada por nenhuma de tais comparações, eu penso saber por demonstração que ela é falsa. (AT, II, p.367-8)

Tudo parece resumir-se a encontrar as boas comparações em conformidade com a teoria da matéria: tamanho, figura e movimento. Em suma, *A dióptrica* e *Os meteoros* desenvolvem uma física matemática, cujas explicações assentam em modelos mecânicos, eliminando desse modo as explicações escolásticas (da física aristotélica) baseadas nas formas substanciais e nas qualidades essenciais. A aplicação do método no caso de *A dióptrica* e de *Os meteoros* promove então a passagem de uma ciência em grande medida retórica e verbal para uma ciência da natureza física com amplo impacto prático, pois permite informar aplicações técnicas instrumentais.

## 8 Limites e alcance da filosofia prática cartesiana

A óptica cartesiana, que é a parte da física tratada em *Discurso & Ensaios*, encontra sérios limites justamente na concepção da natureza da luz como sendo um feixe de mínimas partes de matéria sutil com transmissão instantânea. Dada a importância da luz para a física de Descartes, a suposição de uma transmissão instantânea da luz produz uma limitação séria na compreensão do papel do tempo para a correta caracterização do movimento dos corpos naturais. De um lado, porque, no plano cosmológico, a desconsideração do tempo terá como consequência uma concepção estática do universo, na qual este não tem propriamente um desenvolvimento. De outro lado, porque, no plano da mecânica, essa suposição leva Descartes a não considerar corretamente a variável do tempo no movimento, o que o afasta da solução dada por Galileu para o problema da queda dos corpos, impedindo-o de reconhecer o estabelecimento da lei natural (também ela mecânica no caso de Galileu) que regula a queda dos corpos. A suposição da velocidade infinita de propagação da luz tem também consequências ópticas, por exemplo, na teoria das cores de Descartes, que se vê obrigado a introduzir uma distinção arbitrária entre o movimento (que leva tempo) e a tendência ao movimento, a qual é instantânea. Por outro lado, como já mostramos, Descartes descobre a lei da refração que regula a passagem dos raios luminosos por meios de diferentes densidades e apresenta um conjunto notável de aplicações da lei dos senos na determinação de lentes de correção e de ampliação.

Não é só na óptica que temos que abandonar as explicações mecanicistas cartesianas, também em sua parte eminentemente prática encontramos limitações técnicas sérias, que, afinal, também eram as limitações de seu tempo. Por exemplo, a máquina de talhar e polir lentes, cujo projeto é apresentado no Discurso 10 de *A dióptrica*, adota como perspectiva de desenvolvimento da produção de lentes um aperfeiçoamento técnico do corte e polimento do vidro, automatizando um processo artesanal por uma máquina. A tentativa de desenvolvimento técnico nessa direção foi dominante no século XVII, como atestam os projetos de máquinas de cortar e polir lentes de Bressieux, Hooke, Huygens, Maignan, Newton, Rheita e Wren (cf. Daumas, 1953, p.47-56). Entretanto, o futuro da produção de lentes não se ligou ao aperfeiçoamento do corte e talho do vidro, mas ao desenvolvimento de técnicas de moldagem e de produção do vidro; na verdade, a máquina de talhar e polir vidros nunca funcionou bem; um defeito de todas elas, não só a de Descartes. Isso não diminui em nada a *intenção técnica* notável de Descartes, ou seja, automatizar e uniformizar por meio de uma máquina o processo de produção de lentes, que depende das diferentes habilidades dos artesãos.

Apesar de tudo isso, os avanços produzidos por Descartes no estudo da anatomia e fisiologia do olho e da visão, bem como da epistemologia da representação sensorial e na aplicação da matemática para o desenho preciso que as lentes devem ter para produzir a correção dos defeitos da visão natural ou o aumento de suas capacidades são exemplos bem-sucedidos de unificação de pesquisas em várias disciplinas, pela aplicação do método da "ordem e da medida", em vista dos fins da filosofia prática, porque, afinal, poder ver bem (por meio de lentes), e por mais tempo, também é viver melhor e aumentar a chance de viver mais.

Meu propósito aqui foi alertar o leitor para a unidade de *Discurso & Ensaios*, que, ao reunir pesquisas médicas, ópticas e matemáticas, mostra exemplos das aplicações do método proposto por Descartes e congrega o conjunto de aquisições da filosofia prática cartesiana, a qual se assenta na unidade metodológica das ciências e das técnicas. De qualquer modo, uma leitura atenta da obra permitirá ao leitor descobrir por si mesmo o quanto ainda pertence ao quadro da filosofia prática cartesiana e o quanto esta é ainda constitutiva da contemporaneidade.

# DISCOURS
# DE LA METHODE

Pour bien conduire ſa raiſon, & chercher
la verité dans les ſciences.

## Plus

## LA DIOPTRIQVE.

## LES METEORES.

## et

## LA GEOMETRIE.

*Qui ſont des eſſais de cete* Methode.

A Leyde
De l'Imprimerie de Ian Maire.
cIɔ Iɔc xxxvii.
*Auec Priuilege.*

# Discurso do método

# *Nota introdutória sobre a composição do* Discurso do método

*Marisa Carneiro de Oliveira Franco Donatelli*

Em carta de 30 de março de 1628, Jean-Louis Guez de Balzac cobra de René Descartes (1596-1650) um texto que é aguardado "por todos os nossos amigos e que vós me prometestes na presença do padre Clitofon, a quem chamamos, em língua vulgar, senhor de Gerzan" (AT, I, p.572). O texto prometido, que Balzac denomina "história de vosso espírito", parece despertar grande expectativa no que diz respeito ao embate entre as concepções de Descartes e as da Escola, bem como à indicação do caminho por ele adotado. Nove anos depois, essa intenção de publicar a história de seu espírito acaba por ser concretizada com a publicação do *Discurso do método*.

O conteúdo exposto no *Discurso* e nos *Ensaios* é fruto dos estudos desenvolvidos no período compreendido entre 1618 e 1636, muitos dos quais não chegaram a ser publicados em vida. Esses estudos estavam dirigidos para a redação de uma ampla gama de trabalhos: uma biografia intelectual, um tratado de metafísica, uma espécie de manual sobre o método nas *Regras para a direção do espírito*, o tratado *O mundo ou Tratado da luz* e *Do homem*, até, enfim, a redação dos ensaios de dióptrica, de meteorologia e de resolução de problemas da geometria. Além disso, o próprio processo de publicação da obra é bastante complicado, pois o ensaio final, *A geometria*, foi acrescentado quando os outros dois ensaios já estavam sendo impressos (cf. Armogathe, 1990, p.17-25). De qualquer modo, nesse processo de acoplamento de textos, o resultado final não pode ser coeso: biografia intelectual; resumo da primeira parte das *Regras*; texto novo sobre a moral; reprodução de parte de seus primeiros trabalhos sobre a metafísica; resumo de seu trabalho sobre física, meteorologia e fisiologia que se encontravam em *O mundo*; reflexão sobre a diferença entre os homens e os animais; prefácio aos ensaios sobre os meteoros e a dióptrica. A partir da consideração do modo de elaboração do discurso introdutório, é possível entender como se dá a aparente disparidade entre o que é afirmado em sua segunda parte e o que é defendido na sexta parte, pois o próprio Descartes reconhece que não conseguiu exemplificar, nos três ensaios publicados, o método exposto na segunda parte do *Discurso* (at, I, p.559), uma vez que há uma disparidade entre a ordem prescrita na segunda parte para a descoberta das coisas e a ordem de exposição empregada nos *Ensaios*, embora haja uma exceção apontada por Descartes na descrição do arco-íris, no oitavo discurso de *Os meteoros*. Assim, os ensaios sobre a dióptrica e sobre os meteoros, com exceção do exemplo mencionado, constituem-se antes como ensaios hipotéticos que seguem um método de exposição que não deixa transparecer como se chegou aos resultados relatados.

O *Discurso*, com sua estrutura irregular e redação tardia em relação aos ensaios, constitui-se então como um prefácio. Escrito enquanto eram impressos *A dióptrica* e *Os meteoros* (at, I, p.330), o *Discurso* recebeu paginação diferenciada em relação aos *Ensaios* e teve uma fortuna singular, pois, embora Descartes afirme com muita clareza que o *Discurso* é um prefácio, posto que ele não tem como fim ensinar o método, mas somente discorrer a respeito dele (at, I, p.349, 369), o texto adquiriu autonomia, sendo publicado isoladamente dos ensaios. Se é verdade que se trata de um texto que pode ser lido separadamente dos ensaios, por sua riqueza de conteúdo e complexidade oculta por trás de uma linguagem simples e clara, muito se perde na compreensão do texto, ao separá-lo de seu conjunto; em particular, fica obscurecida a proposta de unidade do conhecimento desde sempre defendida por Descartes; unidade que se mantém, ainda que os *Ensaios* e as partes que compõem o *Discurso* tenham sido escritos em épocas diferentes.

Assim, a publicação do *Discurso do método* com os três ensaios que o seguem, a saber, *A dióptrica*, *Os meteoros* e *A geometria*, além de restituir a unidade da obra tal como foi concebida por Descartes, permitirá ao leitor, como afirma Gouhier, "descobrir, ao mesmo tempo, as ideias anteriores a 1637 e o que Descartes, em 1637, pensa a respeito delas. É preciso lembrar que o *Discurso* é, fundamentalmente, a história do pensamento de Descartes. Mas é uma história escrita em um momento da história real desse pensamento. É preciso também, às vezes, duvidar de sua exatidão e lembrar-se sempre que, em 1637, a evolução da filosofia cartesiana não chegou ao fim" (Gouhier apud Alquié, 1963, v.1, p.560-1).

1 *// Discurso do método para bem conduzir a própria razão e procurar a verdade nas ciências**

*Se este discurso parecer muito longo para ser lido de uma só vez, poder-se-á dividi-lo em seis partes. E, na primeira, serão encontradas diversas considerações acerca das ciências. Na segunda, as principais regras do método que o autor buscou. Na terceira, algumas das regras da moral que ele extraiu desse método. Na quarta, as razões pelas quais ele prova a existência de Deus e da alma humana, que são os fundamentos de sua metafísica. Na quinta, a ordem das questões de física por ele investigadas e, particularmente, a explicação do movimento do coração e de algumas outras dificuldades que pertencem à medicina e, a seguir, também a diferença que existe entre nossa alma e a dos animais. E, na última parte, quais são as coisas que ele acredita serem requeridas para ir mais adiante do que já se foi na investigação da natureza e quais as razões que o levaram a escrever.*

## Primeira parte

2 O bom senso é a coisa do mundo mais bem compartida, pois cada um pensa estar tão bem provido dele que // mesmo aqueles que são os mais difíceis de contentar-se em qualquer outra coisa não costumam desejar mais do que já têm. No que não é verossímil que todos se enganem, mas isso testemunha, antes, que a capacidade de bem julgar e de distinguir o

---

\* Tradução e notas de Marisa Carneiro de Oliveira Franco Donatelli a partir do original francês *Discours de la méthode*, AT, VI, 1-78.

verdadeiro do falso, que é o que se denomina propriamente bom senso ou razão, é naturalmente igual em todos os homens. Do mesmo modo que a diversidade de nossas opiniões não vem de que alguns sejam mais razoáveis do que outros, mas somente de conduzirmos nossos pensamentos por vias diferentes e não considerarmos as mesmas coisas. Pois não é suficiente ter o espírito bom, mas o principal é aplicá-lo bem. As maiores almas são capazes dos maiores vícios, como também das maiores virtudes, e aqueles que andam muito lentamente podem avançar muito mais se seguirem sempre o reto caminho, o que não fazem aqueles que correm e que dele se distanciam.

Quanto a mim, jamais presumi que meu espírito em nada fosse mais perfeito do que o comum, ainda que tenha muitas vezes desejado ter o pensamento tão rápido, ou a imaginação tão clara e distinta, ou a memória tão ampla, ou tão presente, quanto o de alguns outros. E não conheço quaisquer outras qualidades além dessas que sirvam para a perfeição do espírito, pois pela razão, ou bom senso, na medida em que ela é a única coisa que nos torna homens, distinguindo-nos dos animais, quero crer que ela existe inteiramente em cada um e seguir nisso a opinião comum dos filósofos que dizem não haver o mais ou o menos senão entre os // *acidentes* e, de modo algum, entre as *formas*, ou naturezas, dos *indivíduos* de uma mesma *espécie*.

Mas não temerei dizer que penso haver tido muita felicidade por ter-me encontrado, desde minha juventude, em certos caminhos que me conduziram a considerações e a máximas, das quais formei um método, pelo qual me parece que tenho meio de aumentar gradualmente meu conhecimento e de elevá-lo pouco a pouco ao mais alto ponto ao qual lhe permitam atingir a mediocridade de meu espírito e a curta duração de minha vida. Pois já colhi dele frutos tais que, embora, nos julgamentos que faço de mim mesmo, eu procure sempre pender para o lado da desconfiança mais do que para o da presunção, e embora, lançando um olhar de filósofo para as diversas ações e empreendimentos de todos os homens, não haja quase nenhuma que não me pareça vã e inútil, não deixo de ter uma extrema satisfação do progresso que penso já ter feito na busca da verdade, e de conceber tais esperanças para o futuro que, se entre as ocupações dos homens puramente homens há alguma que seja solidamente boa e importante, ouso acreditar que é a que eu escolhi.

Todavia, pode acontecer que eu me engane e que talvez seja apenas um pouco de cobre e vidro aquilo que tomo por ouro e diamantes. Sei o quanto estamos sujeitos a equivocarmo-nos naquilo que nos diz respeito e o quanto também os julgamentos de nossos amigos nos devem ser suspeitos, quando estão a nosso favor. Mas não me será difícil fazer ver, neste // discurso, quais são os caminhos que segui e, desse modo, representar minha vida como em um quadro, a fim de que cada um possa julgá-la e que, ao ter conhecimento pela voz pública das opiniões a respeito dela, este seja um novo meio de instruir-me que acrescentarei àqueles dos quais me costumo servir.

Assim, meu propósito não é o de ensinar aqui o método que cada um deve seguir para bem conduzir sua razão, mas somente fazer ver de que maneira eu me esforcei por conduzir a minha. Aqueles que se ocupam em fornecer preceitos devem considerar-se mais hábeis do que aqueles a quem os dão, e se falham na menor coisa, são, por isso, censuráveis. Mas, propondo este escrito apenas como uma história ou, se o preferirdes, como uma fábula, na qual, entre alguns exemplos que se podem imitar, encontrar-se-ão talvez também muitos outros que se terá razão de não seguir, espero que ele seja útil a alguns sem ser nocivo a ninguém e que todos me sejam gratos pela minha franqueza.

Fui nutrido nas letras desde minha infância e, por ter-me persuadido de que era possível, por meio delas, adquirir um conhecimento claro e seguro de tudo o que é útil à vida, sentia um desejo muito intenso de aprendê-las. Mas, tão logo terminei todo esse percurso de estudos, ao final do qual se costuma ser admitido na classe dos doutos, mudei inteiramente de opinião. Pois eu me encontrava emaranhado em tantas dúvidas e erros que me parecia não ter obtido outro proveito, ao procurar instruir-me, senão o de ter descoberto cada vez mais minha ignorância. E, no entanto, // estivera em uma das mais célebres escolas da Europa,[1] onde pensava que devia haver homens

---

[1] Colégio jesuíta Henri IV, situado em La Flèche, fundado em 1604. Descartes frequentou esse colégio por nove anos, a partir de 1605 ou 1606. Não há como definir, com exatidão, a data de ingresso no colégio, que acaba por oscilar entre os dois anos indicados. O colégio destaca-se por incluir em seu currículo o ensino da matemática, então restrito às universidades (cf. Descartes, 1947, p.109; Rodis-Lewis, 1995, cap.2; Gaukroger, 1999, cap.2; Belgioioso, 2009, p.lix).

sábios, se é que existiam em algum lugar da Terra. Aprendera na escola tudo o que os outros aprendiam, e até, não me tendo contentado com as ciências que nos ensinavam, percorri todos os livros que tratavam daquelas que são tidas como as mais curiosas e as mais raras que puderam cair entre as minhas mãos. Com isso, conhecia os juízos que os outros faziam de mim e nada via que me considerassem inferior aos meus condiscípulos, ainda que já houvesse entre eles alguns destinados a ocupar os lugares de nossos mestres. E, enfim, nosso século parecia-me tão florescente e tão fértil em bons espíritos como nenhum dos precedentes. O que me levou a tomar a liberdade de julgar por mim mesmo todas as outras ciências e de pensar que não havia doutrina alguma no mundo que fosse tal como outrora me haviam feito esperar.

Não deixava, todavia, de apreciar os exercícios com os quais se ocupam nas escolas. Sabia que as línguas que ali se aprendem são necessárias para compreender os livros antigos, que a delicadeza das fábulas desperta o espírito, que as ações memoráveis das histórias elevam-no, as quais, sendo lidas com discernimento, ajudam a formar o juízo, que a leitura de todos os bons livros é como uma conversação com as pessoas mais honradas dos séculos passados que foram seus autores, e mesmo uma conversação instruída, na qual eles nos revelam apenas os melhores de seus pensamentos, que a eloquência tem forças e belezas incomparáveis, que a poesia tem // delicadezas e doçuras muito encantadoras, que as matemáticas têm invenções muito sutis, as quais muito podem servir tanto para contentar os curiosos quanto para facilitar todas as artes e diminuir o trabalho dos homens, que os escritos que tratam dos costumes contêm muitos ensinamentos e muitas exortações à virtude que são muito úteis, que a teologia ensina a ganhar o céu, que a filosofia fornece o meio de falar com verossimilhança a respeito de todas as coisas e de fazer-se admirar pelos que sabem menos, que a jurisprudência, a medicina e as outras ciências trazem honras e riquezas àqueles que as cultivam, e, enfim, que é bom tê-las examinado todas, mesmo as mais supersticiosas e as mais falsas, a fim de conhecer seu justo valor e proteger-se de por elas ser enganado.

Mas eu acreditava ter já dedicado tempo suficiente às línguas e mesmo também à leitura dos livros antigos, a suas histórias e a suas fábulas, pois é quase o mesmo conversar com aqueles de outros séculos e viajar. É bom saber alguma coisa dos costumes de povos diferentes, a fim de julgar os nossos mais retamente, e que não pensemos que tudo o que é contra nossos usos seja ridículo e contrário à razão, como costumam fazer aqueles que nada viram. Mas, quando empregamos demasiado tempo em viajar, tornamo-nos, enfim, estrangeiros em nosso próprio país, e, quando somos excessivamente curiosos a respeito de coisas que se praticavam nos séculos passados, permanecemos comumente muito ignorantes a respeito daquelas que se praticam neste. Além disso, as fábulas fazem imaginar // como possíveis muitos acontecimentos que não o são. E mesmo as histórias mais fiéis, se elas não mudam nem aumentam o valor das coisas, para torná-las mais dignas de serem lidas, ao menos omitem quase sempre as circunstâncias mais vis e menos ilustres, de onde resulta que o restante não parece tal qual é, e que aqueles que regulam seus costumes pelos exemplos delas retirados estão sujeitos a cair nas extravagâncias dos paladinos de nossos romances e a conceber desígnios que ultrapassam suas forças.

Apreciava muito a eloquência e amava a poesia, mas pensava que tanto uma quanto a outra eram dons do espírito, mais do que frutos do estudo. Aqueles que são dotados de raciocínio mais vigoroso e que melhor assimilam seus pensamentos, a fim de torná-los claros e inteligíveis, podem sempre melhor persuadir acerca daquilo que propõem, mesmo que só falem o baixo bretão e que jamais tenham aprendido a retórica.[2] E aqueles cujas invenções são as mais agradáveis e que sabem exprimi-las com o máximo de ornamento e de doçura não deixariam de ser os melhores poetas, ainda que lhes fosse desconhecida a arte poética.

Deleitava-me, sobretudo, com as matemáticas, por causa da certeza e da evidência de suas razões, mas não advertia ainda seu verdadeiro uso e,

---

2 Alusão à superfluidade de fazer recurso a uma língua literária. Na edição latina, consta *"barbara tantum Gothorum lingua"* (AT, VI, p.543). Belgioioso destaca o vínculo desse exemplo do baixo bretão com o contato que Descartes estabelece nesse período com o escritor Jean-Louis Guez de Balzac (1597-1654) (cf. Belgioioso, 2009, p.31). Note-se, além disso, que Descartes publica seu *Discurso & Ensaios* em francês, porque pretende ser entendido pelo homem comum, dotado de bom senso.

pensando que elas só serviam às artes mecânicas, surpreendia-me de que, sendo seus fundamentos tão firmes e sólidos, nada de mais elevado tivesse sido construído sobre eles. Assim, ao contrário, eu comparava os escritos dos antigos pagãos que tratam dos costumes com palácios // muito suntuosos e magníficos construídos apenas sobre areia e lama. Eles elevam muito alto as virtudes, apresentando-as como estimáveis acima de todas as coisas que estão no mundo, mas não ensinam o suficiente para conhecê-las e, com frequência, aquilo que denominam com um belo nome é apenas uma insensibilidade, ou um orgulho, ou um desespero, ou um parricídio.

Eu reverenciava nossa teologia e pretendia, como qualquer outro, ganhar o céu, mas tendo aprendido como coisa muito certa que o seu caminho não estava menos aberto aos mais ignorantes do que aos mais doutos, e que as verdades reveladas, que a ele conduzem, estão acima de nossa inteligência, não ousaria submetê-las à fragilidade de meus raciocínios. Pensava que, para empreender o seu exame e ser bem-sucedido, era preciso ter alguma extraordinária assistência do céu e ser mais do que homem.

Nada direi sobre a filosofia, a não ser que, vendo que ela foi cultivada pelos mais excelentes espíritos que viveram desde muitos séculos e que, apesar disso, nela nada se encontra que não seja objeto de disputa e, consequentemente, que não seja duvidoso, eu não tinha tanta presunção em esperar aí encontrar algo melhor do que os outros, e que, considerando quantas opiniões diferentes pode haver sobre uma mesma matéria, as quais são sustentadas por homens doutos, sem que jamais possa haver mais do que uma que seja verdadeira, reputava quase como falso tudo aquilo que era somente verossímil.

Depois, quanto às outras ciências, à medida que tomavam seus princípios emprestados da filosofia, eu julgava // que nada se poderia construir que fosse sólido sobre fundamentos tão pouco firmes. Nem a honra nem o ganho que elas prometem eram suficientes para instigar-me a aprendê-las, pois não me sentia, graças a Deus, em condição que me obrigasse a fazer da ciência uma profissão, para o alívio de minha fortuna, e, embora eu não fizesse profissão de desprezo da glória, como um cínico, todavia fazia muito pouca questão daquela que só esperava poder obter por falsos títulos. E, enfim, quanto às más doutrinas, pensava já conhecer bastante o que valiam para não mais estar sujeito a ser enganado nem pelas promessas de um alquimista, nem pelas predições de um astrólogo, nem pelas imposturas de um mágico, tampouco pelos artifícios ou arrogância de alguns daqueles que professam saber mais do que sabem.

Eis por que, tão logo a idade permitiu-me sair da sujeição de meus preceptores, abandonei inteiramente o estudo das letras. E, decidindo-me a não procurar mais outra ciência, a não ser aquela que poderia encontrar em mim mesmo, ou então no grande livro do mundo, empreguei o restante de minha juventude em viajar, em ver as cortes e os exércitos, em frequentar pessoas de diferentes humores e condições, em recolher diversas experiências, em expor-me a mim mesmo aos conflitos que a fortuna me propunha e em fazer, em toda parte, tal reflexão sobre as coisas que se me apresentavam, para que delas pudesse tirar algum proveito. Pois parecia-me poder encontrar muito mais verdade nos raciocínios que cada um faz no que diz respeito aos assuntos que lhe interessam e cujo desfecho // deve puni-lo logo em seguida, caso tenha julgado mal, do que naqueles raciocínios que o homem de letras faz em seu gabinete referentes às especulações que não produzem efeito algum e que não lhe trazem outra consequência a não ser, talvez, a de despertarem-lhe tanto mais vaidade quanto mais afastadas estiverem do senso comum, porque ele precisou empregar outro tanto de espírito e de artifício no esforço de torná-las verossímeis. Mas sempre tive um imenso desejo de aprender a distinguir o verdadeiro do falso, para ver claramente em minhas ações e caminhar com segurança nesta vida.

É verdade que, enquanto eu considerava apenas os costumes de outros homens, pouco encontrava que me desse segurança e neles percebia quase tanta diversidade quanto a que antes notara nas opiniões dos filósofos. Assim, o maior proveito que disso tirei foi que, vendo várias coisas, as quais, embora nos pareçam muito extravagantes e ridículas, não deixam de ser comumente aceitas e aprovadas por outros grandes povos, aprendi a não crer muito firmemente em nada daquilo que só me tivesse persuadido pelo exemplo e pelo costume. Assim, livrei-me pouco a pouco de muitos erros que podem ofuscar nossa luz natural e tornar-nos menos capazes de ouvir a razão. Mas, depois que empreguei alguns anos em estudar assim no livro do mundo e em procurar adquirir alguma experiência, tomei um dia a decisão de estudar também a mim próprio e de empregar todas as forças de meu espírito em escolher os caminhos que devia seguir. // Parece-me que isso me trouxe muito mais resultado do que se jamais me tivesse afastado de meu país e de meus livros.

## Segunda parte

Encontrava-me, então, na Alemanha, para onde fora chamado por ocasião das guerras que ainda não haviam terminado; e retornando da coroação do imperador para o exército, o início do inverno deteve-me em um quartel, onde, sem encontrar conversação alguma que me distraísse e não tendo, por outro lado, por felicidade, quaisquer preocupações ou paixões que me perturbassem, permanecia o dia inteiro fechado sozinho em um quarto bem aquecido, no qual dispunha de todo o tempo para ocupar-me com meus pensamentos. Entre eles, um dos primeiros foi que me ocorreu de considerar que, com frequência, não há tanta perfeição nas obras compostas por várias peças e feitas pela mão de vários mestres, quanto naquelas em que um só trabalhou. Assim, vê-se que os edifícios projetados e terminados por um só arquiteto costumam ser mais belos e mais bem ordenados do que aqueles que muitos procuraram reformar, aproveitando velhas paredes que foram construídas para outros fins. Assim, essas antigas cidades que, não sendo no início mais que pequenos burgos, tornaram-se, no decorrer do tempo, grandes cidades, são comumente tão mal projetadas, se comparadas a essas praças regulares que um engenheiro traça em uma planície de acordo com sua imaginação, nas quais, embora considerando seus edifícios cada um separadamente, encontra-se, com frequência, tanta ou mais arte que nos das outras, todavia, ao ver como eles estão dispostos, aqui um grande, ali um pequeno, e como eles tornam as ruas curvas e desiguais, // dir-se-ia que foi antes o acaso que assim os dispôs do que a vontade de alguns homens usando a razão. E se for considerado que, apesar de tudo, sempre houve alguns oficiais que tinham o encargo de fiscalizar as construções dos particulares, para fazê-las servir à ornamentação do que é público, reconhecer-se-á que é penoso construir coisas bem-acabadas trabalhando apenas nas obras dos outros. Assim, imaginei que os povos que, tendo sido outrora semisselvagens e civilizando-se pouco a pouco, fizeram suas leis apenas à medida que o incômodo dos crimes e das querelas a isso os forçou, não poderiam ser tão bem policiados como aqueles que, desde o começo, ao reunirem-se, observaram as constituições de algum prudente legislador. Do mesmo modo, é bem certo que o estado da verdadeira religião, cujos decretos Deus fez sozinho, deve ser incomparavelmente mais bem regulado do que todos os outros. E, para falar das coisas humanas, creio que, se Esparta foi outrora muito florescente, isso não se deu devido à magnanimidade de cada uma de suas leis em particular, visto que muitas eram bastante estranhas e até mesmo contrárias aos bons costumes, mas porque, tendo sido inventadas por um só, todas elas tendiam para um mesmo fim. E pensei então que as ciências dos livros, ao menos aquelas cujas razões são apenas prováveis e não apresentam quaisquer demonstrações, por terem sido compostas e ampliadas pouco a pouco com as opiniões de diversas pessoas, não estão assim tão próximas da verdade quanto os simples raciocínios que um homem // de bom senso pode naturalmente fazer sobre as coisas que se lhe apresentam. E, então, pensei ademais que, como todos nós fomos crianças antes de tornarmo-nos adultos e que foi preciso que fôssemos governados por longo tempo por nossos apetites e por nossos preceptores, os quais eram frequentemente contrários entre si, e que talvez nem aqueles nem estes nos aconselhassem sempre o melhor, é quase impossível que nossos juízos sejam tão puros ou tão sólidos como se tivéssemos tido o inteiro uso de nossa razão desde o nascimento e se tivéssemos sido conduzidos apenas por ela.

É verdade que não vemos serem lançadas por terra todas as casas de uma cidade com o único propósito de refazê-las de outra maneira e de tornar suas ruas mais belas; mas vê-se bem que muitos derrubam suas casas para reconstruí-las e que, algumas vezes, eles são mesmo forçados a isso quando elas estão na iminência de desabar por si próprias, por suas fundações não estarem muito firmes. A exemplo disso, eu me persuadi de que não seria verdadeiramente plausível que um particular tivesse o desígnio de reformar o Estado, mudando tudo nele, desde os fundamentos, derrubando-o para reerguê-lo, nem tampouco reformar o corpo das ciências ou a ordem estabelecida nas escolas para ensiná-las, mas que, no que diz respeito a todas as opiniões que até então eu tinha acolhido em minha crença, o que melhor poderia fazer, de uma vez por todas, seria tentar suprimir-lhes essa confiança, a fim de substituí-las, em seguida, por outras melhores ou pelas mesmas, depois de tê-las // ajustado ao nível da razão. Acreditei firmemente que, por esse meio, lograria êxito em conduzir minha vida muito melhor do que se a construísse apenas sobre velhos fundamentos e não me apoiasse senão sobre princípios pelos quais me deixei persuadir em minha juventude, sem ter jamais examinado se eram verdadeiros. Pois, ainda que notasse nisso diversas dificuldades, elas não eram, entretanto, irremediáveis, nem comparáveis àquelas que se encontram na reforma das menores coisas que dizem respeito ao público. Esses grandes corpos são muito difíceis de reerguer, quando abatidos, ou mesmo de preservar, estando abalados, e suas quedas não podem deixar de ser muito desastrosas. Ademais, quanto a suas imperfeições, se as possuem, como a mera diversidade que há entre esses corpos é suficiente para assegurar que as têm em grande número, o uso sem dúvida suavizou-as e mesmo evitou ou corrigiu insensivelmente muitas, as quais não poderiam ser tão bem evitadas ou corrigidas por prudência. E, enfim, elas são quase sempre mais suportáveis do que seria sua mudança, da mesma maneira que os grandes caminhos que contornam as montanhas tornam-se, pelo uso frequente, gradativamente tão aplainados e tão cômodos, que é muito melhor segui-los do que tentar ir em linha reta, escalando por sobre os rochedos e descendo até o fundo dos precipícios.

Eis por que de modo algum eu poderia aprovar esses temperamentos perturbadores e inquietos que, sem serem chamados nem pelo nascimento nem pela fortuna à gestão dos negócios públicos, não deixam de realizar sempre, na ideia, alguma nova // reforma. E se eu pensasse haver a menor coisa neste escrito pela qual eu pudesse ser suspeito de tal loucura, ficaria muito pesaroso por ter sido publicado. Meu intento jamais se estendeu além de procurar reformar meus próprios pensamentos e de construir com recursos tirados inteiramente de mim mesmo. Como então muito me agradou minha obra, aqui vos mostro o modelo, o que não quer dizer que eu queira aconselhar todos a imitá-lo. Aqueles a quem Deus melhor concedeu suas graças talvez tenham desígnios mais elevados, mas temo muito que este já seja excessivamente ousado para muitos. A mera resolução de desfazer-se de todas as opiniões nas quais se acreditava anteriormente não é um exemplo que cada um deva seguir; e o mundo é composto quase tão somente de duas espécies de espírito, aos quais ela de nenhum modo convém. A saber, aqueles que, crendo-se mais hábeis do que são, não podem impedir-se de serem precipitados em seus julgamentos, nem podem ter muita paciência para conduzir em ordem todos os seus pensamentos; disso resulta que, se eles tivessem uma vez tomado a liberdade de duvidar dos princípios que aceitaram e de desviar-se do caminho comum, jamais poderiam manter-se no caminho que se deve tomar para ir mais retamente, e permaneceriam perdidos por toda sua vida. Em seguida, aqueles espíritos que, tendo suficiente razão, ou modéstia, para julgar que são menos capazes de distinguir o verdadeiro do falso do que quaisquer outros pelos quais eles podem ser instruídos, devem antes contentar-se em seguir as opiniões desses outros do que procurar, por si mesmos, por melhores.

**16**  // Quanto a mim, estaria, sem dúvida, situado entre esses últimos, se apenas tivesse tido um único mestre, ou se nada soubesse sobre as diferenças que sempre existiram entre as opiniões dos mais doutos. Mas, tendo aprendido, desde o colégio, que nada se poderia imaginar de tão estranho e de tão pouco crível que não tivesse sido dito por algum dos filósofos, e, além disso, tendo reconhecido, ao viajar, que todos aqueles que têm sentimentos muito contrários aos nossos não são, por isso, bárbaros nem selvagens, mas que muitos usam, tanto ou mais do que nós, a razão; e tendo considerado como um mesmo homem, com o mesmo espírito, tendo sido nutrido desde sua infância entre os franceses ou os alemães, torna-se diferente daquilo que seria se tivesse sempre vivido entre os chineses ou os canibais, e como, até nas modas de nossas roupas, a mesma coisa que nos agradou há dez anos e que talvez nos agrade ainda antes de terem passado dez anos, parece-nos agora extravagante e ridícula; de modo que são bem mais o costume e o exemplo que nos persuadem do que qualquer conhecimento certo, e como, no entanto, a pluralidade de vozes não é uma prova que valha algo para as verdades um pouco difíceis de descobrir, porque é bem mais verossímil que tenham sido encontradas por um só homem do que por todo um povo, eu não podia escolher ninguém cujas opiniões me parecessem dever ser preferidas àquelas de outrem e encontrava-me como que obrigado a tentar conduzir-me a mim mesmo.

Mas, como um homem que caminha só e nas trevas, eu decidi ir tão lentamente e usar // tanta circunspecção em todas as coisas que, se eu avançasse muito pouco, evitaria, ao menos, cair. Não quis começar por rejeitar inteiramente qualquer das opiniões que puderam outrora insinuar-se em minha crença sem que tivessem sido aí introduzidas pela razão, antes que eu tivesse empregado bastante tempo em elaborar o projeto da obra que empreenderia e em procurar o verdadeiro método para chegar ao conhecimento de todas as coisas das quais meu espírito fosse capaz.

Quando mais jovem, estudara um pouco, entre as partes da filosofia, a lógica, e dentre as matemáticas, a análise dos geômetras e a álgebra, três artes ou ciências que parecem dever contribuir com algo para o meu desígnio. Mas, ao examiná-las, reparei que, no que diz respeito à lógica, seus silogismos e a maior parte de suas outras instruções servem mais para explicar a alguém as coisas que se sabem, ou mesmo, como a arte de Lúlio, para falar, sem julgamento, a respeito daquelas que se ignoram, do que para aprendê-las. E, ainda que ela contenha, com efeito, muitos preceitos bastante verdadeiros e bons, todavia, há tantos outros a eles misturados que são ou nocivos ou supérfluos, que é quase tão difícil separá-los quanto tirar uma Diana ou uma Minerva de um bloco de mármore que ainda não esteja sequer esboçado. Depois, quanto à análise dos antigos e à álgebra dos modernos, além de estenderem-se a matérias muito abstratas e que não parecem ter qualquer uso, a primeira é sempre tão restrita à consideração das figuras que ela não pode exercitar o entendimento // sem fatigar muito a imaginação e, na segunda, esteve-se de tal modo submetido a certas regras e a certas cifras, que se fez dela uma arte confusa e obscura que embaraça o espírito, em vez de uma ciência que o cultive. Tal foi a causa para que eu pensasse que era preciso procurar algum outro método que, compreendendo as vantagens dessas três, fosse isento de seus defeitos. E como a multiplicidade das leis fornece amiúde escusas aos vícios, um Estado é muito mais bem regulado quando, tendo muito poucas leis, elas são estritamente observadas; assim, em vez desse grande número de preceitos de que a lógica é constituída, creio que me bastariam os quatro seguintes, desde que tomasse uma firme e constante resolução de não deixar uma só vez de os seguir.

O primeiro era o de jamais admitir como verdadeira alguma coisa que eu não conhecesse evidentemente como tal, isto é, evitar cuidadosamente a precipitação e a prevenção, e de nada mais compreender em meus julgamentos senão aquilo que se apresentasse tão clara e distintamente ao meu espírito que eu não teria ocasião alguma de colocá-lo em dúvida.

O segundo, de dividir cada uma das dificuldades que examinasse em tantas partes quantas possíveis e quantas fossem requeridas para melhor resolvê-las.

O terceiro, de conduzir em ordem meus pensamentos, a começar pelos objetos mais simples e mais fáceis de conhecer, para subir pouco a pouco, como que por degraus, até o conhecimento dos mais compostos, e supondo mesmo uma ordem entre aqueles // que não precedem naturalmente uns aos outros.

E o último, de fazer por toda parte enumerações tão completas e revisões tão gerais, que eu estivesse seguro de nada omitir.[3]

Essas longas cadeias de razões, todas simples e fáceis, das quais os geômetras têm o costume de servir-se para chegar a suas demonstrações mais difíceis, deram-me ocasião de imaginar que todas as coisas que podem ser incluídas no conhecimento dos homens decorrem umas das outras da mesma maneira e que, contanto que nos abstenhamos somente de aceitar por verdadeira alguma que não o seja e sigamos sempre a ordem necessária para deduzi-las umas das outras, não pode haver coisas tão afastadas que não alcancemos por fim, nem tão escondidas que não as descubramos. E não me foi muito penoso procurar aquelas pelas quais era necessário começar, pois já sabia que deveria ser pelas mais simples e mais fáceis de conhecer, e, considerando que, dentre todos aqueles que anteriormente buscaram a verdade nas ciências, somente os matemáticos puderam encontrar algumas demonstrações, isto é, algumas razões certas e evidentes, de modo algum

---

[3] Esses preceitos, aqui apresentados de forma sumária, devem ser compreendidos à luz da leitura das *Regulæ ad directionem ingenii* (AT, X, p.359-469). Pode-se consultar uma edição em português das *Regras para a direção do espírito* (Descartes, 1985) e a discussão sobre o emprego cartesiano do método analítico em Battisti (2002, parte 2).

duvidei que não fosse pelas mesmas que eles examinaram, ainda que eu não esperasse disso qualquer outra utilidade a não ser que elas acostumassem meu espírito a alimentar-se de verdades e a não se contentar com falsas razões. Mas não foi minha intenção, para tanto, tratar de aprender todas as ciências particulares chamadas comumente matemáticas; e // vendo que, apesar de seus objetos serem diferentes, elas não deixavam todas de concordar, uma vez que não consideram outra coisa além das diversas relações ou proporções que neles se encontram, pensei que valeria mais se eu examinasse somente essas proporções em geral, sem supô-las a não ser nos assuntos que servissem para tornar-me mais fácil seu conhecimento, mesmo assim, sem em nada restringi-las a fim de poder melhor aplicá-las, em seguida, a todos os outros objetos aos quais conviessem. Então, tendo-me precavido de que, para conhecê-las, teria algumas vezes necessidade de considerá-las cada uma em particular e outras vezes apenas reter ou compreender muitas delas em conjunto, pensei que, para melhor considerá-las em particular, devia supô-las como linhas, porque não encontrava nada de mais simples, nem que pudesse representar mais distintamente à minha imaginação e aos meus sentidos, mas que, para reter ou compreender muitas delas em conjunto, era preciso que eu as explicasse por algumas cifras, as mais concisas possíveis, e por esse meio tomaria de empréstimo o melhor da análise geométrica e da álgebra, e corrigiria todos os defeitos de uma pela outra.[4]

Ouso dizer, com efeito, que a exata observância desses poucos preceitos que escolhi deu-me tal facilidade para desenredar todas as questões às quais se estendem essas duas ciências, que nos dois ou três meses que empreguei para examiná-las, tendo começado pelas mais simples e mais gerais,

---

4 Nessa passagem, Descartes expressa claramente que o método proposto está exemplarmente empregado nas soluções a problemas geométricos que permaneciam insolúveis com os métodos geométricos tradicionais. Graças ao novo tratamento algébrico/geométrico propiciado pelo método proposto, Descartes nos apresenta uma teoria das equações algébricas. Volta a insistir, nesse parágrafo, para a importância de seguir as regras (ou os preceitos) do método, exemplificando-o para o caso da aritmética.

**21** e sendo cada verdade que encontrava uma regra que me // servia a seguir para encontrar outras, não somente tive êxito em muitas que anteriormente havia julgado muito difíceis, como me pareceu também, por fim, que podia determinar, mesmo naquelas que ignorava, por quais meios e até onde seria possível resolvê-las. No que eu não vos parecerei talvez muito vaidoso, se considerardes que, havendo apenas uma verdade de cada coisa, todo aquele que a encontra sabe a seu respeito tanto quanto se pode saber, e que, por exemplo, uma criança instruída na aritmética, tendo feito uma adição segundo suas regras, pode estar segura de ter encontrado, no tocante à soma que examinava, tudo o que o espírito humano poderia encontrar. Pois, enfim, o método, que ensina a seguir a verdadeira ordem e a enumerar exatamente todas as circunstâncias daquilo que se procura, contém tudo aquilo que dá certeza às regras da aritmética.

Mas o que mais me contentava nesse método era que, por ele, eu estava seguro de empregar em tudo minha razão, se não perfeitamente, pelo menos o melhor que estivesse em meu poder. Além disso, sentia, ao praticá-lo, que meu espírito aos poucos se acostumava a conceber mais clara e distintamente seus objetos e que, não o tendo submetido a qualquer matéria em particular, eu prometia a mim mesmo aplicá-lo também tão utilmente às dificuldades das outras ciências, assim como o fizera àquelas da álgebra. Não que, para isso, ousasse empreender inicialmente o exame de todas aquelas que se me apresentassem, pois isso seria mesmo contrário à ordem que ele prescreve. Mas, tendo-me precavido de que seus princípios deviam ser todos tomados **22** da // filosofia, na qual não encontrava ainda quaisquer que fossem certos, pensei que seria necessário, antes de tudo, tratar de estabelecê-los e que, sendo isso a coisa mais importante do mundo e na qual a precipitação e a prevenção devem evitadas ao máximo, eu não devia empreender tal realização antes de atingir uma idade bem mais madura do que a dos 23 anos que tinha na época e antes de ter empregado muito tempo em preparar-me para isso, seja desenraizando de meu espírito todas as más opiniões que admitira até essa época, seja acumulando muitas experiências, para mais tarde servirem de matéria aos meus raciocínios, e exercitando-me sempre no método que me prescrevera, a fim de firmar-me nele cada vez mais.

# Terceira parte

Enfim, como não é suficiente, antes de começar a reconstruir a casa onde se mora, derrubá-la e prover-se de materiais e de arquitetos, ou exercitar-se a si mesmo na arquitetura, e, além disso, ter cuidadosamente traçado o desenho, mas é também necessário que nos tenhamos provido de alguma outra casa onde possamos comodamente alojar-nos durante o tempo em que nisso se trabalha, assim, a fim de que eu não permanecesse em nada irresoluto em minhas ações, enquanto a razão me obrigasse a sê-lo em meus juízos, e que não deixasse de viver do modo mais feliz possível, formei para mim uma moral provisória, a qual consistia em três ou quatro máximas, das quais quero fazer-vos parte.[5]

A primeira era obedecer às leis e aos costumes // de meu país, retendo constantemente a religião na qual Deus me deu a graça de ser instruído desde minha infância e governando-me, em todas as outras coisas, segundo as opiniões mais moderadas e as mais afastadas do excesso, as que fossem comumente recebidas na prática pelos mais sensatos entre aqueles com quem teria que viver. Pois, começando desde então a não contar para nada com as minhas próprias opiniões, porque as queria submeter todas a exame, eu estava seguro de que não poderia fazer melhor que seguir as dos mais sensatos. E, embora também haja, talvez, entre os persas e os chineses, pessoas tão sensatas como entre nós, parecia-me que o mais útil seria pautar-me

---

5 O projeto cartesiano de reforma do saber voltado para a vida requer o questionamento de todo o conhecimento e a suspensão dos juízos. Mas, se essa suspensão é permitida no nível do entendimento, a vida cotidiana não admite a permanência da vontade na irresolução. Como o risco (a possibilidade da morte) é inerente à vida, a moral deve incorporá-lo ao prescrever regras que orientem nossa atuação, sempre em busca do bem. Essa busca se mantém, mesmo quando a vontade não é esclarecida pela razão. As ações requerem, muitas vezes, decisões rápidas, e permanecer na irresolução é o pior dos males que nos pode acontecer. Ao tecer essas considerações, Descartes elabora o que chamou de *"morale par provision"* (literalmente "moral de provisão"). Oito anos depois da publicação do *Discurso de método*, na correspondência com Elizabeth, Descartes retoma essa moral e promove um desenvolvimento das máximas, visando à beatitude com base no conhecimento da prática da virtude (cf. carta a Elisabeth, 4 de agosto de 1645; AT, IV, p.263-8).

por aqueles com os quais eu teria que viver e que, para saber quais eram verdadeiramente suas opiniões, eu deveria prestar mais atenção àquilo que eles praticavam do que àquilo que diziam, não só porque, na corrupção de nossos costumes, há poucas pessoas que se disponham a dizer tudo em que acreditam, mas também porque muitos o ignoram por si mesmos, pois, sendo a ação do pensamento, pela qual se crê em uma coisa, diferente daquela pela qual se conhece que se crê nela, uma se apresenta frequentemente sem a outra. E, dentre as várias opiniões igualmente admitidas, eu escolhia apenas as mais moderadas, tanto porque são sempre as mais cômodas para a prática e, verossimilmente, as melhores, sendo todo excesso costumeiramente mau, como também para desviar-me minimamente do verdadeiro caminho, caso falhasse, se, tendo escolhido um dos extremos, fosse o outro que eu deveria ter seguido. E, // particularmente, colocava entre os excessos todas as promessas pelas quais se limita em alguma coisa a própria liberdade. Não que eu desaprovasse as leis, as quais, para remediar a inconstância dos espíritos fracos, permitem, quando se tem algum bom propósito, ou mesmo para a segurança do comércio, algum propósito que não é senão indiferente, que se façam promessas ou contratos que obriguem a nele perseverar, mas, porque não via no mundo nada que permanecesse sempre no mesmo estado e porque, em meu caso, prometia a mim mesmo aperfeiçoar cada vez mais meus juízos e não torná-los piores, pensaria estar cometendo uma grande falta contra o bom senso se, por ter aprovado então alguma coisa, eu fosse obrigado a tomá-la como boa mesmo depois que ela, talvez, tivesse deixado de sê-lo, ou quando eu deixasse de considerá-la como tal.

Minha segunda máxima era ser o mais firme e o mais resoluto possível em minhas ações e não seguir menos constantemente as opiniões mais duvidosas como se elas fossem muito seguras, uma vez que eu me tivesse determinado a isso. Imitando nisso os viajantes que, ao verem-se perdidos em alguma floresta, não devem andar sem rumo certo, volteando ora para um lado ora para outro, e, menos ainda, deterem-se em um lugar, mas andar sempre o mais reto possível para um mesmo lado sem mudá-lo por razões frágeis, ainda que, no começo, só o acaso talvez os tenha determinado a escolhê-lo. Pois, por esse meio, se não vão exatamente aonde desejam, ao menos chegarão, // no fim, a alguma parte, onde estarão verossimilmente melhor do que no meio de uma floresta. E, assim, como as ações da vida não suportam muitas vezes qualquer adiamento, é uma verdade muito certa que, quando não está em nosso poder discernir as opiniões mais verdadeiras, devemos seguir as mais prováveis, e, ainda que não notemos mais probabilidades em umas do que em outras, devemos, contudo, decidir-nos por algumas e considerá-las, a seguir, não mais como duvidosas, na medida em que se relacionam com a prática, mas como muito verdadeiras e muito certas, porque a razão que a isso nos determinou como tal se apresenta. E isso foi capaz, desde então, de libertar-me de todos os arrependimentos e remorsos que costumam agitar as consciências desses espíritos fracos e hesitantes que se deixam levar inconstantemente a praticar, como boas, as coisas que depois julgam serem más.

Minha terceira máxima era procurar sempre vencer a mim próprio, antes que a fortuna, e de antes mudar meus desejos do que a ordem do mundo e, em geral, de acostumar-me a crer que nada há que esteja inteiramente em nosso poder, a não ser nossos pensamentos, de modo que, depois de termos feito o melhor possível no tocante às coisas que nos são exteriores, tudo aquilo em que não logramos êxito é, em relação a nós, absolutamente impossível. Apenas isso me parecia ser suficiente para impedir-me de desejar, no futuro, algo que não pudesse adquirir e para, assim, contentar-me. Pois, inclinando-se naturalmente nossa vontade a // desejar apenas as coisas que a ela nosso entendimento representa de alguma maneira como possíveis, é certo que, se considerarmos todos os bens que estão fora de nós como igualmente distantes de nosso poder, não lamentaremos a ausência daqueles que parecem dever-se ao nosso nascimento, quando deles formos privados sem culpa nossa, mais do que lamentamos não possuir os reinos da China ou do México, e que, fazendo, como se diz, da necessidade virtude, não desejaremos mais estar sãos, estando doentes, ou estar livres, estando na prisão, do que fazemos agora ao desejar possuir um corpo de uma matéria tão pouco corruptível quanto os diamantes, ou asas para voar como os pássaros. Mas reconheço que é necessário um longo exercício e uma meditação muitas vezes reiterada para acostumar-se a olhar por esse ângulo todas as coisas. Creio que principalmente nisso consiste o segredo desses filósofos que puderam outrora subtrair-se ao império da fortuna e, apesar das dores e da pobreza, disputar a felicidade com seus deuses. Pois, ocupando-se incessantemente em considerar os limites que lhes eram prescritos pela natureza, persuadiram-se tão perfeitamente de que nada estava em seu poder a não ser os seus pensamentos, que só isso era suficiente para impedi-los de ter alguma afecção por outras coisas; e eles dispunham tão absolutamente dos pensamentos, que tinham nisso alguma razão de julgarem-se mais ricos, mais poderosos, mais livres e mais felizes do que quaisquer outros homens, os quais, não tendo essa filosofia, por mais favorecidos // que possam ser pela natureza e pela fortuna, jamais dispõem assim de tudo aquilo que querem.

Por fim, para conclusão desta moral, eu ousei fazer uma revisão das diferentes ocupações que os homens têm nesta vida, para tratar de escolher a melhor; e sem nada querer dizer sobre aquelas dos outros, pensei que não poderia fazer melhor do que continuar naquela mesma em que me encontrava, isto é, empregar toda minha vida a cultivar minha razão e a avançar, tanto quanto pudesse, no conhecimento da verdade, segundo o método que me prescrevera. Eu sentira tão grandes contentamentos, desde que comecei a servir-me desse método, que não acreditava que se pudessem colher outros mais doces, nem mais inocentes nesta vida; e, descobrindo todos os dias, por seu meio, algumas verdades que me pareciam tão importantes e comumente ignoradas pelos outros homens, a satisfação que isso me proporcionava enchia de tal modo o meu espírito que todo o resto não me importava. Além disso, as três máximas precedentes estavam fundadas unicamente no desígnio que eu tinha de continuar a instruir-me, pois, tendo Deus dado, a cada um de nós, alguma luz para discernir o verdadeiro do falso, não acreditava dever contentar-me um só momento com as opiniões de outrem, a não ser que me propusesse a empregar meu próprio juízo em examiná-las no momento oportuno. E não saberia isentar-me de escrúpulos ao segui-las, se não esperasse não perder com isso nenhuma ocasião de encontrar outras melhores, caso // existissem. E, enfim, não saberia limitar meus desejos, nem estar satisfeito, se não tivesse seguido um caminho pelo qual, pensando estar seguro da aquisição de todos os conhecimentos dos quais fosse capaz, eu o pensava estar, pelo mesmo meio, da aquisição de todos os verdadeiros bens que estariam alguma vez em meu poder, tanto mais que, não se inclinando nossa vontade a seguir, nem a fugir de coisa alguma, senão conforme nosso entendimento lha represente como boa ou má, basta bem julgar para bem agir, e julgar o melhor possível para agir igualmente da melhor maneira, isto é, para adquirir todas as virtudes e, conjuntamente, todos os outros bens que se possam adquirir, e, quando se está certo de que é assim, não se pode deixar de ficar contente.[6]

Depois de ter-me assim assegurado dessas máximas e de tê-las posto à parte com as verdades da fé, que foram sempre as primeiras em minha crença, julguei que, quanto a todo o resto de minhas opiniões, podia livremente empreender desfazer-me delas. E, na medida em que esperava poder chegar ao fim dessa tarefa conversando com os homens, em vez de permanecer por mais tempo fechado em meu quarto aquecido, onde me ocorreram todos esses pensamentos, recomecei a viajar quando o inverno ainda nem bem acabara. Em todos os nove anos seguintes, não fiz outra coisa a não ser viajar de lá para cá pelo mundo, procurando ser antes um espectador do que ator em todas as comédias que nele se representam e refletindo particularmente, em cada matéria, sobre o que podia torná-la suspeita e dar ocasião de enganarmo-nos; desenraizava, entretanto, de meu espírito todos os erros que nele se pudessem ter // anteriormente insinuado. Não que eu imitasse, por isso, os céticos que duvidam apenas por duvidar e fingem estar sempre indecisos, pois, ao contrário, todo meu desígnio tendia apenas a dar-me certeza e a afastar a terra movediça e a areia, para encontrar a rocha ou a argila. O que consegui, parece-me, muito bem, visto que, ao procurar descobrir a falsidade ou a incerteza das proposições que examinava, não por meio de fracas conjecturas, mas com raciocínios claros e seguros, não encontrava senão proposições tão duvidosas que delas

---

6 A razão deve ser aplicada em todas as situações que exijam escolha, definição. É necessário o esforço da razão em julgar o melhor possível, em atingir o conhecimento possível dentro de uma determinada situação. A regra da virtude não tem como pretensão a infalibilidade em nossa ação, mas está voltada para nos dar "o conhecimento que vem da consciência de nos termos esforçado para agir de acordo com o melhor conhecimento possível" (cf. Teixeira, 1955, p.185). A virtude caracteriza-se, assim, pela vontade firme e constante de fazer tudo o que julgamos ser o melhor e de empregar toda a força do julgamento em bem julgar (cf. carta a Elisabeth, 4 de agosto de 1645; AT, IV, p.263-8).

não tirasse sempre alguma conclusão bastante certa, quando mais não fosse a de que ela mesma não continha nada de certo. E como, ao demolir uma velha casa, reservam-se comumente os entulhos para servir à construção de uma nova, assim também, ao destruir todas aquelas minhas opiniões que julgava mal fundadas, eu fazia diversas observações e adquiria muitas experiências, que me serviram depois para estabelecer outras mais certas. Além disso, continuava a exercitar-me no método que me prescrevera, pois, além de ter o cuidado de conduzir geralmente todos os meus pensamentos segundo suas regras, eu reservava, de tempos em tempos, algumas horas que empregava particularmente em aplicá-lo nas dificuldades da matemática, ou mesmo também em algumas outras que eu podia tornar quase semelhantes àquelas das matemáticas, ao separá-las de todos os princípios das outras ciências que não reputava como bastante firmes, como vós vereis que eu fiz com várias que estão explicadas neste volume.[7] Assim, aparentemente, sem viver de // maneira diferente daqueles que, não tendo outra ocupação além de passar uma vida doce e inocente, procuram separar os prazeres dos vícios, e que, para gozar de seu tempo ocioso sem entediar-se, servem-se de todos os divertimentos que são honestos, eu não deixava de prosseguir em meu desígnio e de avançar no conhecimento da verdade, talvez mais do que se ficasse apenas na leitura dos livros ou frequentasse os homens de letras.

Todavia, esses nove anos passaram antes que eu tivesse tomado alguma decisão no que diz respeito às dificuldades que costumam ser discutidas entre os doutos, ou começado a procurar os fundamentos de alguma filosofia mais certa do que a vulgar. E o exemplo de muitos espíritos excelentes que, ao terem anteriormente esse desígnio, pareceram-me não ter logrado êxito, fizera-me imaginar tantas dificuldades que não teria talvez ousado empreendê-lo tão cedo se não tivesse visto que algumas pessoas já faziam correr o rumor de que eu havia atingido o objetivo. Não saberia dizer no que eles fundam essa opinião; e se com meus discursos contribuí para isso, deve ter sido por ter confessado neles mais ingenuamente aquilo que ignorava do que costumam fazer aqueles que estudaram um pouco e, talvez,

---

[7] E que dizem respeito, em geral, a dificuldades físicas tratadas e resolvidas segundo um método (analogias) micro/macro dos elementos da matéria em *A dióptrica* e em *Os meteoros*.

também, por mostrar as razões que tinha para duvidar de muitas coisas que os outros tomam como certas, do que por gabar-me de alguma doutrina. Mas, sendo muito honrado para não querer que me tomassem por alguém que eu não era, pensei que bastava que eu me esforçasse, por todos os meios, para tornar-me digno da reputação // que me atribuíam. Faz exatamente oito anos que esse desejo levou-me a afastar-me de todos os lugares onde pudesse travar conhecimento com alguém, e a retirar-me para aqui, para um país onde a longa duração da guerra estabeleceu tais ordens que os exércitos nele mantidos parecem servir apenas para que desfrutemos dos frutos da paz com tanto mais segurança, e onde, no meio de uma multidão de um grande povo muito ativo e mais preocupado com seus próprios negócios do que curioso com aqueles de outrem, sem faltar quaisquer das comodidades presentes nas cidades mais frequentadas, pude viver tão solitário e retirado quanto nos desertos mais afastados.

## Quarta parte

Não sei se vos devo falar sobre as primeiras meditações que então realizei, pois são tão metafísicas e tão pouco comuns que talvez não sejam do gosto de todos. E, todavia, a fim de que se possa julgar se os fundamentos que tomei são bastante firmes, sinto-me, de certo modo, obrigado a falar sobre elas. Notara havia muito tempo que, quanto aos costumes, é necessário algumas vezes seguir opiniões, que sabemos serem muito incertas, como se fossem indubitáveis, como foi dito antes, mas, porque desejava então ocupar-me somente com a procura da verdade, pensei que seria necessário que eu fizesse exatamente o contrário e que rejeitasse, como absolutamente falso, tudo aquilo em que eu pudesse imaginar a menor dúvida, a fim de ver se não restaria, depois disso, alguma coisa em minha crença que fosse inteiramente indubitável. Assim, porque // nossos sentidos nos enganam algumas vezes, eu quis supor que não havia coisa alguma que fosse tal como eles nos fazem imaginar. E porque há homens que se enganam ao raciocinar, mesmo no tocante às questões mais simples da geometria, cometendo paralogismos, julgando que eu estava sujeito a falhar, tanto como qualquer outro, rejeitei como falsas todas as razões que havia tomado até então por demonstrações. E, enfim, considerando que todos os mesmos pensamentos que temos quando despertos podem ocorrer quando dormimos, sem que haja algum, nesse caso, que seja verdadeiro, decidi fingir que todas as coisas que haviam entrado em meu espírito não eram mais verdadeiras que as ilusões de meus sonhos. Mas, logo a seguir, adverti que, enquanto queria assim pensar que tudo era falso, acontecia necessariamente que eu, que o pensava, fosse alguma coisa. E, ao notar que esta verdade, *eu penso, logo eu sou*, era tão firme e tão certa, que todas as mais extravagantes suposições dos céticos não seriam capazes de arruiná-la, julguei que podia aceitá-la, sem escrúpulo, como o primeiro princípio da filosofia que procurava.

Depois, examinando com atenção o que eu era e vendo que podia supor que não tinha corpo algum, que não havia mundo algum, nem qualquer lugar onde eu existisse, mas que não podia supor, por isso, que eu não era, e que, ao contrário, como decorrência mesma de eu pensar em duvidar da verdade das outras coisas, seguia-se, de modo muito evidente e muito certo, que eu era, ao passo que, se eu apenas tivesse // deixado de pensar, ainda que fosse verdadeiro todo o resto daquilo que alguma vez imaginara, não teria qualquer razão para acreditar que eu tivesse sido: compreendi que eu era uma substância cuja essência ou natureza consiste apenas em pensar, e que, para ser, não necessita de lugar algum, nem depende de qualquer coisa material. De modo que esse eu, isto é, a alma, pela qual eu sou o que sou, é inteiramente distinta do corpo e, mesmo, que ela é mais fácil de conhecer do que ele, e ainda que ele nada fosse, ela não deixaria de ser tudo o que é.

Depois disso, considerei em geral o que se requer para uma proposição ser verdadeira e certa, pois, visto que acabara de encontrar uma que eu sabia ser assim, pensei que devia também saber em que consiste essa certeza. E, tendo notado que absolutamente nada há nisso, *eu penso, logo eu sou*, que me assegure de que digo a verdade, exceto que vejo muito claramente que, para pensar, é necessário ser, julguei que podia tomar como regra geral que as coisas que conhecemos muito clara e distintamente são todas verdadeiras, mas que existe somente certa dificuldade em bem distinguir quais são aquelas que concebemos distintamente.

Em seguida, refletindo sobre o que duvidava e, por consequência, que meu ser não era totalmente perfeito, pois via claramente que o conhecer era uma perfeição maior do que o duvidar, decidi procurar de onde havia aprendido a pensar em alguma coisa mais perfeita do que eu era, e conheci, com evidência, que deveria ser // de alguma natureza que, com efeito, fosse mais perfeita. No que diz respeito aos pensamentos que tinha de várias outras coisas fora de mim, como do céu, da Terra, da luz, do calor e de mil outras, não me era difícil saber de onde vinham, porque, nada notando neles que parecesse torná-los superiores a mim, eu podia acreditar que, se eles fossem verdadeiros, eram dependentes de minha natureza, uma vez que esta possuía alguma perfeição, e se não o eram, eu os possuía do nada, isto é, eles estavam em mim pelo que eu possuía de imperfeição. Mas o mesmo não podia acontecer com a ideia de um ser mais perfeito do que o meu, pois tê-la do nada era manifestamente impossível; e porque não há menos repugnância que o mais perfeito seja uma consequência e dependa do menos perfeito do que alguma coisa proceder do nada, eu tampouco podia obtê-la de mim mesmo. De modo que restava apenas que ela tivesse sido colocada em mim por uma natureza que fosse verdadeiramente mais perfeita do que a minha, e que também tivesse em si todas as perfeições de que eu podia ter alguma ideia, isto é, para explicar-me em uma palavra, que fosse Deus. A isso acrescentei que, já que conhecia algumas perfeições que não possuía, eu não era o único ser que existia (usarei livremente aqui, se me permitirdes, as palavras da Escola), mas que devia necessariamente haver algum outro ser mais perfeito do qual eu dependesse e de quem eu tivesse adquirido tudo o que tinha. Pois, se eu fosse só e independente de todo outro ser, de sorte que tivesse // tirado de mim mesmo todo esse pouco pelo qual participava do ser perfeito, poderia ter de mim,[8] pela mesma razão, todo o restante que sabia faltar-me e, assim, ser eu próprio infinito, eterno, imutável, onisciente, todo-poderoso e, enfim, ter todas as perfeições que podia notar estarem em Deus. Pois, segundo os raciocínios que acabo de fazer, para conhecer a natureza de Deus, tanto quanto a minha o era capaz, bastava somente considerar, em todas as coisas das quais encontrava em

---

8 Como afirma Gilson, as expressões "ter de si próprio" e "participar de" são expressões comuns da Escolástica, mas que, nessa época, não eram comumente utilizadas em francês (cf. Descartes, 1947, p.332).

mim alguma ideia, se era ou não perfeição possuí-las, e estava seguro de que nenhuma daquelas que indicavam alguma imperfeição existia nele, mas que todas as outras existiam. Assim, eu via que a dúvida, a inconstância, a tristeza e coisas semelhantes não podiam nele existir, visto que eu próprio gostaria de estar isento delas. Além disso, eu tinha ideias de muitas coisas sensíveis e corporais, pois, ainda que supusesse que sonhava e que tudo o que via ou imaginava era falso, não podia negar que as ideias a elas relacionadas não estivessem verdadeiramente em meu pensamento, mas, por já ter reconhecido em mim muito claramente que a natureza inteligente é distinta da corporal, considerando que toda composição testemunha dependência e que a dependência é, manifestamente, um defeito, julguei a partir disso que não podia ser uma perfeição em Deus ser composto dessas duas naturezas e que, por consequência, ele não o era, mas que, se havia alguns corpos no mundo, ou ainda, algumas inteligências, ou outras naturezas, que não fossem inteiramente // perfeitos, o seu ser deveria depender de sua potência, de tal modo que eles não pudessem subsistir um só momento sem ele.

Eu quis procurar, depois disso, outras verdades, e tendo-me proposto o objeto dos geômetras, que eu concebia como um corpo contínuo, ou um espaço indefinidamente extenso em comprimento, largura e altura ou profundidade, divisível em diversas partes que podiam ter figuras e tamanhos diferentes, e podiam ser movidas ou transpostas de todos os modos, pois os geômetras supõem tudo isso em seu objeto, percorri algumas de suas mais simples demonstrações. Tendo considerado que essa grande certeza, que todo mundo lhes atribui, está fundada apenas em serem concebidas com evidência, segundo a regra que há pouco mencionei, levei em conta também que nada havia nelas que me assegurasse a existência de seu objeto. Pois, por exemplo, eu via muito bem que, ao supor um triângulo, seria preciso que seus três ângulos fossem iguais a dois retos, porém nada via que me assegurasse, por isso, haver no mundo qualquer triângulo. Ao passo que, voltando a examinar a ideia que tinha de um Ser perfeito, encontrei que a existência estava nele incluída, da mesma maneira que na ideia de um triângulo está compreendida a de que seus três ângulos são iguais a dois retos, ou, na de uma esfera, a de que todas as suas partes estão igualmente distantes de seu centro, ou até ainda mais evidentemente; e que, por consequência, é pelo menos tão certo que Deus, que é esse Ser perfeito, é ou existe, quanto qualquer demonstração de geometria poderia sê-lo.

// Mas o que leva muitos a persuadirem-se de que há dificuldade em conhecê-lo, e também em conhecer o que é sua alma, é nunca elevarem seu espírito além das coisas sensíveis e estarem de tal modo acostumados a só considerar aquilo que podem imaginar, o que é uma maneira particular de pensar as coisas materiais, que tudo o que não seja imaginável parece-lhes não ser inteligível. Isso fica bastante manifesto a partir do que os próprios filósofos, nas escolas, sustentam como máxima, que nada há no entendimento que não tenha primeiramente passado pelos sentidos, onde, todavia, é certo que as ideias de Deus e da alma jamais estiveram. Parece-me que aqueles que querem servir-se de sua imaginação para compreendê-las agem como se quisessem, para ouvir os sons ou sentir os odores, servir-se de seus olhos, porém com a seguinte diferença, que o sentido da visão não nos garante a verdade de seus objetos, não mais do que os do olfato ou da audição, ao passo que nem nossa imaginação nem nossos sentidos poderiam assegurar-nos de qualquer coisa, se nosso entendimento não interviesse.

Enfim, se ainda há homens que não estejam suficientemente persuadidos, pelas razões que apresentei, da existência de Deus e da alma, quero que saibam que todas as outras coisas das quais pensam estarem talvez mais seguros, como a de terem um corpo, existirem astros e uma Terra, e coisas semelhantes, são menos certas. Pois, ainda que se tenha uma certeza moral dessas coisas, a qual é tal que, // a menos que se seja extravagante, pareça impossível colocá-las em dúvida, quando se trata de uma certeza metafísica, a menos que se seja desarrazoado, tampouco se pode negar que basta, para não ter inteiramente certeza delas, ter estado tão atento quanto possível, do mesmo modo que se imagina, estando adormecido, que se tem outro corpo e que se veem outros astros e outra Terra, sem que nada disso assim seja.[9] Pois, de onde sabemos que os pensamentos que ocorrem em sonhos

---

9 Descartes utiliza aqui a expressão *"assurance moral"*, que foi traduzida, na edição latina de 1644, por *"certitudo moralis"* e, nesta tradução, por "certeza moral". Cabe notar que há uma diferença entre *"assurance moral"* e *"certitude methaphysique"*. A "assurance" é uma certeza mais subjetiva, mais dependente da vivência subjetiva. Descartes, mais tarde, no final dos *Princípios de filosofia*, torna mais preciso o uso

são mais falsos do que os outros, uma vez que muitas vezes não são menos vivos e nítidos? Ainda que os melhores espíritos os estudem tanto quanto queiram, não creio que possam dar alguma razão que seja suficiente para dirimir essa dúvida, se não tomarem como pressuposto a existência de Deus. Pois, em primeiro lugar, aquilo mesmo que há pouco tomei como uma regra, a saber, que as coisas que concebemos muito clara e distintamente são todas verdadeiras, só é certo porque Deus é ou existe, é um ser perfeito e tudo aquilo que existe em nós provém dele. Segue-se disso que nossas ideias ou noções, sendo coisas reais e provenientes de Deus em tudo aquilo em que elas são claras e distintas, só podem por isso serem verdadeiras. De modo que, se muitas vezes temos outras ideias que contêm falsidade, só podem ser aquelas que contêm algo de confuso e de obscuro, porque nisso elas participam do nada, isto é, são confusas em nós, porque não somos totalmente perfeitos. É evidente que não há menos repugnância que a falsidade ou imperfeição // procedam de Deus, enquanto tal, do que a verdade ou a perfeição procederem do nada. Mas, se não soubéssemos que tudo o que existe em nós de real e de verdadeiro provém de um ser perfeito e infinito, por mais claras e distintas que fossem nossas ideias, não teríamos qualquer razão que nos assegurasse que elas possuem a perfeição de serem verdadeiras.

Ora, depois que o conhecimento de Deus e da alma nos tenha dado, assim, a certeza dessa regra, é muito fácil compreender que os sonhos, que imaginamos quando dormimos, de modo algum devem fazer-nos duvidar da verdade dos pensamentos que temos quando acordados. Pois, se acontecesse que, mesmo dormindo, tivéssemos alguma ideia muito distinta, por exemplo, de um geômetra que inventasse alguma nova demonstração, seu sono não a impediria de ser verdadeira. Quanto ao erro mais comum de nossos sonhos, que consiste em que eles nos representam diversos objetos da mesma maneira como fazem nossos sentidos externos, não importa que tal erro nos dê ocasião de desconfiarmos da verdade de tais ideias, porque

---

dessa expressão, distinguindo dois graus de certeza e denominando moral, em contraposição à certeza metafísica, aquela que se pode ter em relação aos costumes e à conduta na vida, enquanto a certeza metafísica se estende também àquilo que os sentidos não conseguem alcançar, como é o caso dos fenômenos aí expostos, cuja explicação é deduzida de causas supostas (*Principes*, IV, §205-6, AT, IX, p.323-5).

elas podem também enganar-nos muitas vezes sem que estejamos dormindo, como ocorre com os que têm icterícia ao verem tudo na cor amarela, ou quando os astros ou outros corpos muito distantes parecem-nos muito menores do que são. Pois, enfim, estejamos acordados ou dormindo, jamais devemos deixar-nos persuadir a não ser pela evidência de nossa razão. E deve-se observar que eu digo de nossa razão e de modo algum de nossa imaginação nem de nossos sentidos. Assim, ainda que vejamos o Sol // muito claramente, não devemos julgar por isso que ele seja apenas do tamanho que o vemos; e bem podemos imaginar distintamente uma cabeça de leão apoiada no corpo de uma cabra, sem que seja preciso concluir, por isso, que há no mundo uma quimera, pois a razão não nos dita que tudo quanto assim vemos ou imaginamos seja verdadeiro. Mas ela nos dita que todas as nossas ideias ou noções devem ter algum fundamento de verdade, pois não seria possível que Deus, que é todo perfeito e todo verdadeiro, as tivesse colocado em nós sem isso. E porque nossos raciocínios jamais são tão evidentes nem tão completos durante o sono como durante a vigília, ainda que às vezes nossas imaginações sejam então tanto ou mais vivas e nítidas, a razão nos dita também que, não podendo nossos pensamentos ser de todo verdadeiros, porque não somos de todo perfeitos, aquilo que eles contêm de verdade deve infalivelmente encontrar-se naqueles que temos quando despertos, mais do que em nossos sonhos.

## Quinta parte

Eu gostaria de prosseguir e mostrar aqui toda a cadeia de outras verdades que deduzi dessas primeiras. Mas, uma vez que, para tal efeito, seria agora necessário que abordasse várias questões que são controversas entre os doutos, com os quais não desejo indispor-me, acredito que será melhor que me abstenha de fazê-lo e diga somente em geral quais elas são, a fim de deixar que os mais sábios julguem se seria útil que o público fosse mais particularmente informado sobre isso. // Sempre permaneci firme na resolução que tomara de não supor qualquer outro princípio a não ser aquele de que acabo de servir-me para demonstrar a existência de Deus e da alma, e de não admitir coisa alguma como verdadeira que não me parecesse mais clara e certa do que me haviam anteriormente parecido as demonstrações dos geômetras. No entanto, ouso dizer que não somente encontrei o meio de satisfazer-me em pouco tempo acerca de todas as principais dificuldades que costumam ser tratadas na filosofia, mas também que notei certas leis que Deus estabeleceu de tal modo na natureza, cujas noções ele imprimiu em nossas almas, das quais, depois de refletir muito sobre elas, não poderíamos duvidar que não fossem exatamente observadas em tudo que existe ou que se faz no mundo. Depois, ao considerar o que segue dessas leis, parece-me ter descoberto muitas verdades mais úteis e mais importantes do que tudo o que aprendera anteriormente, ou mesmo esperava aprender.

Mas, visto que procurei explicar as principais verdades em um tratado que certas considerações me impedem de publicar, não poderia melhor levá-las ao conhecimento de todos do que dizendo aqui sumariamente o que ele contém.[10] Antes de escrevê-lo, pretendia nele incluir tudo o que eu pensava saber sobre a natureza das coisas materiais. Mas, assim como os pintores que, não podendo representar igualmente bem, em uma tela plana, todas as diversas faces de um corpo sólido, escolhem uma das principais que eles colocam à luz e, sombreando as // outras, somente as fazem aparecer na medida em que se possa vê-las ao olhar aquela, assim também, temendo não poder colocar em meu discurso tudo o que eu tinha no pensamento, procurei somente expor muito amplamente o que concebia acerca da luz e, a seguir, quando fosse a ocasião, acrescentar algo acerca do Sol e das estrelas fixas, porque a luz procede quase totalmente deles, e acerca dos céus, porque a transmitem, e acerca dos planetas, dos cometas e da Terra, porque a refletem, e, em particular, acerca de todos os corpos que estão sobre a Terra, porque são coloridos, transparentes ou luminosos, e, enfim,

---

10 Descartes refere-se à desistência de publicar o tratado, intitulado *Le Monde ou traité de la lumière*, depois de tomar conhecimento da condenação de Galileu, como pode ser constatado em carta a Mersenne de novembro de 1633 (AT, I, p.270-2). Esse tratado incluía uma parte sobre o homem que acabou sendo publicada separadamente do restante do corpo do texto. Esses textos foram publicados postumamente, por Clerselier, com os títulos *Le Monde de Mr. Descartes, ou le traité de la lumière, & des autres principaux objets des sens* e *L'Homme de Mr. Descartes, & un traité de la formation du fœtus du mesme autheur* (cf. Descartes, 2009 [1637], p.7-8, nota prévia).

acerca do homem, porque é o seu espectador. Todavia, para sombrear um pouco todas essas coisas e poder dizer mais livremente o que julgava acerca disso, sem ser obrigado a seguir nem refutar as opiniões que são acolhidas entre os doutos, resolvi deixar todo este mundo às suas disputas e falar somente o que aconteceria em um novo, se Deus criasse agora, em alguma parte, nos espaços imaginários, suficiente matéria para compô-lo e agitasse diversamente e sem ordem as diferentes partes dessa matéria, de modo que compusesse com ela um caos tão confuso quanto os poetas possam simular, e que, em seguida, não fizesse outra coisa a não ser prestar o seu concurso ordinário à natureza e deixá-la agir segundo as leis que ele estabeleceu. Assim, primeiramente, descrevi essa matéria e tratei de representá-la de modo tal que nada há no mundo, parece-me, de mais claro nem de mais inteligível, exceto o que foi dito há pouco sobre Deus e sobre a alma, pois supus mesmo, expressamente, que // não existia nela nenhuma dessas formas ou qualidades acerca das quais se disputa nas escolas, nem geralmente qualquer coisa cujo conhecimento não fosse tão natural a nossas almas que não se pudesse mesmo fingir ignorá-la. Além disso, fiz ver quais eram as leis da natureza e, sem apoiar minhas razões em nenhum outro princípio a não ser no das perfeições infinitas de Deus, procurei demonstrar todas aquelas que poderiam provocar alguma dúvida e mostrar que elas são tais que, embora Deus tivesse criado muitos mundos, não poderia haver mundo algum em que elas deixassem de ser observadas. Depois disso, mostrei como a maior parte da matéria desse caos devia, seguindo essas leis, dispor-se e arranjar-se de certa maneira que a tornasse semelhante aos nossos céus, e como, entretanto, algumas de suas partes deviam compor uma Terra, algumas outras, os planetas e os cometas, e outras ainda, um Sol e as estrelas fixas. E aqui, ao estender-me sobre o tema da luz, expliquei bem longamente qual era aquela que se devia encontrar no Sol e nas estrelas, e como, a partir daí ela atravessava em um instante os imensos espaços dos céus e como ela se refletia dos planetas e dos cometas para a Terra. Acrescentei a isso, também, várias coisas referentes à substância, à situação, aos movimentos e a todas as diversas qualidades desses céus e desses astros, de modo que pensava dizer acerca disso o suficiente para fazer conhecer que nada se nota nas coisas deste mundo que não devesse, ou ao menos que não pudesse, pa-

**44** recer totalmente semelhante àquelas do mundo // que eu descrevia. Donde passei a falar particularmente da Terra; de como, embora houvesse suposto expressamente que Deus não colocara peso algum na matéria da qual ela era composta, todas as suas partes não deixavam de tender exatamente para o seu centro; e de como, havendo água e ar sobre sua superfície, a disposição dos céus e dos astros, principalmente da Lua, devia nela causar um fluxo e refluxo que fosse semelhante, em todas suas circunstâncias, àquele que se observa em nossos mares e, além disso, certo curso, tanto da água quanto do ar, do levante ao poente, tal como se observa também entre os trópicos; e de como as montanhas, os mares, as fontes e os rios podiam naturalmente formar-se nela, os metais surgirem nas minas, as plantas crescerem nos campos e, em geral, todos os corpos que denominamos mistos ou compostos nela engendrarem-se.[11] E, entre outras coisas, porque nada conheço no mundo além dos astros, exceto o fogo, que produza a luz, esforcei-me em fazer entender bem claramente tudo o que pertence a sua natureza, como ele se faz, como se alimenta, como existe às vezes apenas o calor sem luz e, algumas vezes, apenas luz sem calor, como pode introduzir diversas cores em diversos corpos e diversas outras qualidades, como funde alguns e endurece outros, como pode consumir a quase todos ou convertê-los em cinzas e fumo e, enfim, como dessas cinzas, apenas pela violência de sua ação, ele forma o vidro, pois tive particular prazer em descrever essa transmutação
**45** de // cinzas em vidro, por parecer-me tão admirável quanto nenhuma outra que se faça na natureza.

Todavia, não queria inferir de todas essas coisas que este mundo tivesse sido criado da maneira como propunha, pois é bem mais verossímil que, desde o começo, Deus o tenha tornado tal como devia ser. Mas é certo, e essa é uma opinião comumente aceita entre os teólogos, que a ação pela qual ele agora o conserva é exatamente igual àquela pela qual o criou, de

---

11 A questão do fluxo e refluxo do mar, bem como a das correntes de água e de ar de leste para oeste está tratada no Capítulo 12 de *Le monde*, que apresenta uma lacuna de dois capítulos, entre o Capítulo 15, no qual a aparência do céu é abordada, e o Capítulo 18, que se volta para a explicação a respeito do homem. Para a caracterização cartesiana dos *"corpos mistos"*, ver, mais adiante, *Os meteoros*, Discurso I, p.241).

modo que, embora ele não lhe houvesse dado, no começo, outra forma senão a do caos, posto que, tendo estabelecido as leis da natureza, ele lhe havia prestado seu concurso para que ela agisse assim como de costume, pode-se crer, sem prejudicar o milagre da criação, que só por isso todas as coisas que são puramente materiais poderiam, com o tempo, tornar-se tais como nós as vemos hoje. E sua natureza é muito mais fácil de conceber, quando as vemos nascer pouco a pouco dessa maneira, do que quando as consideramos totalmente feitas.

Da descrição dos corpos inanimados e das plantas, passei à dos animais, particularmente à dos homens. Mas, por não ter ainda conhecimento suficiente para deles falar com o mesmo estilo com que tratei o resto, isto é, demonstrando os efeitos pelas causas e fazendo ver de quais sementes e de que maneira a natureza deve produzi-los, eu me contentei em supor que Deus formasse o corpo de um homem inteiramente semelhante a // um dos nossos, tanto na figura externa de seus membros quanto na conformação interior de seus órgãos, sem compô-lo de outra matéria senão aquela que eu descrevera, e sem colocar nele, no começo, qualquer alma racional ou qualquer outra coisa para servir-lhe de alma vegetativa ou sensitiva, senão que ele excitasse em seu coração um desses fogos sem luz, os quais eu já havia explicado, e que não concebia outra natureza senão aquela que aquece o feno quando é guardado antes de estar seco, ou a que faz borbulhar os vinhos novos quando são deixados a fermentar sobre o bagaço.[12] Pois, ao examinar as funções que podiam, em consequência disso, estar nesse corpo, eu encontrava exatamente todas aquelas que podem estar em nós sem que nelas pensemos, nem, por conseguinte, que a nossa alma, isto é, essa parte

---

12 O que Descartes expõe aqui se encontra respectivamente em *O homem* (AT, XI, p.120), para a "figura externa de seus membros", e em *O mundo ou tratado da luz*, para a "conformação interior de seus órgãos", mas também no *Discurso* (AT, VI, p.42, 27ss.), quanto à descrição da matéria como sendo extensão em comprimento, largura e profundidade, e completamente inerte. E, finalmente, em *O homem* (AT, XI, p.123, 12ss.), para as questões relativas aos processos de fermentação. A embriologia, que dará a Descartes elementos para construir uma explicação do corpo do ser vivo a partir das causas, só será publicada em 1648, em *A descrição dos corpos humanos* (AT, XI, p.252-86).

distinta do corpo acerca da qual já foi dito antes que sua natureza não é outra senão o pensar, para isso contribua, e que são todas as mesmas, o que permite afirmar que os animais desprovidos de razão nos são semelhantes, sem que eu possa encontrar, por isso, qualquer daquelas funções que, sendo dependentes do pensamento, são as únicas que nos pertencem enquanto homens, ao passo que as encontrava todas logo a seguir, tendo suposto que Deus criara uma alma racional e que a juntara a esse corpo daquela maneira que eu descrevia.

Mas, a fim de que se possa ver de que modo eu tratava essa matéria, quero propor aqui a explicação do movimento do coração e das artérias, o qual, por ser o primeiro e o mais geral que se observa nos animais, permitirá julgar facilmente a partir dele o que se deve // pensar de todos os outros movimentos. E, a fim de que se tenha menos dificuldade em entender o que vou dizer, eu gostaria que todos aqueles que não são versados em anatomia se dessem ao trabalho, antes de ler isto, de fazer cortar diante deles o coração de algum grande animal que possua pulmões, pois é em tudo muito semelhante àquele do homem, e que peçam para que lhes mostrem as duas câmaras ou concavidades aí existentes.[13] Primeiramente, aquela que está de seu lado direito, à qual correspondem dois tubos muito largos, a saber, a veia cava, que é o principal receptáculo do sangue e como que o tronco da árvore da qual todas as outras veias do corpo são ramos, e a veia arteriosa, que foi assim impropriamente denominada, porque é, com efeito, uma artéria, a qual, tomando sua origem no coração, divide-se, após ter saído dele, em vários ramos que se espalham inteiramente pelos pulmões. Depois,

---

13 A explicação que Descartes fornece para o movimento do coração e das artérias está formulada com termos diferentes dos empregados atualmente. Por isso, fornecemos aqui um quadro de correspondência dos termos e expressões utilizados por Descartes na explicação da circulação sanguínea com os termos e expressões atuais: "artéria venosa" = "veias pulmonares"; "concavidades" = "ventrículos"; "duas na entrada da artéria venosa" = "valva mitral ou bicúspide"; "garganta" = "traqueia-artéria"; "grande artéria" = "aorta"; "orelhas do coração" = "aurículas"; "peles" = "valvas cardíacas"; "portas situadas na entrada da veia arteriosa" = "valvas sigmoides situadas no orifício da artéria pulmonar"; "três portas situadas na entrada da grande artéria" = "valvas sigmoides situadas no orifício da aorta"; "veia arteriosa" = "artéria pulmonar"; "veia cava" = "valva tricúspide".

aquela que está em seu lado esquerdo, à qual correspondem, igualmente, dois tubos que são tão ou mais largos que os precedentes, a saber, a artéria venosa, que também foi impropriamente denominada, uma vez que ela não é outra coisa senão uma veia, a qual vem dos pulmões, onde se divide em vários ramos entrelaçados com os da veia arteriosa e com aqueles desse conduto que se chama goela, por onde entra o ar da respiração, e a grande artéria que, saindo do coração, lança seus ramos por todo o corpo. Gostaria, também, que lhes fossem mostradas cuidadosamente as onze pequenas peles que, como outras tantas pequenas portas, abrem e fecham as quatro aberturas que há nessas duas concavidades, a saber, // três na entrada da veia cava, onde elas possuem tal disposição que de nenhum modo podem impedir que o sangue que ela contém escoe para a concavidade direita do coração e, todavia, elas impedem exatamente que ele possa dali sair, três na entrada da veia arteriosa que, estando dispostas ao contrário, permitem que o sangue que está nessa concavidade passe para os pulmões, sem permitir àquele que está nos pulmões de retornar, e, assim, duas outras na entrada da artéria venosa que deixam fluir o sangue dos pulmões para a concavidade esquerda do coração, mas opõem-se ao seu retorno, e três na entrada da grande artéria que lhe permitem sair do coração, mas o impedem de retornar. E não há necessidade de procurar outra razão para o número dessas peles, a não ser a de que a abertura da artéria venosa, sendo oval por causa do lugar em que se encontra, pode ser comodamente fechada com duas, ao passo que as outras, sendo redondas, podem ser mais bem fechadas com três. Além disso, gostaria que lhes fosse permitido considerar que a grande artéria e a veia arteriosa são de uma composição muito mais dura e firme do que a artéria venosa e a veia cava, e que estas duas últimas alargam-se antes de entrar no coração e nele fazem como que duas bolsas denominadas as orelhas do coração, que são compostas de uma carne semelhante à dele, e que há sempre mais calor no coração do que em qualquer outro lugar do corpo e que, enfim, esse calor é capaz de fazer que, ao entrar alguma gota de sangue em suas concavidades, ela prontamente se infle e // se dilate, assim como fazem, geralmente, todos os líquidos quando os deixamos cair gota a gota em algum recipiente que esteja muito quente.

Pois, depois disso, não preciso dizer outra coisa para explicar o movimento do coração, exceto que, quando suas concavidades não estão repletas de sangue, este escoa necessariamente da veia cava para a concavidade direita e da artéria venosa para a concavidade esquerda, uma vez que esses dois vasos estão sempre repletos e que suas aberturas, voltadas para o coração, não podem, então, ser fechadas. Mas, tão logo duas gotas de sangue tenham assim entrado, uma em cada uma de suas concavidades, essas gotas, que só podem ser muito grossas, porque as aberturas por onde elas entram são muito largas, e os vasos de onde vêm, muito cheios de sangue, rarefazem-se e dilatam-se por causa do calor que elas aí encontram, por meio do qual, fazendo inflar todo o coração, elas empurram e fecham as cinco pequenas portas que estão na entrada dos dois vasos de onde procedem, impedindo, dessa maneira, que desça mais sangue ao coração. Ao continuarem a rarefazer-se cada vez mais, elas empurram e abrem as seis outras pequenas portas, que estão nas entradas de dois outros vasos por onde elas saem, fazendo inflar, por esse meio, todos os ramos da veia arteriosa e da grande artéria, quase no mesmo instante que o coração, o qual, imediatamente depois, desinfla-se, como fazem também essas artérias, porque o sangue que nelas entrou resfriou-se e suas seis pequenas portas tornam a fechar-se e as cinco da veia cava e da artéria venosa reabrem-se, dando passagem a // duas outras gotas de sangue que de novo inflarão o coração e as artérias, da mesma maneira como as precedentes. E, visto que o sangue, que assim entra no coração, passa por essas duas bolsas que se chamam suas orelhas, daí resulta que o movimento delas é contrário ao seu e que elas se desinflam quando ele se infla. Porém, a fim de que aqueles que não conhecem a força das demonstrações matemáticas, e não estão acostumados a distinguir as verdadeiras razões das verossímeis, não se arrisquem a negar isso sem examiná-lo, quero adverti-los que esse movimento, que acabo de explicar, resulta tão necessariamente da simples disposição dos órgãos que podem ser vistos a olho nu no coração, do calor que pode aí ser sentido com os dedos e da natureza do sangue que pode ser conhecida por experiência, como o movimento de um relógio resulta da força, da situação e da figura de seus contrapesos e de suas rodas.

Mas, ao perguntar-se como o sangue das veias não se esgota, fluindo assim continuamente para o coração, e como as artérias não se enchem demais, uma vez que tudo o que passa pelo coração para elas se dirige, eu não tenho necessidade de responder outra coisa a não ser o que já foi escrito por um médico da Inglaterra,* a quem deve ser reconhecido o mérito de ter dado os primeiros passos nesse ponto e de ser o primeiro a ter ensinado que há muitas pequenas passagens nas extremidades das artérias por onde o sangue que elas recebem do coração entra nos pequenos ramos das veias, de onde ele torna a dirigir-se para o coração, de modo que seu curso não é outra coisa senão uma circulação // perpétua. Isso ele prova muito bem pela experiência comum dos cirurgiões que, tendo ligado o braço sem apertá-lo muito acima do lugar onde eles cortam a veia, fazem que o sangue saia dela mais abundantemente do que se não o tivessem amarrado.[14] E ocorreria exatamente o contrário se eles o amarrassem abaixo, entre a mão e a abertura, ou, ainda, se o amarrassem muito forte em cima. Pois é evidente que o laço medianamente apertado, podendo impedir que o sangue que já está no braço retorne ao coração pelas veias, não impede, por isso, que sempre venha para aí novo sangue pelas artérias, porque elas estão situadas abaixo das veias e porque suas peles, sendo mais duras, são menos fáceis de pressionar, e também porque o sangue que vem do coração tende a passar com mais força por elas para a mão do que a voltar daí para o coração pelas veias. E posto que esse sangue sai do braço pela abertura existente em uma das veias, deve necessariamente haver algumas passagens abaixo da ligadura, isto é, na direção das extremidades do braço, por onde ele possa vir das artérias. Ele prova também muito bem o que afirma sobre o fluxo do sangue por meio de certas pequenas peles que estão dispostas de tal modo em diversos lugares ao longo das veias, que não lhe permitem passar do meio do corpo para as extremidades, mas somente retornar das

---

* [Nota da edição original] Harvey, *De motus cordis*
14 Ao fazer referência ao *Exercitatio anatomica de moto cordis et sanguinis in animalibus* (*Estudo anatômico do movimento do coração e do sangue nos animais*), de William Harvey, Descartes toma partido a favor da circulação do sangue, em um contexto em que ela suscitava ainda muita resistência. Foi no fim de 1632 que Descartes avisa Mersenne de ter encontrado o livro de Harvey (cf. AT, I, p.263).

extremidades para o coração, e, além disso, pela experiência que mostra que todo o sangue que está no corpo pode dele sair em muito pouco tempo por uma só artéria, quando seccionada, ainda que ela estivesse estreitamente amarrada muito próxima do coração e seccionada entre ele e a ligadura, de modo que // não se tenha motivo para imaginar que o sangue que daí saísse viesse de outro lugar.

Mas há muitas outras coisas que mostram que a verdadeira causa desse movimento do sangue é a que eu disse.[15] Assim, primeiramente, a diferença que se percebe entre o sangue que sai das veias e o que sai das artérias pode somente proceder de que, tendo-se rarefeito e como que destilado ao passar pelo coração, ele é mais sutil, mais vivo e mais quente logo depois de sair dele, isto é, estando nas artérias, do que o é um pouco antes de nele entrar, ou seja, quando está nas veias. E, estando atento a isso, encontra-se que essa diferença só aparece próximo do coração e de modo algum nos lugares mais afastados dele. Além disso, a rigidez das peles que compõem a veia arteriosa e a grande artéria mostra suficientemente que o sangue bate contra elas com mais força do que contra as veias. E por que a concavidade esquerda do coração e a grande artéria seriam mais amplas e mais largas do que a concavidade direita e a veia arteriosa? Não seria porque o sangue da artéria venosa, tendo estado somente nos pulmões depois de ter passado pelo coração, é mais sutil e se rarefaz com mais força e mais facilmente do que o sangue que vem imediatamente da veia cava? E o que os médicos podem adivinhar, ao tomar o pulso, se eles não sabem que, conforme o sangue muda de natureza, pode ser rarefeito pelo calor do coração mais ou menos fortemente e mais ou menos rapidamente do que antes? E, ao examinar como esse calor é comunicado aos outros membros, não é necessário confessar que é // por meio do sangue que, ao passar pelo coração, nele se aquece e daí se espalha por todo o corpo? Donde resulta que, se o sangue for retirado de alguma parte, tira-se da mesma maneira o calor, e que, embora o coração fosse tão

---

15 Há uma polêmica com Plempius com base em todo esse trecho no qual Descartes defende a explicação do batimento cardíaco por meio da rarefação do sangue, afastando-se nisso da posição de Harvey. Ver, a esse propósito, a carta de Plempius a Descartes, janeiro de 1638 (AT, I, p.496-9), e a carta de Descartes a Plempius, 15 de fevereiro de 1638 (AT, I, p.531-4).

ardente quanto um ferro em brasa, não seria suficiente para aquecer os pés e as mãos assim como o faz, se ele não lhes enviasse continuamente sangue novo. Depois, também se conhece a partir disso que a verdadeira utilidade da respiração é trazer ar fresco suficiente para os pulmões, para fazer que o sangue, que aí chega da concavidade direita do coração, onde ele foi rarefeito e como que transformado em vapores, torne-se espesso e converta-se novamente em sangue antes de tornar a cair na concavidade esquerda, sem o que ele não poderia estar adequado a servir de alimento ao fogo nela existente. Isso se confirma porque se vê que os animais que não têm pulmões não têm mais do que uma única concavidade no coração, e que as crianças que não podem usá-los enquanto estão encerradas no ventre de suas mães têm uma abertura por onde escoa o sangue da veia cava para a concavidade esquerda do coração e um conduto por onde ele vem da veia arteriosa para a grande artéria, sem passar pelo pulmão. Quanto à cocção, como ela se faria no estômago se o coração não enviasse para ele o calor através das artérias e, com o calor, algumas das partes mais fluidas do sangue que ajudam a dissolver os alimentos que nele foram postos? E a ação que converteu o suco desses alimentos em sangue, não é ela mais fácil de conhecer se consideramos que o sangue se destila ao passar e tornar a passar pelo coração talvez mais de cem ou duzentas vezes por dia? E de que outra coisa se precisa, // para explicar a nutrição e a produção dos diversos humores que estão no corpo, a não ser dizer que a força com a qual o sangue, ao rarefazer-se, passa do coração para as extremidades das artérias, faz que algumas de suas partes detenham-se entre aquelas dos membros onde se encontram e tomem o lugar de algumas outras que elas expulsam e que, segundo a posição, ou a figura, ou a pequenez dos poros que elas encontram, umas chegam a certos lugares mais do que outras, do mesmo modo que cada um de nós pode ter visto diversos crivos que, sendo diferentemente perfurados, servem para separar grãos diferentes uns dos outros? E, enfim, o que há de mais notável em tudo isso é a geração dos espíritos animais,[16] os quais são como um vento muito sutil,

---

16 Os espíritos animais são as partes mais sutis e agitadas do sangue. Algumas partes do sangue conseguem entrar nos ventrículos do cérebro, onde são produzidos os espíritos animais. São eles que determinam os movimentos do corpo, a partir do

ou melhor, como uma chama muito pura e viva, que, subindo continuamente em grande abundância do coração para o cérebro, dirige-se daí, pelos nervos, para os músculos e imprime movimento a todos os membros, sem que se precise imaginar outra causa que faça que as partes do sangue, as quais, por serem as mais agitadas e as mais penetrantes, sejam as mais adequadas para compor esses espíritos e dirijam-se mais para o cérebro do que para outras partes, a não ser as artérias que as levam para o cérebro, que são aquelas que vêm do coração na linha mais reta de todas, e que, segundo as regras das mecânicas, que são as mesmas que as da natureza, quando várias coisas tendem a mover-se conjuntamente para um mesmo lado, no qual não há lugar suficiente para todas, assim como as partes do sangue que saem da concavidade esquerda do coração tendem para o cérebro, // as mais fracas e menos agitadas devem ser desviadas pelas mais fortes que, por esse meio, chegam sozinhas ao cérebro.

Expliquei muito particularmente todas essas coisas no tratado que outrora desejei publicar. E, assim, mostrei nele qual deve ser a estrutura dos nervos e dos músculos do corpo humano para fazer que os espíritos animais, estando em seu interior, tenham a força de mover seus membros, assim como se vê que as cabeças, pouco depois de decepadas, ainda remexem-se e mordem a terra, embora não sejam mais animadas; quais mudanças devem efetuar-se no cérebro para causar a vigília, o sono e os sonhos; como a luz, os sons, os odores, os gostos, o calor e todas as outras qualidades dos objetos exteriores podem imprimir nele diversas ideias por meio dos sentidos; como a fome, a sede e as outras paixões internas também podem enviar-lhe as suas; o que nele deve ser tomado pelo sentido comum, onde as ideias são recebidas, pela memória, que as conserva, pela fantasia, a qual pode modificá-las diversamente e com elas compor novas e, do mesmo modo, distribuindo os espíritos animais nos músculos, pode fazer mover os membros desse corpo de tantas diversas maneiras, seja a propósito dos objetos que se apresentam aos seus sentidos, seja das paixões internas que

---

cérebro e de acordo com a estrutura dos músculos e dos nervos. Essa passagem resume um longo desenvolvimento que se encontra em *O homem* (cf. AT, XI, p.133-4).

estão nele, de modo que os nossos membros possam mover-se sem que a vontade os conduza. O que jamais parecerá estranho àqueles que, sabendo quantos diversos *autômatos*, ou máquinas moventes, a indústria dos homens é capaz de // fazer, empregando nisso muito poucas peças, em comparação com a grande multiplicidade de ossos, músculos, nervos, artérias, veias e todas as outras partes que compõem o corpo de cada animal, considerarão esse corpo como uma máquina que, tendo sido feita pelas mãos de Deus, é incomparavelmente mais bem ordenada e tem em si movimentos mais admiráveis do que qualquer uma daquelas que possam ser inventadas pelos homens.

E detive-me particularmente nesse ponto para mostrar que, se houvesse tais máquinas que tivessem os órgãos e a figura de um macaco, ou de algum outro animal desprovido de razão, nós não teríamos qualquer meio de reconhecer que elas não seriam em tudo da mesma natureza que esses animais, ao passo que, se houvesse outras máquinas que se assemelhassem aos nossos corpos e imitassem nossas ações tanto quanto fosse moralmente possível, teríamos sempre meios muito certos para reconhecer que nem por isso elas seriam verdadeiros homens. O primeiro dos quais é que elas nunca poderiam usar palavras nem outros signos, compondo-os como fazemos para declarar aos outros os nossos pensamentos. Pois pode-se muito bem conceber que uma máquina seja feita de tal modo que profira palavras e até mesmo que profira algumas a respeito das ações corporais que causam alguma mudança em seus órgãos, tal como, quando fosse tocada em algum lugar, ela perguntasse o que se lhe quer dizer, quando tocada em outro, gritasse que lhe fazem mal, e coisas semelhantes, mas não acontece que ela as disponha diversamente para responder // ao sentido de tudo o que se disser em sua presença, assim como podem fazer os homens mais estúpidos. E o segundo é que, embora elas façam muitas coisas tão bem, ou talvez melhor do que qualquer um de nós, elas infalivelmente falhariam em algumas outras, pelas quais se descobriria que elas não agem pelo conhecimento, mas somente pela disposição de seus órgãos. Pois, enquanto a razão é um instrumento universal, que pode servir em todos os tipos de ocasiões, esses órgãos têm necessidade de alguma disposição particular para cada ação particular. Daí resulta que é moralmente impossível que existam suficientes disposições diversas em uma máquina para fazê-la agir, em todas as ocorrências da vida, da mesma maneira como nos faz agir nossa razão.

Ora, por esses dois mesmos meios pode-se conhecer também a diferença que há entre os homens e os animais. Pois uma coisa bem notável é que não haja homens tão embrutecidos e tão estúpidos, sem excluir até mesmo os loucos, que não sejam capazes de ordenar conjuntamente diversas palavras e de compô-las em um discurso pelo qual eles façam compreender seus pensamentos, e que, ao contrário, não haja outro animal, por mais perfeito e mais favoravelmente formado que possa ser, que faça algo parecido. O que não acontece por lhes faltarem órgãos, pois vemos que as pegas e os papagaios podem proferir palavras assim como nós e, todavia, não podem falar como nós, isto é, testemunhando que eles pensam aquilo que dizem. Ao passo que os homens que, tendo nascido surdos e mudos, são desprovidos dos órgãos que servem aos outros // para falar, tanto ou mais que os animais, costumam inventar eles próprios alguns sinais, por meio dos quais se fazem compreender por aqueles que, estando comumente com eles, disponham de tempo para aprender sua língua. E isso testemunha não só que os animais têm menos razão do que os homens, mas que eles absolutamente não a têm. Pois, vê-se que é necessário muito pouco da razão para saber falar e, uma vez que se nota desigualdade entre os animais de uma mesma espécie, tanto quanto entre os homens, e que alguns são mais fáceis de serem adestrados do que outros, não é crível que um macaco ou um papagaio que fosse o mais perfeito de sua espécie não igualasse nisso uma criança das mais estúpidas, ou que pelo menos tivesse o cérebro perturbado, se sua alma não fosse de uma natureza totalmente diferente da nossa. E não se devem confundir as palavras com os movimentos naturais que testemunham as paixões e que podem ser imitados pelas máquinas como também pelos animais, nem pensar, como alguns antigos, que os animais falam, embora não entendamos sua língua, pois, se isso fosse verdade, uma vez que possuem vários órgãos análogos aos nossos, eles poderiam fazer-se compreender tanto por nós quanto por seus semelhantes. É também digno de nota que, embora haja vários animais que testemunham mais indústria do que nós em algumas de suas ações, vê-se, no entanto, que de modo algum a testemunham em muitas outras, de modo que aquilo que eles fazem melhor do que nós não prova que eles possuam espírito, pois, de acordo com isso, eles o teriam mais do que qualquer um de nós e fariam // melhor todas as coisas, mas prova, antes, que eles não o têm e que é a natureza que neles age, segundo a disposição de seus órgãos, assim como se vê que um relógio, composto apenas por rodas e molas, pode contar as horas e medir o tempo com mais precisão do que nós com toda nossa prudência.[17]

Depois disso, descrevi a alma racional e fiz ver que ela de nenhum modo pode ser obtida a partir da potência da matéria, como as outras coisas a respeito das quais falei, mas que ela deve ser expressamente criada; e como não basta que ela esteja alojada no corpo humano como um piloto em seu navio, a não ser talvez para mover seus membros, mas que é necessário que ela esteja junto e unida mais estreitamente a ele para ter, além disso, os sentimentos e os apetites semelhantes aos nossos, e compor, assim, um verdadeiro homem. Todavia, eu aqui me estendi um pouco sobre o tema da alma, porque é dos mais importantes, pois, depois do erro daqueles que negam Deus, que penso ter suficientemente refutado, não há outro que afaste mais os espíritos fracos do reto caminho da virtude do que imaginar que a alma dos animais seja da mesma natureza que a nossa, e que, consequentemente, nada temos a temer, nem a esperar depois desta vida, não mais que as moscas e as formigas, ao passo que, quando se sabe como elas diferem entre si, compreendem-se muito melhor as razões que provam que nossa alma é de uma natureza inteiramente independente do corpo e, por conseguinte, que ela não está de modo algum sujeita a morrer com ele. Então, como // não se veem outras causas que a destruam, somos naturalmente levados a julgar, a partir disso, que ela é imortal.

---

17 Ainda que os animais apresentem muitas vezes mais destreza em relação aos homens, isso em nada altera a posição aqui defendida, ou seja, os animais não são dotados de alma (*mens*) como os homens, o que pode ser constatado pelo uso da linguagem, que inexiste nos primeiros, e pelas ações que jamais são regidas pelo conhecimento. Importante destacar que Descartes, ao traçar a diferença entre homens e animais, não chega a destituir o animal de sensibilidade: a inexistência de alma, entendida como *mens*, com seus desdobramentos, constitui essa diferença (cf. AT, II, p.39-41; AT, III, p.121, 362, 369-70; AT, IV, p.64-5; AT, V, p.275-7). Ver também a discussão de Thierry Gonthier para a questão da distinção entre o homem e o animal (cf. Gonthier, 1991; 1998; 2010).

## Sexta parte

Faz agora três anos que terminei o tratado que contém todas essas coisas e que havia começado a rever a fim de colocá-lo nas mãos de um impressor, quando soube que pessoas, a quem respeito e cuja autoridade sobre minhas ações não é menor do que minha própria razão sobre meus pensamentos, haviam desaprovado uma opinião de física, publicada um pouco antes por alguém, da qual não quero dizer que partilhasse, mas que nada havia reparado nela, antes de sua censura, que eu pudesse imaginar ser prejudicial à religião ou ao Estado, nem, por conseguinte, que me impedisse de escrevê-la, se a razão me houvesse persuadido a isso, o que me fez temer que se encontrasse, do mesmo modo, alguma entre as minhas, na qual eu me tivesse enganado, apesar do grande cuidado que sempre tive em jamais receber novas opiniões em minha crença das quais não tivesse demonstrações muito certas, e de nada escrever que pudesse resultar em desvantagem para qualquer pessoa. Isso foi suficiente para obrigar-me a mudar a resolução que havia tomado de publicá-las. Pois, embora as razões pelas quais eu a havia anteriormente tomado fossem muito fortes, minha inclinação, que sempre me fez detestar o ofício de escrever livros, levou-me imediatamente a encontrar muitas outras razões para escusar-me dela. E essas razões, de uma parte e de outra, são tais que, não // somente tenho aqui algum interesse em dizê-las, como talvez o público também o tenha em sabê-las.

Nunca dei muita importância às coisas que provinham de meu espírito e, enquanto não recolhi outros frutos do método do qual me sirvo, a não ser que fiquei satisfeito no que diz respeito a algumas dificuldades que pertencem às ciências especulativas, ou mesmo por ter procurado regrar os meus costumes pelas razões que ele me ensinava, não acreditei estar obrigado a nada escrever acerca disso. Pois, quanto aos costumes, cada um aferra-se tão fortemente ao seu próprio senso, que se poderiam encontrar tantos reformadores quanto cabeças se fosse permitido a outros, além daqueles que Deus estabeleceu como soberanos sobre seus povos, ou então aos quais concedeu suficiente graça e zelo para serem profetas, tentar mudá-los; e, embora minhas especulações muito me agradassem, acreditei que os outros também tinham as suas, as quais talvez lhes agradassem mais. Mas, tão logo adquiri algumas noções gerais concernentes à física e, começando por pô-las a prova em diversas dificuldades particulares, notei até onde elas podiam conduzir e o quanto diferiam dos princípios que foram empregados até o presente, e acreditei que não podia mantê-las ocultas sem pecar grandemente contra a lei que nos obriga a buscar, no que depende de nós, o bem geral de todos os homens. Pois elas me fizeram ver que é possível chegar a conhecimentos que sejam muito úteis à vida e que, no lugar dessa filosofia especulativa que se ensina nas escolas, pode-se encontrar // uma filosofia prática, pela qual, conhecendo a força e as ações do fogo, da água, do ar, dos astros, dos céus e de todos os outros corpos que nos cercam tão distintamente como conhecemos os diversos ofícios de nossos artesãos, poderíamos empregá-las da mesma maneira em todos os usos para os quais elas são apropriadas e, assim, tornar-nos como que mestres e possuidores da natureza. O que é desejável não somente para a invenção de uma infinidade de artifícios, que nos permitiriam usufruir, sem qualquer esforço, dos frutos da Terra e de todas as comodidades que nela se encontram, mas também, principalmente, para a conservação da saúde, a qual é, sem dúvida, o primeiro bem e o fundamento de todos os outros bens desta vida; pois mesmo o espírito depende tanto do temperamento e da disposição dos órgãos do corpo que, se é possível encontrar algum meio que torne comumente os homens mais sábios e mais hábeis do que foram até aqui, creio que é na medicina que se deve procurá-lo. É verdade que aquela que está agora em uso contém poucas coisas cuja utilidade seja muito notável, mas, sem que eu tenha qualquer intenção de menosprezá-la, estou certo de que não há alguém, mesmo entre os que a professam, que não reconheça que tudo quanto nela se sabe é quase nada em comparação com o que resta saber, e de que poderíamos livrar-nos de uma infinidade de doenças, tanto do corpo quanto do espírito, e mesmo, talvez, do enfraquecimento da velhice, se tivéssemos suficiente conhecimento de suas causas e de todos os remédios que a natureza nos proporcionou. Ora, tendo o propósito de empregar // toda minha vida na busca de uma ciência tão necessária e tendo encontrado um caminho que me parece tal que se deve infalivelmente encontrá-la ao segui-lo, a não ser que disso sejamos impedidos, quer pela brevidade da vida, quer pela falta de experiências, julguei que não havia melhor remédio contra esses dois impedimentos do que comunicar fielmente ao público o pouco que eu já tivesse encontrado e convidar os bons espíritos a esforçar-se para ir adiante, contribuindo, cada um segundo sua inclinação e seu poder, para as experiências que seria preciso fazer e, além disso, comunicando ao público todas as coisas que aprendessem, a fim de que os últimos começassem por onde os precedentes houvessem terminado e, assim, reunindo as vidas e os trabalhos de muitos, fôssemos todos juntos muito mais longe do que cada um em particular poderia ir.

Eu havia mesmo notado, acerca das experiências, que elas são tão mais necessárias quanto mais se avança no conhecimento. Pois, no início, é melhor servirmo-nos apenas daquelas que se apresentam por si mesmas aos nossos sentidos e que não poderíamos ignorar, contanto que lhes dediquemos o pouco que seja de reflexão, do que procurar as mais raras e elaboradas; a razão disso é que essas mais raras muitas vezes enganam, quando não são ainda conhecidas as causas das mais comuns, e que as circunstâncias das quais elas dependem são quase sempre tão particulares e tão pequenas, que é muito difícil notá-las. Mas a ordem que procurei seguir foi a seguinte. Primeiramente, procurei encontrar em geral os // princípios ou primeiras causas de tudo o que é, ou que pode ser, no mundo, sem nada considerar, para tal efeito, senão somente Deus que o criou, nem os tirar de outra parte, senão de certas sementes de verdades que estão naturalmente em nossas almas. Depois disso, examinei quais seriam os primeiros e os mais comuns efeitos que se podiam deduzir dessas causas, e parece-me que, por esse meio, encontrei céus, astros, uma Terra, e mesmo, sobre ela, água, ar, fogo, minerais e algumas outras dessas coisas que são as mais comuns de todas e as mais simples e, por consequência, as mais fáceis de conhecer. A seguir, quando quis descer àquelas que eram mais particulares, elas apresentaram-se a mim tão diversas que não acreditei que fosse possível ao espírito humano distinguir as formas ou espécies de corpos que estão sobre a Terra, de uma infinidade de outras que poderiam nela existir, se fosse a vontade de Deus aí colocá-las, nem, por consequência, de submetê-las ao nosso uso, a não ser que se chegue às causas a partir dos efeitos e que se utilizem várias experiências particulares. A partir do que, repassando em meu espírito todos os objetos que alguma vez se apresentaram aos meus sentidos, ouso dizer que não notei coisa alguma que não pudesse comodamente explicar pelos princípios que havia encontrado. Mas é preciso que eu confesse também que o poder da natureza é tão amplo e tão vasto, e que esses princípios são tão simples e tão gerais, que quase não noto um único efeito particular que eu já não saiba ser possível // deduzi-lo a partir deles de muitas maneiras diferentes, e que minha maior dificuldade é comumente descobrir de qual dessas maneiras depende o efeito. Pois, para isso, não conheço outro expediente senão o de procurar novamente algumas experiências, tais que seu resultado não seja o mesmo, se é de uma dessas maneiras, e não de outra, que se deve explicá-lo. Ademais, estou agora, parece-me, no ponto de ver muito bem qual é o viés que se deve tomar para fazer a maior parte das experiências que podem servir para esse efeito, mas vejo também que elas são tais e em tão grande número que nem minhas mãos, nem minha renda, ainda que eu tivesse mil vezes mais do que tenho, seriam suficientes para todas, de modo que, conforme tiver, de agora em diante, a comodidade de fazê-las em maior ou menor número, avançarei mais ou menos no conhecimento da natureza. Era isso o que eu havia prometido tornar conhecido pelo tratado que escrevera e, com isso, mostrar tão claramente a utilidade que o público pode obter dele, que obrigaria todos aqueles que desejam em geral o bem dos homens, isto é, todos aqueles que são verdadeiramente virtuosos, e não apenas por aparência, nem somente por opinião, tanto a comunicar-me as experiências que já tivessem feito, quanto a ajudar-me na investigação daquelas que restam por fazer.

Mas tive, desde então, outras razões que me fizeram mudar de opinião e pensar que devia verdadeiramente continuar a escrever todas as coisas que julgasse de alguma importância, à medida que fosse descobrindo a verdade, e proporcionar-lhes o mesmo cuidado como se quisesse fazê-las imprimir, tanto // a fim de ter mais ocasião de bem examiná-las, porque se olha, sem dúvida, sempre de mais perto aquilo que se acredita dever ser visto por muitos do que aquilo que se faz apenas para si próprio, e, muitas vezes, as coisas que me pareceram verdadeiras quando comecei a conhecê-las, pareceram-me falsas quando quis colocá-las no papel, quanto a fim de não perder qualquer ocasião de beneficiar o público, se é que disso sou capaz; e, se meus escritos valem alguma coisa, aqueles que os tiverem depois de minha morte poderão usá-los como for mais apropriado, mas que de nenhum modo eu devia consentir que fossem publicados durante minha vida, a fim de que nem as oposições e controvérsias às quais eles estariam talvez sujeitos, nem mesmo a reputação, qualquer que fosse aquela que eles me pudessem trazer, fornecessem o menor motivo para perder o tempo que desejo empregar em instruir-me. Pois, embora seja verdade que cada homem está obrigado a procurar, no que depende dele, o bem dos outros, e que não ser útil a ninguém é propriamente nada valer, é verdade também que nossas atenções devem estender-se para além do tempo presente e que é bom omitir coisas que trariam talvez algum proveito àqueles que vivem, quando é com o objetivo de fazer outras que serão mais úteis aos nossos descendentes. Assim, com efeito, quero que se saiba que o pouco que aprendi até aqui é quase nada, em comparação com o que ignoro e que não perco a esperança de poder aprender, pois ocorre com aqueles que descobrem pouco a pouco a verdade nas // ciências quase o mesmo que acontece com aqueles que, ao tornarem-se ricos, têm menos dificuldade em fazer grandes aquisições do que tiveram anteriormente, quando mais pobres, em fazer aquisições muito menores. Ou, então, pode-se compará-los aos comandantes de exércitos, cujas forças costumam crescer na proporção de suas vitórias e que têm necessidade de mais habilidade para manterem-se após a perda de uma batalha, do que após tê-la vencido, para tomar cidades e províncias. Pois é verdadeiramente empreender uma batalha a de procurar vencer todas as dificuldades e erros que nos impedem de chegar ao conhecimento da verdade, e é perder uma batalha acolher alguma falsa opinião no tocante a uma matéria um pouco geral e importante, pois requer-se, a seguir, muito mais destreza para retornar ao mesmo estado em que se encontrava antes do que para fazer grande progresso, quando já se possui princípios que são seguros. Quanto a mim, se encontrei anteriormente algumas verdades nas ciências (e espero que as coisas que estão contidas neste volume levem a julgar que encontrei algumas), posso dizer que são consequências e dependentes de cinco ou seis dificuldades principais que superei, e que considero como tantas batalhas em que tive a sorte ao meu lado. Não temerei mesmo dizer que penso ter necessidade de ganhar apenas outras duas ou três batalhas semelhantes para levar a bom termo meus propósitos, e que minha idade não é tão avançada que, segundo o curso ordinário da natureza, eu não possa ainda dispor de tempo suficiente para tal propósito.

// Mas creio estar tanto mais obrigado a administrar o tempo que me resta, quanto mais tenho esperança de poder empregá-lo bem, e teria, sem dúvida, muitas ocasiões de perdê-lo, se publicasse os fundamentos de minha física. Pois, mesmo que eles sejam quase todos tão evidentes que basta entendê--los para crer neles, e que não haja nenhum de que eu não pense poder dar demonstrações, ainda assim, porque é impossível que estejam de acordo com todas as diferentes opiniões dos outros homens, prevejo ser amiúde distraído pelas divergências que eles fariam nascer.

Pode-se dizer que essas divergências seriam úteis, tanto a fim de fazer-me conhecer minhas faltas, quanto a fim de que os outros, se eu possuísse algo de bom, tivessem, por esse meio, mais entendimento; e como muitos podem ver mais do que apenas um só homem, começando desde agora a servir-se disso, eles me ajudariam também com suas invenções.[18] Mas, embora me reconheça extremamente sujeito a falhar e não me fie quase nunca nos primeiros pensamentos que me ocorrem, a experiência que tive das objeções que me podem ser feitas impede-me de esperar delas algum proveito, pois muitas vezes já me deparei com os juízos tanto daqueles que considerava como meus amigos, quanto de alguns outros a quem eu pensava ser indiferente, e até mesmo também de alguns dos quais sabia que a malevolência e a inveja esforçar-se-iam bastante para pôr a descoberto o que a afeição ocultaria aos meus amigos; mas raramente ocorreu que me tenham objetado alguma coisa que eu não tivesse de todo previsto, a não ser que fosse // algo muito afastado

---

18 O trabalho coletivo, no campo da ciência, mostra-se fundamental para o seu desenvolvimento, pois as experiências são necessárias e mostram-se tão variadas que é impossível limitar esse empreendimento a indivíduos isolados. Nessa tarefa coletiva, os artesãos, ao seguirem com destreza as instruções que lhes são passadas, desempenham papel fundamental tanto no auxílio à execução das experiências, como na construção de máquinas e instrumentos que se apresentem necessários para sua boa realização. É nesse caso que se inscreve a máquina de talhar e polir lentes, descrita no décimo discurso de *A dióptrica*, além do tratado sobre as mecânicas contido na carta a Huygens de 5 de outubro de 1637 (cf. Descartes, 2008 [1637]; Donatelli, 2008). A defesa do trabalho em equipe e da divulgação dos resultados, de forma a possibilitar o avanço do conhecimento por meio do prosseguimento da investigação, é um dos pontos que aproxima Descartes de Francis Bacon. Pode-se apreciar isso em *Nova Atlântica* (cf. Bacon, 1973 [1627]).

de meu assunto, de modo que quase nunca encontrei algum censor de minhas opiniões que não me parecesse ou menos rigoroso ou menos equitativo do que eu próprio. E jamais notei, tampouco, que se tenha descoberto, por meio das disputas que se praticam nas escolas, alguma verdade que anteriormente se ignorava, pois, enquanto cada um esforça-se em vencer, exercita-se bem mais em fazer valer a verossimilhança do que em pesar as razões de uma parte e da outra, e aqueles que foram bons advogados por muito tempo nem por isso são, depois disso, melhores juízes.

Quanto à utilidade que os outros obteriam da comunicação de meus pensamentos, ela não poderia ser também muito grande, tanto mais que ainda não os levei tão longe que não seja preciso acrescentar muitas coisas antes de aplicá-los ao uso. E penso poder dizer, sem presunção, que, se há alguém que seja capaz disso, devo ser antes eu do que qualquer outro. Não porque não possa haver no mundo muitos espíritos incomparavelmente melhores do que o meu, mas porque não se poderia tão bem conceber uma coisa e torná-la sua, quando se aprende de outra pessoa, como quando é inventada por si mesmo. Isso é tão verdadeiro nesta matéria que, embora eu tenha muitas vezes explicado algumas de minhas opiniões a pessoas de excelente espírito, as quais, enquanto eu lhes falava, pareciam entendê-las muito distintamente, no entanto, quando as repetiam, notei que as mudavam quase sempre e de tal maneira que não mais podia reconhecê-las como minhas. Motivo pelo qual // muito desejaria pedir aqui aos nossos descendentes de jamais acreditarem nas coisas que lhes dirão procederem de mim, quando eu próprio não as tiver divulgado. E não me espanto com as extravagâncias atribuídas a todos esses filósofos antigos dos quais não temos os escritos, nem julgo, por isso, que seus pensamentos não tenham sido muito razoáveis, visto que eles eram os melhores espíritos de sua época, mas julgo somente que nos foram mal relatados. Assim também se vê que quase nunca aconteceu que algum de seus sectários os tenha superado, e estou seguro de que os mais apaixonados daqueles que agora seguem Aristóteles crer-se-iam felizes se tivessem tanto conhecimento da natureza quanto ele o teve, mesmo que fosse sob a condição de nunca o terem a mais. Eles são como a hera que não tende a subir mais alto do que as árvores que a sustentam, e que mesmo muitas vezes volta a descer depois de ter chegado ao topo, pois me parece que eles também tornam a descer, isto é, tornam-se de certa maneira menos sábios do que se eles se abstivessem de estudar, e que, não contentes em saber tudo o que está inteligivelmente explicado em seu autor, querem, além disso, encontrar nele a solução de muitas dificuldades, acerca das quais ele nada disse e nas quais ele talvez jamais tenha pensado. Todavia, essa maneira de filosofar é muito cômoda para aqueles que só possuem o espírito muito medíocre, pois a obscuridade das distinções e dos princípios dos quais se servem é a causa de falarem de todas as coisas tão audaciosamente como se eles as soubessem e de sustentarem tudo o que // dizem contra os mais sutis e mais hábeis, sem que haja meio de convencê-los. Eles me parecem nisso iguais a um cego que, para lutar sem desvantagem contra alguém que enxerga, fizesse que este fosse ao fundo de algum porão muito escuro, e posso dizer que esses têm interesse em que eu abra mão de publicar os princípios da filosofia de que me sirvo, pois, sendo eles muito simples e evidentes, como o são, seria quase o mesmo, ao publicá-los, que se eu abrisse algumas janelas e fizesse entrar a luz nesse porão aonde desceram para lutar. Mas mesmo os melhores espíritos não têm motivo para desejar conhecê-los, pois, se eles desejam saber falar sobre todas as coisas e adquirir a reputação de doutos, hão de consegui-lo mais facilmente ao contentarem-se com a verossimilhança, a qual pode ser encontrada sem grande esforço em todos os tipos de assuntos, do que procurando a verdade, a qual é descoberta pouco a pouco em alguns e a qual, quando se trata de falar de outros assuntos, obriga a confessar com franqueza que são ignorados.[19] Ora, se eles preferem o conhecimento de um pouco de verdade, como sem dúvida é bem preferível, à presunção de parecerem nada ignorar, e se querem seguir um desígnio semelhante ao meu, não precisam, para isso, que eu lhes diga nada mais do que já disse neste discurso. Pois, se são

---

19 Cabe destacar aqui a distância existente entre verossimilhança e verdade. Enquanto a primeira vincula-se ao provável, à ausência de demonstrações e situa-se no âmbito das opiniões, como Descartes já indica na segunda parte do *Discurso* (cf. p.76-7), a verdade apresenta-se vinculada à firmeza da demonstração, àquilo que se apresenta com tal clareza ao pensamento que é impossível ignorá-lo, tal como expõe na carta a Mersenne de 16 de outubro de 1639 (cf. AT, II, p.596-7).

capazes de ir além do que fui, serão também capazes, com maior razão, de encontrar por si mesmos tudo o que penso ter encontrado. Tanto mais que, não tendo jamais examinado algo a não ser em ordem, é certo que o que me resta ainda a descobrir é // em si mais difícil e mais oculto do que aquilo que pude até agora encontrar, e eles teriam muito menos prazer em aprendê-lo de mim do que por si próprios. Além disso, o hábito que adquirirão, procurando primeiramente as coisas fáceis e passando pouco a pouco, por graus, a outras mais difíceis, servir-lhes-á mais do que poderiam servir-lhes todas as minhas instruções. Como, quanto a mim, estou convencido de que, se me tivessem ensinado, desde minha juventude, todas as verdades cujas demonstrações posteriormente encontrei, e se eu não tivesse tido trabalho algum em aprendê-las, talvez jamais teria conhecido algumas outras e, pelo menos, jamais teria adquirido o hábito e a facilidade, que penso ter, para sempre encontrar outras novas, à medida que me empenho em procurá-las. Em uma palavra, se há no mundo alguma obra que não possa ser tão bem-acabada por nenhum outro a não ser por aquele que a começou, essa é aquela em que eu trabalho.[20]

É verdade que, quanto às experiências que podem servir para isso, um só homem não seria suficiente para fazê-las todas, mas não poderia também empregar utilmente outras mãos além das suas, exceto aquelas dos artesãos ou pessoas tais a quem pudesse pagar e a quem a esperança de ganho, que é um meio muito eficaz, faria executar exatamente todas as coisas que ele lhes prescrevesse. Pois, quanto aos voluntários, os quais, por curiosidade ou desejo de aprender, talvez se ofereçam para ajudá-lo, além de comumente apresentarem mais promessas do que resultado e de não fazerem senão belas propostas que jamais chegam a ter êxito, // desejariam infalivelmente ser

---

20 O hábito é aqui entendido como uma prática que deve ser adotada com a finalidade de fixar um comportamento, por meio do qual se possa adquirir habilidade no campo do conhecimento. Trata-se de um comportamento adquirido por treinamento. A longa e frequente meditação imprime a verdade em nosso espírito até torná-la um hábito. As tentativas longas e insistentes de aplicar o método aos mais variados problemas de física geram o hábito de procurar metodicamente pela solução do problema. Nesse sentido, as virtudes são hábitos. No âmbito da moral, em sua correspondência com Elisabeth, além do hábito de procurar metodicamente pelo conhecimento da verdade, Descartes afirma a importância do hábito de seguir e dar consentimento a esse conhecimento sempre que for necessário.

pagos pela explicação de algumas dificuldades ou, pelo menos, por cumprimentos e conversas inúteis, que lhe acabaria custando o pouco de tempo que nisso perdesse. E quanto às experiências que os outros já realizaram, ainda quando eles as quisessem comunicar, as que chamam de secretas eles não o fariam jamais, elas são, na maior parte, compostas de tantas circunstâncias, ou de ingredientes tão supérfluos, que lhe seria muito difícil decifrar-lhes a verdade, além do que ele as encontraria quase todas tão mal explicadas, ou mesmo tão falsas, porque aqueles que as fizeram esforçaram-se por fazê-las parecer conformes a seus princípios, que, se houvesse algumas que lhe servissem, elas não poderiam novamente valer o tempo que teria de empregar para escolhê-las. De modo que, se houvesse no mundo alguém que se soubesse ser seguramente capaz de encontrar as maiores coisas e as mais úteis possíveis ao público, e que, por essa causa, os outros homens se esforçassem, por todos os meios, a ajudá-lo na realização de seus propósitos, não vejo que pudessem fazer outra coisa para ele a não ser cobrir as despesas das experiências de que necessitasse e, assim, impedir que seu tempo livre não lhe fosse subtraído pela impertinência de alguém. Mas, além de não presumir tanto de mim mesmo, de modo a nada querer prometer de extraordinário, nem de alimentar-me de pensamentos tão vãos como o de imaginar que o público deve interessar-se muito pelos meus propósitos, tampouco tenho a alma tão baixa que queira aceitar de quem quer que seja // algum favor que se possa crer que eu não tenha merecido.

 Todas essas considerações juntas fizeram que, há três anos, eu não quisesse divulgar o tratado que tinha em mãos, e mesmo que adotasse a resolução de não fazer ver nenhum outro, durante minha vida, que fosse tão geral, nem do qual se pudesse fazer conhecer os fundamentos de minha física. Mas, a seguir, sobrevieram novamente duas outras razões que me obrigaram a acrescentar aqui alguns ensaios particulares e prestar ao público alguma conta de minhas ações e de meus propósitos.[21] A primeira é

---

21 Os *Ensaios* constituem como que uma "prestação de contas" ao público do trabalho desenvolvido por Descartes com base no método, nos princípios e no recurso a experiências expostos, respectivamente na segunda, quarta e sexta partes deste prefácio. Os ensaios possibilitam então vislumbrar a adoção do método na abordagem de questões que se voltam à utilidade do conhecimento. *A dióptrica* contém

que, se deixasse de fazê-lo, muitos, que souberam da intenção que eu tive anteriormente de mandar imprimir alguns escritos, poderiam imaginar que as causas pelas quais eu me abstivera de fazê-lo fossem mais desvantajosas para mim do que o são. Pois, ainda que eu não ame a glória em excesso, ou mesmo, se ouso dizê-lo, a deteste, na medida em que a julgo contrária ao repouso, o qual estimo sobre todas as coisas, nunca procurei ocultar minhas ações como se fossem crimes, nem usei de muitas precauções para ficar incógnito, seja por ter acreditado que isso me prejudicaria, seja porque isso me teria dado certa espécie de inquietude, a qual seria, mais uma vez, contrária ao perfeito repouso de espírito que procuro. E porque, tendo-me sempre mantido indiferente entre o cuidado de ser conhecido ou de não o ser, não pude impedir de conquistar certa reputação, pensei que deveria fazer o máximo para evitar, ao menos, que ela fosse má. A outra razão que me obrigou a escrever // os ensaios é que, vendo todos os dias mais e mais o adiamento que sofre o desejo que tenho de instruir-me, por causa de uma infinidade de experiências de que necessito, e que é impossível que eu as faça sem a ajuda de outrem, embora não me vanglorie a ponto de esperar que o público compartilhe muito de meus interesses, tampouco quero faltar tanto a mim próprio que dê motivo aos que sobreviverão a mim para que algum dia eles me censurem por não lhes ter deixado muitas coisas melhores do que aquelas que deixei, se eu não tivesse negligenciado demais o esforço de fazê-los entender no que eles poderiam contribuir para meus propósitos.

 E pensei que me era fácil escolher algumas matérias que, sem estarem sujeitas a muitas controvérsias nem me obrigarem a declarar mais do que desejo sobre meus princípios, não deixariam de mostrar muito claramente o que posso, ou não posso, nas ciências. No que eu não poderia dizer se fui bem-sucedido, e não quero predispor os juízos de ninguém, ao falar eu

---

dois discursos dedicados à construção de aparelhos ópticos, tomando como ponto de partida o problema da anaclástica e considerando o aspecto fisiológico do olho como base para a compreensão do processo de visão; *Os meteoros* estão voltados para fenômenos terrestres e meteorológicos e apresentam, como exemplo emblemático da aplicação do método, o exame do arco-íris; *A geometria*, por sua vez, apresenta as bases que justificam a talhadura das lentes tal como é defendida em *A dióptrica* e demonstra a superioridade do método em sua aplicação a questões matemáticas, tais como a resolução de equações algébricas.

próprio de meus escritos, mas estimaria muito que fossem examinados e, a fim de que haja tanto mais ocasião para isso, suplico a todos aqueles que tiverem quaisquer objeções a fazer, que se deem ao trabalho de enviá-las ao meu livreiro, pelo qual, ao ser informado, tratarei de juntar-lhes, ao mesmo tempo, minha resposta e, por esse meio, os leitores, vendo juntas uma e outra, julgarão muito mais facilmente a verdade. Pois prometo jamais dar aqui respostas longas, mas somente confessar muito francamente as minhas faltas, se eu as reconhecer, ou // então, se não as posso perceber, dizer simplesmente o que creio ser requerido para a defesa das coisas que escrevi, sem nisso acrescentar a explicação de alguma nova matéria, a fim de não me embrenhar sem fim entre uma e outra.

Ora, se algumas matérias de que falei no início de *A dióptrica* e de *Os meteoros* causam inicialmente espanto, porque eu as denomino suposições e pareço não ter vontade de prová-las, que se tenha a paciência de ler o todo com atenção, e espero que todos fiquem satisfeitos. Pois parece-me que as razões estão de tal modo interligadas que, como as últimas são demonstradas pelas primeiras, que são suas causas, essas primeiras o são reciprocamente pelas últimas, que são seus efeitos. E não se deve imaginar que cometo nisso o erro que os lógicos chamam de círculo, pois, como a experiência torna muito certa a maior parte desses efeitos, as causas, a partir das quais os deduzo, servem não tanto para prová-los como para explicá-los; mas, bem ao contrário, as causas é que são provadas pelos efeitos. E não as chamei de suposições senão a fim de que se saiba que penso poder deduzi-las dessas primeiras verdades que expliquei antes, mas não quis expressamente fazê-lo para impedir que certos espíritos, que imaginam saber em um dia tudo o que algum outro pensou em vinte anos tão logo lhes sejam ditas somente duas ou três palavras sobre isso, e que são tanto mais sujeitos a errar e menos capazes da verdade quanto mais penetrantes e mais vivos são, pudessem // aproveitar a ocasião para construir alguma filosofia extravagante sobre o que eles acreditam que sejam princípios, atribuindo-me o erro. Pois, quanto às opiniões que são totalmente minhas, eu não as desculpo de serem novas, tanto mais que, se forem bem consideradas as razões, estou seguro de que serão julgadas tão simples e tão conformes ao senso comum, que parecerão menos extraordinárias e menos estranhas do que quaisquer outras que se possa ter sobre os mesmos assuntos. E tampouco me vanglorio de ser o primeiro inventor de qualquer uma, mas, antes, de jamais as ter admitido porque foram ou possam ter sido proferidas por outros, mas somente porque a razão me persuadiu delas.

Se os artesãos não podem prontamente executar a invenção que é explicada em *A dióptrica*, não creio que se possa dizer, por isso, que ela seja ruim, pois, uma vez que é necessário destreza e hábito para fazer e ajustar as máquinas que descrevi, sem que lhes falte qualquer detalhe, não me espantaria menos se eles o conseguissem na primeira tentativa do que se alguém pudesse aprender, em um só dia, a tocar virtuosamente o alaúde apenas porque lhe foi dada uma boa tablatura. E se escrevo em francês, que é a língua de meu país, antes que em latim, que é a de meus preceptores, é porque espero que aqueles que se servem apenas de sua razão natural inteiramente pura julgarão melhor as minhas opiniões do que aqueles que só acreditam nos livros antigos. E quanto aos que unem o bom senso ao estudo, os únicos que desejo para // meus juízes, estou seguro de que não serão tão parciais em favor do latim que se recusem a ouvir minhas razões porque as explico em língua vulgar.

Por fim, não quero falar aqui, em particular, dos progressos que tenho a esperança de fazer, no futuro, nas ciências, nem comprometer-me perante o público com qualquer promessa que não esteja certo de cumprir, mas direi somente que resolvi não empregar o tempo que me resta de vida em outra coisa que não seja procurar obter algum conhecimento da natureza, o qual seja tal que se possam dele extrair regras para a medicina mais seguras do que aquelas que temos até agora, e que minha inclinação afasta-me tanto de todo tipo de outros propósitos, principalmente daqueles que não poderiam ser úteis a alguns sem prejudicar a outros, que, se algumas ocasiões me forçassem a dedicar-me a eles, não creio que seria capaz de lograr êxito. Do que faço aqui uma declaração de que bem sei que não pode servir para tornar-me notável no mundo, mas também de modo algum tenho vontade de sê-lo, e ficarei sempre mais obrigado àqueles pelo favor dos quais desfrutarei, sem impedimento, de meu ócio do que àqueles que oferecessem os mais honrosos empregos da Terra.

FIM

*A dióptrica*

## // *A dióptrica**

### Primeiro discurso
*Da luz*

Toda a conduta de nossa vida depende de nossos sentidos, e sendo, dentre eles, o sentido da visão o mais universal e o mais nobre, não resta a menor dúvida de que as invenções que servem para aumentar seu poder estão entre as mais úteis que podem existir. E é difícil encontrar alguma que o aumente mais do que a invenção das maravilhosas lunetas que, estando em uso há pouco tempo, revelaram-nos novos astros no céu e outros novos objetos acima da Terra em maior número do que já havíamos anteriormente visto, de modo que, levando nossa visão muito além do que poderia normalmente ir a imaginação de nossos pais, essas lunetas parecem ter-nos aberto o caminho para alcançar um conhecimento da natureza muito maior e mais perfeito do que aquele que eles tiveram. Mas, para a vergonha de nossas ciências, essa invenção, tão útil e tão admirável, foi // inicialmente alcançada apenas por experiência e ao acaso.[1] Faz aproximadamente trinta anos que

---

\* Tradução e notas de Pablo Rubén Mariconda e Guilherme Rodrigues Neto a partir do original francês *La dioptrique*, AT, VI, p.81-227.

1 É bastante estudada a história da invenção do telescópio e de seu desenvolvimento técnico e teórico ao longo do século XVII. Sobre esse assunto, pode-se consultar Allen, 1943; van Helden, 1974, 1977; Zik, 2001; Malet, 2003, 2005, 2010;

um homem chamado Jacques Metius, oriundo da cidade de Alkmar, na Holanda, e que nunca estudou, apesar de ter tido um pai e um irmão que fizeram das matemáticas sua profissão, mas que sentia particular prazer em produzir espelhos e vidros ardentes, compondo-os, durante o inverno, mesmo com o gelo, tal como a experiência mostrou que é possível fazer, dispondo nessa ocasião de muitos vidros de diversas formas, teve a fortuna de olhar através de dois, dos quais um era um pouco mais espesso no meio do que nas extremidades, enquanto o outro, ao contrário, era muito mais espesso nas extremidades do que no meio, e aplicando-os tão convenientemente nas extremidades de um tubo, compôs, assim, a primeira luneta das quais falávamos. E é somente com base nesse padrão que todas as outras, posteriormente vistas, foram produzidas, sem que ninguém, que eu saiba, tenha determinado suficientemente as exatas figuras que esses vidros devem ter. Pois, embora tenha havido, desde então, um grande número de bons espíritos que muito cultivaram essa matéria e encontraram, por sua vez, muitas coisas na óptica que valem mais do que as que nos tinham deixado os antigos, porque as invenções um pouco dificultosas não alcançam, logo na primeira vez, o último grau de perfeição, restaram ainda muitas dificuldades nessa matéria, dando-me a ocasião de escrever sobre isso.[2] E, uma vez que a execução das coisas de que falarei deve depender da habilidade de artesãos, os quais comumente não estudaram, procurarei mostrar-me // inteligível a todos e nada omitir, nem supor, daquilo que se deve ter aprendido de outras ciências. Eis por que começarei pela explicação da luz e de seus raios, depois, tendo feito uma breve descrição das partes do olho, direi particularmente de que modo se faz a visão e, em seguida, após ter considerado todas as coisas que são capazes de torná-la mais perfeita, ensinarei como elas podem ser ajustadas pelas invenções que descreverei.[3]

**83**

---

Burnett, 2005; Ilardi, 2007; Willach, 2008; van Helden et al., 2010; Bucciantini et al., 2015.

2 O aperfeiçoamento teórico e técnico do telescópio (*lunettes*) constitui um objetivo claramente ligado ao desenvolvimento da instrumentação científica e experimental de Descartes em *A dióptrica*.

3 Ver o Nono Discurso, no qual Descartes apresenta as invenções de instrumentos que corrigem ou melhoram (tornam mais potente) a visão natural. Descartes

## A dióptrica

Ora, não tendo aqui outra ocasião de falar da luz a não ser para explicar como seus raios entram no olho e como eles podem ser desviados pelos diversos corpos que encontram, não é necessário que eu procure dizer qual é verdadeiramente sua natureza e creio que será suficiente que eu me sirva de duas ou três comparações que ajudem a concebê-la do modo que me pareça mais cômodo para explicar todas as suas propriedades que a experiência nos faz conhecer e deduzir, em seguida, todas as outras que não podem ser tão facilmente notadas, imitando nisso os astrônomos, os quais, ainda que

---

apresenta sumariamente o plano dos assuntos tratados nos dez discursos de sua óptica. Entretanto, para uma melhor compreensão da estrutura da obra, ela pode ser dividida em três partes, com (1) uma primeira parte, composta pelos dois primeiros discursos, que trata de *questões físicas*, na qual é estudada a natureza da *luz* e suas propriedades de reflexão e refração. Segue-se (2) a segunda parte, que trata de *questões de anatomia e fisiologia*, na qual se encontram, no Terceiro Discurso, uma descrição anatômica do olho; no Quarto, uma teoria geral da sensação; no Quinto, o funcionamento (fisiologia) da sensação visual; e, por fim, no Sexto, a explicação da função cognitiva da visão. Os últimos quatro discursos compõem (3) a terceira parte, dedicada às *questões técnicas*, tratando sucessivamente, no Sétimo Discurso, dos modos de corrigir e aperfeiçoar a visão natural por meio de instrumentos ópticos (vidros, lentes); no Oitavo, do estudo técnico acerca das figuras das lentes (vidros polidos) de modo a concentrar os raios paralelos em um único ponto determinado; no Nono, a descrição do funcionamento do telescópio e do microscópio, de modo a contribuir para o avanço e o aperfeiçoamento da instrumentação científica; e, por fim, no Décimo Discurso, a apresentação do projeto de uma máquina inventada por Descartes para talhar lentes hiperbólicas. É interessante comparar o plano de *A dióptrica* de Descartes com o plano de Kepler em sua *Dioptrice* e perceber que diferem em dois pontos essenciais. Kepler não trata dos aspectos anatômico-fisiológicos em sua dióptrica, embora faça avanços significativos, no *Ad Vittellionem paralipomena* (*Paralipomena a Vitélio*), na compreensão da função visual do olho humano e do mecanismo (de câmara escura) pelo qual o olho vê, descobrindo que a luz produz no fundo do olho a imagem retiniana invertida da cena exterior (sobre a teoria kepleriana da formação da imagem visual, cf. Lindberg, 1976, p.195-202; Crombie, 1990, p.285-94; Simon, 2003, p.203-21; Tossato, 2007; Gal & Chen-Morris, 2013, p. 16-26). Descartes absorve todo o desenvolvimento de Kepler, mas aprofunda o estudo fisiológico da visão, propondo um mecanismo (uma explicação mecanicista) pelo qual as imagens da retina chegam ao cérebro. Em segundo lugar, diferentemente de Descartes, Kepler não trata das dificuldades técnicas ligadas à produção de lentes.

suas suposições sejam quase todas falsas ou incertas, ainda assim, devido a corresponderem às diversas observações que eles fizeram, não deixam de extrair delas numerosas consequências muito verdadeiras e muito seguras.[4]

Sem dúvida, algumas vezes ocorreu-vos, ao caminhar à noite sem tocha por lugares um pouco difíceis, que seria necessário o auxílio de um bastão para conduzir-vos, e teríeis então podido // constatar que sentis, pela extremidade do bastão, os diversos objetos que se encontravam no vosso entorno, e até mesmo que vós poderíeis distinguir se havia árvores, pedras, areia, água, grama, lama ou qualquer outra coisa parecida. É verdade que esse tipo de sensação é um pouco confuso e obscuro naqueles que não fazem um demorado uso do bastão, mas, considerando aqui aqueles que, tendo nascido cegos, serviram-se do bastão por toda sua vida, neles encontrareis uma sensação tão perfeita e tão exata que se poderá quase dizer que eles veem pelas mãos, ou que seu bastão é o órgão de algum sexto sentido que lhes foi dado na falta da visão. E, fazendo disso uma comparação, desejo que vós penseis que a luz, nos corpos que denominamos luminosos, não é outra coisa que certo movimento, ou uma ação muito rápida e muito viva, que passa para nossos olhos por intermédio do ar e de outros corpos transparentes, da mesma maneira que o movimento ou a resistência dos corpos, que esse cego encontra, passa para sua mão por intermédio de seu bastão. Isso vos impedirá, inicialmente, de achar estranho que essa luz possa estender seus raios em um instante, desde o Sol até nós, pois sabeis que a ação, pela qual movemos uma das extremidades de um bastão, deve passar assim em um instante até a outra extremidade, e que ela deveria passar do mesmo modo, ainda que houvesse mais distância do que aquela entre a Terra e os céus. Tampouco acharíeis estranho que por seu meio possamos ver todos os tipos de cores, e até // acreditaríeis talvez que essas cores não são outra

---

4 A partir daqui até o final deste Primeiro Discurso, Descartes emprega três analogias comparando a luz ao comportamento de corpos rígidos da experiência comum, com o intuito de levar seu leitor a "conceber mais facilmente" a natureza (ou causas) da luz para, assim, poder "explicar suas propriedades", isto é, demonstrar (por um raciocínio físico-geométrico) as leis da reflexão e da refração.

coisa, nos corpos que nomeamos coloridos, senão os diversos modos pelos quais esses corpos recebem e enviam a ação da luz em direção de nossos olhos, se considerardes que as diferenças que um cego nota entre as árvores, as pedras, a água e coisas semelhantes, por intermédio de seu bastão, não lhe parecem menores do que nos provocam aquelas que estão entre o vermelho, o amarelo, o verde e todas as outras cores, e que, todavia, essas diferenças não são outra coisa, em todos esses corpos, senão as diversas maneiras de mover ou de resistir aos movimentos desse bastão. Em consequência disso, tereis ocasião de julgar que não é necessário supor que passe alguma coisa de material, desde os objetos até nossos olhos, para fazer-nos ver as cores e a luz, nem mesmo que haja algo nesses objetos que seja semelhante às ideias ou às sensações que temos deles, do mesmo modo que nada sai dos corpos, os quais são sentidos por um cego, que deve passar ao longo de seu bastão até a sua mão, e que a resistência ou o movimento desses corpos, que é a única causa das sensações que ele tem, em nada é semelhante às ideias que ele concebe desses corpos. E, por esse meio, vosso espírito estará liberto de todas essas pequenas imagens que volteiam pelo ar, chamadas *espécies intencionais*, que tanto ocupam a imaginação dos filósofos.[5] Vós podereis mesmo decidir facilmente a questão, que se põe entre eles, concernente ao lugar de onde vem a ação que causa a sensação da visão, pois, assim como nosso cego pode sentir os corpos que estão em torno dele não // somente pela ação desses corpos, quando eles se movem contra seu bastão, mas também pela ação de sua mão, quando eles não fazem mais do que lhe resistir, assim também deve-se admitir que os objetos da visão podem ser sentidos não somente por meio da ação que, estando neles, tende para os olhos, mas também por meio daquela que, estando nos olhos, tende para eles. Todavia, uma vez que essa ação não é outra coisa senão a luz, deve-se notar que há aqueles que podem ver durante as trevas da noite, como os gatos, nos olhos dos quais ela se encontra, e que, para o comum dos homens, eles só veem pela ação que vem dos objetos, pois a experiência mostra-nos que esses

---

5 Sobre a crítica de Descartes à noção de "semelhança" e a consequente rejeição da doutrina tradicional das *espécies intencionais*, ver Wolf-Devine, 1993, p.29-33.

objetos devem ser luminosos ou iluminados para serem vistos, e não nossos olhos para vê-los. Mas, uma vez que existe uma grande diferença entre o

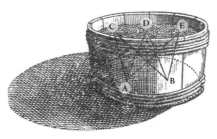

bastão desse cego e o ar, ou os outros corpos transparentes, por intermédio dos quais nós vemos, devo aqui servir-me ainda de outra comparação.[6]

Imaginai uma cuba, em tempo de colheita, toda repleta de uvas meio esmagadas, em cujo fundo foram feitos um ou dois orifícios, como $A$ e $B$, por onde possa escoar o vinho que a cuba contém. Pensai, a seguir, que, não existindo vazio na natureza, tal como declaram quase todos os filósofos, e existindo, entretanto, muitos poros em todos // os corpos que percebemos em torno de nós, como a experiência pode mostrar muito claramente, é necessário que esses poros sejam preenchidos com alguma matéria muito sutil e muito fluida que se estende, sem interrupção, desde os astros até nós. Ora, essa matéria sutil, sendo comparada com o vinho dessa cuba, e as partes menos fluidas ou mais grosseiras, tanto do ar como dos outros corpos transparentes, com os cachos das uvas que estão pelo meio, vós compreendereis facilmente que, como as partes desse vinho, as quais estão, por exemplo, em torno de $C$, tendem a descer em linha reta pelo orifício $A$, no mesmo instante em

---

6 Com a primeira analogia, a do "bastão do cego", Descartes supõe, como característica básica da natureza da luz, a instantaneidade de sua propagação. Assim, a luz (ou sua unidade mínima, o raio de luz) comporta-se como um pedaço de matéria inelástico e retilíneo, no qual qualquer ação em uma de suas extremidades é mecanicamente transmitida de modo instantâneo para a outra extremidade. A ideia de que a luz ocorre ou se propaga de modo instantâneo, ou de que ela não é um corpo ou substância que se desloca com velocidade finita, foi sustentada por Aristóteles e seus comentadores antigos. Descartes mantém a tese tradicional da velocidade infinita da propagação, ainda que sua concepção mecânica acerca da natureza da luz seja antiaristotélica. Em carta a Beeckman de 22 de agosto de 1634, Descartes afirma que, "se a falsidade [da tese da propagação instantânea da luz] puder ser provada, então estarei pronto para confessar que nada conheço em filosofia" (AT, I, 308). Sobre a centralidade da ideia de propagação instantânea da luz na física de Descartes, ver Costabel, 1978; Sabra, 1981, p.46-60; Smith, 1987, p.13-9.

## A dióptrica

que ele é aberto e, simultaneamente pelo orifício B, enquanto aquelas que estão em torno a D e a E tendem também, ao mesmo tempo, a descer por esses dois orifícios, sem que nenhuma dessas ações seja impedida pelas outras, nem tampouco pela resistência dos cachos que estão nessa cuba, não obstante esses cachos, por estarem sustentados um pelo outro, de modo algum tendam a descer pelos orifícios A e B, como o vinho, mesmo que eles possam, entretanto, ser movidos de muitos outros modos por aqueles que os pressionam; assim também, todas as partes da matéria sutil, a qual toca o lado do Sol que está voltado para nós, tendem em linha reta para nossos olhos no mesmo instante em que estes são abertos, sem que umas impeçam as outras, e mesmo sem serem impedidas pelas partes grosseiras dos corpos transparentes que estão entre os dois, seja porque esses corpos movem-se de outras maneiras, como o ar, que é quase sempre agitado por algum vento, seja porque eles estão sem movimento, como talvez o vidro // ou o cristal. E notai aqui que se deve distinguir entre o movimento e a ação, ou inclinação a mover-se. Pois é possível muito bem conceber que as partes do vinho, que estão, por exemplo, em torno de C, tendem para B e, ao mesmo tempo, para A, embora elas não possam mover-se atualmente para esses dois lados ao mesmo tempo, e que elas tendem exatamente em linha reta para B e para A, embora não possam mover-se tão exatamente em linha reta por causa dos cachos de uvas que estão entre os dois; e assim, pensando que não é tanto o movimento, mas a ação dos corpos luminosos que se deve tomar como sua luz, vós deveis julgar que os raios dessa luz não são outra coisa senão as linhas segundo as quais tende essa ação. De modo que há uma infinidade de tais raios que vêm de todos os pontos dos corpos luminosos em direção a todos os pontos daqueles que eles iluminam, tal como podeis imaginar uma infinidade de linhas retas, segundo as quais as ações, que vêm de todos os pontos da superfície do vinho CDE, tendem para A, e uma infinidade de outras, segundo as quais as ações, que vêm desses mesmos pontos, tendem também para B, sem que umas impeçam as outras.[7]

---

7 Com a segunda analogia, Descartes introduz uma importante distinção entre a tendência (retilínea) ao movimento e o movimento efetivo dos corpos. Note-se que a distinção é elaborada com base na analogia entre a inclinação a mover-se e o

Todavia, esses raios devem ser assim sempre imaginados exatamente retos, quando passam por um único corpo transparente, o qual é por toda parte igual a si mesmo, mas, quando encontram alguns outros corpos, eles estão sujeitos a ser desviados por esses corpos, ou amortecidos, do mesmo modo que é amortecido o movimento de uma bola, ou de uma pedra lançada no // ar, por aqueles corpos que ela encontra. Pois é bastante fácil crer que a ação ou a inclinação para mover-se, que eu disse dever ser tomada como sendo a luz, deve seguir nisso as mesmas leis que o movimento. E a fim de que eu explique mais longamente essa terceira comparação, considerai que os corpos que uma bola que passa no ar pode assim encontrar são ou moles ou duros ou líquidos, e que, se eles são moles, detêm e amortecem completamente o movimento da bola, como quando ela bate contra tecidos, areia ou lama, ao passo que, se são duros, eles a enviam para outro lado sem retê-la, e isso de muitos modos diferentes. Pois, ou sua superfície é toda igual e unida, ou áspera e desigual, e, novamente, sendo igual, ela é ou plana ou curva, e, sendo irregular, ou sua irregularidade consiste em ela ser composta de muitas partes diferentemente encurvadas, das quais cada uma é em si muito unida, ou então ela consiste, além disso, em ter vários ângulos ou pontas diferentes, ou partes mais duras do que as outras, ou que se movem, e isso com variações que podem ser imaginadas de mil maneiras. Deve-se notar que a bola, além de seu movimento simples e comum, que a leva de um lugar a outro, pode ter ainda um segundo movimento, o qual a faz girar em torno de seu centro, e que a velocidade deste último pode ter

---

movimento. Assim, cada uva no interior da cuba ("as partes menos fluidas ou mais grosseiras") possui uma tendência a mover-se retilínea e simultaneamente para cada um dos orifícios da cuba, mas o movimento efetivo do suco para esses orifícios será bem tortuoso. Essa distinção entre "tendência ao movimento" e "movimento" terá papel fundamental na demonstração da lei da refração que Descartes apresenta no próximo discurso. Assim, de acordo com a primeira analogia, a ação da luz é concebida como uma ação mecânica que é transmitida retilínea e instantaneamente, e, de acordo com a segunda analogia, essa ação não é realizada através de algum transporte de matéria, ou do deslocamento de algum corpúsculo luminoso, mas consiste apenas em certa "tendência ao movimento" das partes da matéria sutil ou do meio transparente. Sobre a noção de "matéria sutil" e a doutrina cartesiana da matéria, ver a nota 2 de *Os meteoros*.

muitas proporções diversas com aquela do outro movimento. Ora, quando muitas bolas, vindas de um mesmo lado, encontram um corpo cuja superfície é toda unida e igual, elas são igualmente refletidas e na mesma // ordem, de modo que, se essa superfície é toda plana, elas mantêm entre si, após o encontro, a mesma distância que tinham anteriormente, e se ela é curvada para dentro ou para fora, elas se aproximam ou afastam-se umas das outras na mesma ordem, mais ou menos, na razão dessa curvatura, tal como vedes

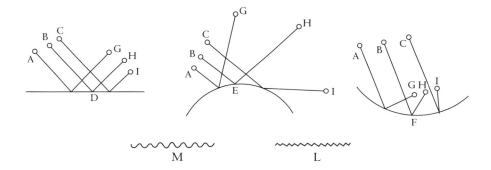

aqui as bolas *A*, *B* e *C*, depois de terem encontrado as superfícies dos corpos *D*, *E* e *F*, serem refletidas para *G*, *H* e *I*. E se essas bolas encontram uma superfície desigual, como *L* ou *M*, elas são refletidas para vários lados, cada uma segundo a posição da parte daquela superfície que ela toca. E mudam somente nisso o modo de seu movimento, quando a irregularidade da superfície consiste apenas em que suas partes são diferentemente curvadas. Mas ela pode também consistir em muitas outras coisas e, por esse meio, fazer que, se essas bolas não tiveram anteriormente senão um movimento reto e simples, elas percam uma parte desse movimento e adquiram, em seu lugar, um movimento circular, o qual pode ter várias proporções com aquele que elas mantêm do movimento reto, segundo a diversidade de disposição da superfície do corpo que elas encontram. Isso é provado por aqueles // que participam do jogo da pela, quando sua bola encontra um piso irregular, ou ainda, quando batem na bola enviesando sua raquete, o que me parece que eles chamam de cortar ou frisar. Enfim, considerai que, se uma bola que se move encontra obliquamente a superfície de um corpo líquido, pelo qual ela possa passar mais ou menos facilmente do que por

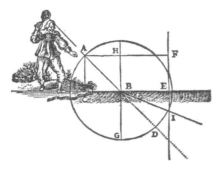

aquele de onde ela sai, ela é desviada e muda seu curso ao entrar nesse meio; por exemplo, estando no ar no ponto *A*, se for impulsionada para *B*, ela irá em linha reta de *A* até *B*, se seu peso ou qualquer outra causa particular não a impedir, mas, quando está no ponto *B*, onde suponho que ela encontre a superfície da água *CBE*, ela é desviada e toma seu curso para *I*, indo novamente em linha reta de *B* até *I*, o que é fácil de verificar pela experiência. Ora, deve-se pensar, do mesmo modo, que há corpos que, sendo golpeados pelos raios da luz, amortecem estes últimos, tirando-lhes toda sua força, a saber, aqueles que denominamos negros, os quais não têm outra cor senão a escuridão, enquanto há outros que os fazem refletir, alguns na mesma ordem que os recebem, a saber, aqueles que, tendo sua superfície toda polida, podem servir de espelhos, tanto planos como curvos, enquanto outros os fazem refletir confusamente para diversos lados e, novamente, // dentre estes últimos, alguns fazem esses raios refletir sem aportar qualquer outra mudança em sua ação, a saber, aqueles que denominamos corpos brancos, enquanto outros aportam com isso uma mudança semelhante àquela que recebe o movimento de uma bola quando é enviesada pelo golpe de uma raquete, a saber, aqueles que são vermelhos ou amarelos ou azuis ou de qualquer outra das cores. Pois penso poder determinar no que consiste a natureza de cada uma dessas cores, mostrando-o pela experiência, mas isso ultrapassa os limites de meu assunto.[8] Basta-me aqui advertir que os raios que incidem sobre os corpos que são coloridos

---

8 É interessante notar que Descartes não considera que sua ciência da dióptrica deve incluir uma teoria das cores – "isso ultrapassa os limites de meu assunto", que é a discussão das lentes. A diversidade das cores, segundo Descartes, é um efeito mecânico do movimento (ou "determinação") das pequenas partes da "matéria sutil", o substrato material da luz. Entretanto, no Oitavo Discurso de *Os meteoros* (p.312-29), consagrado ao estudo do arco-íris, Descartes apresenta sua teoria das cores, porque nesse momento o assunto é imprescindível para tratar das cores do arco-íris. De qualquer modo, é novamente a tendência ao movimento de rotação das pequenas partes da matéria sutil que permite a Descartes dar conta da diversidade das cores percebidas (ver também a nota 28 de *Os meteoros*).

e não polidos são comumente refletidos para todos os lados, mesmo que eles venham de um só lado; assim, ainda que aqueles raios que caem sobre a superfície do corpo branco *AB* venham unicamente da chama *C*, eles não deixam de ser igualmente refletidos para todos os lados, de modo que, em qualquer lugar em que se ponha o olho, por exemplo em *D*, encontram-se nesse lugar sempre muitos raios que vêm de cada ponto dessa superfície *AB* e que tendem para ele. E mesmo se supusermos esse corpo bem fino como um papel ou um tecido, de modo que a claridade passe através dele, ainda que o olho esteja do outro lado da chama, como em *E*, ele não impedirá que se reflitam para o olho alguns raios de cada um dos pontos desse corpo. Enfim, considerai que os raios também são desviados, do mesmo modo como foi dito a respeito de uma bola, quando encontram obliquamente a superfície de um corpo // transparente, através do qual penetram mais ou menos facilmente do que através daquele corpo de onde eles vêm, e esse modo de desviar-se é denominado refração.[9]

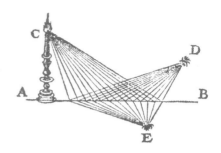

## Segundo discurso
### Da refração

Uma vez que teremos necessidade mais adiante de saber exatamente a quantidade dessa refração e que ela pode muito facilmente ser entendida pela comparação da qual acabo de servir-me, creio ser conveniente que eu tente começar aqui a explicá-la e que fale inicialmente da reflexão, a fim de tornar seu entendimento mais fácil. Pensemos, então, que uma bola, sendo

---

9 Com a terceira analogia, Descartes ensina que, assim como uma bola de tênis sofre deflexões mecânicas, a tendência retilínea ao movimento, que caracteriza a propagação luminosa (o "raio de luz"), também sofre tais deflexões quando atravessa a superfície que separa dois meios transparentes de diferentes densidades. Com essas três analogias da luz com o comportamento de objetos ordinários da experiência comum, Descartes fundamenta sua noção de "raio de luz". Sobre a função retórica e didática dessas analogias, ver Eastwood, 1984.

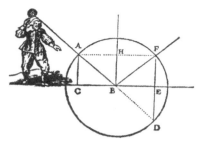

impulsionada de *A* para *B*, encontra, no ponto *B*, a superfície do solo *CBE*, a qual, ao impedi-la de passar adiante, é a causa de que ela seja desviada, e vejamos para qual lado. Mas, a fim de não nos embaraçarmos em novas dificuldades, suponhamos que o solo seja perfeitamente plano e duro e que a bola mantenha sempre a mesma velocidade, tanto descendo quanto subindo, sem que de modo algum nos perguntemos // sobre a potência que continua a movê-la depois que ela não é mais tocada pela raquete, nem consideremos qualquer efeito de seu peso, nem de seu tamanho, nem de sua figura. Pois não está aqui em questão considerá-la de tão perto e nenhuma dessas coisas tem lugar na ação da luz, da qual este discurso deve tratar. Deve-se somente notar que, qualquer que seja a potência que faz continuar o movimento dessa bola, ela é diferente daquela que a determina a mover-se mais para um lado do que para outro, do mesmo modo que é muito fácil conhecer que é dessa força, com a qual ela foi impulsionada pela raquete, que depende seu movimento, e que essa mesma força teria podido fazê-la mover-se para qualquer outro lado tão facilmente como para *B*, ao passo que é a posição dessa raquete que determina que a bola tenda para *B*, e que teria podido determiná-la do mesmo modo, ainda que uma outra força a tivesse movido. Isso já mostra que não é impossível que essa bola seja desviada pelo encontro com o solo e, assim, que a determinação que ela possuía de tender para *B* seja alterada sem que nada, por isso, tenha mudado na força de seu movimento, uma vez que são duas coisas distintas e, por consequência, não se deve imaginar que seja necessário que ela pare por algum momento no ponto *B* antes de retornar para *F*, tal como afirmam muitos de nossos filósofos, pois, se seu movimento fosse uma vez interrompido por esse repouso, não se encontraria causa alguma que o fizesse depois de isso recomeçar.[10] Além disso, deve-se notar que a determinação de

---

10 Para Descartes, só o movimento – ou seja, sua velocidade e direção (que ele chama de "determinação") – é considerado. Note-se que, desse modo, a bola é identificada a um ponto material. O movimento é um efeito da *força* que a raquete

**95** mover-se para certo lado pode ser dividida, assim // como o movimento e geralmente qualquer outro tipo de quantidade, em todas as partes das quais se possa imaginar que ela seja composta; e pode-se facilmente imaginar que aquela determinação da bola que se move de *A* para *B* seja composta por duas outras determinações, das quais uma a faz descer da linha *AF* para a linha *CE* e a outra a faz ir, ao mesmo tempo, da esquerda *AC* para a direita *FE*, de tal modo que essas duas conjuntamente conduzem-na até *B* pela linha reta *AB*. E, assim, é fácil entender que o encontro com o solo não pode impedir senão uma dessas duas determinações e, de modo algum, 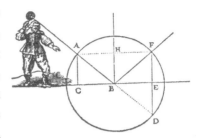 a outra. Pois ele deve impedir a determinação que fazia a bola descer de *AF* para *CE*, porque o solo ocupa todo o espaço que está abaixo de *CE*; mas por que ele impediria a outra determinação que a faria avançar para a direita, visto que de modo algum ele lhe é oposto nessa direção? Portanto, de modo a encontrar para qual lado, precisamente, essa bola deve retornar, descrevamos um círculo de centro *B*, que passa pelo ponto *A*, e digamos que, no mesmo tempo que ela tiver empregado para mover-se de *A* até *B*, ela deve infalivelmente retornar de *B* até algum ponto da circunferência desse círculo, uma vez que todos os pontos que estão à mesma distância desse ponto *B*, quanto está *A*, encontram-se nessa circunferência, e uma vez que

**96** supomos // o movimento dessa bola ser sempre igualmente veloz. A seguir, a fim de saber exatamente para qual de todos os pontos dessa circunferência ela deve retornar, tracemos três linhas retas *AC*, *HB* e *FE*, perpendiculares

---

imprime na bola (o que consiste somente na velocidade do movimento da raquete), ao passo que "determinação" é um efeito da *posição* da raquete, o que faz que a bola se dirija ou tenda (se não for impedida de continuar seu movimento) para uma determinada direção e não outra. Uma (força) é a causa da continuidade do movimento, enquanto a outra (posição) é a causa da direção desse movimento – e todo movimento deve possuir esses dois aspectos, ou magnitudes, uma magnitude escalar e a outra vetorial. Note-se, além disso, que a decomposição de um movimento simples em duas (ou mais) componentes é tornada conceitualmente possível pela teoria das dimensões da regra 14 das *Regras para a direção do espírito* (cf. Descartes, 1985, p.90-103, particularmente p.98-9).

a *CE*, de tal modo que não haja nem mais nem menos distância entre *AC* e *HB* do que entre *HB* e *FE*, e suponhamos que, no mesmo tempo que a bola levou para avançar para o lado direito, a partir de *A*, um dos pontos da linha *AC*, até *B*, um dos pontos da linha *HB*, ela deve também avançar da linha *HB* até algum ponto da linha *FE*, pois todos os pontos dessa linha *FE* estão igualmente distantes de *HB* nessa direção, tanto em uma como na outra, e igualmente distantes dos pontos da linha *AC*, e, assim, ela está igualmente determinada a avançar para esse lado quanto estava anteriormente. Ora, acontece que ela não pode chegar, ao mesmo tempo, a algum ponto da linha *FE* e, conjuntamente, a algum ponto da circunferência do círculo *AFD*, a não ser ao ponto *D* ou ao ponto *F*, tanto mais que somente há esses dois onde elas se interceptam, e assim, como o solo impede que ela passe para *D*, é necessário concluir que ela deve infalivelmente ir para *F*. Com isso, vedes facilmente como a reflexão se faz, a saber, segundo um ângulo sempre igual àquele que denominamos ângulo de incidência. Do mesmo modo, se um raio, vindo do ponto *A*, incidir no ponto *B* sobre a superfície do espelho plano *CBE*, ele será refletido para *F* de tal modo que o ângulo da reflexão *FBE* não seja nem maior nem menor que o da incidência *ABC*.[11]

Chegamos agora à refração. // E suponhamos primeiramente que uma bola, impulsionada de *A* para *B*, encontra no ponto *B* não mais a superfície

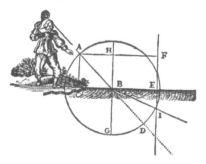

do solo, mas uma tela *CBE*, que seja tão frágil e tênue que essa bola tenha a força de rompê-la e de passar através da mesma, perdendo somente uma parte de sua velocidade, por exemplo, a metade. Ora, isso posto, a fim de saber qual caminho ela deve seguir, consideremos novamente que seu movimento difere inteiramente de sua determinação a mover-se mais para um lado do que para o outro, do que se segue que sua quantidade deve ser examinada separadamente. E consi-

---

11 Trata-se da lei da reflexão, isto é, a lei segundo a qual os ângulos de incidência e de reflexão são iguais. Essa lei encontra-se na proposição 19 da *Óptica* de Euclides (cf. Euclides, 2013, p.903). A lei da reflexão é também considerada como a lei fundamental da catóptrica, a ciência dos espelhos (cf. Euclides, 2013, p.934, nota 15).

deremos também que, das duas partes, das quais se pode imaginar que essa determinação é composta, somente aquela que fizesse tender a bola do alto para baixo poderia ser mudada de algum modo pelo encontro com a tela, e no que concerne àquela determinação que a faria tender para a direita, ela deve permanecer sempre a mesma que tinha sido, porque essa tela não lhe é de maneira alguma oposta nessa direção. Assim, tendo descrito a partir do centro *B* o círculo *AFD* e traçado por ângulos retos sobre *CBE* as três linhas retas *AC*, *HB* e *FE*, de tal modo que haja duas vezes a mesma distância entre *FE* e *HB* que entre *HB* e *AC*, veremos que essa bola deve tender para o ponto *I*. Pois, uma vez que ela perde a metade de sua velocidade ao atravessar a tela *CBE*, ela deve empregar, // para passar por baixo, a partir de *B* até algum ponto da circunferência do círculo *AFD*, duas vezes o tempo gasto para ir de *A* até *B* por cima. E porque ela absolutamente nada perde da determinação que tinha de avançar para o lado direito, em duas vezes o tempo que empregou para passar da linha *AC* até a *HB*, ela deve fazer duas vezes o mesmo caminho para esse mesmo lado e, por conseguinte, chegar a algum ponto da linha reta *FE* no mesmo instante em que chega também a algum ponto da circunferência do círculo *AFD*. O que seria impossível, se ela não fosse para *I*, tanto mais que este é o único ponto abaixo da tela *CBE* no qual se interceptam o círculo *AFD* e a linha reta *FE*.

Pensemos, agora, que a bola que vem de *A* para *D* encontra no ponto *B* não mais uma tela, mas água, cuja superfície *CBE* retira-lhe justamente a metade de sua velocidade, como fazia aquela tela. E o restante sendo posto como antes, afirmo que essa bola deve passar de *B*, em linha reta, não para *D*, mas para *I*. Pois, primeiramente, é certo que a superfície da água deve desviá-la para esse ponto do mesmo modo que a tela, visto que ela lhe tira exatamente o mesmo de sua força e que lhe é oposta no mesmo sentido. Ademais, para o restante do corpo da água que preenche todo o espaço que vai de *B* até *I*, ainda que ele lhe resista mais // ou menos do que fazia o ar que havíamos anteriormente suposto, não se deve dizer, por isso, que ele deve desviá-la mais ou menos, pois ele pode

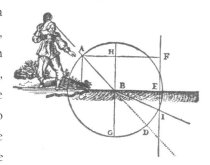

abrir-se, para dar-lhe passagem, tão facilmente para um lado quanto para o outro, pelo menos se for sempre suposto, como fazemos, que nem o peso ou a leveza dessa bola, nem seu tamanho, nem sua figura, nem qualquer outra causa externa mudem seu curso. E pode-se aqui notar que ela é tanto mais desviada pela superfície da água ou da tela quanto mais obliquamente ela a encontra, de tal modo que, se ela a encontra em ângulos retos, como quando

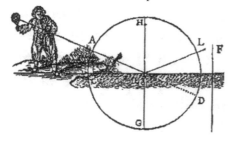

é impulsionada de *H* para *B*, ela deve passar adiante, em linha reta, para *G*, sem ser de modo algum desviada. Mas, se ela é impulsionada segundo uma linha como *AB*, que seja tão fortemente inclinada sobre a superfície da água ou da tela *CBE*, que a linha *FE*, sendo traçada como antes, não corta o círculo *AD*, essa bola não deve de maneira alguma penetrá-la, mas repicar de sua superfície *B* para o ar *L*, do mesmo modo que se ela tivesse encontrado o solo. Foi o que algumas vezes se experimentou com desgosto quando, ao atirar a bel-prazer com peças de artilharia para o fundo de um rio, feriu-se aqueles que estavam na margem oposta.

Mas façamos aqui ainda outra suposição e pensemos que a bola, tendo sido inicialmente impulsionada de *A* para *B*, é mais uma vez impulsionada, estando no ponto *B*, // pela raquete *CBE*, que aumenta a força de seu

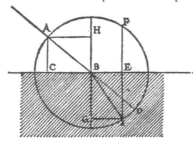

movimento, por exemplo, em um terço, de modo que ela possa percorrer, a seguir, o mesmo caminho em dois momentos, quando ela o fazia anteriormente em três. O que produzirá o mesmo efeito que se ela encontrasse no ponto *B* um corpo de natureza tal que ela passasse, através de sua superfície *CBE*, um terço mais facilmente do que pelo ar. Segue-se evidentemente, do que já foi demonstrado, que, se for descrito o círculo *AD* como anteriormente e as linhas *AC*, *HB* e *FE* de tal modo que haja um terço a menos de distância entre *FE* e *HB* do que entre *HB* e *AC*, o ponto *I*, onde se interceptam a linha reta *FE* e a circular *AD*, designará o lugar para o qual essa bola, estando no ponto *B*, deve ser desviada.

*A dióptrica*

Ora, pode-se tomar também a inversa dessa conclusão e dizer que, uma vez que a bola, que vem de *A* em linha reta até *B*, é desviada quando está no ponto *B* e toma seu curso de *B* para *I*, isso significa que a força ou a facilidade com a qual ela entra no corpo *CBEI* está para aquela com a qual ela sai do corpo *ACBE* assim como a distância existente entre *AC* e *HB* está para aquela existente entre *HB* e *FI*, isto é, assim como a linha *CB* está para a *BE*.

Enfim, como a ação da luz segue nisso as mesmas leis que o movimento dessa bola, deve-se dizer que, quando seus raios passam obliquamente de um corpo transparente para outro, que os recebe mais ou menos facilmente do que o primeiro, eles são // desviados de tal modo que se encontram sempre menos inclinados sobre a superfície desses corpos do lado onde está aquele que os recebe mais facilmente do que do lado onde está o outro, e isso exatamente na proporção daquele que os recebe mais facilmente do que o outro. É necessário somente precaver-se de que essa inclinação deve ser medida pelas quantidades das linhas retas, como *CB* ou *AH*, e *EB* ou *IG*, e semelhantes, comparadas umas às outras, e não por aquela dos ângulos, tais como *ABH* ou *GBI*, nem muito menos por aquela dos semelhantes a *DBI*, que se denominam os ângulos de refração. Pois a razão ou proporção que existe entre esses ângulos varia em todas as diversas inclinações dos raios, enquanto aquela existente entre as linhas *AH* e *IG*, ou semelhantes, permanece a mesma em todas as refrações que são causadas pelos mesmos corpos. Como se passasse um raio no ar de *A* para *B* que, ao encontrar no ponto *B* a superfície do vidro *CBR*, é desviado para *I* nesse vidro, e se viesse outro raio de luz de *K* para *B* que é desviado para *L* e um outro de *P* para *R* que é desviado para *S*, então deve haver a mesma proporção entre as linhas *KM* e *LN*, ou *PQ* e *ST*, e

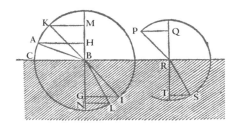

entre *AH* e *IG*, mas não a mesma proporção entre os ângulos *KBM* e *LBN*, ou *PRQ* e *SRT*, e entre *ABH* e *IBG*.[12]

---

12 A expressão "a medida da refração" refere-se à lei da refração, isto é, à relação de proporcionalidade entre o seno do ângulo de incidência e o seno do ângulo de

Vedes agora muito bem de que modo // devem ser medidas as refrações; e ainda que, para determinar sua quantidade, no que ela depende da natureza particular dos corpos onde elas se fazem, seja preciso ir à experiência, não deixa de ser possível fazê-lo muito certa e facilmente, desde que elas sejam assim todas reduzidas a uma mesma medida, pois é suficiente examiná-las em um só raio para conhecer todas aquelas que se fazem em uma mesma superfície, e pode-se evitar todo erro se forem examinadas, ademais, em alguns outros raios. De modo que, se quisermos saber a quantidade das refrações que se fazem na superfície *CBR*, que separa o *AKP* do vidro *LIS*, deveremos experimentá-la apenas naquela do raio *ABI*, procurando a proporção que existe entre as linhas *AH* e *IG*. A seguir, se recearmos ter falhado nessa experiência, devemos testá-la ainda em alguns outros raios, como *KBL* ou *PRS*, e, encontrando a mesma proporção entre *KM* e *LN*, e entre *PQ* e *ST*, assim como entre *AH* e *IG*, não mais teremos ocasião de duvidar da verdade.

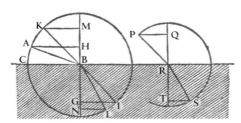

Mas talvez vos surpreendais, ao realizar essas experiências, de descobrir que os raios da luz se inclinam mais no ar do que na água, sobre as superfícies onde se faz sua refração, e ainda mais na água do que no vidro, completamente ao contrário de uma bola, que se inclina mais na água do que no ar // e a qual, de modo algum, pode atravessar o vidro. Pois, por exemplo, se for uma bola que, ao ser impulsionada no ar de *A* para *B*,

---

refração de um raio de luz que é refratado ao atravessar a superfície que separa dois meios transparentes de distintas densidades. Cabe lembrar que a lei da refração é também atribuída à Willebrod Snell, entretanto, seu manuscrito encontra-se perdido e é preciso recorrer a outras fontes para essa atribuição (cf. Sabra, 1981; Smith, 1987; Shea, 1991, p.149-50). A descoberta de Descartes da lei da refração foi objeto de um grande número de interpretações. Para um sumário recente das várias posições a respeito, ver Gaukroger, 1999, p.243-8. Para reconstruções da descoberta de Descartes, ver Schuster, 1977, p.299-328; Shea, 1991. Outros estudos sobre o contexto do tratamento cartesiano da lei dos senos incluem Eastwood, 1984; Sabra, 1981, p.93-135; Smith, 1987.

encontra no ponto *B* a superfície da
água *CBE*, ela será desviada de *B* para
*V*, mas, se for um raio, ele irá, em vez
disso, de *B* para *I*. O que deixareis,
entretanto, de achar estranho, se vos
lembrardes da natureza que atribuí
à luz quando disse que ela não era

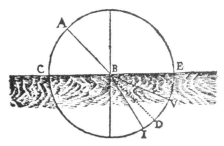

outra coisa que certo movimento ou ação recebida em uma matéria muito sutil, a qual preenche os poros dos outros corpos, e se considerardes que, assim como uma bola perde mais de sua agitação ao dar contra um corpo mole do que contra um que é duro, e que ela rola menos facilmente sobre um tapete do que sobre uma mesa inteiramente lisa, assim também a ação dessa matéria sutil pode ser muito mais impedida pelas partes do ar, as quais, sendo como que moles e mal unidas, não lhe oferecem muita resistência, do que pelas partes da água que lhe resistem mais, e ainda mais por aquelas da água do que por aquelas do vidro ou do cristal. De modo que, quanto mais duras e mais firmes são as pequenas partes de um corpo transparente, tanto mais facilmente elas deixam passar a luz, pois essa luz não deve expulsar qualquer uma delas para fora de seus lugares, ao passo que uma bola deve expulsar as partes da água para encontrar passagem entre elas.

104  Além disso, sabendo assim a causa das refrações que // se fazem na água e no vidro, e comumente em todos os outros corpos transparentes que estão ao nosso redor, pode-se notar que elas devem ser todas semelhantes, seja

quando os raios saem desses corpos,
seja quando neles entram. Assim, se
o raio que vem de *A* para *B* é desviado de *B* para *I* ao passar do ar para o
vidro, aquele que voltar de *I* para *B*
deve também ser desviado de *B* para
*A*. Todavia, é bem possível encontrar

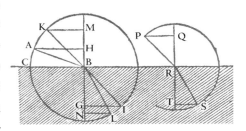

outros corpos, principalmente no céu, onde as refrações, procedentes de outras causas, não são assim recíprocas. Também é possível encontrar certos casos nos quais os raios devem curvar-se, ainda que eles passem somente por um único corpo transparente, do mesmo modo que o movimento de uma bola geralmente se curva porque ela é desviada para um lado por seu peso e para outro lado pela ação que a impulsionou, ou por diversas outras razões. Pois, enfim, ouso dizer que as três comparações, das quais acabo de servir-me, são tão apropriadas que todas as particularidades que nelas se podem notar relacionam-se com algumas outras semelhantes que se encontram na luz; mas não tratei senão de explicar aquelas que estão mais próximas de meu assunto. E tampouco desejo aqui fazer que considereis outra coisa a não ser que as superfícies curvadas dos corpos transparentes desviam os raios que passam por cada um de seus // pontos do mesmo modo que fariam as superfícies planas, as quais é possível imaginar que tocam esses corpos nos mesmos pontos. Por exemplo, a refração dos raios

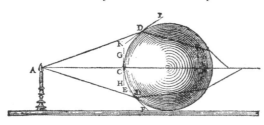

*AB*, *AC* e *AD*, os quais, vindos da chama *A*, incidem sobre a superfície curva da bola de cristal *BCD*, deve ser considerada do mesmo modo como se *AB* incidisse sobre a superfície plana *EBF*, e *AC* sobre *GCH*, e *AD* sobre *IDK*, e assim para os outros. Donde vedes que esses raios podem juntar-se ou separar-se diversamente, segundo eles incidam sobre superfícies que são diversamente curvadas. E é tempo de começar a descrever-vos qual é a estrutura do olho, a fim de vos poder fazer entender como os raios que entram em seu interior são dispostos para causar a sensação da visão.

## Terceiro discurso
### *Do olho*

Se fosse possível cortar o olho pela metade sem que escorressem os licores que o preenchem, nem que mudasse de lugar alguma de suas partes, e que // o plano da secção passasse exatamente pelo meio da pupila, ele apareceria tal como é representado nesta figura. *ABCB* é uma pele bastante dura e espessa, que compõe como que um vaso redondo no qual todas as suas partes internas estão contidas. *DEF* é outra pele delgada, que se estende assim como um tapete no interior da precedente. *ZH* é o nervo denominado óptico, o qual é composto por um grande número de pequenos filamentos, cujas extremidades estendem-se por todo o espaço *GHI*, onde, misturando-se com uma infinidade de pequenas veias e artérias, compõem uma espécie de carne extremamente macia e tênue, a qual é como uma terceira pele que cobre todo o fundo da segunda. *K, L* e *M* são três tipos de licores viscosos, ou humores muito transparentes, os quais preenchem todo o espaço contido no interior dessas peles, e cada um tem a figura com a qual os vedes aqui representados. E a experiência mostra que aquele intermediário, *L*, que denominamos humor cristalino, causa aproximadamente a mesma refração que o vidro ou o cristal, e que os dois outros, *K* e *M*, causam-na um pouco menos, aproximadamente como a água comum, de tal modo que os raios da luz passam mais facilmente por aquele intermediário do que pelos outros dois, e ainda mais facilmente por estes dois do que pelo ar. Na primeira pele, a parte *BCB* é transparente e um pouco mais encurvada que a restante *BAB*. Na segunda, a // superfície interna da parte *EF*, que está voltada para o fundo do olho, é toda negra e escura, e tem no meio um pequeno orifício redondo *FF*, que é o que denominamos pupila, e que parece muito escuro no meio do olho quando é observado de fora. Esse orifício não é sempre do mesmo tamanho, e a parte *EF* da pele, na qual ele se encontra, nadando livremente no humor *K*, que é muito líquido, parece ser como um pequeno músculo, o qual é possível retrair ou dilatar enquanto se olha os objetos mais ou menos próximos, ou mais ou menos iluminados, ou quando se quer ver mais ou menos distintamente.[13] E podereis facilmente ver a experiência de tudo isso no olho de uma criança, pois,

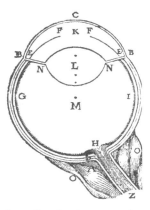

---

13 A descrição anatômica do olho apresentada por Descartes neste Terceiro Discurso segue a descrição elaborada por Felix Platter, em seu *De corporis humani structura et usu* (*Da estrutura e função do corpo humano*) publicado em 1603, e também a do jesuíta Christoph Scheiner, em seu *Oculus*, de 1620 (cf. Tossato, 2007, p.479-84; Crombie, 1991).

se a fizerdes olhar fixamente para um objeto próximo, vereis que sua pupila tornar-se-á um pouco menor do que se a fizésseis olhar para um objeto um pouco mais afastado, sem que seja, por isso, mais iluminado. E, novamente, ainda que a criança olhe sempre o mesmo objeto, ela a terá muito menor, estando em um quarto bem iluminado, do que se, fechando a maioria das janelas, ele for deixado bem escuro. E, por fim, que, mantendo a mesma luminosidade e olhando o mesmo objeto, se ela se esforçar em distinguir as menores partes desse objeto, sua pupila será ainda menor do que se ela o considerar todo inteiro e sem atenção. E notai que esse movimento deve ser denominado voluntário, não obstante seja comumente ignorado por aqueles que o fazem, pois ele não deixa, por isso, de ser dependente e de seguir-se da vontade que se tem de ver bem, do mesmo modo que os movimentos dos lábios e da língua, que servem para pronunciar as palavras, são denominados voluntários, porque se seguem da // vontade que se tem de falar, apesar de que comumente se ignora quais deles devem servir para a pronúncia de cada letra.[14] *EN* e *EN* são vários pequenos filamentos negros que abarcam tudo ao redor do humor marcado por *L*, os quais, nascendo também da segunda pele, no lugar em que a terceira termina, parecem pequenos tendões, por meio dos quais esse humor *L*, tornando-se ora mais curvo, ora mais plano, segundo a intenção que se tem de olhar objetos próximos ou afastados, muda um pouco toda a figura do corpo do olho. E podeis conhecer esse movimento por experiência, pois, quando olhardes fixamente uma torre ou uma montanha um pouco afastada, se vos for apresentado um livro diante de vossos olhos, não podereis ver distintamente nele letra alguma até que a figura do olho seja um pouco mudada. Enfim, *O* e *O* são seis ou sete músculos ligados externamente ao olho, os quais podem movê-lo para todos os lados e até mesmo, talvez, ao pressioná-lo ou retraí-lo, podem ajudar a mudar sua figura.[15] Omito muitas outras particularidades que se observam nesta matéria, com as quais os anatomistas engrossam seus livros, pois creio

**108**

---

14 Note-se nesta passagem o movimento *voluntário* da pupila, o qual tem a função de controlar, dentro de estreitos limites, a entrada da luz no interior do olho.

15 O mecanismo fisiológico de alteração da "figura do olho", o qual tem a função de acomodar o olho em relação à distância ou ao afastamento do objeto parece indicar aqui um modo diferente de utilização da vontade com relação à mobilidade daquele apresentado na quinta parte do *Discurso* (cf. p.107-8).

que essas que aqui introduzi serão suficientes para explicar tudo o que serve ao meu assunto e que as outras que eu poderia acrescentar, em nada auxiliando vossa inteligência, não serviriam senão para distrair vossa atenção.

## // Quarto discurso
### Dos sentidos em geral

É agora necessário que eu vos diga alguma coisa sobre a natureza dos sentidos em geral, a fim de poder explicar tanto mais facilmente em particular aquele da visão. Sabe-se muito bem que é a alma que sente, e não o corpo, pois se vê que, quando ela é distraída por um êxtase ou forte contemplação, todo o corpo permanece sem sensação, ainda que existam diversos objetos que o toquem. E sabe-se que não é propriamente enquanto ela está nos membros, os quais servem de órgãos aos sentidos externos, que ela sente, mas enquanto ela está no cérebro, onde ela exerce essa faculdade que se chama de sentido comum, pois se veem lesões e doenças que, não atingindo senão unicamente o cérebro, impedem geralmente todos os sentidos, ainda que o resto do corpo não deixe, por isso, de estar animado. Por fim, sabe-se que é por intermédio dos nervos que as impressões que os objetos fazem nos membros externos chegam até a alma no cérebro, pois se veem diversos acidentes que, prejudicando apenas algum nervo, impedem a sensação de todas as partes do corpo para onde esse nervo envia suas ramificações, sem diminuir em nada a sensação das outras. Mas, para saber mais particularmente de que modo a alma, permanecendo no cérebro, pode // assim, por intermédio dos nervos, receber as impressões dos objetos externos, devem-se distinguir três coisas nesses nervos, a saber: primeiro, as peles que os envolvem e que, tendo sua origem naquelas que revestem o cérebro, são como pequenos tubos divididos em muitas ramificações, que se expandem, aqui e ali, para todos os membros, da mesma maneira que as veias e as artérias; segundo, sua substância interna, que se estende na forma de pequenos filamentos ao longo desses tubos a partir do cérebro, onde ela tem sua origem, até as extremidades dos outros membros, onde ela se conecta, de tal modo que é possível imaginar, em cada um desses pequenos tubos, muitos desses pequenos filamentos independentes entre si; e, por fim, os espíritos animais, que são como um ar ou um vento muito sutil, o qual, vindo das câmaras ou concavidades que estão no cérebro, escoa por esses mesmos tubos nos músculos.[16] Ora, os anatomistas e os médicos admitem geralmente que essas três coisas são encontradas nos nervos, mas não me parece que algum deles tenha, ainda, bem distinguido os usos. Pois, vendo que os nervos não servem somente para dar a sensação aos membros, mas também para movê-los, e que existem, por vezes, paralisias que impedem o movimento sem por isso impedir a sensação, ora dizem que existem dois tipos de nervos, dos quais uns servem somente para os sentidos, enquanto os outros servem somente para os movimentos, ora afirmam que a faculdade de sentir estaria nas peles ou membranas, enquanto a de mover estaria na substância interna dos nervos; o que são coisas muito contrárias à // experiência e à razão. Pois quem jamais pôde notar algum nervo que servisse ao movimento sem servir também a algum sentido? E, se fosse das peles que a sensação dependesse, como as diversas impressões dos objetos poderiam, por intermédio dessas peles, chegar até o cérebro? A fim de evitar, portanto, tais dificuldades, deve-se pensar que são os espíritos que, escoando pelos nervos nos músculos, e inflando-os mais ou menos, ora uns, ora outros, segundo as diversas maneiras pelas quais o cérebro os distribui, causam o movimento de todos os membros, e que são os pequenos filamentos, dos quais a substância interna desses nervos é composta, que servem aos sentidos. E uma vez que não tenho aqui necessidade alguma de falar dos movimentos, desejo somente que concebais que esses pequenos filamentos, estando encerrados, como já afirmei, nos tubos que são sempre inflados e mantidos abertos pelos espíritos que eles contêm, de modo algum se comprimem nem se obstaculizam mutuamente, estendendo-se desde o cérebro até as extremidades de todos os membros que são capazes de alguma sensação, de tal modo que, por pouco que se toque e se faça mover a região desses membros em que algum deles está conectado, faz-se também mover, no mesmo instante, o lugar do cérebro de onde ele vem, do mesmo modo que, ao puxar uma das extremidades de uma corda que está toda esticada, faz-se mover, no mesmo instante, a outra extremidade. Pois, sabendo que esses filamentos estão assim encerrados nos tubos que os espíritos mantêm sempre um pouco inflados e entreabertos, é fácil entender que, embora eles fossem muito mais finos do que aqueles tecidos pelos bichos-da-seda e mais frágeis

---

16 Sobre a noção de "espíritos animais" e as concavidades ou câmaras do cérebro, ver a nota 16 do *Discurso do método*.

// do que aqueles das aranhas, eles não deixariam de poder estender-se desde a cabeça até os membros mais afastados, sem que corram perigo algum de romperem-se, nem que as diversas posições desses membros impeçam seus movimentos. Deve-se, além disso, ter o cuidado de não supor que, para sentir, a alma tenha necessidade de contemplar algumas imagens que sejam enviadas pelos objetos até o cérebro, tal como fazem comumente nossos filósofos ou, pelo menos, deve-se conceber a natureza dessas imagens de modo completamente diferente do que eles o fazem.[17] Pois, enquanto eles não consideram nelas outra coisa a não ser que elas devem ter semelhança com os objetos que representam, é impossível que eles nos mostrem como elas podem ser formadas por esses objetos e recebidas pelos órgãos dos sentidos externos e transmitidas pelos nervos até o cérebro. E a única razão que tiveram para supô-las é que, ao ver que nosso pensamento pode ser facilmente estimulado por um quadro a conceber o objeto que nele está pintado, pareceu-lhes que ele devia ser, do mesmo modo, estimulado a conceber aqueles objetos que tocam nossos sentidos por meio de alguns pequenos quadros que se formariam em nossa cabeça, ao passo que devemos considerar que existem muitas outras coisas, além das imagens, que podem estimular nosso pensamento, como os sinais e as palavras, os quais de modo algum se parecem com as coisas que significam. E se, afastando-nos o menos possível das opiniões já recebidas, preferirmos admitir que os objetos que sentimos enviam verdadeiramente suas imagens

---

17 Toda essa passagem que se inicia aqui e segue até o final do Quarto Discurso está dedicada a criticar a noção de "semelhança" e a doutrina escolástica das *espécies intencionais*. Nessa crítica, Descartes lança mão da teoria da perspectiva artificial que conjuga arte (pintura e arquitetura), óptica e geometria, constituindo um tipo de matemática aplicada. A perspectiva procura representar em um plano bidimensional os objetos tais como os vemos, respeitando seus tamanhos relativos e as proporções entre eles, bem como as profundidades. Cabe considerar que nessa época não há uma diferença clara entre a perspectiva e a óptica e frequentemente a perspectiva parece indicar uma "disciplina mais geral", considerada estar constituída de três ramos: a óptica (o estudo da luz e da visão), a dióptrica (o estudo das lentes e seus efeitos nas imagens) e a catóptrica (o estudo dos espelhos) (cf. Lindberg, 1976; Smith, 1987). Note-se que agora a imagem não age mais por sua semelhança com as coisas, mas são os movimentos, que ela excita nos pequenos filamentos de nervos que compõem a superfície da retina e que são transmitidos ao cérebro, que são a causa da sensação visual, transformada em ideia ou representação pelo cérebro. Note-se, entretanto, que nem por isso é o cérebro que vê, mas é a alma que vê através dos movimentos produzidos no cérebro a partir do olho e do nervo óptico.

até // o interior de nosso cérebro, é necessário, ao menos, que consideremos que não existem quaisquer imagens que devem assemelhar-se em tudo aos objetos que elas representam, pois, de outro modo, não haveria distinção entre o objeto e sua imagem, mas é suficiente que elas se lhes assemelhem em poucas coisas e que, quase sempre, mesmo sua perfeição dependa de que elas não se lhes assemelhem tanto quanto poderiam fazer. Como vedes que as gravuras a entalhe, sendo feitas com um pouco de tinta colocada aqui e ali sobre o papel, representam-nos florestas, cidades, homens, e mesmo batalhas e tempestades, ainda que, da infinidade de diversas qualidades que elas nos fazem conceber nesses objetos, não exista aí senão a figura com a qual elas tenham propriamente semelhança, mas, ainda assim, é uma semelhança bem imperfeita, visto que, sobre uma superfície completamente plana, elas nos representam corpos com diversos relevos e profundidades e que, até mesmo, segundo as regras da perspectiva, elas geralmente representam melhor os círculos por ovais do que por outros círculos, e os quadrados por losangos do que por outros quadrados, e assim para todas as outras figuras, de tal modo que, comumente, para serem mais perfeitas na qualidade de imagens e representarem melhor um objeto, elas não lhe devem assemelhar-se. Ora, devemos pensar o mesmo das imagens que se formam em nosso cérebro e notar que a questão é somente a de saber como elas podem servir de meio para a alma sentir todas as diversas qualidades dos objetos aos quais elas se relacionam, e não como elas possuem em si mesmas sua semelhança. Como// quando o cego, do qual falamos antes, toca alguns corpos com seu bastão, é certo que esses corpos não enviam outra coisa até ele senão que, fazendo mover diversamente seu bastão segundo as diversas qualidades que estão neles, eles movem pelo mesmo meio os nervos de sua mão e, em seguida, os lugares de seu cérebro de onde provêm esses nervos, o que dá ocasião a sua alma de sentir tantas diversas qualidades nesses corpos quantas são as variedades que se encontram nos movimentos que são por eles causados em seu cérebro.

## Quinto discurso
### *Das imagens que se formam sobre o fundo do olho*

Vedes muito bem, portanto, que, para sentir, a alma não tem necessidade de contemplar quaisquer imagens que sejam semelhantes às coisas que ela

*A dióptrica*

sente, mas isso não impede que seja verdadeiro que os objetos que olhamos imprimam imagens bastante perfeitas sobre o fundo de nossos olhos, como alguns já explicaram muito engenhosamente pela comparação com aquelas imagens que aparecem em uma câmara quando esta se encontra toda fechada,[18] com a exceção de um único orifício, e, tendo colocado em frente desse orifício um vidro na forma de // lente, estende-se por trás, a certa distância, um pano branco, sobre o qual a luz, que vem dos objetos externos, forma suas imagens. Pois eles dizem que essa câmara representa o olho, esse orifício, a pupila, esse vidro, o humor cristalino, ou antes, todas aquelas partes do olho que causam alguma refração, e esse pano, a pele interna, que é composta das extremidades do nervo óptico.

Mas podereis ter ainda mais certeza, se, tomando o olho de um homem recentemente morto ou, na falta deste, o de um boi ou de algum outro animal grande, cortardes, com destreza, em direção ao fundo, as três peles que o envolvem, de maneira que uma grande parte do humor *M*, que aí se encontra, fique a descoberto, sem que nada dessa parte seja, por isso, derramado, e se, a seguir, tendo recoberto esse humor com algum corpo branco, *RST*, que seja tão fino que a claridade passe através dele, por exemplo, um pedaço de papel ou da casca de um ovo, colocardes esse olho no orifício de uma janela, feito expressamente para isso, como *ZZ*, de modo que ele tenha a frente *BCD* voltada para algum lugar onde haja diversos objetos, como *V*, *X* e *Y*, iluminados pelo Sol, e a parte de trás, onde está o corpo branco *RST*, voltada para o interior da câmara, *P*, onde vos estareis e na qual não deve entrar luz alguma, a não ser aquela que poderá penetrar através desse olho, do qual sabeis que todas as partes, de *C* até *S*, são transparentes. Pois,

---

18 A analogia do olho com a "câmara escura" já se encontra na obra de Giambattista della Porta, intitulada *Magia naturalis*, publicada em Nápoles em 1558. Kepler também se apoia nessa comparação em seu *Paralipomena a Vitélio* (cf. Kepler, 1980 [1604], cap.2, p.168ss.; cap.5, p.373) para compreender como as imagens são formadas na retina. O olho humano é assim tomado como um *instrumento natural* comparável a um instrumento artificial (a câmara escura). Assim, como diz Descartes nesta passagem, a câmara representa o olho, o orifício na câmara representa a pupila, o vidro posto diante do orifício corresponde ao humor cristalino (ou às três peles que causam a refração dos raios) e o pano de fundo da câmara corresponde à retina. As experiências feitas na câmara escura são as responsáveis pela descoberta de que a imagem retiniana é invertida (cf. Tossato, 2007, p.487-8).

feito isso, se olhardes esse corpo branco *RST*, vereis nele, não talvez sem admiração e prazer, uma pintura que representará muito singelamente em perspectiva todos os objetos que estiverem fora, em // *V*, *X* e *Y*, se fizerdes ao menos de maneira que esse olho retenha sua figura natural, proporcional

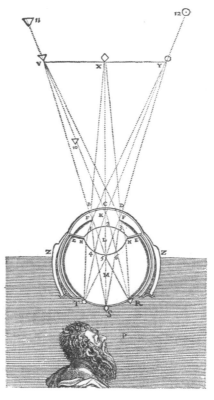

à distância // desses objetos, pois, por pouco mais ou menos que ele seja contraído do que necessário, essa pintura tornar-se-á menos distinta. E cabe notar que se deve contraí-lo um pouco mais e tornar sua figura um pouco mais alongada, quando os objetos são muito próximos, do que quando estão mais afastados. Mas é necessário que eu explique aqui mais longamente como se forma essa pintura, pois poderei, por esse mesmo meio, fazer-vos entender muitas coisas que pertencem à visão.

Considerai inicialmente, portanto, que, de cada ponto dos objetos *V*, *X* e *Y* entram nesse olho tantos raios que penetram até o corpo branco *RST* quantos a abertura da pupila *FF* pode conter, e que, segundo o que foi dito, tanto acerca da natureza da refração quanto daquela dos três humores, *K*, *L*

*A dióptrica*

e *M*, todos aqueles raios que vêm de um mesmo ponto curvam-se ao atravessar as três superfícies *BCD*, *123* e *456*, da maneira que é requerida para reunirem-se novamente em um mesmo ponto. E deve-se notar que, a fim de que a pintura da qual aqui tratamos seja a mais perfeita possível, as figuras dessas três superfícies devem ser tais que todos os raios que vêm de um dos pontos dos objetos reúnam-se exatamente em um dos pontos do corpo branco *RST*. Como vedes aqui, os raios do ponto *X* unem-se no ponto *S*, enquanto aqueles que vêm do ponto *V* unem-se aproximadamente no ponto *R*, e aqueles do ponto *Y*, aproximadamente no ponto *T*.[19] E que, reciprocamente, não vem raio algum para *S* senão do ponto *X*, nem tampouco raio algum // para *R* senão do ponto *V*, nem para *T*, a não ser do ponto *Y*, e assim para os outros. Ora, isso posto, se vos lembrardes daquilo que foi dito em geral acerca da luz e das cores e, em particular, dos corpos brancos, ser-vos-á fácil entender que, estando encerrado na câmara *P* e lançando vossos olhos sobre o corpo branco *RST*, deveis nele ver a semelhança dos objetos *V*, *X* e *Y*. Pois, primeiramente, a luz, ou seja, o movimento ou a ação pela qual o Sol, ou qualquer outro dos corpos que denominamos luminosos, pressiona certa matéria muito sutil que se encontra em todos os corpos transparentes, sendo empurrada para *R* pelo objeto *V*, o qual suponho, por exemplo, ser vermelho, ou seja, estar disposto a fazer que as pequenas partes dessa matéria sutil, que foram pressionadas somente em linhas retas pelos corpos luminosos, movam-se também circularmente em torno de seus centros, após tê-los encontrado, e que seus dois movimentos tenham aquela determinada proporção que é requerida para sentir a cor vermelha, é certo que a ação desses dois movimentos, tendo encontrado no ponto *R* um corpo branco, ou seja, um corpo disposto a reenviá-la para todos os lados sem mudá-la, deve daí refletir-se para vossos olhos pelos poros desse corpo, o qual supus, para esse efeito, ser muito fino e como que vazado pela luz de todos os lados,

---

19 O olho sofre uma aberração esférica, pois sua superfície não é uma anaclástica perfeita (sendo, com efeito, esférica). Essa deficiência natural do olho faz que os raios que provêm das laterais (de *V* e *Y*) não se reúnam exatamente nos pontos *R* e *T*, mas apenas aproximadamente. Isso significa que os pontos laterais não são focados perfeitamente na retina, apenas o ponto central *X* é focado perfeitamente em *S*. Esta é uma tese tradicional da óptica medieval: a visão é mais perfeita na linha do eixo de visão, na perpendicular à tangente sobre a pupila.

e fazer-vos assim ver o ponto R de cor vermelha. A seguir, se a luz fosse também empurrada para S pelo objeto X, o qual suponho amarelo, e por Y, que suponho azul, para T, de onde ela é levada até vossos olhos, ela vos deve fazer aparecer S de cor amarela e T de cor azul. E, assim, os três pontos, R, S e T, parecendo das // mesmas cores e guardando entre si a mesma ordem

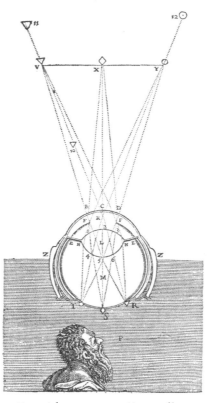

que os três, V, X e Y, serão evidentemente // semelhantes. E a perfeição dessa pintura depende principalmente de três coisas, a saber, de que, na pupila do olho, tendo ela certo tamanho, entrem muitos raios de cada ponto do objeto, como aqui XB14S, XC25S, XD36S, e igualmente para outros raios que se possa imaginar entre esses três e que vêm unicamente do ponto X; e de que esses raios sofram, no olho, refrações tais que aquelas que vêm de diversos pontos reúnam-se aproximadamente em outros tantos pontos diversos sobre o corpo branco RST; e, enfim, de que, sendo de cor negra tanto os pequenos filamentos EN quanto o interior da pele EF e estando a câmara P toda fechada e obscura, não venha de outros lugares, senão dos objetos V, X e Y, qualquer luz que perturbe a ação desses raios. Pois, se a pupila estivesse tão estreita que não passasse senão um único raio de cada ponto do objeto para cada ponto do corpo *RST*, esse raio não teria força suficiente para refletir-se a partir daí, no interior da câmara, para vossos olhos. E estando a pupila um pouco alargada, se não se fizesse no olho refração alguma, os raios que viriam de cada ponto dos objetos espalhar-se-iam para aqui e para ali em todo o espaço *RST*, de modo que, por exemplo, os três pontos, *V*, *X* e *Y*, enviariam três raios para *R*, os quais, refletindo-se de lá todos conjuntamente para vossos olhos, fariam esse ponto *R* parecer-vos de uma cor intermediária entre o vermelho, o amarelo e o azul, e de modo semelhante para os pontos *S* e *T*, para os quais os mesmos pontos, *V*, *X* e *Y*, também enviariam cada um de seus raios. E aconteceria também quase o mesmo se a refração que se faz no olho fosse maior ou menor do que a necessária, na razão // do tamanho desse olho, pois, se fosse muito grande, os raios que viriam, por exemplo, do ponto *X*, reunir-se-iam antes de terem chegado até *S*, como em *M*, e, ao contrário, sendo muito pequena, eles não se reuniriam senão depois do ponto *S*, como em *P*, de modo que eles tocariam o corpo branco *RST* em muitos pontos, para os quais também viriam outros raios de outras partes do objeto. Enfim, se os corpos *EN* e *EF* não fossem negros, ou seja, dispostos a fazer que seja amortecida a luz que lhes vem contrária, os raios que viriam para eles do corpo branco *RST* poderiam de lá retornar, aqueles de *T* para *S* e para *R*, aqueles de *R*, para *T* e para *S*, e aqueles de *S*, para *R* e para *T*, por meio do que eles perturbariam a ação uns dos outros, e o mesmo aconteceria também para os raios que viriam da câmara *P* para *RST*, se houvesse alguma outra luz nessa câmara além daquela enviada pelos objetos *V*, *X* e *Y*.[20]

---

20 Nesse longo parágrafo, Descartes apresenta uma análise detalhada de como os raios luminosos produzem na retina ("no fundo do olho") uma *imagem visual* (*imago*) invertida que é similar (análoga) à formação de uma *imagem óptica* (*pictura*) sobre uma tela branca situada atrás da pequena abertura da câmara escura. Toda essa apresentação segue a análise que Kepler faz da formação da imagem visual na tela branca e côncava da retina no quinto capítulo do *Paralipomena a Vitélio*, intitulado "Da maneira pela qual a visão se faz" (cf. Kepler, 1980 [1604], p.303-90; cf. Lindberg, 1976, p.195-202; Crombie, 1990, p.285-94; Simon, 2003, p.203-21; Tossato, 2007). Em sentido preciso, a teoria que Descartes apresenta neste Quinto Discurso é uma versão mais didática da teoria kepleriana da formação da imagem visual.

Mas, após ter-vos falado das perfeições dessa pintura, é necessário também que eu vos faça considerar seus defeitos, dos quais o primeiro e principal é que, quaisquer figuras que possam ter as partes do olho, é impossível que elas façam que os raios que vêm de diversos pontos unam-se todos em tantos outros diversos pontos, e que o melhor que essas figuras podem fazer é somente que todos aqueles raios que procedem de algum ponto, como de X, unam-se em outro ponto, como S, no meio do fundo do olho, em cujo caso não pode haver senão alguns daqueles raios do ponto V que se unem exatamente no ponto R, ou do ponto Y que se unem // exatamente  **122**

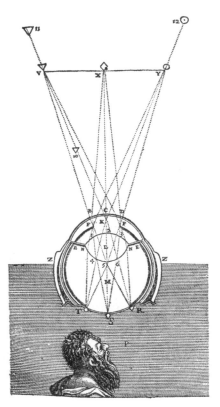

no ponto T, enquanto os outros devem afastar-se um pouco, por todo o entorno, como // explicarei a seguir. E essa é a causa pela qual essa pintura  **123**
jamais é tão distinta em suas extremidades quanto o é no centro, como foi bastante ressaltado por aqueles que escreveram sobre a óptica. Pois é por isso que disseram que a visão se faz principalmente segundo a linha reta que

passa pelos centros do humor cristalino e da pupila, tal como é aqui a linha *XKLS*, que eles denominam eixo visual. E notai que os raios, por exemplo aqueles que vêm do ponto *V*, afastam-se em torno de *R*, tanto mais quanto maior for a abertura da pupila; e como, se seu tamanho serve para tornar as cores dessa pintura mais vivas e mais fortes, ele impede, em compensação, que essas figuras sejam muito distintas, disso se segue que seu tamanho não deve ser senão moderado. Notai também que esses raios afastar-se-iam ainda mais em torno do ponto *R* do que fariam, se o ponto *V*, de onde eles provêm, estivesse muito mais próximo do olho, como em *10*, ou muito mais afastado, como em *11*, do que em *X*, a cuja distância suponho que a figura do olho está proporcionada, de modo que eles tornariam a parte *R* dessa pintura ainda menos distinta. E compreendereis facilmente as demonstrações de tudo isso quando tiveres visto, a seguir, quais são as figuras que os corpos transparentes devem ter para fazer que os raios que vêm de um ponto unam-se em algum outro ponto, após tê-los atravessado. Quanto aos outros defeitos dessa pintura, eles consistem em que suas partes são invertidas, ou seja, em posição totalmente inversa àquela dos objetos, e em que elas são diminuídas e contraídas, // umas mais, outras menos, em razão da diversidade da distância e da posição das coisas que elas representam, quase do mesmo modo que em uma pintura com perspectiva. Como vedes aqui claramente que *T*, que está do lado esquerdo, representa *Y*, que está do lado direito, e que *R*, que está na direita, representa *V*, que está na esquerda. E, ademais, que a figura do objeto *V* não deve ocupar mais espaço em *R* do que aquela do objeto *10*, que é menor e mais próximo, nem menos espaço do que aquela do objeto *11*, que é maior, mas que está proporcionalmente mais afastado, senão na medida em que ela é um pouco mais distinta. E, enfim, que a linha reta *VXY* é representada pela curva *RST*.

Ora, tendo assim visto essa pintura no olho de um animal morto e considerado as razões, não se pode duvidar de que se forme uma pintura totalmente semelhante no olho de um homem vivo sobre sua pele interna, no lugar da qual havíamos colocado o corpo branco *RST*, e tampouco de que ela se forme aí muito melhor, porque seus humores, estando repletos de espíritos, são mais transparentes e possuem mais exatamente a figura que é requerida para tal efeito. E pode acontecer também que, no olho de um boi, a figura da pupila, que não é redonda, impeça que essa pintura seja tão perfeita.

Tampouco se pode duvidar de que as imagens, que fazemos aparecer sobre um pano branco em uma câmara escura, não se formem aí do mesmo modo e pela mesma razão no fundo do olho, e assim, porque, no pano, elas são comumente muito maiores e formam-se de muitas maneiras, pode-se mais // comodamente observar diversas particularidades, das quais desejo aqui  **125**

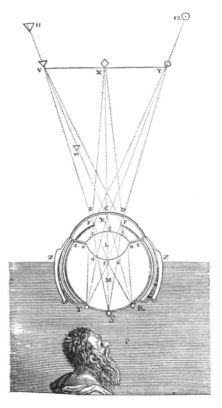

advertir-vos, a fim de que façais a // experiência, se ainda não a tiverdes feito.  **126**
Portanto, vede primeiramente que, se não se põe um vidro diante do orifício que foi feito nessa câmara, aparecerão ainda algumas imagens sobre o pano, desde que o orifício seja bastante estreito, mas que serão muito confusas e imperfeitas, e o serão tanto mais quanto menos o orifício for estreito, e que elas serão tanto maiores quanto maior for a distância entre o orifício e o pano, de modo que seu tamanho deve ter, aproximadamente, a mesma proporção com essa distância que o tamanho dos objetos, os quais causam essas imagens, tem com a distância que existe entre eles e esse mesmo orifício.

*A dióptrica*

Como é evidente que, se *ACB* é o objeto, *D* o orifício e *EFG* a imagem, então *EG* está para *FD* assim como *AB* está para *CD*. A seguir, tendo colocado um vidro na forma de lente

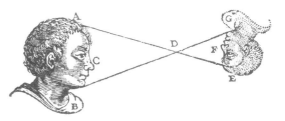

diante desse orifício, considerai que existe certa distância determinada na qual, estendendo o pano, as imagens aparecem muito distintas e que, por pouco que se afaste ou que se aproxime o vidro, elas começam a ser menos distintas. E que essa distância deve ser medida pelo espaço que existe, não entre o pano e o orifício, mas entre o pano e o vidro, de modo que, se o vidro for posto um pouco afastado, de um lado ou de outro, do orifício, o pano também deve ser o mesmo tanto aproximado ou recuado. E que essa distância depende, em parte, da figura desse vidro e, em parte, também do afastamento dos objetos, pois, deixando o objeto no mesmo lugar, quanto menos encurvadas são as superfícies // do vidro, mais o pano deve ser afastado, e servindo-se do mesmo vidro, se os objetos lhe estão muito próximos, deve-se manter o pano um pouco mais longe do que se eles lhe estão mais afastados. E que dessa distância depende o tamanho das imagens, quase da mesma maneira que quando não há vidro algum diante do orifício. E que esse orifício pode ser bastante maior quando nele se coloca um vidro do que quando é deixado completamente vazio, sem que as imagens sejam, por isso, muito menos distintas. E que, quanto maior ele for, mais elas aparecerão claras e iluminadas, de modo que, se uma parte desse vidro é coberta, elas aparecem bem mais obscuras do que antes, embora não deixem de ocupar, por isso, o mesmo espaço sobre o pano. E que, quanto mais essas imagens são grandes e claras, mais perfeitamente elas são vistas, de modo que, se fosse possível fazer assim um olho cuja profundidade fosse bastante grande e a pupila bastante larga e se as figuras daquelas superfícies que causam alguma refração estivessem em proporção a esse tamanho, as imagens formar-se-iam nele tanto mais visíveis. E que, tendo dois ou mais vidros em forma de lente, mas suficientemente planos, se um deles for posto junto ao outro, eles terão aproximadamente o mesmo efeito que teria um só que fosse tão côncavo ou convexo quanto aqueles conjuntamente, pois o número de superfícies onde as refrações se fazem não é de grande importância. Mas considerai que, se esses vidros são afastados um do outro a certas distâncias, o segundo poderá reinverter a imagem que o primeiro havia invertido, e o terceiro invertê-la novamente, e assim por diante. Essas são todas as coisas cujas // razões são bastante fáceis de deduzir daquilo que eu já disse, e elas serão bem mais vossas, se vos for preciso usar um pouco de reflexão para concebê-las, do que se as encontrásseis aqui mais bem explicadas.[21]

Contudo, as imagens dos objetos não se formam assim somente no fundo do olho, mas elas passam ainda adiante até o cérebro, como enten-

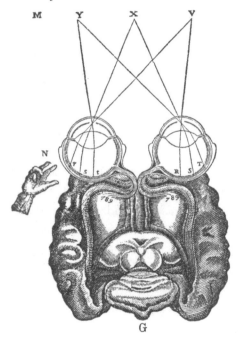

---

21 Até aqui, Descartes se mantém próximo de Kepler, que também admitia que a *pictura* não ficava limitada à superfície da retina, mas que a imagem devia propagar-se até o *senso comum*, situado no cérebro, conduzida pelos espíritos visuais que residem na retina e no nervo; entretanto, como a retina é o ponto de chegada dos raios luminosos, ou o lugar no qual a ação da luz realiza a produção ou a formação de imagens ópticas, a retina marca, para Kepler, o limite de uma descrição geométrica possível acerca do processo visual ocular. A descrição óptica não seria capaz de analisar como essa imagem formada na retina é posteriormente transmitida pelo nervo óptico ao cérebro, porque, para isso, nenhuma análise geométrica seria possível, já que se trata de um processo fisiológico que depende da filosofia natural. Descartes, como se pode ver no próximo parágrafo, apresenta uma explicação fisiológica mecanicista desse processo de transmissão da imagem da retina para o cérebro.

*A dióptrica*

dereis facilmente, se pensardes que, por exemplo, os raios que chegam ao olho a partir do objeto *V* tocam, no ponto *R*, a extremidade de um dos pequenos filamentos // do nervo óptico que têm sua origem no local 7 da superfície interna do cérebro 789, e aqueles do objeto *X* tocam no ponto *S*, a extremidade de um outro desses filamentos, cujo começo está no ponto 8, e aqueles do objeto *Y* tocam um outro no ponto *T*, o qual corresponde ao local do cérebro marcado em 9, e assim para os outros. E que, não sendo a luz outra coisa que um movimento, ou uma ação que tende a causar algum movimento, aqueles de seus raios que vêm de *V* para *R* possuem a força de mover todo o filamento *R*7 e, por consequência, o local do cérebro marcado em 7, e aqueles que vêm de *X* para *S*, de mover todo o nervo *S*8 e mesmo de movê-lo de outro modo que aquele raio que moveu *R*7, porque os objetos *X* e *V* são de duas cores diferentes, e também que aqueles raios que vêm de *Y* movem o ponto 9. Donde é evidente que se forma, desse modo, uma pintura 789, bastante semelhante aos objetos *V*, *X* e *Y*, na superfície interna do cérebro que está voltada para essas concavidades. E, desse lugar, eu poderia ainda transportá-la até uma pequena glândula que se encontra nas proximidades do meio dessas concavidades e que é propriamente a sede do sentido comum. Eu poderia até mesmo, indo adiante, mostrar-vos como, por vezes, ela pode passar daí para as artérias de uma mulher grávida até algum determinado membro da criança que ela traz em suas entranhas e nela formar esses sinais de nascença, que tanta admiração causa a todos os doutos.[22]

---

22 Nesse parágrafo, Descartes vai além da imagem retiniana e apresenta sua explicação mecanicista do processo fisiológico pelo qual os "espíritos animais" transmitem a imagem pelo nervo óptico até a glândula pineal. Descartes justifica a escolha da glândula pineal ou epífise (*conarion*) como sede do "sentido comum" em virtude de que esse tipo de sentido unificador deve reunir os dados provenientes de fontes de sensações duplas (dois olhos, duas narinas, dois ouvidos) em imagens únicas e a glândula pineal é a única estrutura simples do cérebro, sendo todas as demais duplas (cf. carta de Descartes a Meyssonnier de 29 de janeiro de 1640, AT, III, p.18; ver também *O homem*, AT, IX, p.130, 171ss.; cartas de Descartes a Mersenne de 10 de abril, 30 de julho, 24 de dezembro de 1640, AT, III, p.47, 123-4, 263).

## // Sexto discurso
### Da visão

Ora, ainda que essa pintura, passando assim até o interior de nossa cabeça, retenha sempre alguma coisa da semelhança dos objetos dos quais ela procede, não se deve, todavia, como eu já vos fiz muito suficientemente entender, deixar-se persuadir que seja por meio dessa semelhança que ela faça que nós os sintamos, como se existisse, novamente, outros olhos em nosso cérebro, com os quais nós pudéssemos perceber, mas, antes, que são os movimentos pelos quais a pintura é composta que, agindo imediatamente contra nossa alma, uma vez que ela está unida a nosso corpo, são instituídos pela natureza para fazer a alma ter tais sensações. É o que aqui vos explicarei mais detalhadamente. Todas as qualidades que percebemos nos objetos da visão podem ser reduzidas a seis principais, que são: a luz, a cor, a posição, a distância, o tamanho e a figura. E, primeiramente, quanto à luz e à cor, as únicas qualidades que pertencem propriamente ao sentido da visão, deve--se pensar que nossa alma é de tal natureza que a força dos movimentos, os quais se encontram nas regiões do cérebro de onde vêm os pequenos filamentos dos nervos ópticos, fazem-na ter a sensação da luz, enquanto o modo desses // movimentos, a sensação da cor, tal como os movimentos dos nervos que respondem aos ouvidos, fazem-na ouvir os sons, e aqueles dos nervos da língua fazem-na sentir os sabores e, em geral, aqueles dos nervos de todo o corpo fazem-na sentir algo agradável, quando são moderados, e quando são muito violentos, alguma dor, sem que deva existir, em tudo isso, alguma semelhança entre as ideias que ela concebe e os movimentos que causam essas ideias. É o que crereis facilmente, se notardes que parece, àqueles que têm algum ferimento no olho, que veem uma infinidade de fogos e clarões diante deles, ainda que fechem os olhos, ou que se escondam em um lugar muito escuro, de modo que essa sensação pode ser atribuída unicamente à força do golpe, a qual move os pequenos filamentos do nervo óptico, tal como faria uma luz violenta, e essa mesma força, tocando os ouvidos, poderia fazer ouvir algum som, e tocando o corpo em outras partes, fazer sentir dor. E isso é também confirmado assim: se alguma vez forçamos os próprios olhos a olhar para o Sol, ou alguma outra luz bastante viva, eles retêm, após um pouco de tempo, a impressão, de tal modo que,

*A dióptrica*

embora mantidos fechados, parece que diversas cores são vistas, as quais se alteram e passam de uma à outra, enquanto se enfraquecem, pois isso não pode proceder senão de que os pequenos filamentos do nervo óptico, tendo sido movidos com extraordinária força, não podem parar como faziam de costume. Mas a agitação que ainda existe neles após os olhos serem // fechados, não sendo mais suficientemente grande para representar essa forte luz que a causou, representa cores menos vivas. E essas cores mudam quando se enfraquecerem, e isso mostra que sua natureza consiste unicamente na diversidade do movimento, e que ela nada mais é do que aquilo que eu supus anteriormente. E, enfim, isso se evidencia vendo que as cores aparecem geralmente em corpos transparentes, onde é certo que não há nada que as possa causar senão os diversos modos pelos quais os raios da luz são neles recebidos, como quando o arco-íris aparece nas nuvens, e ainda mais claramente quando se vê a semelhança em um vidro talhado em muitas faces.[23]

Mas deve-se aqui considerar particularmente em que consiste a quantidade da luz que se vê, ou seja, a quantidade da força com a qual é movido cada um dos pequenos filamentos do nervo óptico, pois tal quantidade não é sempre igual à luz que está nos objetos, mas varia em razão de sua distância

---

23 Descartes faz no início desse parágrafo uma enumeração das seis principais qualidades a que pode ser reduzido o que percebemos nos objetos da visão: a luz, a cor, a posição, a distância, o tamanho e a figura. Essa enumeração lembra a que Kepler faz na primeira definição do terceiro capítulo do *Paralipomena a Vitélio*, onde diz que "a imagem comporta principalmente quatro caracteres, os quais são a cor, a posição ou situação, a distância e a quantidade, cada um desses caracteres tendo, para ser compreendido, que ser explicado por referência ao instrumento da visão" (Kepler, 1980 [1604], p.180). Feita a enumeração, Descartes inicia o exame da luz e da cor, as quais considera significativamente como "as únicas qualidades que pertencem propriamente ao sentido da visão". Apresenta, então, uma explicação fisiológica (mecanicista) de como a luz e a cor, percebidas pelo olho, são transmitidas ao cérebro por meio de movimentos (mais ou menos intensos) dos nervos ópticos, sem que exista semelhança alguma entre as ideias concebidas pela alma e os movimentos (corporais) que as causam. Note-se ainda que, diferentemente de Kepler, Descartes introduz uma distinção entre a luz e a cor, a qual é uma função dos movimentos. Como se pode ver no Oitavo Discurso de *Os meteoros*, a "translação retilínea da pressão das partículas (força dos movimentos) provoca a sensação da luz e a rotação das partes (modo do movimento), a sensação da cor" (Blay & De Buzon, 2009, p.678). Note-se, por fim, que Descartes reitera com essa distinção a redução mecânica da diversidade das cores ao movimento das partes da matéria sutil.

e do tamanho da pupila e também em razão do espaço que os raios que vêm de cada ponto do objeto podem ocupar no fundo do olho. Como é evidente, por exemplo, que o ponto *X* enviaria mais raios ao olho *B* do que faria se a pupila *FF* estivesse aberta até *G*, e que ele os envia igualmente a esse olho *B*, que lhe é próximo e cuja pupila é muito estreita, do que o faz ao olho *A* cuja pupila é bem maior, mas que está proporcionalmente mais afastado. E ainda que não entrem mais raios dos diversos pontos do objeto // *VXY*,  considerados todos conjuntamente, no fundo do olho *A* do que no fundo

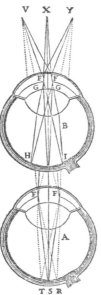

do olho *B*, dado que esses raios se estendem unicamente pelo espaço *TR*, o qual é menor do que *HI*, no qual eles se estendem no fundo do olho *B*, devem agir neste com mais força contra cada uma das extremidades do nervo óptico que tocam; o que é bastante fácil de calcular. Pois, por exemplo, se o espaço *HI* for o quádruplo de *TR* e contiver as extremidades de quatro mil dos pequenos filamentos do nervo óptico, então *TR* não conterá senão as extremidades de mil filamentos e, por consequência, cada um desses pequenos filamentos será movido, no fundo do olho *A*, pela milésima parte da força que têm todos os raios que nele entram conjuntamente e, no fundo do olho *B*, por somente um quarto da milésima parte. É necessário considerar também que não é possível discernir as partes dos corpos para os quais se olha a não ser enquanto elas diferem, de algum modo, na cor, e que a visão distinta dessas cores não depende somente de que todos os raios que vêm de cada ponto do objeto reúnam-se aproximadamente em tantos outros diversos pontos no fundo do olho, e de que não venham quaisquer outros raios de outro lugar para esses mesmos pontos, tal como foi tão amplamente explicado, mas depende também do grande número de pequenos filamentos do nervo óptico, os quais estão no espaço que a imagem ocupa no fundo do olho. Pois, por exemplo, se o objeto *VXY* for // composto de dez mil partes, as quais estejam dispostas de modo a enviar os raios até o fundo do olho *RST* de dez mil modos diferentes e, por conseguinte, a fazer ver ao mesmo tempo dez mil cores, elas não poderão, entretanto, fazer a alma distinguir, quando muito, senão mil, se supusermos que não há mais do que mil filamentos do nervo óptico

*A dióptrica*

no espaço *RST*, ao passo que dez partes do objeto, agindo conjuntamente contra cada um desses filamentos, não o podem mover senão de um único modo, composto de todos aqueles nos quais eles agem, de maneira que o espaço que ocupa cada um desses filamentos deve ser considerado apenas como um ponto. E isso faz, amiúde, que uma floresta, pintada com uma infinidade de cores totalmente diferentes, não aparecerá de longe senão completamente branca ou completamente azul, e que, geralmente, todos os corpos veem-se menos distintamente de longe do que de perto, e que, enfim, quanto mais se puder fazer a imagem de um mesmo objeto ocupar espaço no fundo do olho, tanto mais distintamente ele poderá ser visto; o que a seguir será atentamente considerado.

Quanto à posição, ou seja, o lado para o qual cada parte do objeto está posicionada em relação a nosso corpo, não a percebemos diferentemente, quer seja por intermédio de nossos , quer seja por intermédio de nossas mãos, e seu conhecimento não depende de qualquer imagem, nem de qualquer ação que venha do objeto, mas somente da posição das pequenas partes do cérebro onde os nervos têm sua origem. Pois essa posição, por pouco que seja mudada a cada vez que se muda aquela dos membros onde os nervos estão inseridos, é // instituída pela natureza para fazer não somente que a alma conheça em qual lugar está cada parte do corpo que ela anima, em relação a todas as outras, mas também que ela possa transferir sua atenção desse lugar para todos os lugares contidos nas linhas retas que se pode imaginar serem traçadas da extremidade de cada uma dessas partes e prolongadas ao infinito. Assim, quando o cego, do qual tanto já falamos, move sua mão *A* para *E*, ou *C* também para *E*, os nervos inseridos nessa mão causam certa alteração em seu cérebro, que fornece a sua alma o meio para conhecer não somente o lugar *A* ou *C*, mas também todos os outros que estão na linha reta *AE* ou *CE*, de modo que ela pode dirigir sua atenção até os objetos *B* e *D*, e determinar os lugares onde eles

estão, sem conhecer, por isso, nem pensar, de modo algum, nos lugares onde estão suas duas mãos. E assim, quando nosso olho ou nossa cabeça

135

volta-se para algum lado, nossa alma é advertida disso pela alteração que os nervos inseridos nos músculos, os quais servem para esses movimentos, causam em nosso cérebro. Como aqui, no olho *RST*, é necessário pensar que a posição do pequeno filamento do nervo óptico, que está no ponto *R*, ou *S*, ou *T*, é seguida de outra certa posição da parte do cérebro 7, ou 8, ou 9, que faz que a alma possa conhecer todos os lugares que estão na linha *RV*, ou *SX*, ou *TY*. De modo que não deveis considerar estranho que os objetos possam ser vistos em sua verdadeira posição, // não obstante a pintura que    **136**

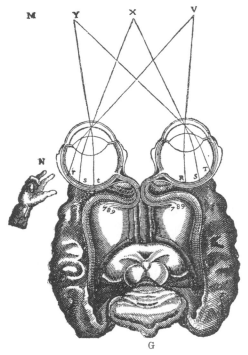

eles imprimem no olho esteja em uma posição completamente contrária, tal como nosso cego pode sentir, ao mesmo tempo, o objeto *B*, que está à direita, por intermédio de sua mão esquerda, e *D*, que está à esquerda, por intermédio de sua mão direita. E como esse cego não julga que esse corpo seja duplo, ainda que ele o toque com suas duas mãos, assim também, quando nossos olhos estão todos os dois dispostos do // modo como    **137**
é requerido para dirigir nossa atenção para um

mesmo lugar, eles não devem fazer ver senão um único objeto, não obstante em cada um deles formar-se uma pintura.

A visão da distância não depende, não menos que aquela da posição, de quaisquer imagens enviadas pelos objetos, mas, primeiramente, da figura do corpo do olho, pois, como dissemos, essa figura deve ser um pouco diversa para fazer-nos ver aquilo que está próximo a nossos olhos em vez de para fazer-nos ver aquilo que está mais afastado e, à medida que a alteramos para torná-la proporcional à distância dos objetos, alteramos também certa parte de nosso cérebro de um modo que é instituído pela natureza para fazer nossa alma perceber essa distância. E isso comumente nos acontece sem que reflitamos a seu respeito, do mesmo modo, quando seguramos algum corpo com nossa mão, nós a conformamos ao tamanho e à figura desse corpo, e o sentimos por seu intermédio, sem que por isso seja necessário que pensemos nesses movimentos. Conhecemos, em segundo lugar, a distância pela relação que os dois olhos possuem entre si. Pois, assim como nosso cego, segurando os dois bastões, *AE* e *CE*, dos quais suponho que ele ignora o comprimento, e sabendo unicamente o intervalo que existe entre suas duas mãos, *A* e *C*, e o tamanho dos ângulos, *ACE* e *CAE*, pode a partir disso, como que por uma geometria natural, conhecer onde está o ponto E, assim também, quando nossos dois olhos, *RST* e *rst*, estão voltados para *X*, o tamanho da linha *Ss* e aquele dos dois ângulos, *XSs* e *XsS*, fazem-nos saber onde está o ponto *X*. // Também podemos fazer o mesmo com a ajuda de um só olho, fazendo-o mudar de lugar, se, por exemplo, mantendo-o voltado para *X*, inicialmente o colocarmos no ponto *S* e imediatamente depois no ponto *s*, isso será suficiente para fazer que o tamanho da linha *Ss* e dos ângulos *XSs* e *XsS* encontrem-se conjuntamente em nossa fantasia, fazendo-nos perceber a distância do ponto *X*; e isso, por uma ação do pensamento, a qual, não sendo senão uma imaginação totalmente simples, não deixa de incluir em si um raciocínio completamente semelhante àquele que fazem os agrimensores quando, por meio de duas balizas, medem lugares inacessíveis. Temos ainda outro modo de perceber a distância, a saber, pela distinção ou confusão da figura e, conjuntamente, pela força ou debilidade da luz. Assim, enquanto olhamos fixamente para *X*, os raios que vêm dos objetos *10* e *12* não se unem tão exatamente em *R* e em *T*, no fundo de nosso olho, como fariam se esses objetos estivessem nos pontos *V* e *Y*, a partir do que vemos que eles estão mais afastados de nós, ou mais próximos, do que X. Ademais, pelo fato de a luz que vem do objeto *10* para nosso olho ser mais forte do que se esse objeto estivesse em *V*, nós julgamos que ele está mais próximo, ao passo que, sendo aquela que vem do objeto *12* mais fraca do que se ele estivesse em *Y*, nós julgamos que ele está mais afastado. Enfim, quando, de outro modo, já imaginamos o tamanho de um objeto, ou sua posição, ou a distinção de sua figura e de suas cores, ou somente a força da luz que vem dele, isso pode servir-nos não // propriamente para ver

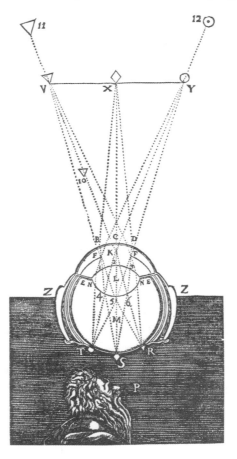

sua distância, mas para imaginá-la. Assim, por exemplo, olhando de longe algum corpo, o qual estamos // acostumados a ver de perto, julgamos bem melhor seu afastamento do que faríamos se nos fosse menos conhecido seu tamanho. E olhando para uma montanha exposta ao Sol, a qual está além de uma floresta coberta de sombra, é somente a posição dessa floresta que nos faz julgá-la como mais próxima. E olhando dois navios sobre o mar, dos quais um seja menor do que o outro, mas proporcionalmente mais próximo, de modo que eles pareçam iguais, poderemos julgar, pela diferença de suas figuras, de suas cores e da luz que eles nos enviam, qual está mais afastado.

No entanto, quanto à maneira pela qual vemos o tamanho e a figura dos objetos, não tenho necessidade de dizer nada em particular, uma vez que ela está inteiramente compreendida na maneira pela qual vemos a distância e a posição de suas partes. A saber, seu tamanho é estimado pelo conhecimento, ou pela opinião, que se tem de sua distância, comparado com o tamanho das imagens que eles imprimem no fundo do olho, e não absolutamente pelo tamanho dessas imagens, como é bastante evidente a partir de que, embora elas fossem, por exemplo, cem vezes maiores quando os objetos estão muito próximos de nós do que quando estão dez vezes mais afastados, nem por isso elas nos fazem vê-los cem vezes maiores, mas quase iguais, ao menos se sua distância não nos enganar. E é também evidente que a figura é julgada pelo conhecimento, ou opinião, que se tem da posição das diversas partes dos objetos, e não pela semelhança das pinturas que estão no olho, pois essas pinturas contêm comumente apenas ovais e // losangos, enquanto nos fazem ver círculos e quadrados.[24]

Mas, a fim de que não possais duvidar de que a visão se faz assim como eu o expliquei, quero aqui fazer-vos considerar ainda as razões pelas quais acontece de algumas vezes ela nos enganar. Inicialmente, porque é a alma

---

24 Nesse ponto, Descartes conclui sua explicação do modo como se faz a visão, tendo analisado os *sensíveis próprios* – a luz e a cor – (p.164-7) e os *sensíveis comuns* – posição (p.167-9), distância (p.169-70); e indicado (p.170) que, quanto à visão do tamanho e da figura (também eles sensíveis comuns), "ela está inteiramente compreendida na maneira pela qual vemos a distância e a posição de suas partes". Ao fazê-lo, Descartes retoma a discussão sobre a perspectiva que se encontra no final do Quarto Discurso (p.152 – ver nota 17). Essas passagens são relevantes para entender a questão do engano dos sentidos com base no engano deliberado causado pela perspectiva pictórica que representa em um plano (bidimensional) uma imagem tridimensional. Isso serve de introdução à segunda parte deste discurso, a qual trata dos enganos da visão. (Sobre a distinção entre sensíveis próprios e sensíveis comuns em Aristóteles e sua função nas teorias antigas da visão, cf. Rodrigues Neto, 2013, p.878-9, nota 9.).

que vê, e não o olho, e porque ela não vê imediatamente senão por intermédio do cérebro, disso se segue que aqueles que deliram e aqueles que dormem veem muitas vezes, ou pensam ver, diversos objetos que não estão diante de seus olhos, a saber, quando alguns vapores, revirando seus cérebros, dispõem aquelas de suas partes que têm o costume de servir à visão da mesma maneira que esses objetos fariam se estivessem presentes. Assim, uma vez que as impressões que vêm de fora passam para o sentido comum por intermédio dos nervos, se a posição desses nervos é forçada por alguma causa extraordinária, ela pode fazer que os objetos sejam vistos em lugares diferentes daqueles em que eles estão. Assim, por exemplo, se o olho *rst*, estando disposto por si mesmo a olhar para *X*, é forçado pelo dedo *N* a voltar-se para *M*, as partes do cérebro de onde vêm esses nervos não se dispõem,* com efeito, do mesmo modo que se tivessem sido seus músculos a voltá-lo para *M*, nem tampouco do mesmo modo que se ele olhasse verdadeiramente para *X*, mas de um modo intermediário entre esses dois, a saber, como se ele olhasse para *Y*, e, assim, o objeto *M* aparecerá no lugar onde está *Y* por intermédio desse olho, e *Y* no lugar onde está *X*, e *X* no lugar onde está *V*, e esses objetos, aparecendo também, // ao mesmo tempo, em seus lugares verdadeiros por intermédio do outro olho *RST*, parecerão duplicados. Do mesmo modo que, tocando a pequena bola *G* com os dois dedos, *A* e *D*, cruzados um sobre o outro, pensa-se tocar duas bolas, porque, enquanto esses dedos são retidos, assim cruzados, um sobre o outro, os músculos de cada um deles tendem a afastá-los, *A* para *C* e *D* para *F*, por meio do que as partes do cérebro, de onde vêm os nervos que estão inseridos nesses músculos, encontram-se dispostas tal como é requerido para fazer que os dedos pareçam estar *A* em *B* e *D* em *E* e, por conseguinte, tocar duas bolas diferentes, *H* e *I*. Além disso, porque estamos acostumados a julgar que as impressões que movem nossa visão vêm de lugares para os quais devemos olhar para senti-las, quando acontece que elas venham de outro lugar, podemos então ser facilmente enganados. Como

---

* [Nota da edição original] Ver a figura da p.136 [p.168 desta edição].

*A dióptrica*

aquele que, tendo seus olhos infectados pela icterícia, ou mesmo que olham através de um vidro amarelo, ou aqueles que estão encerrados em um quarto no qual não entra luz alguma senão através de tais vidros, atribuem essa cor a todos os corpos que observam.[25] E aquele que está no quarto escuro, que eu já tanto descrevi, atribui ao corpo branco *RST* as cores dos objetos *V*, *X* e *Y*, porque é unicamente para eles que ele dirige sua visão. E os olhos *A*, *B*, *C*, *D*, *E* e *F*, vendo os objetos *T*, *V*, *X*, *Y* e *Z*, através dos vidros *N*, *O* e *P*, e nos espelhos *Q*, *R* e *S*, julgam-nos estar nos pontos *G*, *H*, *I*, *K*, *L* e *M*, e // V

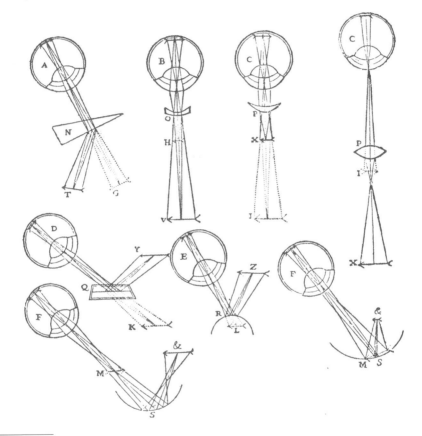

25 Argumentos que fortalecem a ideia de que as cores são "qualidades secundárias", que não se encontram nas próprias coisas. O argumento da icterícia é tradicional, encontrando-se em Aristóteles e Sexto Empírico, mas também em Montaigne, no segundo livro, capítulo 12, Apologia de Raymond Sebond, onde diz que, "sob o efeito da icterícia, tudo amarelece, independentemente de nossa vontade" (Montaigne, 1987, v. 2, p.197).

e Z serem menores, e X etc. maiores do que são, ou mesmo também X etc. menores e, com isso, invertidos, a saber, quando eles estão um pouco afastados dos olhos C e F, visto que esses vidros e esses espelhos desviam os raios que vêm desses objetos, de tal modo que esses olhos não podem vê-los distintamente a não ser posicionando-se como devem para olhar os pontos G, H, I, K, L e M, tal como conhecerão facilmente aqueles que tiverem o trabalho de // examinar este assunto. E eles verão, pelo mesmo meio, como os antigos abusaram de sua catóptrica quando quiseram determinar o lugar das imagens nos espelhos côncavos e convexos. Deve-se também notar que todos os meios que temos para conhecer a distância são bastante incertos, pois, quanto à figura do olho, ela não varia muito sensivelmente quando o objeto está a mais de quatro ou cinco pés[26] afastado e, até mesmo, ela varia muito pouco quando ele está muito próximo, de modo que disso não é possível extrair qualquer conhecimento muito preciso. E quanto aos ângulos compreendidos entre as linhas traçadas entre os dois olhos e aquelas linhas de cada olho até o objeto, ou das duas balizas para um só olho, eles tampouco variam mais quando se olha um pouco longe. Do que se segue que nosso próprio sentido comum não parece ser capaz de receber em si a ideia de uma distância maior do que aproximadamente cem ou duzentos pés, como se pode verificar de que a Lua e o Sol, os quais estão entre aqueles corpos mais afastados que podemos ver e cujos diâmetros estão para sua distância como mais ou menos um para cem, não costumam parecer-nos senão de um ou dois pés de diâmetro, quando muito, embora saibamos, pela razão, que eles são extremamente grandes e estão extremamente afastados. Pois isso não nos acontece porque não podemos concebê-los maiores do que o fazemos, visto que concebemos muitas torres e montanhas muito maiores, mas porque, não podendo concebê-los mais afastados que cem ou duzentos pés, segue-se disso que seu diâmetro não nos deve parecer senão

---

26 As unidades de medida utilizadas na época de Descartes não eram universais e variavam de região a região mesmo em um país. Era comum então o uso de partes do corpo como unidades de medida de distância, como aqui o pé ou, em Galileu, o dedo ou o palmo. O leitor pode ter uma ideia aproximada das distâncias referidas por Descartes, se tomar 1 pé como sendo 30 cm.

**145** de um ou de dois // pés. No que a posição também ajuda a enganar-nos, pois ordinariamente esses astros parecem menores quando estão bem altos, perto do meio-dia, do que quando, levantando-se ou pondo-se, interpõem-se diversos objetos entre eles e nossos olhos, os quais nos fazem notar melhor as distâncias desses astros. E os astrônomos provam suficientemente, medindo essas distâncias com seus instrumentos, que parecerem os astros assim maiores em uma posição do que na outra não vem de que eles são vistos sob um ângulo maior, mas de que sejam julgados estarem mais afastados, donde se segue que o axioma da óptica antiga, que diz que o tamanho aparente dos objetos é proporcional ao tamanho do ângulo de visão, não é sempre verdadeiro.[27] Enganam-se também ao pensar que os corpos brancos ou luminosos, e geralmente todos aqueles que possuem muito mais força para mover o sentido da visão, aparecem sempre um pouco mais próximos e maiores do que são, do que se possuíssem menos força. Ora, a razão que os faz parecer muito próximos é que o movimento pelo qual a pupila se estreita, para evitar a força da luz, está de tal modo ligado àquele que dispõe todo o olho a ver distintamente os objetos próximos e àquele pelo qual se julgam suas distâncias, pois um não pode fazer-se sem que se faça também um pouco do outro, do mesmo modo que não é possível fechar inteiramente os dois primeiros dedos da mão sem que o terceiro curve-se também um pouco, como que para fechar-se juntamente com eles.

---

27 Descartes refere-se aqui a um engano frequente da visão que resulta de uma avaliação incorreta da distância e do tamanho. Assim, os discos solar e lunar aparecem muito maiores quando vistos próximos ao horizonte, no momento do nascimento ou do ocaso, e menores quando vistos próximos ao meridiano do lugar. A aparência resulta de que avaliamos a distância no sentido horizontal como sendo maior do que a distância no sentido vertical e, como consequência, avaliamos o tamanho no nascer do Sol e da Lua como maior do que o tamanho desses astros quando estão no zênite. O exemplo dá ocasião a Descartes de questionar o quarto postulado da *Óptica* de Euclides, que é básico para o processo de geometrização da óptica (cf. Lindberg, 1976, p.13), ao estabelecer uma proporcionalidade direta entre o ângulo de visão e o tamanho do que é visto. "Seja suposto", diz Euclides, "que a partir de um ângulo maior, aquilo que é visto aparece maior, a partir de um menor, menor, e a partir de ângulos iguais, igual" (Euclides, 2013, p.894). (Sobre a chamada "perspectiva do ângulo visual", da qual Descartes se afasta aqui, ver Rodrigues Neto, 2013, p.884-8.)

E a razão pela qual esses corpos brancos ou luminosos parecem maiores não consiste somente em que a estimativa que se faz de seus tamanhos depende da estimativa // de suas distâncias, mas também em que suas imagens se imprimem maiores no fundo do olho. Pois é necessário notar que as terminações dos filamentos do nervo óptico que recobrem o olho, embora muito pequenas, possuem, entretanto, alguma espessura, de modo que cada uma delas pode ser tocada em uma de suas partes por um objeto e, em outras, por outros, e que, não sendo, todavia, capaz de ser movida senão de uma única maneira a cada vez, quando a menor de suas partes é tocada por algum objeto muito brilhante, enquanto as outras são tocadas por outros que são menos brilhantes, segue-se inteiramente o movimento daquele que é o mais brilhante e dele representa a imagem, sem representar aquela dos outros. Assim, por exemplo, sejam *1*, *2* e *3* as extremidades desses pequenos filamentos e estendendo-se os raios que traçam, por exemplo, a imagem de uma estrela no fundo do olho sobre aquele marcado *1*, e um pouco menos

adiante, por todo o entorno, sobre as extremidades marcadas *2* dos seis outros pequenos filamentos, sobre as quais suponho que não chegam outros raios, senão muito fracos, das partes do céu vizinhas a essa estrela, sua imagem estender-se-á por todo o espaço que ocupam essas seis marcadas *2*, e talvez até mesmo em todo aquele que ocupam as doze extremidades marcadas *3*, se a força do movimento for tão grande que seja comunicada também a essas. E vedes, assim, que as estrelas, ainda que pareçam muito pequenas, aparecem, entretanto, muito maiores do que deveriam em razão de suas extremas distâncias. E embora elas não sejam perfeitamente redondas, não deixarão de aparecer como tal. Do mesmo modo que // uma torre quadrada, vista de longe, parece redonda, e todos os corpos que traçam no olho apenas imagens muito pequenas não podem traçar nele as figuras de seus ângulos.[28] Enfim, quanto ao julgar a distância pelo tama-

---

28 O argumento da torre quadrada que, vista de longe, parece redonda corresponde a um tópico comum ligado ao tema do engano dos sentidos. Ele reaparece, por exemplo, na sexta meditação das *Meditações metafísicas*, na qual Descartes diz que várias experiências "arruinaram pouco a pouco toda confiança que eu tinha depositado nos sentidos. Pois observei muitas vezes que as torres, que de longe me

nho, ou pela figura, ou pela cor, ou pela luz, as pinturas em perspectiva mostram-nos como é bastante fácil enganar-se. Pois, muitas vezes, porque as coisas que nelas são pintadas são menores do que imaginamos que elas devem ser, e seus contornos mais confusos, e suas cores mais vivas ou mais tênues, elas nos parecem mais afastadas do que são.[29]

## Sétimo discurso
### *Dos meios de aperfeiçoar a visão*

Agora que examinamos suficientemente como a visão se faz, reservemos um pouco de palavras e coloquemos diante dos olhos todas as condições requeridas para seu aperfeiçoamento, a fim de que, considerando o modo pelo qual ela foi provida a cada um pela natureza, possamos fazer uma enumeração exata de tudo aquilo que ainda resta a ser acrescentado pela arte. Podem-se reduzir todas as coisas que se devem aqui levar em consideração a três // principais, que são: os objetos, os órgãos internos que recebem as ações desses objetos e os órgãos externos que dispõem essas ações a serem recebidas como elas devem sê-lo.[30] E quanto aos objetos, é suficiente saber

---

haviam parecido redondas, pareciam-me de perto ser quadradas..." (AT, IX, p.61). Sobre o argumento da aparência da "torre redonda" nos antigos (Euclides), ver Rodrigues Neto, 2013, p.884.

29 Nesse ponto, Descartes retoma a enumeração para a questão da percepção da distância e de "julgar a distância pelo tamanho, pela figura, ou pela cor, ou pela luz", associando, como já havia feito antes, o engano dos sentidos à perspectiva. Em oposição à óptica antiga, à qual se associa uma perspectiva natural, angular e curvilínea, segundo a qual o tamanho aparente do objeto visual é diretamente proporcional ao ângulo visual pelo qual é visto, a chamada "perspectiva artificial", linear e retilínea, dos modernos, à qual Descartes está completamente alinhado, considera existir uma proporcionalidade direta entre o tamanho do objeto visto e sua distância em relação ao olho (cf. Rodrigues Neto, 2013, p.885; Panofsky, 1993 [1927]).

30 Aplicação do preceito (regra) da "enumeração", apresentado na segunda parte do *Discurso do método*, primeiro (p.84) onde comparece como o quarto e último preceito, resumidamente apresentado como o "de fazer por toda parte enumerações tão completas e revisões tão gerais, que eu estivesse seguro de nada omitir". E mais adiante (p.83): "pois, enfim, o método, que ensina a seguir a verdadeira ordem e a enumerar exatamente todas as circunstâncias daquilo que se procura, contém

que alguns são próximos ou acessíveis, e outros, afastados e inacessíveis, e, com isso, uns mais, outros menos iluminados, a fim de que sejamos advertidos de que, quanto àqueles que são acessíveis, nós os podemos aproximar ou afastar, e aumentar ou diminuir a luz que os ilumina, segundo o que nos for mais cômodo, mas, no que concerne aos inacessíveis, nenhuma coisa podemos neles mudar. A seguir, quanto aos órgãos internos, que são os nervos e o cérebro, é também certo que nada poderíamos acrescentar a sua estrutura, pois não saberíamos fazer um novo corpo, e se os médicos podem ajudar aí em alguma coisa, isso não pertence a nosso assunto. Assim, resta-nos considerar somente os órgãos externos, entre os quais incluo todas as partes transparentes do olho, como também todos os outros corpos que podem ser colocados entre ele e o objeto.[31] E descubro que todas as coisas das quais é necessário prover esses órgãos externos, podem ser reduzidas a quatro pontos. O primeiro é que todos os raios que se dirigem para cada

---

tudo aquilo que dá certeza às regras da aritmética". Essas formulações podem ser completadas por aquela mais detalhada que se encontra na Regra 7 das *Regulae*, cuja formulação diz que, "para completar a ciência, é preciso analisar, uma por uma, todas as coisas que se relacionam com o nosso objetivo, por um movimento contínuo e jamais interrompido do pensamento, abarcando-as numa enumeração suficiente e metódica" (Descartes, 1985, p.39). Na discussão que Descartes faz a seguir dessa regra, ele mostra como a enumeração é imprescindível para completar a ciência (p.40) e como ela se vincula ao que ele chama de "indução", sendo "a investigação de tudo o que se relaciona com uma questão proposta" (p.40). A regra visa, então, ao estabelecimento de uma ordem gnoseológica completa, de modo que a enumeração é vista como o elenco completo de todas as partes que conjuntamente exaurem um certo problema. É significativo que Descartes indique como sinônimo a "indução", pois parece indicar com isso o fato de que a enumeração é realizada sobre aspectos singulares de um problema com o fim de extrair uma afirmação geral. Isto posto, Descartes realiza, nessa passagem de *A dióptrica*, uma primeira enumeração concernente aos fatores envolvidos na visão: os objetos, os órgãos internos e os órgãos externos.

31 Note-se que as partes transparentes do olho são consideradas como "órgãos externos naturais" e também "todos os outros corpos que podem ser colocados entre o olho e o objeto", isto é, as lentes, consideradas agora como "órgãos externos artificiais". Tendo determinado que, para aperfeiçoar a visão, só podemos intervir nos órgãos externos, Descartes procede à (segunda) enumeração de quatro condições que os órgãos externos devem satisfazer para aperfeiçoar a visão.

## A dióptrica

**149** uma das extremidades do nervo óptico venham somente, tanto quanto possível, de uma mesma parte do objeto, e que eles não recebam mudança alguma no espaço que está entre os dois, pois, sem isso, as imagens que eles formam não poderiam ser nem bem semelhantes ao seu // original, nem bem distintas. O segundo, que essas imagens sejam bastante grandes, não na extensão do lugar, pois elas não poderiam ocupar senão o pouco de espaço que se encontra no fundo do olho, mas na extensão de seus contornos ou de seus traços, pois é certo que estes serão tanto mais fáceis de discernir quanto maiores forem. O terceiro, que os raios que as formam sejam bastante fortes para mover os pequenos filamentos do nervo óptico e, por esse meio, serem sentidos, mas não a ponto de ferirem a vista. E o quarto, que exista o maior número possível de objetos cujas imagens sejam formadas no olho ao mesmo tempo, a fim de que se possa ver o máximo possível em um só olhar.

Ora, a natureza empregou vários meios para prover a primeira dessas coisas. Pois, primeiramente, ao preencher o olho de licores transparentes e não tingidos de alguma cor, ela fez que as ações que vêm de fora possam passar até o fundo do olho sem serem alteradas. E, pelas refrações que causam as superfícies desses licores, ela fez que, dentre os raios segundo os quais essas ações são conduzidas, aqueles que vêm de um mesmo ponto reúnam-se em um mesmo ponto no nervo e, ainda, que aqueles que vêm de outros pontos reúnam-se também em tantos outros pontos diversos, o mais exatamente quanto possível. Pois devemos supor que a natureza nisso fez tudo o que é possível, uma vez que a experiência nada nos faz perceber em contrário. E **150** vemos ainda que, para tornar menor o defeito, o qual pode nisso // ser totalmente evitado, ela fez que se pudesse estreitar a pupila, quase tanto quanto a força da luz o permite. Depois, por meio da cor negra, com a qual ela tingiu todas as partes do olho opostas ao nervo, as quais não são transparentes, ela impediu que chegassem quaisquer outros raios para esses mesmos pontos. E enfim, com a mudança da figura do corpo do olho, ela fez que, embora os objetos possam, uma vez ou outra, estar mais ou menos afastados, os raios que vêm de cada um de seus pontos não deixem de unir-se, tão exatamente quanto possível, em tantos outros pontos do fundo do olho. Todavia, ela não proveu tão completamente essa última parte que não se encontre ainda alguma coisa a acrescentar, pois, além de que, comumente a todos, ela não nos deu o meio de curvar tanto as superfícies de nossos olhos que possamos ver distintamente os objetos muito próximos, a um dedo ou a meio dedo de distância, ela também falhou em alguns, a quem ela fez os olhos de tal figura que eles não lhes podem servir senão para olhar as coisas afastadas, o que acontece principalmente aos velhos, e, finalmente, em alguns outros a quem, ao contrário, ela os fez tais que eles não lhes servem senão para olhar as coisas próximas, o que é mais comum nos jovens. De modo que parece que os olhos se formam, no começo, um pouco mais longos e mais estreitos do que deveriam ser, e que, depois, quando se envelhece, tornam-se mais planos e mais largos. Ora, a fim de que possamos remediar pela arte esses defeitos, // será inicialmente necessário que procuremos as figuras que as 

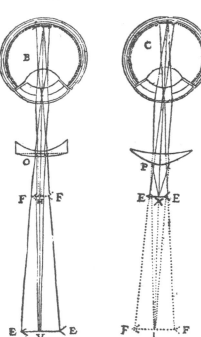

superfícies de um pedaço de vidro, ou de algum outro corpo transparente, devem ter para curvar os raios que caem sobre elas de tal modo que todos aqueles raios que vêm de um certo ponto do objeto disponham-se, ao atravessá-las, do mesmo modo que se tivessem vindo de outro ponto que estivesse mais próximo ou mais afastado, a saber, que estivesse mais próximo para servir àqueles que têm a vista curta, e que, se estivesse mais afastado, tanto para servir os idosos quanto, geralmente, todos aqueles que querem ver os objetos mais próximos do que o permitido pela figura de seus olhos.[32] Pois, por exemplo, o

---

32 Nessa passagem, Descartes discorre sobre a imperfeição da visão natural que consiste basicamente em uma limitação fisiológica, ou seja, um limite para a "mudança da figura do corpo do olho", a qual produz basicamente três defeitos: (1) dificuldade de ver distintamente os objetos muito próximos, a um ou a meio dedo de distância; (2) os que só podem ver as coisas distantes, principalmente os

olho *B*, ou *C*, estando disposto para fazer que todos os raios que vêm do ponto *H*, ou *I*, unam-se no meio de seu fundo, e não podendo fazer também que os raios do ponto *V*, ou *X*, unam-se nele, é evidente que, se for colocado diante dele o vidro *O*, ou *P*, que faça que todos os raios do ponto *V*, ou *X*, penetrem da mesma maneira que se viessem do ponto *H*, ou *I*, suprir-se-á, por esse meio, seu defeito. Depois, devido a que podem existir vidros de figuras muito diversas, que tenham, a esse respeito, exatamente o mesmo efeito, será necessário, para escolher as mais // apropriadas ao nosso objetivo, que prestemos ainda atenção principalmente a duas condições. A primeira é que essas figuras sejam, tanto quanto possível, as mais simples e as mais fáceis de descrever e de talhar. E a segunda, que por seu meio os raios que vêm de outros pontos do objeto, como *E* e *E*, entrem no olho aproximadamente como se eles viessem de tantos outros pontos, como *F* e *F*. E notai que eu digo aqui apenas aproximadamente, e não digo tanto quanto possível, pois, além de ser possivelmente muito difícil determinar, pela geometria, dentre uma infinidade de figuras que podem servir para esse mesmo efeito, aquelas que são para isso exatamente as mais apropriadas para isso, seria inteiramente inútil, porque o próprio olho, não fazendo que todos os raios que vêm de diversos pontos unam-se exatamente em tantos outros pontos diversos, elas não seriam por isso, sem dúvida, as mais apropriadas para tornar a visão bem distinta, e é impossível nisso escolher a não ser aproximadamente, porque a exata figura do olho não nos pode ser conhecida. Além disso, devemos ter sempre o cuidado, quando posicionamos assim alguns corpos diante

---

velhos, e têm dificuldade de ver as próximas; (3) os que só podem ver as coisas próximas, principalmente os jovens, e têm dificuldade de ver as afastadas. Segue-se a discussão de como remediar (corrigir) pela arte (técnica) esses defeitos da visão, desenvolvendo o estudo das figuras que deve ter a superfície de um vidro para proceder à correção correspondente. Cabe lembrar que a utilização de lentes para corrigir os defeitos da visão, em particular de óculos para ler, data do século XIII e Sarton considera que "a descoberta ocorreu em algum momento depois de 1285" e que, em 1289, encontramos o primeiro relato de uso de óculos por um idoso, ambos na Itália, onde seguramente os óculos foram inventados (cf. Sarton, 1931, p.1024-7). Sobre esse assunto, ver também Gal & Chen-Morris, 2013, p.53-8; Ilardi, 2007. A primeira representação conhecida é o afresco de Tommaso de Modena, que pinta Hugues de Provence lendo com óculos.

de nossos olhos, de imitarmos a natureza, tanto quanto possível, em todas as coisas que vemos que ela observou ao construí-los, e de não perdermos qualquer das vantagens que ela nos deu, a não ser quando ganhamos alguma outra mais importante.

Quanto ao tamanho das imagens, deve-se notar que ele depende unicamente de três coisas, a saber, da distância que existe entre o objeto e o lugar no qual se // cruzam os raios que o objeto envia de seus diversos pontos para o fundo do olho; depois, da distância que existe entre esse mesmo lugar e o fundo do olho; e, enfim, da refração desses raios. Como é evidente que a imagem *RST* seria maior do que é,* se o objeto *VXY* estivesse mais próximo do lugar *K*, onde se cruzam os raios *VKR* e *YKT*, ou antes, da superfície *BCD*, a qual é propriamente o lugar no qual eles começam a cruzar-se, como vereis depois; ou ainda, se fosse possível fazer que o corpo do olho fosse mais longo, de modo que existisse uma distância maior, de sua superfície *BCD*, a qual fizesse esses raios se entrecruzarem, até o fundo *RST*; ou enfim, se a refração os curvasse não tanto para o interior do meio *S*, mas antes, se fosse possível, para o exterior. E por mais que imaginemos outras coisas além dessas três, nada há que possa tornar essa imagem maior. Mesmo a terceira é quase nada considerável, porque jamais é possível por seu meio aumentar a imagem, senão muito pouco, e isso com tanta dificuldade que sempre é possível fazê-lo mais facilmente com uma das outras, tal como sabereis agora. Vemos que também a natureza a negligenciou, pois, ao fazer que os raios, como *VKR* e *YKT*, sejam curvados interiormente para *S* sobre as superfícies *BCD* e *123*, ela tornou a imagem *RST* um pouco menor do que se ela tivesse feito que eles se curvassem exteriormente, como fazem em *5* sobre a superfície *456*, ou do que se ela os tivesse deixado serem todos retos. Não se tem necessidade de considerar a primeira dessas três coisas, // quando os objetos não são de todo acessíveis, mas, quando são acessíveis, é evidente que, quanto mais de perto os olharmos, tanto maiores suas imagens formam-se no fundo de nossos olhos. Todavia, não nos tendo a natureza dado o meio de olhá-los mais próximo do que de cerca de um ou meio pé de distância, a fim de nisso acrescentar pela arte tudo o que é possível, basta

---

\* [Nota da edição original] Ver a figura da p.139 [p.170 desta edição].

## A dióptrica

interpor um vidro, tal como aquele marcado *P*, do qual acabamos de falar, o qual faça que todos os raios que venham de um ponto o mais próximo possível entrem no olho como se viessem de um outro ponto mais afastado. Ora, o máximo que é possível fazer por esse meio é que entre o olho e o objeto não haja senão a duodécima ou a décima quinta parte do espaço que deveria existir sem isso, e que, assim, os raios que vierem de diversos pontos desse objeto, ao cruzarem-se doze ou quinze vezes mais próximo dele, ou mesmo um pouco menos, porque não será mais sobre a superfície do olho que eles começarão a cruzar-se, mas antes, sobre a superfície do vidro, da qual o objeto estará um pouco mais próximo, eles formarão uma imagem cujo diâmetro será doze ou quinze vezes maior do que seria se não nos servíssemos desse vidro e, por conseguinte, sua superfície será aproximadamente duzentas vezes maior, o que fará que o objeto apareça aproximadamente duzentas vezes mais distintamente, por meio do que ele parecerá também muito maior, não exatamente duzentas vezes, mas mais ou menos, na proporção do // que se julga ser seu afastamento. Pois, por exemplo, se, olhando o objeto *X* através do vidro *P*, dispõe-se o próprio olho *C* do mesmo modo que deveria estar para ver algum outro objeto que lhe estivesse afastado vinte ou trinta passos, e se, não tendo, de outro modo, conhecimento algum do lugar em que está esse objeto *X*, julgar-se que ele está verdadeiramente a trinta passos, então ele parecerá mais de um milhão de vezes maior do que é. De sorte que uma pulga poderá tornar-se um elefante, pois é certo que a imagem que uma pulga forma no fundo do olho, quando está muito próxima, não é menor do que a imagem que um elefante forma no fundo do olho quando está a trinta passos. E é unicamente sobre isso que está fundada a invenção dessas pequenas lupas compostas de um único vidro, cujo uso é bastante difundido e corrente, ainda que não se conheça a verdadeira figura que elas devem ter, e porque se sabe comumente que o objeto está muito próximo quando elas são empregadas para olhá-lo, ele não pode parecer tão grande quanto seria se fosse imaginado mais afastado.[33]

155

33 A expressão empregada por Descartes é *"lunete a puces"*, que poderia ser literalmente traduzida por "óculo de pulgas". Aqui está traduzida por "lupa", mas convém considerar que os primeiros microscópios – tais como os utilizados por Leeuwenhoek – assemelhavam-se a pequenas lupas compostas em geral por uma

Não resta outro meio para aumentar o tamanho das imagens senão o de fazer que os raios, vindos dos diversos pontos do objeto, cruzem-se o mais afastado possível do fundo do olho; porém tal meio é, sem comparação, o mais importante e o mais considerável de todos. Pois esse é o único meio que pode servir tanto para os objetos inacessíveis, como para os acessíveis, e cujo efeito não tem limites, de modo que é possível, servindo-se dele, aumentar as imagens cada vez mais até um tamanho indefinido. Assim, por exemplo, uma vez que o primeiro // dos três licores, dos quais o olho está repleto, causa  mais ou menos a mesma refração que a água comum, se for aplicado sobre

o olho um tubo cheio de água, como *EF*, no fundo qual está um vidro *GHI*, cuja figura seja completamente semelhante àquela da pele *BCD* que cobre esse licor e tenha a mesma relação com a distância do fundo do olho, não se fará mais qualquer refração na entrada desse olho, mas aquela que aí se fazia anteriormente (e que era a causa de que todos os raios que vinham de um mesmo ponto do objeto começassem, a partir desse lugar, a curvar-se, para irem unir-se em um mesmo ponto sobre as extremidades do nervo óptico, e de que, em seguida, todos aqueles que vinham de diversos pontos aí se cruzassem para dirigir-se a diversos pontos desse nervo) far-se-á a partir da entrada do tubo *GI*, pelo que seus raios, cruzando-se desde lá, formarão a imagem *RST* muito maior do que se eles se cruzassem sobre a superfície *BCD*, e a farão cada vez maior segundo esse tubo seja mais longo. E, assim, fazendo a água *EF* o ofício do humor *K*, o vidro *GHI*, o ofício da pele *BCD*, e a entrada do tubo, o ofício da

gota de vidro engastada a uma haste de metal. Que efetivamente se trata de um microscópio, pode ser depreendido da correspondência de Descartes, na qual não faltam referências ao microscópio e às dificuldades seja na sua produção, seja na sua utilização. Assim, pode-se consultar a carta de Ferrier a Descartes de 26 de outubro de 1629 (AT, I, p.49); a resposta de Descartes a Ferrier de 13 de novembro de 1629 (AT, I, p.62); as cartas de Descartes a Beaune de novembro/dezembro de 1638 e 20 de fevereiro de 1639 (AT, II, p.455, 512); e as cartas de Descartes a Mersenne de 16 de outubro de 1639 e 15 de setembro de 1640 (AT, II, p.591; AT, III, p.177).

**157** pupila, a visão far-se-á como se a natureza tivesse feito o olho // mais longo por todo o comprimento desse tubo. Sem que haja outra coisa a considerar, a não ser que a verdadeira pupila será, então, não unicamente inútil, mas até mesmo prejudicial, uma vez que excluirá, devido a sua pequenez, os raios que poderiam ir para os lados do fundo do olho e, assim, impedirá que as imagens nele se estendam por todo o espaço, como o fariam se ela não fosse tão estreita. É necessário também que eu não me esqueça de advertir-vos de que as refrações particulares, as quais se fazem com pouca diferença tanto no vidro *GHI* quanto na água *EF*, não são aqui consideráveis, porque, sendo esse vidro igualmente espesso, se a primeira de suas superfícies faz curvar os raios um pouco mais do que o faria aquela da água, a segunda os reenvia igualmente ao mesmo tempo. E é por essa mesma razão que eu não falei das refrações que podem ser causadas pelas peles que envolvem os humores do olho, mas unicamente daquelas refrações de seus humores.

Ora, uma vez que causaria grande incômodo a aplicação de água sobre o nosso olho da maneira que acabo de explicar, e também que, não podendo saber precisamente qual é a figura da pele *BCD* que o cobre, não se poderia determinar exatamente a figura do vidro *GHI* para colocá-la em seu lugar; será melhor servir-se de outra invenção e, por meio de um ou de vários vidros ou outros corpos transparentes, encerrados também em um tubo, mas não tão exatamente junto ao olho que não permaneça um pouco de ar entre os dois, fazer que, desde a entrada desse tubo, os raios que vêm de um **158** mesmo ponto do objeto // dobrem-se, ou curvem-se, do modo requerido para que eles se reúnam em um outro ponto, no lugar onde se encontrará o meio do fundo do olho, quando esse tubo for colocado na frente do olho. E, novamente, fazer que esses mesmos raios, saindo desse tubo, dobrem-se e sejam reenviados de tal modo que possam entrar no olho como se não tivessem absolutamente sido dobrados, mas somente viessem de algum lugar que fosse mais próximo. E, em seguida, fazer que aqueles raios que virão de diversos pontos, ao terem-se cruzado a partir da entrada desse tubo, não se descruzem na saída, mas dirijam-se para o olho como se viessem de um objeto maior ou mais próximo. Por exemplo, se o tubo *HF* for preenchido com um vidro totalmente sólido, cuja superfície *GHI* fosse de tal figura que fizesse que todos os raios que vêm do ponto *X*, enquanto estão no vidro,

tendam para *S* e que sua outra superfície *KM* dobre-os mais uma vez, de tal modo que eles tendam de lá para o olho como se viessem do ponto *x*, o qual suponho em tal lugar que as linhas *xC* e *CS* têm entre si a mesma proporção que *XH* e *HS*; aqueles que vierem do ponto *V* cruzar-se-ão necessariamente na superfície *GHI*, de modo que, encontrando-se já afastados delas quando chegarem à outra extremidade do tubo, a superfície *KM* não poderá aproximá-los, principalmente se ela for côncava, tal como a supus, mas ela os reenviará para o olho, mais ou menos como se os raios viessem do ponto *y*. Por esse meio, os raios formarão a imagem *RST* tanto maior quanto mais longo for o tubo e não será necessário, para // determinar as figuras dos cor- **159**
pos transparentes dos quais nos queremos servir para esse efeito, saber exatamente qual é a figura da superfície *BCD*.

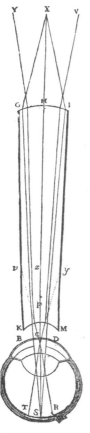

Mas, dado que haveria, mais uma vez, o incômodo de encontrar vidros ou outros corpos tais que fossem suficientemente espessos para preencher todo o tubo *HF* e suficientemente claros e transparentes para não impedir a passagem da luz, poder-se-á deixar vazio todo o interior desse tubo e colocar somente dois vidros em suas duas extremidades, os quais façam o mesmo efeito que acabo de dizer que as duas superfícies *GHI* e *KLM* deveriam fazer. E é unicamente sobre isso que se funda toda a invenção dessas lunetas compostas de dois vidros colocados nas duas extremidades de um tubo, o que me deu ocasião de escrever este tratado.

Quanto à terceira condição requerida para a perfeição da visão por parte dos órgãos externos, a saber, que as ações que movem cada filamento do nervo óptico não sejam tão fortes, nem tão fracas, a natureza nos proveu muito bem, dando-nos o poder de estreitar e alargar as pupilas de nossos olhos. Mas ela // deixou ainda alguma coisa para a arte acrescentar. Pois, **160** primeiramente, quando essas ações são tão fortes que não é possível estreitar suficientemente as pupilas para suportá-las, como quando se quer olhar o Sol, é fácil remediar isso colocando-se na frente do olho algum corpo negro no qual não haja senão um furo muito estreito, que faça o ofício da pupila, ou então olhando através de um véu, ou

*A dióptrica*

através de algum outro corpo um pouco escuro, e que não deixe entrar no olho senão aquele tanto dos raios de cada parte do objeto que é necessário para mover o nervo óptico sem feri-lo. E quando, ao contrário, essas ações são muito fracas para serem sentidas, podemos torná-las mais fortes, pelo menos quando os objetos são acessíveis, expondo-os aos raios do Sol, de tal modo que, sendo estes coletados com a ajuda de um espelho ou vidro ardente, tenham o máximo de força que possam ter para iluminá-los sem corrompê-los.

Além disso, quando nos servimos das lunetas das quais acabamos de falar, uma vez que elas tornam a pupila inútil e que é a abertura, pela qual elas recebem a luz de fora, que faz seu ofício, é então a abertura que se deve alargar ou retrair, segundo se queira tornar a visão mais forte ou mais fraca. E deve-se considerar que, se não se fizesse essa abertura maior do que a da pupila, os raios agiriam menos fortemente contra cada parte do fundo do olho do que se não fosse feito uso algum de lunetas, e isso na mesma proporção em que as imagens que eles aí formariam seriam maiores, sem contar o que as superfícies dos vidros interpostos retiram de sua força.

**161** // Mas pode-se torná-la bastante maior e tanto mais quanto o vidro que reenvia os raios for situado mais próximo do ponto para o qual os fazia tender aquele que os dobrou. Assim, por exemplo, se o vidro *GgHi* fizer todos os raios que vêm do ponto que se quer olhar tender para *S*, e que eles sejam reenviados para o vidro *KLM*, de modo que de lá tendam paralelos para o olho, então, para encontrar a maior largura que a abertura do tubo possa ter, é necessário fazer que a distância que existe entre os pontos *K* e *M* seja igual ao diâmetro da pupila; a seguir, traçando do ponto *S* duas linhas retas que passam por *K* e *M*, a saber, *SK*, que se deve prolongar até *g*, e *SM*, até *i*, ter-se-á *gi* como o diâmetro que se procurava. Pois é evidente que, se a abertura fosse maior, não entrariam, por isso, no olho, mais raios a partir do ponto para o qual se dirige sua visão, e que, para aqueles que viriam a mais de outros luga-

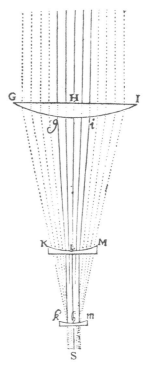

res, não podendo ajudar a visão, apenas a tornariam mais confusa. Mas se, no lugar do vidro *KLM*, servirmo-nos de *klm*, o qual, por causa de sua figura, deve ser colocado mais próximo do ponto *S*, teremos tomado, novamente, a distância entre os pontos *k* e *m* como igual ao diâmetro da pupila; a seguir, traçando as linhas *SkG* e *SmI*, ter-se-á *GI* como o diâmetro da abertura procurada, // o qual, como vedes, é maior que *gi*, na mesma proporção em que a linha *SL* supera *Sl*. E se essa linha *Sl* não for maior do que o diâmetro do olho, a visão será aproximadamente tão forte e tão clara quanto se não se tivesse feito uso de lunetas e os objetos estivessem, em compensação, tanto mais próximos do que estão quanto pareçam maiores. De modo que, por exemplo, se o comprimento do tubo faz que a imagem de um objeto afastado em trinta léguas forme-se tão grande no olho como se ele estivesse afastado apenas trinta passos, a largura de sua entrada, sendo aquela que acabo de determinar, fará que esse objeto seja visto tão claramente quanto se, não estando verdadeiramente afastado senão em trinta passos, nós o olhássemos sem luneta. E, se for possível fazer ainda menor essa distância entre os pontos *S* e *l*, a visão será ainda mais clara.[34]

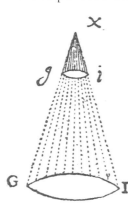

Mas isso serve principalmente para os objetos inacessíveis, pois, para aqueles que são acessíveis, a abertura do tubo pode ser tanto mais estreita quanto mais nos aproximamos deles, sem que, por isso, a visão seja menos clara. Como vedes, não entram menos raios do ponto *X* no pequeno vidro *gi* do que no grande *GI*. E, enfim, a abertura não pode ser maior do que os vidros utilizados, os quais, devido a suas figuras, não devem exceder certo tamanho, o qual determinarei a seguir.

E se algumas vezes a luz que vem dos objetos for muito forte, será bem fácil enfraquecê-la, cobrindo toda a volta das extremidades do vidro que está

---

34 Ou seja, segundo a teoria cartesiana do telescópio, quanto maior o tubo e maior a abertura de sua objetiva, mais "perfeito" será o telescópio, ou seja, o objeto "inacessível" será visto com tamanho tanto mais ampliado e mais nitidamente.

**163** na // entrada do tubo, o que será melhor do que pôr-lhe na frente alguns outros vidros mais foscos ou coloridos, tal como muitos têm o costume de fazer para olhar o Sol, pois, quanto mais essa entrada for estreita, tanto mais a visão será distinta, como já foi dito acerca da pupila. E é até mesmo necessário observar que será melhor cobrir o vidro por fora do que por dentro, a fim de que as reflexões que se poderiam fazer nas bordas de sua superfície não enviem para o olho quaisquer raios, pois esses raios, não servindo para a visão, poderão danificá-la.

Há apenas mais uma condição que é desejável quanto aos órgãos externos, que é a de fazer que se perceba, ao mesmo tempo, o maior número possível de objetos. E deve-se notar que ela de modo algum é requerida para o aperfeiçoamento de ver melhor, mas somente para a comodidade de ver mais, e mesmo que é impossível ver distintamente mais de um único objeto a cada vez,[35] de modo que essa comodidade de ver confusamente muitos outros objetos não é, entretanto, principalmente útil senão a fim de saber para qual lado dever-se-á depois dirigir seus olhos para olhar aquele dentre os objetos que se quiser melhor considerar. E, para isso, a natureza nos proveu de tal maneira que é impossível à arte acrescentar a isso alguma coisa, e mesmo, pelo contrário, quanto mais se aumenta, por meio de algumas lunetas, o tamanho dos contornos da imagem que se imprime no fundo do olho, tanto mais se faz que essa imagem represente menos objetos, porque o espaço que ela ocupa não pode ser aumentado mais, a não ser, talvez muito pouco, **164** // invertendo a imagem, o que julgo que se deve rejeitar por outras razões. Mas, se os objetos são acessíveis, é fácil colocar aquele que se quer olhar no lugar em que ele pode ser visto mais distintamente através da luneta, e, se são inacessíveis, é fácil pôr a luneta sobre uma máquina, que serve para girar facilmente em torno de qualquer lugar determinado que se

---

35 A primeira proposição da *Óptica* de Euclides afirma que "nada do que é visto é visto simultaneamente em sua totalidade" (Euclides, 2013, p.894); o que, no presente caso, significa que, para perceber visualmente a totalidade de um objeto, o olho deve deslocar sucessivamente seu eixo visual passando pelas diversas partes desse objeto, uma vez que se concebe que a visão ocorre segundo o eixo visual, isto é, a linha perpendicular que vai do centro do objeto ao centro do olho.

queira. E, assim, nada nos faltará daquilo que torna mais considerável esta quarta condição.

Contudo, a fim de não omitir aqui coisa alguma, tenho ainda a advertir-vos de que os defeitos do olho, os quais consistem em que não é possível mudar suficientemente a figura do humor cristalino, ou mesmo o tamanho da pupila, podem ser pouco a pouco diminuídos e corrigidos pelo uso, porque esse humor cristalino e a pele que contém essa pupila, sendo verdadeiramente músculos, suas funções são facilitadas e aumentadas quando exercitadas, tal como aquelas de todos os outros músculos de nosso corpo. E é assim que os caçadores e os marinheiros, que se exercitam em olhar objetos muito distantes, e os gravadores ou outros artesãos, que fazem obras bastante sutis para serem vistas de muito perto, adquirem comumente a capacidade de vê-los mais distintamente do que os outros homens. E é assim, também, que aqueles indianos, que se diz serem capazes de olhar fixamente o Sol sem que sua visão seja ofuscada, devem, sem dúvida, ter anteriormente olhado com frequência objetos muito brilhantes, acostumando, pouco a pouco, suas pupilas a estreitarem-se mais do que as nossas. Porém, essas coisas pertencem antes à medicina, cujo fim é o de remediar os defeitos da // visão pela correção dos órgãos naturais, e não à dióptrica, cujo fim é somente o de remediar os mesmos defeitos pela aplicação de alguns órgãos artificiais.[36]

---

36 Esse parágrafo conclusivo do Sétimo Discurso é significativo, pois inicia indicando que certos defeitos do olho, tais como "não mudar a figura do humor cristalino, ou mesmo o tamanho da pupila" podem ser corrigidos pelo uso, em uma espécie de aperfeiçoamento da visão pela prática. Não pode esse parágrafo, que trata dos órgãos externos naturais (o olho e suas partes) e que está expressamente mais próxima da medicina, ser considerado como uma proposta embrionária de práticas terapêuticas? A consideração de Descartes concernente ao aperfeiçoamento da visão advindo do treinamento parece apontar nessa direção. Atente-se também para a diferença entre a "cura da medicina" e a "cura da dióptrica", pois, enquanto a medicina remedia os defeitos da visão pela correção dos órgãos externos naturais, a dióptrica trata dos mesmos defeitos corrigindo-os pela aplicação de "órgãos [externos] artificiais", ou seja, por meio de lentes. Aqui aparece o caráter eminentemente técnico da dióptrica.

*A dióptrica*

## Oitavo discurso
*Das figuras que os corpos transparentes devem ter para desviar os raios por refração de todas as maneiras que servem à visão*

Ora, a fim de que eu vos possa dizer tanto mais exatamente de que modo se devem fazer esses órgãos artificiais para torná-los os mais perfeitos que possam ser, é necessário que eu explique inicialmente as figuras que as superfícies dos corpos transparentes devem ter para dobrar e desviar os raios da luz de todos os modos que possam servir ao meu propósito. No que, se eu não puder tornar-me claro e inteligível para todos, por tratar-se de uma matéria de geometria um pouco difícil, tentarei, pelo menos, sê-lo o suficiente para aqueles que tenham // aprendido somente os primeiros elementos dessa ciência. E, de início, a fim de não vos deixar em suspenso, dir-vos-ei que todas as figuras de que aqui falarei não serão compostas senão de elipses ou de hipérboles e de círculos ou de linhas retas.

A elipse, ou a oval, é uma linha curva que os matemáticos se habituaram a expor-nos cortando transversalmente um cone ou um cilindro, e que vi também, algumas vezes, ser empregada por jardineiros nas divisões de seus canteiros, onde eles a descrevem de uma maneira que é verdadeiramente bastante grosseira e pouco exata, mas que permite, ao que me parece, compreender melhor sua natureza do que permite a seção de um cilindro ou cone. Os jardineiros cravam no solo duas estacas, por exemplo, uma no ponto *H* e outra no ponto *I*, e tendo atado as duas extremidades de uma corda, eles a passam em torno dessas estacas, do modo como vedes aqui em *BHI*. A seguir, pondo a extremidade de um dedo nessa corda, eles a conduzem em torno dessas duas estacas, estirando-a sempre para si com igual força, a fim de mantê-la igualmente tensionada e de assim descrever sobre a terra a linha curva *DBK*, que é uma elipse. E se, sem mudar o comprimento dessa corda *BHI*, eles cravarem as estacas *H* e *I* um pouco mais próximas entre si, descreverão novamente uma elipse, mas que será de outra espécie que a da precedente, e se eles as cravarem ainda um pouco mais próximas, // descreverão ainda uma outra, e, enfim, se eles

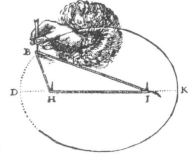

as puserem juntas, será um círculo o que eles descreverão. Ao passo que, se diminuírem o comprimento da corda na mesma proporção que a distância dessas estacas, descreverão muitas elipses que serão diferentes em tamanho, mas todas da mesma espécie. E vedes assim que pode existir uma infinidade de espécies, todas diferentes, de modo que elas não difiram menos entre si do que a última difere do círculo, e que, de cada espécie, podem existir todos os tamanhos, e que, se de um ponto, como *B*, tomado arbitrariamente em alguma dessas elipses, traçar-se duas linhas retas para os dois pontos *H* e *I*, onde as duas estacas devem ser colocadas para descrevê-la, essas duas linhas *BH* e *BI*, tomadas conjuntamente, serão iguais a seu diâmetro maior *DK*, como se prova facilmente pela construção. Pois a porção da corda que se estende de *I* para *B* e daí dobra-se até *H* é a mesma que se estende de *I* para *K* ou para *D* e daí dobra-se também até *H*, de modo que *DH* é igual a *IK*, enquanto a soma de *HD* e *DI*, que vale tanto quanto *HB* mais *BI*, é igual a toda *DK*. E, enfim, as elipses que se descreve, respeitando sempre a mesma proporção entre seus diâmetros maiores *DK* e a distância dos pontos *H* e *I*, são todas de uma mesma espécie. E em virtude de certa propriedade desses pontos *H* e *I*, tal como entendereis a seguir, nós os chamaremos de pontos ardentes, um interno e o outro externo, a saber, se os referirmos à metade da elipse que está em *D*, então *I* será o ponto ardente externo, e, se os referirmos à outra // metade da elipse que está em *K*, então ele será o interno, e quando falarmos de ponto ardente sem distinção, entenderemos sempre falar do ponto externo.[37] Além disso, é necessário a seguir que saibais que, se traçarmos por aquele ponto *B* as duas linhas retas *LBG* e *CBE*, de modo que se cortem entre si em ângulos retos e das quais uma, *LG*, divida o ângulo *HBI* em duas partes iguais, então a outra linha, *CE*, tocará essa elipse nesse

---

37 Esse procedimento de construção da elipse ou da oval, que utiliza uma corda tensionada entre duas estacas, o qual corresponde a um procedimento de "matemática vulgar" ou prática há muito conhecido, é sem dúvida bem mais fácil de ser operacionalizado do que a construção (da geometria clássica) no espaço da interseção de um plano com um cone. Note-se também que esse procedimento de construção (traçado) da figura é tão aceitável do ponto de vista matemático quanto aquele que usa régua e compasso e nada tem de empírico, como o mostra o segundo livro de *A geometria* (p.403). Note-se ainda que, na construção proposta com a corda e as duas estacas, a elipse resulta ser o lugar geométrico dos vértices de triângulos isoperímetros de mesma base, já que a distância entre as duas estacas é constante.

## A dióptrica

ponto *B* sem cortá-la. Do que eu não forneço a demonstração, porque os geômetras a conhecem bem, enquanto os outros não fariam mais que se enfadar em entendê-la. Mas o que desejo particularmente explicar-vos aqui é que, se traçarmos ainda a partir desse ponto *B* a linha reta *BA*, externa à elipse e paralela ao diâmetro maior *DK*, e se, tendo-a tomado igual a *BI*, forem traçadas sobre *LG*, a partir dos pontos *A* e *I*, as duas perpendiculares *AL* e *IG*, então estas duas últimas *AL* e *IG* terão entre si a mesma proporção que as duas

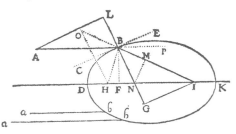

*DK* e *HI*. De modo que, se a linha *AB* for um raio de luz, e se essa elipse *DBK* estiver na superfície de um corpo transparente totalmente sólido, através do qual, segundo o que foi dito, os raios passam mais facilmente do que pelo ar na mesma proporção em que a linha *DK* é maior do que a linha *HI*, então esse raio *AB* será de tal modo desviado no ponto *B*, pela superfície desse corpo transparente, que ele irá daí para *I*. E dado que esse ponto *B* é tomado arbitrariamente // na elipse, tudo o que eu já disse aqui acerca do raio *AB* deve-se entender geralmente de todos os raios paralelos ao eixo *DK* que caem sobre algum ponto dessa elipse, a saber, que eles serão todos de tal modo desviados que irão daí para o ponto *I*.

Ora, isso é demonstrado do seguinte modo. Primeiramente, |se[38] for traçada do ponto *B* a linha *BF*, perpendicular a *KD*, e se também traçar-se, do ponto *N*, onde *LG* e *KD* cortam-se, a linha *NM* perpendicular a *IB*, encontrar-se-á que *AL* está para *IG* assim como *BF* está para *NM*. Pois, de uma parte, os triângulos *BFN* e *BLA* são semelhantes, porque os dois são triângulos retângulos e, sendo *NF* e *BA* paralelas, os ângulos *FNB* e *ABL* são

---

Quanto ao conceito de "ponto ardente" (foco), ele se origina na catóptrica (que estuda a reflexão dos espelhos) e diz respeito a um espelho côncavo (hiperbólico) que recebe os raios paralelos do Sol e os reflete todos para um mesmo ponto que, ao concentrar os raios solares nesse ponto, pode incendiar um objeto nele situado; resultam disso os termos "ponto ardente" para esse ponto (foco) e "espelho ardente" para o espelho.

38 O texto que se inicia aqui e termina em "Além disso," corresponde ao texto primitivo de Descartes, que ele indica dever ser substituído na carta a Mersenne de 25 de dezembro de 1639 (AT, II, p.637-8).

iguais, e, de outra parte, os triângulos *NBM* e *IBG* são também semelhantes, porque são retângulos e o ângulo em *B* é comum a todos os dois. E, além disso, os dois triângulos *BFN* e *BMN* têm a mesma relação entre si que os dois triângulos *ALB* e *BGI*, porque, dado que as bases destes, *BA* e *BI*, são iguais, assim também *BN*, que é a base do triângulo *BFN*, é igual a si mesma por ser também a base do triângulo *BMN*. Donde se segue evidentemente que, assim como *BF* está para *NM*, assim também *AL*, o lado do triângulo *ALB* que corresponde a *BF* no triângulo *BFN*, isto é, que é subentendido pelo mesmo ângulo, está para *IG*, o lado do triângulo *BGI* que corresponde // ao lado *NM* do triângulo *BNM*. Portanto, *BF* está para *NM* assim como *BI* está para *NI*, porque os dois triângulos *BIF* e *NIM*, sendo retângulos e tendo o mesmo ângulo em *I*, são semelhantes. Além disso, | porque tanto as linhas *AB* e *NI*, quanto *AL* e *GI*, são paralelas, os triângulos *ALB* e *IGN* são semelhantes, donde se segue que *AL* está para *IG* assim como *AB* está para *NI*, ou ainda, porque *AB* e *BI* são iguais, como *BI* está para *NI*. A seguir, se traçarmos *HO* paralela a *NB* e prolongarmos *IB* até *O*, veremos que *BI* está para *NI* assim como *OI* está para *HI*, porque os triângulos *BNI* e *OHI* são semelhantes. Enfim, sendo os dois ângulos *HBG* e *GBI* iguais por construção, *HOB*, que é igual a *GBI*, é também igual a *OHB*, porque este último é igual a *HBG*, e, por conseguinte, o triângulo *HBO* é isósceles e a linha *OB*, sendo igual a *HB*, a linha *OI* inteira é igual a *DK*, tanto mais que as duas

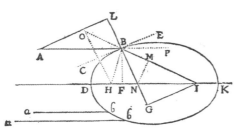

juntas, *HB* e *IB*, são-lhe iguais. E, assim, retomando do início ao fim, *AL* está para *IG* assim como *BI* para *NI*, e *BI* está para *NI* assim como *OI* para *HI*, e *OI* é igual a *DK*, portanto, *AL* está para *IG* assim como *DK* está para *HI*.

Entretanto, para traçar a elipse *DBK*, se for dada às linhas *DK* e *HI* a proporção que se conhece, por experiência, ser // aquela que serve para medir a refração de todos os raios que passam obliquamente do ar para dentro de algum vidro, ou outra matéria transparente que desejemos empregar, e se for feito um corte nesse vidro que tenha a figura que essa elipse descreveria quando se movesse circularmente em torno do eixo *DK*, então os raios que estiverem no ar paralelos a esse eixo, tais como *AB*, *ab*, entrando nesse vidro, desviar-se-ão de tal modo que eles irão todos juntar-se no ponto ardente *I*, o qual, dentre os dois pontos, *H* e *I*, é o mais afastado do local de onde eles vêm. Pois saibais que o raio *AB* deve ser desviado no ponto *B* pela superfície curva do vidro, a qual representa a elipse *DBK*, igualmente como o seria pela superfície plana do mesmo vidro que representa a linha reta *CBE*, na qual ele deve ir de *B* para *I*, porque *AL* e *IG* estão entre si como *DK* está para *HI*, isto é, como elas devem estar para medir a refração.[39] E tendo-se tomado arbitrariamente o ponto *B* na elipse, tudo o que demonstramos desse raio *AB* deve entender-se da mesma maneira acerca de todos os outros raios paralelos a *DK*, os quais caem sobre os outros pontos dessa elipse, de tal modo que todos devem ir para *I*.

Além disso, porque todos os raios que tendem para o centro de um círculo ou de um globo, ao caírem perpendicularmente sobre sua superfície, não devem sofrer qualquer refração, se fizermos um círculo a partir do centro *I* com qualquer distância que se queira, desde que ele passe entre *D* e *I*, tal como *BQB*, então as linhas *DB* e *QB*, girando em torno do eixo *DQ*, descreverão a figura de um vidro que reunirá no ar, no ponto *I*, todos

---

[39] Nesse e no parágrafo anterior, Descartes propõe o que se chama de a "oval de Descartes" como solução ao problema, proposto por Kepler, da determinação da linha anaclástica ou, na formulação que Descartes lhe dá nas *Regulae*, "aquela em que os raios paralelos se refratam de tal forma que todos, depois da refração, têm um só ponto de interseção" (Descartes, 1985, p.46). Trata-se, então, de determinar a figura que deve ter uma lente para transformar os raios de luz de paralelos em convergentes a um único ponto. A aplicação da regra VIII ao problema da anaclástica (cf. Descartes, 1985, p.46-7; AT, X, p.393-4) permite chegar a um primeiro resultado que é a exclusão de uma solução exclusivamente matemática, pois por essa via não se chega a uma intuição clara sobre a relação que o ângulo de incidência dos raios, na lente, deve ter com o ângulo de saída (refração) desses mesmos raios, de modo que a solução não prescinde da experiência. A regra VIII parece então indicar que, para a solução do problema, é preciso seguir a via empírica, pois essa relação entre os ângulos de incidência e refração "diz respeito não à matemática, mas à física..." (1985, p.46; AT, X, p.394). Descartes considera também que a questão não pode ser decidida hipoteticamente, isto é, como diz Descartes, "supor entre os ângulos em questão uma relação que, por suspeita, lhe parecesse a mais verdadeira de todas, pois já não procuraria a anaclástica, mas apenas uma linha que seria a consequência lógica de sua suposição" (Descartes, 1985, p.47; AT, X, p.394). Tudo isso mostra que a solução somente pode ser dada com o conhecimento da verdadeira medida da refração, isto é, com o estabelecimento da lei dos senos na formulação que recebe no Segundo Discurso de *A dióptrica*.

os raios // que estarão do outro lado, também no ar, paralelos a esse eixo, e que fará, reciprocamente, que todos aqueles raios que vierem do ponto *I* tornem-se paralelos do outro lado.

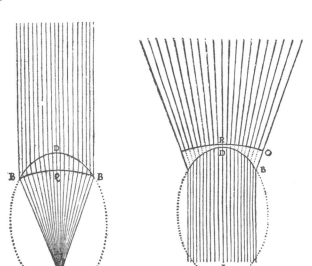

E se, a partir do mesmo centro *I*, for descrito o círculo *RO*, à distância que desejarmos para além do ponto *D*, e, tendo tomado arbitrariamente o ponto *B* na elipse, desde que, todavia, ele não esteja mais afastado de *D* do que de *K*, se for traçada a linha reta *BO*, que tende para *I*, então as linhas *RO*, *OB* e *BD*, movidas circularmente em torno do eixo *DR*, descreverão a figura de um vidro que fará que os raios paralelos a esse eixo do lado da elipse afastem-se entre si do outro lado, como se eles viessem todos do ponto *I*. Pois é // evidente que, por exemplo, o raio *PB* deve ser tão desviado pela superfície côncava do vidro *DBA*, quanto *AB* pela superfície convexa ou giba do vidro *DBK* e, por consequência, que *BO* deve estar na mesma linha reta que *BI*, posto que *PB* está na mesma linha reta que *BA*, e assim para os outros.

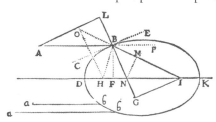

E se, novamente, na elipse *DBK*, descrever-se outra menor, mas de mesma espécie, como *dbk*, cujo ponto ardente, marcado por *I*, esteja no mesmo

*A dióptrica*

lugar que o da precedente, também marcado por *I*, enquanto o outro ponto ardente *h* esteja na mesma linha reta e para o mesmo lado que *DH*, e se, tendo tomado arbitrariamente *B*, tal como aqui representado, traçar-se a linha reta *Bb*, a qual tende para *I*, então as linhas *DB*, *Bb* e *bd*, movidas em torno do eixo *Dd*, descreverão a figura de um vidro que fará que todos os raios, os quais eram paralelos antes de encontrá-lo, sejam novamente paralelos após dele ter saído, e, com isso, eles estarão mais estreitados e ocuparão um espaço menor do lado da elipse menor *db* do que daquele da elipse maior. E se, para evitar a espessura desse vidro *DBbd*, forem descritos, com centro em *I*, os círculos *QB* e *ro*, então as superfícies *DBQ* // e *robd* representarão as figuras e a posição de dois vidros menos espessos, os quais terão nisso o mesmo efeito.

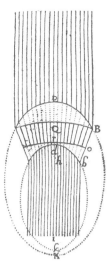

E se os dois vidros semelhantes, *DBQ* e *dbq*, diferentes em tamanho, forem dispostos de tal modo que seus eixos estejam em uma mesma linha reta e que seus dois pontos ardentes externos, marcados por *I*, estejam em um mesmo lugar, enquanto suas superfícies circulares, *BQ* e *bq*, estejam voltadas uma para a outra, então também nisso eles terão o mesmo efeito.

E se esses dois vidros semelhantes e diferentes em tamanho, *DBQ* e *dbq*, forem conjugados, ou se forem colocados a qualquer distância que se queira um do outro, desde que somente seus eixos estejam na mesma linha reta e que suas superfícies elípticas sejam opostas, eles farão que todos os raios que vierem do ponto ardente marcado por *I* reúnam-se no outro ponto ardente também marcado por *I*.

E se dois vidros diferentes, *DBQ* e *DBOR*, forem também conjugados de tal modo que suas superfícies, *DB* e *BD*, sejam opostas, eles farão que os raios que vierem do ponto *i*, que é o ponto ardente da elipse do vidro *DBQ*, sejam separados como se viessem do ponto *I*, que é o ponto ardente do vidro *DBOR*, ou, reciprocamente, que aqueles que tendem para esse ponto *I* reúnam-se no ponto ardente marcado por *i*.

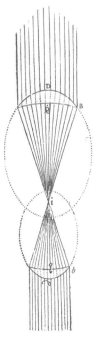

// E se, enfim, dois vidros, *DBOR* e *DBOR*, forem conjugados sempre de modo que suas superfícies, *DB* e *BD*, sejam opostas, faremos que os raios

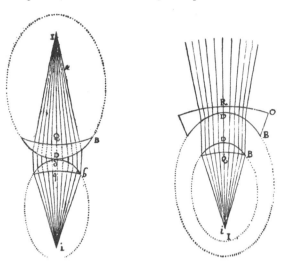

que tendem para além de *I*, ao atravessarem um desses vidros, distanciem-se ainda mais, saindo do outro vidro como se viessem do outro ponto *I*. E pode-se fazer a distância de cada um desses pontos, marcados por *I*, maior

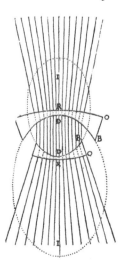

ou menor quanto se queira, mudando o tamanho da elipse do qual ela depende. De modo que, utilizando unicamente a elipse e a linha circular, podem-se descrever os vidros que fazem que os raios que vêm de um ponto, ou

*A dióptrica*

**176** tendem para um ponto, ou são paralelos, mudem de um // para outro desses três tipos de disposições, em todos os modos que possam ser imaginados.⁴⁰

A hipérbole é uma linha curva que os matemáticos também explicam pela seção de um cone, tal como a elipse. Mas, com o fim de fazer-vos concebê-la melhor, introduzirei também aqui um jardineiro que se serve de um compasso para traçar as decorações de algum canteiro. Ele crava novamente suas duas estacas nos pontos *H* e *I* e, tendo atado a extremidade de uma corda um pouco mais curta à extremidade de uma longa régua, faz um orifício redondo na outra extremidade dessa régua, no qual insere a estaca *I* e, por uma argola na outra extremidade da corda, passa-a na estaca *H*. A seguir, colocando o dedo no ponto *X*, onde elas estão atadas uma à outra, ele as desloca de lá para baixo até *D*, tendo, entretanto, a corda sempre totalmente junta e como que colada à régua

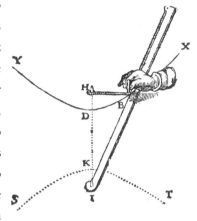

desde o ponto *X* até o lugar onde ele a toca, mantém-na com isso totalmente tensa, obrigando, por esse meio, a régua a girar em torno da estaca *I* à medida que abaixa seu dedo, ele descreve sobre o solo a linha curva *XBD*, que é uma parte de uma hipérbole. E, após isso, girando sua régua do outro lado para *Y*, ele descreve da mesma maneira a outra parte *YD* da hipérbole. Além disso, se passar a argola de sua corda na estaca *I* e o orifício de sua régua na

**177** estaca *H*, ele descreverá uma outra // hipérbole *SKT*, completamente semelhante e oposta à precedente. Mas, sem mudar suas estacas nem sua régua, se

---

40 Essa discussão sobre as "três disposições" das lentes ovais (elípticas) e esféricas (circulares), que fazem que os raios que (1) vêm de um ponto, (2) ou tendem para um ponto, (3) ou são paralelos, mudem de um para outro desses três tipos de disposições, em todos os modos que possam ser imaginados, conclui a primeira parte da discussão de Descartes sobre as figuras (formas) que as lentes devem ter para desviar os raios por refração. Inicia-se, a seguir, a discussão sobre a hipérbole e, assim como no caso da elipse, Descartes abandona a construção geométrica clássica do corte do cone por um plano, preferindo uma construção com um compasso mecânico, construção novamente da "matemática prática".

deixar sua corda apenas um pouco mais longa, descreverá uma hipérbole de outra espécie, e se a fizer ainda um pouco mais longa, ele descreverá, ainda, outra espécie de hipérbole, até que, fazendo-a inteiramente igual à régua, descreverá, em vez de uma hipérbole, uma linha reta. A seguir, se ele mudar a distância dessas estacas na mesma proporção que a diferença existente entre os comprimentos da régua e da corda, ele descreverá hipérboles que serão todas da mesma espécie, mas cujas partes semelhantes serão diferentes em tamanho. E, enfim, se aumentar igualmente os comprimentos da corda e da régua, sem mudar sua diferença, nem a distância entre as duas estacas, ele sempre descreverá uma mesma hipérbole, mas descreverá dela uma parte maior. Pois essa linha é de tal natureza que, embora se curve sempre cada vez mais para um mesmo lado, ela pode, todavia, estender-se ao infinito, sem que jamais suas extremidades se encontrem. E vedes assim que ela tem, de muitos modos, a mesma relação com a linha reta que a elipse tem com a linha circular. E vedes também que existe uma infinidade de espécies diversas e que, em cada espécie, existe uma infinidade cujas partes semelhantes diferem em tamanho. E, além disso, se de um ponto, tal como *B*, tomado arbitrariamente em uma delas, traçarmos duas linhas retas para os dois pontos, *H* e *I*, onde as duas estacas devem ter sido fixadas para descrever a hipérbole, e se os nomearmos ainda de pontos ardentes, a diferença

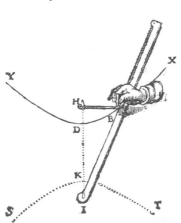

// dessas duas linhas, *HB* e *IB*, será sempre igual à linha *DK*, a qual marca a distância que existe entre as hipérboles opostas. O que se segue de que *BI* é mais longa do que *BH*, exatamente tanto quanto a régua tenha sido tomada mais longa do que a corda, e de que *DI* é também tanto mais longa do que *DH*. Pois, se de *DI* for subtraída *KI*, a qual é igual a *DH*, ter-se-á *DK* como sua diferença. E vedes, enfim, que as hipérboles que se descrevem, mantendo-se sempre a mesma proporção entre *DK* e *HI*, são todas de uma mesma espécie. Além disso, é necessário que saibais que, se traçarmos pelo ponto *B*, tomado arbitra-

*A dióptrica*

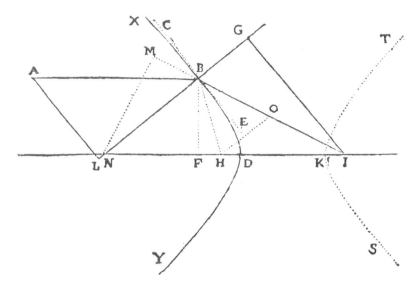

riamente em uma hipérbole, a linha reta *CE*, que divide o ângulo *HBI* em duas partes iguais, essa mesma *CE* tocará essa hipérbole nesse ponto *B*, sem cortá-la; e a demonstração disso é bem conhecida dos geômetras.

**179**  // Mas desejo a seguir fazer-vos ver que, se desse mesmo ponto *B* traçarmos para o interior da hipérbole a linha reta *BA* paralela a *DK* e se traçarmos também pelo mesmo ponto *B* a linha *LG* que corta *CE* em ângulos retos, e se, a seguir, tendo tomado *BA* igual a *BI*, dos pontos *A* e *I* traçarmos sobre *LG* as duas perpendiculares *AL* e *IG*, então estas duas últimas, *AL* e *IG*, terão entre si a mesma proporção que as duas *DK* e *HI*. E, em seguida, se for dada a figura dessa hipérbole a um corpo de vidro, no qual as refrações são medidas pela proporção que existe entre as linhas *DK* e *HI*, ela fará que todos os raios que forem paralelos ao seu eixo, nesse vidro, reúnam-se fora no ponto *I*, pelo menos se esse vidro for convexo e, se for côncavo, eles se distanciarão uns dos outros, como se viessem desse ponto *I*.

O que pode ser demonstrado como segue. Primeiramente, se traçarmos do ponto *B* a linha *BF* perpendicular sobre *KD* prolongada tanto quanto seja necessário e do ponto *N*, onde *LG* e *KD* se cortam, traçarmos a linha *NM* perpendicular sobre *IB* também prolongada, encontrar-se-á que *AL* está para *IG* assim como *BF* está para *NM*. Pois, por um lado, os triângulos *BFN* e *BLA* são semelhantes, porque os dois são triângulos retângulos e porque, sendo *NF* e *BA* paralelas, os ângulos *FNB* e *LBA* são iguais. E, por outro lado, os triângulos *IGB* e *NMB* são também semelhantes, porque são retângulos e os ângulos *IBG* e *NBM* são iguais. E, além disso, como a mesma // *BN* serve de base para os dois triângulos *BFN* e *NMB*, assim também *BA*, a base do

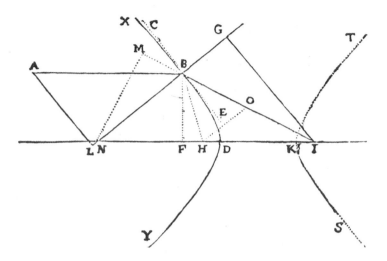

triângulo *ALB*, é igual a *BI*, a base do triângulo *IGB*, do que se segue que, assim como os lados do triângulo *BFN* estão para os lados do triângulo *NMB*, assim também aqueles do triângulo *ALB* estão para os do triângulo *IBG*. Portanto, *BF* está para *NM* como *BI* está para *NI*, porque os dois triângulos, *BIF* e *NIM*, sendo retângulos e tendo o mesmo ângulo em *I*, são semelhantes. |Além disso, porque tanto as linhas *AB* e *NI*, quanto *AL* e *GI*, são paralelas, os triângulos *ALB* e *IGN* são semelhantes, do que se segue que *AL* está para *IG* assim como *AB* está para *NI*, ou ainda, porque *AB* e *BI* são iguais, assim como *BI* está para *NI*.|[41] A seguir, se for traçada *HO* paralela a *LG*, ver-se-á que *BI* está para *NI* assim como *OI* está para *HI*, porque os

---

41 Segundo observa a edição AT na nota da p.179 (p.201 desta edição), o texto entre as barras corresponde a uma segunda redação de Descartes em vista de uma reedição e deveria substituir o longo texto que segue o "primeiramente" do início do argumento. Entretanto, como a primeira versão é a que foi originalmente publicada na primeira impressão de *A dióptrica*, optamos por mantê-la em destaque, considerando o acréscimo secundário.

triângulos *BNI* e *OHI* são semelhantes. Enfim, os dois ângulos, *EBH* e *EBI*, sendo iguais por construção, e *HO*, que é paralela a *LG*, cortando como ela *CE* em ângulos retos, então os dois triângulos *BEH* e *BEO* são inteiramente iguais. E assim, *BH*, a base de um, // sendo igual a *BO*, a base do outro, resta *OI* como a diferença que existe entre *BH* e *BI*, a qual dissemos ser igual a *DK*. Ora, *AL* está para *IG* assim como *DK* está para *HI*. Do que se segue que, tomando sempre entre as linhas *DK* e *HI* a proporção que pode servir para medir as refrações do vidro, ou de outra matéria que desejarmos empregar, tal como fizemos para traçar as elipses, exceto que *DK* não pode ser aqui senão a mais curta, ao passo que ela não podia ser anteriormente senão a mais longa, se for traçada uma parte da hipérbole tão grande quanto se queira, como *DB*, e se, a partir de *B*, for baixada em ângulo reto sobre *KD* a linha reta *BQ*, então as duas linhas *DB* e *QB*, girando em torno do eixo *DQ*, descreverão a figura de um vidro que fará que todos os raios que o atravessarem e que forem ao ar paralelos a esse eixo do lado da superfície plana *BD*, na qual, como sabeis, eles não sofrerão qualquer refração, sejam reunidos do outro lado no ponto *I*.

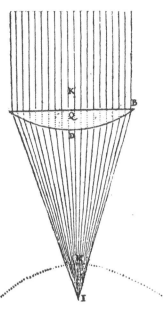

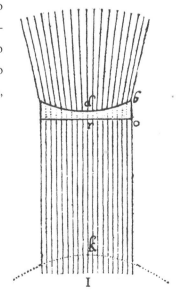

E se, tendo traçado a hipérbole *db* semelhante à // precedente, for traçada 182
a linha reta *ro* no lugar que se queira, desde que, sem cortar essa hipérbole,
ela caia perpendicularmente sobre seu eixo *dk*, e se os dois pontos *b* e *o* forem

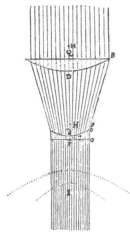

unidos por outra linha reta paralela a *dk*, então as três linhas *ro*, *ob* e *bd*, movidas em torno do eixo *dk*, descreverão a figura de um vidro que fará que todos os raios que forem paralelos a seu eixo, do lado de sua superfície plana, afastem-se entre si do outro lado, como se viessem do ponto *I*.

E se, tendo tomado a linha *HI* mais curta para traçar a hipérbole do vidro *robd* do que para traçar aquela do vidro *DBQ*, esses dois vidros forem dispostos de tal modo que seus eixos, *DQ* e *rd*, estejam na mesma linha reta, que seus dois pontos ardentes estejam marcados por *I* no mesmo lugar e que suas duas superfícies hiperbólicas sejam opostas, então eles farão que todos os raios, os quais eram paralelos a seus eixos antes de encontrá-los, ainda o sejam após terem atravessado todos os dois e, com isso, serão contidos em um espaço menor do lado do vidro *robd* do que do outro lado.

E se os dois vidros semelhantes, *DBQ* e *dbq*, desiguais em tamanho, forem dispostos de tal modo que seus eixos, *DQ* e *dq*, estejam também na mesma linha reta e seus dois pontos ardentes, marcados por *I*, estejam no mesmo

lugar, // e que suas duas superfícies hiperbólicas sejam 183 opostas, então eles farão, tal como os precedentes, que os raios paralelos de um lado de seu eixo também sejam paralelos do outro lado e, com isso, farão que se estreitem em um espaço menor do lado do vidro menor.

E se forem conjugadas as superfícies planas desses dois vidros *DBQ* e *dbq*, ou se eles forem colocados à distância que se queira um do outro, desde que somente suas superfícies planas estejam opostas, sem que seja necessário com isso que seus eixos estejam na mesma linha reta, ou melhor, se for composto outro vidro que tenha a figura desses dois assim unidos, então se fará por seu intermédio

*A dióptrica*

que os raios que vêm de um dos pontos marcados por *I* reúnam-se no outro ponto *I* do outro lado.

E se for composto um vidro que tenha a figura dos dois *DBQ* e *robd*, de tal modo conjugados que suas superfícies planas estejam em contato, então se fará que os raios que vierem de um dos pontos *I* afastem-se como se tivessem vindo do outro.

E se, enfim, for composto um vidro que tenha a figura de dois vidros, tais como *robd*, novamente de tal modo conjugados que suas superfícies planas estejam em contato, então se fará que // os raios que, vindo a encontrar

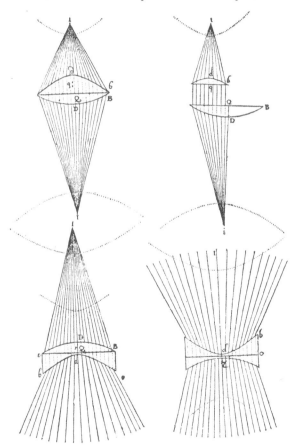

esse vidro, forem afastados de modo a reunirem-se no ponto *I*, que está do // outro lado, sejam novamente afastados após o terem atravessado, como se eles tivessem vindo do outro ponto *I*.

E tudo isso parece-me tão claro que basta apenas abrir os olhos e considerar as figuras para entendê-lo.

Todavia, as mesmas mudanças desses raios, as quais acabo de explicar, primeiramente, por meio de dois vidros elípticos e, depois, por dois hiperbólicos, podem também ser causadas por dois vidros, dos quais um é elíptico e o outro hiperbólico. E, além disso, pode-se imaginar ainda uma infinidade de outros vidros que, como esses aqui, fazem que todos os raios que vêm de um ponto, ou tendem para um ponto, ou são paralelos, mudem exatamente de uma à outra dessas três disposições. Mas não penso ter aqui qualquer necessidade de falar deles, porque eu poderia mais comodamente explicá-los adiante, em *A geometria*,[42] e porque aqueles que acabei de descrever são os mais apropriados de todos para meu propósito, como me disponho agora a provar e fazer-vos ver, pelo mesmo meio, quais dentre eles são os mais apropriados, fazendo-vos considerar todas as principais coisas nas quais diferem.

A primeira é que as figuras de alguns vidros são muito mais fáceis de traçar do que aquelas de outros, e é certo que depois da linha reta, da circular e da parábola, as quais não são suficientes para traçar sozinhas qualquer desses vidros, como cada um poderá facilmente ver se o examinar, nada há de mais simples do que a elipse e a hipérbole. De modo que, sendo a linha reta mais fácil de traçar do que a circular, e a hipérbole não sendo menos fácil do que a elipse, os vidros cujas // figuras são compostas de hipérboles e de linhas retas são os mais fáceis de cortar que podem existir e, depois, seguem-se os vidros cujas figuras são compostas de elipses e de círculos, de modo que todas as outras figuras que não expliquei são menos fáceis.

A segunda é que, dentre as várias figuras dos vidros que mudam da mesma maneira a disposição dos raios que se dirigem a um só ponto, ou vêm paralelos de um só lado, aquelas cujas superfícies são as menos curvadas, ou ainda, as menos desiguais, de modo que causem as refrações menos desiguais possíveis, mudam sempre um pouco mais exatamente do que as outras a disposição dos raios que se dirigem aos outros pontos, ou que vêm de outros lados. Mas para entender isso perfeitamente deve-se considerar que é unicamente a desigualdade da curvatura das linhas, das quais são compostas as figuras

---

42 Referência ao final do Livro II de *A geometria* (p.416-30) que trata das ovais, ditas hoje em dia "ovais de Descartes". Sobre isso, pode-se consultar Bos, 1981.

*A dióptrica*

desses vidros, que impede que estes mudem tão exatamente a disposição dos raios que se dirigem a vários pontos diferentes, ou que vêm paralelos de vários lados diferentes, os quais são aqueles que se dirigem a um só ponto, ou são paralelos de um só lado. Pois, por exemplo, se, para fazer que todos os raios que venham do ponto *A* reúnam-se no ponto *B*, fosse necessário que o vidro *GHIK*, o qual se coloca entre esses dois pontos, tenha suas superfícies totalmente planas, de modo que a linha reta *GH*, que representa uma das superfícies, tenha a propriedade

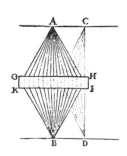

187 de fazer que todos esses raios, vindos do ponto *A*, // tornem-se paralelos no vidro e, pelo mesmo meio, que a outra linha reta *KI* fizesse que de lá eles se reunissem no ponto *B*, então essas mesmas linhas, *GH* e *KI*, também fariam que todos os raios vindos do ponto *C* se reunissem no ponto *D* e, geralmente, que todos aqueles que viessem de algum dos pontos da linha reta *AC*, que suponho paralela a *GH*, fossem reunidos em algum dos pontos de *BD*, que também suponho paralela a *KI* e tão afastada dela quanto *AC* é de *GH*; uma vez que essas linhas *GH* e *KI* não possuem curvatura alguma, todos os pontos dessas outras *AC* e *BD* relacionam-se a elas da mesma maneira que entre si. Do mesmo modo, se tomássemos o vidro *LMNO*, do qual suponho que as superfícies *LMN* e *LON* são duas partes iguais de uma esfera, as quais têm a propriedade de fazer que todos os raios vindos do ponto *A* sejam reunidos no ponto *B*, então esse vidro também teria de fazer que os raios do ponto *C* se reúnam no ponto *D* e, geralmente, que todos os raios vindos de algum dos pontos da superfície *CA*, a qual suponho ser uma parte da esfera que tem o mesmo centro que *LMN*, sejam reunidos em qualquer um dos pontos da

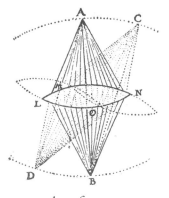

superfície *BD*, a qual suponho ser também uma parte da esfera que tem o mesmo centro que *LON* e que é tão afastada quanto *AC* é de *LMN*, tanto mais que todas as partes dessas superfícies, *LMN* e *LON*, são igualmente curvadas

188 com respeito a todos os pontos // que estão nas superfícies *CA* e *BD*. Mas, porque não há, na natureza, além da reta e da circular, das quais todas as

partes se relacionam da mesma maneira a muitos pontos diversos, e porque nem uma nem a outra podem bastar para compor a figura de um vidro que faça que todos os raios que vêm de um ponto reúnam-se exatamente em um outro ponto, é evidente que nenhuma daquelas figuras requeridas para isso fará que todos os raios que vierem de alguns outros pontos reúnam-se exatamente em outros pontos e que, para escolher aquelas dentre elas que podem fazer que esses raios afastem-se o mínimo possível dos lugares nos quais desejamos reuni-los, deve-se tomar os vidros menos curvados e menos desigualmente curvados, a fim de que as figuras se aproximem o máximo possível da reta ou da circular, e ainda mais da reta do que da circular, porque as partes desta última relacionam-se de uma mesma maneira apenas a todos os pontos que estão igualmente distantes de seu centro, e não se relacionam a quaisquer outros da mesma maneira pela qual se relacionam ao seu centro. Do que é fácil concluir que nisso a hipérbole supera a elipse, e que é impossível imaginar vidros de alguma outra figura que reúna todos os raios vindos dos diversos pontos em tantos outros pontos igualmente afastados destes, tão exatamente quanto aquele cuja figura é composta de hipérboles. Assim, sem que eu me detenha aqui para fazer-vos uma demonstração mais exata, podereis facilmente aplicar isso às outras maneiras de mudar a disposição dos raios que se relacionam a pontos diversos, ou que vêm paralelos de diferentes lados, // e conhecer que, de uma vez por todas, ou os vidros hiperbólicos são os mais apropriados do que qualquer outro, ou, pelo menos, que eles não são notadamente os menos apropriados, de modo que isso não pode ser posto como obstáculo à dificuldade de serem talhados, no que os hiperbólicos ultrapassam todos os outros.[43]

---

43 Descartes trata aqui de uma dificuldade técnica significativa que se manteve ao longo do século XVII e XVIII, a saber, a dificuldade de produzir lentes (ou talhar vidros) com superfícies parabólicas ou hiperbólicas. Note-se que Descartes considera as lentes hiperbólicas como superiores a todas as demais, em particular às elípticas ou ovais, embora as hiperbólicas sejam mais difíceis de talhar. Esse problema técnico ligado ao talho e polimento das lentes é também tratado nos dois próximos discursos. Sobre as dificuldades técnicas ligadas à produção de lentes, pode-se consultar Daumas, 1953, cap.2, que trata dos instrumentos inventados no século XVII, especialmente o telescópio e o microscópio e as dificuldades técnicas na produção dos "vidros ópticos".

*A dióptrica*

A terceira diferença desses vidros é que alguns fazem que os raios, que se cruzam ao atravessá-los, encontrem-se um pouco mais separados de um de seus lados do que do outro, enquanto outros vidros fazem totalmente o contrário. Assim, se os raios, *G* e *G*, são os que vêm do centro do Sol, e *I* e

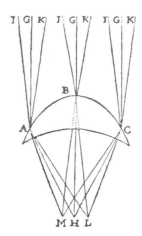 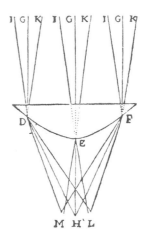

*I* os raios que vêm do lado esquerdo de sua circunferência, e *K* e *K* aqueles que vêm da direita, então esses raios se separam um pouco mais uns dos outros, após terem atravessado o vidro hiperbólico *DEF*, do que faziam anteriormente e, ao contrário, eles separam-se menos após ter atravessado o vidro elíptico *ABC*, de modo que esse vidro elíptico torna os pontos *L*, *H* e *M* mais próximos entre si do que // faz o hiperbólico e ele torna os raios tanto mais próximos quanto maior sua espessura. Mas, ainda assim, por mais espesso que se possa fazê-lo, ele não pode tornar os raios senão cerca de um quarto ou de um terço mais próximos do que o hiperbólico. É o que se mede pela quantidade das refrações causadas pelo vidro, de modo que o cristal da montanha, no qual as refrações são um pouco maiores, deve tornar essa desigualdade um pouco maior. Mas não há vidro de qualquer outra figura que possamos imaginar que faça que os pontos *L*, *H* e *M* sejam notadamente mais afastados do que faz o hiperbólico, nem menos do que faz o elíptico.

Ora, podeis notar aqui, ocasionalmente, em que sentido deve-se entender o que eu disse, a saber, que os raios vindos dos diversos pontos, ou paralelos de diversos lados, cruzam-se todos desde a primeira superfície, a qual tem a potência de fazer que eles se juntem mais ou menos em tantos outros pontos diversos, como quando eu disse que aqueles raios do objeto *VXY*, que formam a imagem *RST* sobre o fundo do olho, cruzam-se desde *BCD*, a primeira de suas superfícies. O que depende de que, por exemplo, os três raios *VCR*, *XCS* e *YCT* cruzem-se verdadeiramente sobre essa superfície *BCD* no ponto *C*, do que se segue que, embora *VDR* cruze muito mais alto com *YBT*, e *VBR* cruze muito mais baixo com *YDT*, ainda assim, porque eles tendem para os mesmos pontos que os raios *VCR* e *YCT*, podemos considerá-los como se também se cruzassem no mesmo lugar. E porque é essa superfície *BCD* que os faz assim tender para os mesmos pontos, deve--se antes pensar que é no lugar onde ela está que todos eles // se cruzam, e

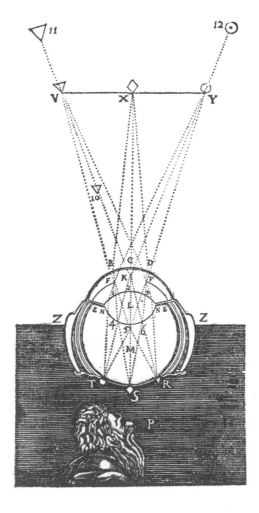

não mais alto nem mais baixo, sem mesmo que as outras superfícies, como // 123 e 456, possam desviá-los, impedindo isso. Tampouco os impediria, embora os dois bastões *ACD* e *BCE*, que são curvos, afastem-se muito dos pontos *F* e *G*, para os quais se dirigiriam, se, ao cruzarem-se como fazem no ponto *C*, eles fossem retos, então não deixa de ser verdadeiramente nesse ponto *C* que eles se cruzam. Mas eles bem poderiam ser tão curvados, que isso os fizesse cruzar novamente em um outro lugar. E, do mesmo modo, os raios que atravessam os dois vidros convexos *DBQ* e *dbq*\*cruzam-se sobre a superfície do primeiro vidro, a seguir

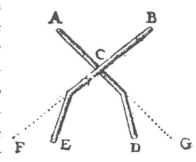

cruzam-se novamente sobre a superfície do outro, pelo menos aqueles raios que vêm de lados distintos, pois, para aqueles que vêm de um mesmo lado, é evidente que não é senão no ponto ardente marcado *I* que eles se cruzam.

Podeis notar, também ocasionalmente, que os raios do Sol, reunidos pelo vidro elíptico *ABC*,\*\* devem queimar com maior força do que se fossem reunidos pelo vidro hiperbólico *DEF*. Pois não se deve somente tomar em consideração os raios que vêm do centro do Sol, como *G* e *G*, mas também todos os outros que, vindos de outros pontos de sua superfície, não têm sensivelmente menos força do que os do centro, de modo que a violência do calor que podem causar deve ser medida pelo tamanho do corpo que os reúne, comparado com o tamanho do espaço no qual ele os reúne. Assim, se o diâmetro do vidro *ABC* é // quatro vezes maior que a distância que existe entre os pontos *M* e *L*, então os raios reunidos por esse vidro devem ter dezesseis vezes mais força do que se eles passassem por um vidro plano que de nenhum modo os desviasse. E porque a distância que existe entre esses pontos *M* e *L* é maior ou menor na razão daquela que existe entre eles e o vidro *ABC*, ou outro corpo tal que faça que os raios sejam reunidos, sem que o tamanho do diâmetro desse corpo, nem sua figura particular, possa acres-

---

\* [Nota da edição original] Ver a figura da p.183 [p.204 desta edição].
\*\* [Nota da edição original] Ver a figura da p.189 [p.209 desta edição].

centar nada mais que cerca de um quarto ou de um terço quando muito, é certo que essa linha ardente ao infinito, imaginada por alguns, não é senão uma quimera e que, tendo dois vidros ou espelhos ardentes, dos quais um seja muito maior do que o outro, de qualquer modo que possam ser, desde que suas figuras sejam totalmente semelhantes, o maior deve reunir os raios do Sol em um espaço maior e mais afastado de si do que o menor, mas esses raios não devem ter maior força, em cada parte desse espaço, do que no espaço no qual o menor os reúne. De tal modo que se podem fazer vidros ou espelhos extremamente pequenos que queimarão com a mesma violência que os maiores. E um espelho ardente, cujo diâmetro não é maior do que cerca da centésima parte da distância que existe entre ele e o lugar onde ele deve reunir os raios do Sol, isto é, que tem a mesma proporção com essa distância, que o diâmetro do Sol tem com aquela que existe entre ele e nós, se tivesse sido polido por um anjo, não poderia fazer que os raios que ele reúne aqueçam mais no lugar onde os reúne do que aqueles raios que vêm diretamente do // Sol, o que se deve também entender proporcionalmente para os vidros ardentes. Do que podeis ver que aqueles que pouco sabem de óptica deixam-se persuadir por muitas coisas que são impossíveis e que esses espelhos, com os quais se disse que Arquimedes incendiou navios bem distantes, deveriam ser extremamente grandes, ou melhor, que eram fabulosos.[44]

---

44 Essa é uma referência aos lendários espelhos ardentes de Arquimedes. Descartes considera corretamente que, quanto maior a abertura (seja de espelhos ou de lentes), mais luz entra no sistema óptico, de modo que o ponto ardente vai, por assim dizer, arder mais; entretanto, há uma dificuldade técnica envolvida aqui e que se refere à produção de espelhos *enormes* (doze metros de diâmetro) e *"perfeitos"*, isto é, que tenham uma superfície hiperboloide anaclástica perfeita e absolutamente lisa (hoje se diz uma superfície lambda-0). É interessante notar que esse problema havia sido tratado sete anos antes em termos bem similares na carta de Descartes a Mersenne de janeiro de 1630, na qual ele diz que "é impossível fazer um espelho que queime em um lugar que está longe, embora se diga isso de Arquimedes, se não for de um tamanho excessivo; a razão é que os raios solares não são todos paralelos, como os imaginamos. E quando um anjo tivesse feito um espelho ardente, se ele não tivesse mais de doze metros (seis *toises*) de diâmetro, eu não creio que esse espelho tivesse força suficiente para queimar a uma légua (um *lieue*, cerca de 4,5 km)

*A dióptrica*

A quarta diferença que deve ser notada entre os vidros dos quais tratamos aqui pertence particularmente àqueles que mudam a disposição dos raios que vêm de algum ponto bastante próximo deles, e consiste em que alguns, a saber, os vidros cuja superfície que se opõe a esse ponto é a mais côncava, proporcionalmente a seu tamanho, podem receber uma maior quantidade desses raios do que os demais, ainda que seu diâmetro não seja maior.

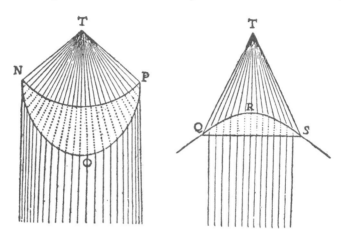

de distância qualquer coisa na qual incidisse" (AT, I, p.110). É interessante considerar dois pontos sobre esse assunto. Em primeiro lugar, há uma evidente ligação dos espelhos ardentes com a história das propriedades focais das seções cônicas, pois, assim como o espelho côncavo (parabólico ou hiperbólico) permite *refletir* os raios para um só ponto, dito "ponto ardente", assim também, para esse ponto, a lente côncava (parabólica, hiperbólica) permite *refratar* os raios que nela incidem. A distância entre o ponto ardente e o centro geométrico do espelho ou da lente é a sua *distância focal*. O segundo ponto a considerar retorna ao relato fabuloso do espelho ardente de Arquimedes para apresentar uma alternativa técnica à construção de um único espelho enorme. O relato mais antigo do suposto dispositivo do vidro ardente de Arquimedes é de Antemius de Trolles, século VI de nossa era. Nesse relato, a questão levantada por Descartes do tamanho do espelho é resolvida mediante a composição de vários espelhos planos (os escudos de bronze de cada soldado de Siracusa) que funcionam como um só espelho gigante (cf. Dijsterhuis, 1987, p.28), capaz de queimar navios a uma légua de distância. Para um comentário e explicação mais detalhada do próprio Descartes dessa passagem de *A dióptrica* sobre os espelhos ardentes, ver a carta a Mersenne, 15 de novembro de 1638 (AT, II, p.446). Sobre o espelho ardente que teria sido empregado por Arquimedes na defesa de Siracusa do assédio romano, ver Dijksterhuis, 1987, p.28-9.

E nisso o vidro elíptico *NOP*, que suponho tão grande que suas extremidades *N* e *P* são os pontos onde termina o diâmetro menor da elipse, ultrapassa o vidro hiperbólico // *QRS*, e ainda que se suponha este último tão grande quanto se queira, ele não pode ser ultrapassado por vidros de qualquer outra figura. Enfim, esses vidros diferem ainda nisso, a saber, que, para produzir os mesmos efeitos em relação aos raios que se relacionam a um só ponto, ou a um só lado, alguns raios devem ser em número maior do que os outros, ou devem fazer que os raios que se dirigem a pontos diferentes, ou a lados diferentes, cruzem-se muitas vezes. Como tendes visto que, para fazer, com os vidros elípticos, que os raios vindos de um ponto reúnam-se em outro ponto, ou afastem-se como se viessem de outro ponto, ou que aqueles que tendem novamente para um ponto afastem-se como se eles viessem de outro ponto, é sempre necessário empregar dois vidros, ao passo que se deve usar apenas um se nos servimos dos hiperbólicos; e pode-se fazer que os raios paralelos, permanecendo paralelos, ocupem um espaço menor do que anteriormente, tanto por meio de dois vidros hiperbólicos convexos, os quais fazem que os raios que vêm de diversos lados cruzem-se duas vezes, quanto por intermédio de um convexo e de um côncavo, os quais fazem que eles se cruzem apenas uma vez. Mas é evidente que jamais se devem empregar vários vidros para aquilo que pode ser igualmente bem-feito com o auxílio de apenas um, nem fazer que os raios se cruzem várias vezes, quando uma só basta.

E de tudo isso deve-se concluir geralmente que os vidros hiperbólicos e os elípticos são preferíveis a todos os outros que se possam imaginar, e até mesmo que os hiperbólicos são em quase tudo preferíveis aos elípticos. Em seguida, direi // agora de que maneira me parece que devemos compor cada espécie de luneta,[45] para torná-la a mais perfeita possível.

---

45 Preferimos manter "luneta" como termo geral para designar qualquer instrumento de óptica com o qual se auxilia a visão, seja para corrigi-la — monóculo, óculos, lupa —, seja para ampliá-la (aperfeiçoá-la) — telescópio, microscópio, binóculo —, mantendo também a distinção de Descartes entre correção e ampliação da visão, para designar as "lunetas de correção" (óculos) e as "lunetas de alcance" (telescópio).

## Nono discurso
### *Da descrição das lunetas*

É preciso inicialmente escolher uma matéria transparente que, sendo bastante fácil de talhar e, entretanto, bastante dura para reter a forma que lhe dermos, seja, além disso, a menos colorida e a que cause a menor reflexão possível. E não se encontrou até aqui uma matéria que tenha essas qualidades em maior grau de perfeição do que o vidro, quando ele é bem claro e bem puro, composto de cinzas muito sutis. Pois, ainda que o cristal da montanha pareça mais nítido e transparente, a experiência parece ensinar-nos que ele talvez não seja tão apropriado para nosso propósito, dado que suas superfícies causam a reflexão de mais raios do que aquelas do vidro. Ora, a fim de que saibais a causa dessa reflexão e por que ela se faz principalmente sobre as superfícies tanto do vidro quanto do cristal, antes que pela espessura de seus corpos, e por que ela se faz maior no cristal do que no vidro, é necessário que vos lembreis da maneira pela qual eu vos fiz conceber a natureza da luz quando disse que ela // não era outra coisa, nos corpos transparentes, que a ação ou a inclinação a mover-se de uma matéria muito sutil que preenche seus poros, e que penseis que os poros de cada um desses corpos transparentes são tão unidos e tão retos que a matéria sutil que neles pode entrar escorre facilmente por essas vias, sem nada aí encontrar que a detenha, mas que aqueles de dois corpos transparentes de natureza diversa, tais como aqueles do ar e aqueles do vidro ou do cristal, jamais se relacionam tão exatamente entre si que não haja sempre muitas partes da matéria sutil que, por exemplo, vindo do ar para o vidro, nele são refletidas, porque elas encontram as partes sólidas de sua superfície, e, igualmente, vindo do vidro para o ar, refletem-se e retornam para dentro desse vidro, porque elas encontram as partes sólidas da superfície desse ar, pois existem também muitas partes no ar que podem ser ditas sólidas em comparação com essa matéria sutil. Assim, considerando que as partes sólidas do cristal são ainda mais espessas do que aquelas do vidro e seus poros mais fechados, tal como é fácil de julgar por ser ele mais duro e mais pesado, pode-se bem pensar que ele deve causar reflexões ainda mais intensas e, por conseguinte, dar passagem a menos raios do que fazem o ar ou o

*Discurso do método & Ensaios*

vidro, ainda que, entretanto, conceda uma passagem mais livre àqueles raios aos quais permite a passagem, segundo aquilo que foi dito anteriormente.[46]

Tendo, portanto, escolhido assim o vidro mais puro, o menos colorido, e aquele que causa o mínimo possível de reflexão, quando se quiser por seu meio corrigir o // defeito daqueles que não veem tão bem os objetos um pouco mais afastados quanto os mais próximos, ou os mais próximos quanto os mais afastados, as figuras mais apropriadas para esse efeito são aquelas que

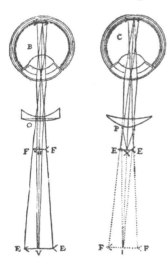

se traçam por hipérboles. Assim, por exemplo, o olho *B*, ou *C*, estando disposto a fazer que todos os raios que vêm do ponto *H*, ou *I*, sejam reunidos exatamente no meio de seu fundo, e não aqueles que vêm do ponto *V*, ou *X*, é necessário, para fazê-lo ver distintamente o objeto que está em *V*, ou *X*, colocar entre os dois o vidro *O*, ou *P*, cujas superfícies, uma convexa e a outra côncava, tenham as figuras traçadas por duas hipérboles que sejam tais que *H*, ou *I*, seja o ponto ardente da superfície côncava, a qual deve estar voltada para o olho, e *V*, ou *X*, seja o ponto ardente da convexa.

E se o ponto *I*, ou *V*, for suposto bastante afastado, como a somente quinze ou vinte pés de distância, será suficiente, em vez da hipérbole na qual deveria estar o ponto ardente, servir-se de uma linha reta e fazer assim totalmente plana uma das superfícies do vidro, a saber, a interior que se opõe ao olho, se for *I* que está bastante afastado, ou a exterior, se for *V*. Pois, em tal

---

46 Nesse parágrafo inicial, Descartes trata da dificuldade de conseguir vidros adequados para a confecção de vidros ópticos, isto é, lentes adequadas para instrumentos ópticos. Daumas discute essa questão da fabricação de vidros para fins ópticos, mostrando que ela foi um fator limitante à expansão do telescópio e do microscópio durante os séculos XVII e XVIII (cf. Daumas, 1953, p.49ss.). Pode-se encontrar uma discussão das experiências de Descartes sobre a refração do "cristal da montanha" e do vidro comum que o conduziram a concluir que o cristal da montanha "talvez não seja tão apropriado para nosso propósito" na carta de Descartes a Huygens de 11 de dezembro de 1635 (AT, I, p.597-601).

**199** caso, uma parte do objeto que tenha o tamanho da pupila poderá ocupar o lugar de um só ponto, porque sua imagem não ocupará muito mais // espaço no fundo do olho do que a extremidade de um dos pequenos filamentos do nervo óptico. Tampouco é necessário servir-se de vidros diferentes a cada vez que se queira olhar objetos mais ou menos afastados entre si, mas é suficiente, para o uso, ter dois vidros, dos quais um esteja proporcionado à menor distância das coisas que se tem o costume de olhar, enquanto o outro, à maior, ou mesmo ter somente um vidro que seja intermediário entre essas duas distâncias. Pois os olhos aos quais queremos aplicá-los, não sendo totalmente inflexíveis, podem facilmente mudar sua figura para acomodá-la à figura de um tal vidro.

Pois, caso se deseje, também por meio de um único vidro, fazer que os objetos acessíveis, isto é, aqueles que podem ser aproximados do olho tanto quanto se queira, apareçam muito maiores e sejam vistos muito mais distintamente do que sem lupa, o mais cômodo será fazer totalmente plana aquela superfície do vidro que deve estar voltada para o olho, e dar à outra a figura de uma hipérbole, cujo ponto ardente esteja no lugar em que se quiser situar o objeto. Mais notai que eu disse o mais cômodo, pois confesso que, dando à superfície desse vidro a figura de uma elipse, cujo ponto ardente esteja também no lugar em que se quiser situar o objeto, e à outra superfície a figura de uma parte da esfera, cujo centro esteja no mesmo lugar que esse ponto ardente, o efeito poderá ser um pouco maior, mas, ao contrário, um tal vidro não poderá ser tão comodamente talhado. Ora, esse ponto ardente, seja da hipérbole, seja da elipse, deve estar tão próximo que, sendo nele

**200** posto o objeto, o qual deve // ser suposto muito pequeno, não reste, entre ele e o vidro, senão exatamente aquele tanto de espaço que é necessário para dar passagem à luz que deve iluminá-lo. E deve-se inserir esse vidro de tal maneira que nada fique a descoberto, senão o centro, o qual deve ter quase o mesmo tamanho que a pupila, ou ainda um pouco menor, e que a matéria na qual ele será inserido deve ser toda escura do lado voltado para o olho, e não será inútil que ela seja também guarnecida, em toda sua volta, por um forro ou um veludo negro, a fim de que ela possa ser mais comodamente apoiada contra o olho e, assim, impedir que chegue até ele alguma luz a não ser pela abertura do vidro. Mas será bom que, externamente, essa abertura seja toda

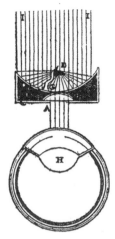
branca ou, antes, toda polida, e que tenha a figura de um espelho côncavo, de modo que ela reenvie para o objeto todos os raios da luz que vêm para ela. E para manter esse objeto no lugar em que ele deve estar posto para ser visto, eu não desaprovo essas pequenas ampolas muito transparentes de vidro ou de cristal, cujo uso, na França, já é bastante comum. Mas, para tornar a coisa mais exata, será ainda melhor que ele seja mantido firme por uma ou duas pequenas hastes em forma de braço, os quais saem do chassi da lupa. Enfim, para que não falte luz, será necessário, ao olhar para esse objeto, voltá-lo para o Sol. Assim, se *A* é o vidro, *C* o lado interno da matéria na qual // ele está inserido, *D* o lado externo, *E* o objeto, *G* o pequeno braço que o sustenta, *H* o olho e *I* o Sol, cujos raios não vão diretamente até o olho, devido à interposição tanto do óculo como do objeto, mas, indo contra o corpo branco, ou contra o vidro *D*, então eles são refletidos inicialmente daí para *E* e, a seguir, de *E* são refletidos para o olho.[47]

Pois, caso se deseje fazer uma luneta, a mais perfeita possível, que sirva para ver os astros ou outros objetos muito afastados e inacessíveis, deve-se compô-la de dois vidros hiperbólicos, um convexo e o outro côncavo, colocados nas duas extremidades de um tubo da maneira como vedes aqui representada.[48] E, primeiramente, *abc*, a superfície do vidro côncavo *abcdef*, deve ter a figura de uma hipérbole que tenha seu ponto ardente naquela distância em

---

47 Termina aqui a discussão iniciada no segundo parágrafo deste discurso sobre as lentes ou dispositivos ópticos destinados a corrigir os defeitos da visão, tanto o defeito daqueles que não veem bem os objetos próximos, quanto daqueles que não veem bem os objetos afastados. Descartes discute também a construção de uma lupa para fazer que objetos acessíveis sejam vistos maiores e mais nitidamente. Convém chamar a atenção que, nessa apresentação, Descartes considera sempre o uso de um único vidro, ou seja, nunca trata especificamente dos óculos de leitura compostos de duas lentes.

48 Aqui se inicia a apresentação cartesiana dos instrumentos para o aperfeiçoamento da visão. Descartes faz uma distinção entre *objetos acessíveis* – aqueles que podem ser aproximados do olho tanto quanto se deseje e que podem ser olhados *de perto* – e *objetos inacessíveis* – que não podem ser aproximados do olho e que estão, portanto, distantes –, como são, em particular, os objetos astronômicos. Cabe notar que essa diferença é correspondente à diferença entre o *telescópio*, que permite olhar para

que o olho, para o qual se prepara essa luneta, possa ver o mais distintamente seus objetos. Como aqui, estando o olho *G* disposto para ver mais distintamente os objetos que estão voltados para *H* do que quaisquer outros, *H* deve ser o ponto ardente da hipérbole *abc*; e, para os idosos, que veem melhor os objetos mais afastados do que os mais próximos, essa superfície *abc* deve ser totalmente plana, ao passo que, para aqueles que têm a visão muito curta, ela deve ser bastante côncava. A seguir, a outra superfície *def* deve ter a figura de outra hipérbole, cujo ponto ardente *I* esteja dela distanciado por um polegar, ou aproximadamente, de modo que ele se encontre no fundo do olho quando esse vidro é completamente aplicado sobre sua superfície. Notai, entretanto, que essas proporções não são tão absolutamente necessárias que não possam ser bastante // alteradas, de modo que, sem talhar diferentemente a superfície *abc*, seja para aqueles que têm a visão curta ou longa, seja para os outros, pode-se muito comodamente servir-se de uma mesma luneta para todos os tipos de olhos, apenas alongando ou encurtando o tubo. E para a superfície *def*, talvez devido à dificuldade que se tem de escavá-la tanto quanto eu disse,

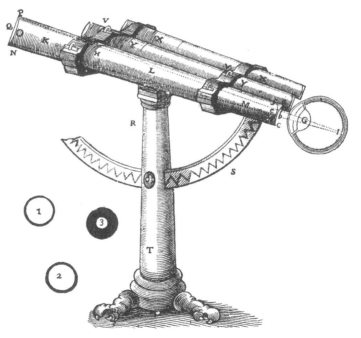

---

objetos inacessíveis, e o *microscópio*, que permite ver objetos acessíveis. Descartes trata então, neste longo parágrafo, do telescópio, também chamado "luneta de alcance".

será mais fácil dar-lhe a figura de uma hipérbole cujo ponto ardente seja um pouco mais afastado; o que a experiência ensinará melhor do que minhas razões. E posso // dizer em geral somente que, sendo as outras coisas iguais, quanto mais próximo for esse ponto *I*, tanto maiores aparecerão os objetos, porque será necessário dispor o olho como se eles estivessem mais próximos dele, e que a visão poderá ser mais forte e mais clara porque o outro vidro poderá ser maior, mas ela não será tão distinta se o pusermos excessivamente próximo, porque existirão muitos raios que cairão muito obliquamente sobre sua superfície em detrimento de outros. Quanto ao tamanho desse vidro, a porção que dele permanece descoberta, quando ele é inserido no tubo *KLM*, não tem a necessidade de exceder senão muito pouco a maior abertura da pupila. E quanto a sua espessura, ela não poderia ser muito pequena, pois, embora se possa, ao aumentá-la, fazer que a imagem dos objetos seja um pouco maior, visto que os raios que vêm de diversos pontos afastam-se um pouco mais do lado do olho, faz-se também, em compensação, que eles apareçam em menor quantidade e menos claros; e a vantagem de fazer que suas imagens tornem-se maiores, pode-se ganhar melhor por outro meio. Quanto ao vidro convexo *NOPQ*, sua superfície *NQP*, que está voltada para os objetos, deve ser totalmente plana, e a outra, *NOP*, deve ter a figura de uma hipérbole, cujo ponto ardente *I* cai exatamente no mesmo lugar do que aquele da hipérbole *def* do outro vidro e está tanto mais afastado do ponto *O* quanto mais perfeita se queira a luneta. Do que se segue que o tamanho de seu diâmetro *NP* é determinado pelas duas linhas retas *IdN* e *IfP*, traçadas do ponto ardente *I* e passando por *d* e *f*, as extremidades do diâmetro do vidro hiperbólico // *def*, o qual suponho igualar o diâmetro da pupila. No que, todavia, deve-se considerar que, embora o diâmetro desse vidro *NOPQ* seja menor, os objetos não aparecerão senão muito distintos, e não aparecerão, por isso, menores, nem em menor quantidade, mas somente menos iluminados. Eis porque, quando eles são muito iluminados, deve-se ter diversos círculos de cartão negro, ou outra matéria semelhante, como *1*, *2* e *3*, para cobrir suas bordas e torná-lo, por esse meio, tão pequeno quanto o permitido pela força da luz que vem dos objetos. Quanto à espessura desse vidro, ela em nada pode servir, nem em nada atrapalhar, senão enquanto o vidro não seja tão puro e tão nítido que não impeça sempre a passagem de um pouco mais de raios do que faz o ar. Quanto ao tubo *KLM*, ele deve ser de alguma matéria muito firme e sólida, a fim de que os dois vidros inseridos em suas duas extremidades sempre retenham exatamente a mesma disposição. E ele deve ser totalmente negro por dentro e ter mesmo uma borda de pano ou veludo negro em *M*, a fim de que se possa, ao aplicá-lo completamente ao olho, impedir que nele entre qualquer luz, exceto aquela pelo vidro *NOPQ*. E quanto ao seu comprimento e a sua largura, eles são suficientemente determinados pela distância entre os vidros e por seu tamanho. Por fim, é necessário que esse tubo seja fixado em alguma máquina, como *RST*, por meio da qual ele possa ser comodamente girado para todos os lados e parado diante dos objetos que se quer olhar. E, para esse efeito, ele deve ter também uma mira,[49] ou duas pínulas, como *V* e *V*, sobre essa máquina, e mesmo, além disso, porque, quanto mais essas lunetas fazem // que os objetos apareçam maiores, tanto menos elas podem fazer ver a cada vez, é necessário juntar às lunetas mais perfeitas algumas outras de menor força, com o auxílio das quais se possa, como que gradualmente, chegar ao conhecimento do lugar em que está o objeto que as lunetas mais perfeitas fazem perceber. Assim como são aqui *XX* e *YY*, às quais suponho de tal modo ajustadas à luneta mais perfeita *QLM* que, se girarmos a máquina de tal modo que, por exemplo, o planeta Júpiter apareça através das duas pínulas *V* e *V*, ele aparecerá também através da luneta *YY*, pela qual, além de Júpiter, poder-se-á distinguir também esses outros planetas menores que o acompanham;[50] e se, fazendo que algum desses planetas menores encontre-se exatamente no meio da luneta *XX*, ele será visto também pela outra luneta *YY*, onde aparecerá sozinho e muito maior do que pela luneta precedente, então será possível distinguir diversas regiões; e novamente, dentre essas diversas regiões, a região central será vista pela luneta *KLM* e será possível distinguir muitas coisas particulares por seu intermédio, mas não será possível saber que essas coisas estão no lugar dos planetas que acompanham Júpiter sem a ajuda das outras duas

---

49 Sobre esse dispositivo de visada composto por pínulas, e sua função, pode-se consultar Daumas, 1953, p.14, nota 95.

50 Referência às quatro luas de Júpiter, chamadas de "estrelas mediceias" por Galileu, que as descobriu, tendo relatado essa e outras descobertas telescópicas no famoso *Sidereus nuncius* de 1610. Elas já haviam sido referidas por Descartes, logo no início de *A dióptrica*, quando ele fala da "invenção das maravilhosas lunetas que, estando em uso há pouco tempo, revelaram-nos novos astros no céu" (p.127).

lunetas, nem tampouco dispô-la para mostrar o que está em qualquer outro lugar determinado para o qual se quer olhar.

Poder-se-á ainda acrescentar a essas três lunetas uma ou várias outras mais perfeitas, pelo menos se o artifício dos homens puder realizar isso. E não há diferença entre a construção dessas lunetas mais perfeitas e a daquelas que o são menos, senão que seu // vidro convexo deve ser maior e seu ponto ardente mais afastado. De modo que, se a mão dos artesãos não nos faltar, poderemos ver por essa invenção, nos astros, objetos tão particulares e tão pequenos quanto aqueles que comumente vemos sobre a Terra.

Enfim, quando se deseje ter uma luneta que faça ver os objetos próximos e acessíveis o mais distintamente quanto possível,[51] e muito mais do que aquela luneta que descrevi para o mesmo efeito, deve-se também compô-la com dois vidros hiperbólicos, um côncavo e o outro convexo, inseridos nas duas extremidades de um tubo, e dos quais o côncavo *abcdef* seja totalmente semelhante àquele da luneta precedente, como também *NOP*, a superfície interna do vidro convexo. Mas, para a superfície externa *NRP*, em vez de ser totalmente plana, ela deve ser aqui muito convexa e ter a figura de uma hipérbole, cujo ponto ardente externo *Z* seja tão próximo que, sendo o objeto nele colocado, não reste entre ele e o vidro senão o tanto de espaço necessário para dar passagem à luz que deve iluminá-lo. Além disso, o diâmetro desse vidro não tem necessidade de ser tão grande quanto o da luneta precedente, nem deve tampouco ser tão pequeno quanto aquele do vidro *A* da outra anteriormente tratada,* mas deve ter um tamanho tal que a linha reta *NP* passe pelo ponto ardente interno da hipérbole *NRP*, pois, se fosse menor, ele receberia menos raios do objeto *Z* e, se fosse maior, não receberia senão muito poucos, de modo que, como sua espessura deve estar em uma proporção muito mais aumentada do que a anterior, ela // retiraria deles muito daquela força que lhes foi dada por seu tamanho e, ademais, o objeto não poderia ser tão iluminado. Será oportuno também colocar essa luneta sobre alguma máquina *ST* que a mantenha diretamente voltada para o Sol. E é necessário inserir o vidro *NOPR* no centro de um espelho côncavo

---

51 Descartes trata, deste ponto em diante e em todo este longo parágrafo, do microscópio, isto é, do instrumento óptico que permite uma expansão da capacidade visual, de modo a alcançar objetos muito pequenos e que estão "próximos e acessíveis".

* [Nota da edição original] Ver a figura da p.200 [p.218 desta edição].

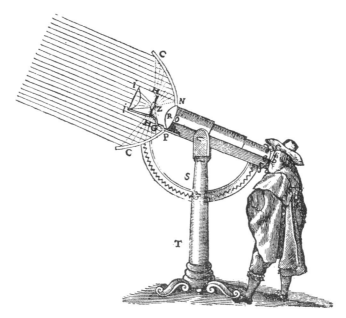

parabólico, tal como *CC*, que reúne todos os raios do Sol no ponto *Z* sobre o objeto que deve ser sustentado pelo braço *G*, o qual sai de algum lugar desse espelho. E esse braço deve também sustentar, em torno desse objeto, algum corpo negro e obscuro, tal como *HH*, exatamente do tamanho do vidro *NOPR*, a fim de que ele impeça que alguns dos raios do Sol caiam diretamente sobre esse vidro, pois, a partir desse lugar, alguns deles, entrando no // tubo, poderiam ser refletidos para o olho e enfraquecer, em igual medida, a visão, porque, embora esse tubo deva ser totalmente negro em seu interior, ele não o pode ser tão perfeitamente que sua matéria não cause sempre um pouco de reflexão quando a luz é muito viva, como é a do Sol. Além disso, esse corpo negro *HH* deve ter no centro um orifício, marcado por *Z*, que tenha o tamanho do objeto, a fim de que, se esse objeto for de alguma maneira transparente, ele possa ser também iluminado pelos raios que vêm diretamente do Sol, ou ainda, até mesmo, se houver necessidade, por esses raios reunidos no ponto *Z* por um vidro ardente, tal como *II*, do tamanho do vidro *NOPR*, de modo que venha de todos os lados tanta luz sobre o objeto quanto ele poderia receber sem ser destruído. E será fácil cobrir uma parte desse espelho *CC*, ou desse vidro *II*, para impedir que nele possa chegar muita luz. Vedes bem por que tive aqui tanto cuidado em fazer que o objeto seja bastante iluminado e que venham muitos desses raios para o olho, pois o vidro *NOPR*, o qual, nessa luneta, faz o ofício da pupila e no qual se cruzam aqueles raios que vêm de diversos pontos, estando muito mais próximo do objeto que do olho, faz que eles se estendam, sobre as extremidades do nervo óptico, em um espaço muito maior do que o da superfície do objeto de onde eles vêm; e sabeis que eles devem ter sobre essas extremidades tanto menos força quanto mais estendidos são, como se vê, ao contrário, que, sendo reunidos em um espaço menor por um espelho ou vidro ardente, eles terão mais força. E é disso que depende o // comprimento dessa luneta, isto é, a distância que deve existir entre a hipérbole *NOP* e seu ponto ardente. Pois, quanto maior for esse comprimento, tanto mais extensa será a imagem do objeto no fundo do olho, o que faz que todas as suas pequenas partes sejam mais distintas. Mas mesmo isso enfraquece também de tal modo a ação da luz que, ao cabo, ela não mais poderia ser sentida, se essa luneta tivesse um comprimento muito maior. De modo que seu comprimento máximo não pode ser determinado a não ser pela experiência, e mesmo esse comprimento varia segundo os objetos possam ser mais ou menos iluminados sem serem destruídos.[52] Bem sei que seria possível acrescentar alguns outros meios para tornar essa luz mais forte, mas, além de que eles seriam muito difíceis de pôr em prática, com dificuldade seriam encontrados objetos que poderiam suportar mais luz. Poder-se-ia também, em vez do vidro hiperbólico *NOPR*, encontrar outros que receberiam uma quantidade um pouco maior de raios, mas, ou não aconteceria que esses raios, vindos dos diversos pontos do objeto, seriam reunidos tão exatamente no olho em tantos outros pontos

---

52 Nessa passagem, Descartes discute a questão da iluminação dos objetos a serem vistos através do microscópio. Esta parece ser outra diferença entre o telescópio e o microscópio, além daquela apontada na nota 48, pois, no caso do telescópio, apesar de ele servir para ver objetos inacessíveis e distantes, esses objetos ou emitem luz, como o Sol e as estrelas, ou a refletem, como os planetas e suas luas, mas, no caso do microscópio, os objetos que serão vistos devem ser iluminados. No microscópio proposto aqui, essa iluminação é feita pela reflexão da luz solar pelo espelho *CC* e pela refração da mesma luz solar pela lente *II*, o que pode ocasionar eventualmente a destruição do objeto no foco (ponto ardente) *Z*. Note-se também que há um limite para o comprimento do tubo do aparelho e ele é dependente da distância focal da lente, o que só pode ser determinado, como diz Descartes, por experiência.

diversos, ou seria necessário empregar dois vidros em vez de um, de modo que a força desses raios não fosse menos diminuída pela multiplicidade das superfícies desses vidros do que seria aumentada por suas figuras, e, assim, a execução disso seria muito mais difícil. Desejo ainda somente advertir-vos de que, não podendo essas lunetas serem aplicadas senão a mais do que um único olho, será melhor tapar o outro, ou cobri-lo com algum pano muito escuro, a fim de que sua pupila permaneça a mais aberta que possa, em vez de // deixá-la exposta à luz, ou fechá-la com a ajuda dos músculos que movem suas pálpebras, pois há comumente uma tal conexão entre os dois olhos que um deles não poderia mover-se de alguma maneira sem que o outro se disponha a imitá-lo. Ainda mais, será útil não somente apoiar essa luneta completamente sobre o olho, de modo que não possa vir para ele luz alguma a não ser através da luneta, mas também ter anteriormente preparado a visão, mantendo-se em um lugar escuro e ter a imaginação disposta para olhar coisas muito afastadas e bastante escuras, a fim de que a pupila abra-se tanto quanto possível e, assim, que se possa ver um objeto tanto maior. Pois sabeis que essa ação da pupila não se segue imediatamente da vontade que se tem de abri-la, mas, antes, da ideia ou da sensação que se tem da obscuridade e da distância das coisas que se olha.

Contudo, se refletirdes um pouco sobre tudo o que foi dito e, particularmente, sobre aquilo que requeremos da parte dos órgãos externos para tornar a visão a mais perfeita possível, não vos será difícil entender que, por essas diversas maneiras de construir lunetas, acrescenta-se tudo o que a arte pode nisso acrescentar, sem que seja necessário que eu me detenha a deduzir a prova mais longamente. Tampouco vos será difícil conhecer que todas aquelas lunetas que tivemos até hoje não puderam, de modo algum, ser perfeitas, visto que existe grande diferença entre a linha circular e a hipérbole, e que se procurou unicamente, ao construí-las, servir-se da primeira naqueles efeitos para os quais // demonstrei que a segunda era requerida. De modo que jamais se teve sucesso, a não ser quando se fracassou tão felizmente que, pensando tornar esféricas as superfícies dos vidros que eram talhados, elas tornavam-se hiperbólicas, ou de alguma outra figura equivalente. E isso impediu principalmente que as lunetas que servem para ver objetos inacessíveis pudessem ser bem-feitas, pois seu vidro convexo deve ser maior do que aquele das outras lunetas; e, além de ser mais difícil encontrar muita diferença do que pouca, a diferença que existe entre a figura hiperbólica e a esférica é bem mais sensível nas extremidades do vidro do que em seu centro.⁵³ Mas, porque que os artesãos talvez julguem que existe muita dificuldade em talhar os vidros seguindo exatamente essa figura hiperbólica, esforçar-me-ei em dar-lhes, ainda aqui, uma invenção por meio da qual me persuado que eles poderão muito comodamente realizá-la.⁵⁴

## Décimo discurso
### *Da maneira de talhar os vidros*

Após ter escolhido o vidro ou o cristal do qual se tem a intenção de servir-se, é necessário, inicialmente, procurar a proporção que, segundo o que foi dito, serve para medir suas refrações, e ela // poderá ser comodamente encontrada com a ajuda do seguinte instrumento.⁵⁵ Seja *EFI* uma prancha ou uma régua totalmente plana e reta, e feita da matéria que se queira, desde que esta não seja muito brilhante, nem transparente, a fim de que a luz, que nela

212

---

53 É evidente em *A dióptrica* a aposta de Descartes na solução teórica e na construção técnica da lente hiperbólica para a confecção de telescópios "perfeitos", isto é, livres das aberrações causadas pelas lentes circulares. Sobre esse assunto, ver Burnett, 2005, cap.I, p.17, nota 45.

54 Descartes anuncia o tema do Décimo Discurso, o qual consiste na apresentação do projeto de uma máquina de talhar lentes. Cabe notar que durante todo o século XVII, a partir de 1620, houve repetidas tentativas de construir máquinas para a confecção e polimento de lentes. Podem-se citar, além da tentativa de Descartes, os projetos de Bressieux, Hooke, Huygens, Maignan, Newton, Rheita e Wren. Para a história desse desenvolvimento técnico, seus avanços e fracassos, devem-se consultar Daumas, 1953 e Burnett, 2005.

55 Descartes inicia a apresentação de sua máquina com a descrição de um instrumento para medir o índice de refração de um prisma de vidro, que será depois talhado e polido para produzir a lente desejada (cf. Gaukroger, 1999, p.247). Determinar o índice de refração de um bloco de vidro é o primeiro passo para a confecção "automática" (de acordo com o projeto de Descartes) de lentes ópticas, as quais fornecem o elemento essencial para a construção de aparelhos que servem para "aperfeiçoar a visão humana". A origem desse dispositivo utilizado por Descartes para a determinação da medida da refração de um bloco particular de vidro encontra-se no início da *Dioptrice* de Kepler (cf. Rottman, 2008, p.15-8).

incide, possa facilmente ser discernida da sombra. *EA* e *FL* são duas pínulas, isto é, duas pequenas lâminas, também da matéria que se queira, desde que

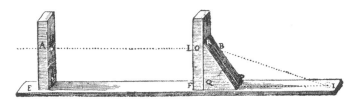

ela não seja transparente, eretas a prumo sobre *EFI* e nas quais existem dois pequenos orifícios redondos, *A* e *L*, postos exatamente um diante do outro, de modo que o raio *AL*, passando através deles, seja paralelo à linha *EF*. A seguir, *RPQ* é um pedaço de vidro que quereis experimentar, talhado na forma de triângulo, cujo ângulo *RQP* é reto e *PRQ* é mais agudo do que *RPQ*. Os três lados *RQ*, *QP* e *RP* são três faces totalmente planas e polidas, de modo que, sendo a face *QP* apoiada sobre a prancha *EFI* e a outra face *QR* sobre a pínula *FL*, o raio do Sol que passa pelos dois orifícios *A* e *L* penetra até *B* através do vidro *PQR* sem sofrer qualquer refração, porque ele encontra sua superfície *RQ* perpendicularmente. Mas, tendo chegado ao ponto *B*, onde encontra obliquamente a outra superfície *RP*, ele não pode sair dela sem // curvar-se para algum ponto da prancha *EF*, por exemplo, para *I*. E toda a utilidade desse instrumento consiste unicamente em fazer passar assim o raio do Sol por esses orifícios *A* e *L*, a fim de conhecer por esse meio a relação que o ponto *I*, isto é, o centro da pequena oval de luz que esse raio descreve sobre a prancha *EFI*, tem com os dois outros pontos *B* e *P*, que são: *B*, o ponto no qual a linha reta, que passa pelos centros desses dois orifícios *A* e *L*, termina sobre a superfície *RP*; e *P*, o ponto no qual essa superfície *RP* e aquela da prancha *EFI* são cortadas pelo plano que se imagina passar pelos pontos *B* e *I* e, conjuntamente, pelos centros dos dois orifícios *A* e *L*.

Ora, conhecendo assim exatamente esses três pontos *B*, *P* e *I* e, por consequência, também o triângulo que eles determinam, deve-se transferir com um compasso esse triângulo sobre um papel, ou algum outro plano uniforme,

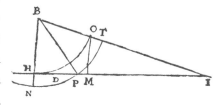

e a seguir descrever, com centro *B* e pelo ponto *P*, o círculo *NPT*, e, tendo tomado o arco *NP* igual a *PT*, traçar a linha reta *BN* que corta no ponto *H* a linha *IP* prolongada; a seguir, novamente, do centro *B*, descrever por *H* o círculo *HO* que corta *BI* no ponto *O*, obtendo-se, assim, a proporção que existe entre as linhas *HI* e *OI* como a medida comum de todas as refrações que podem ser causadas pela diferença que existe entre o ar e o vidro que se examina. Se disso não se tiver ainda certeza, poder-se-á fazer talhar do mesmo vidro outros pequenos triângulos retângulos diferentes deste e, servindo-se deles do mesmo modo para procurar essa proporção, // encontrar-se-á que ela é sempre semelhante e, assim, não se terá qualquer ocasião de duvidar que ela não seja verdadeiramente aquela que se procurava. Pois, se após isso, na linha reta *HI*, tomar-se *MI* igual a *OI*, e *HD* igual a *DM*, ter-se-á *D* como o vértice, e *H* e *I* como os pontos ardentes da hipérbole da qual esse vidro deve ter a figura, para servir às lunetas que descrevi.

E poder-se-á tornar esses três pontos, *H*, *D* e *I*, mais ou menos afastados tanto quanto se queira, traçando unicamente uma outra linha reta paralela a *HI* mais afastada ou mais próxima do ponto *B* do que ela o é e, a partir desse ponto B, traçando três linhas retas *BH*, *BD* e *BI*, que a cortam. Tal como vedes aqui, que existe entre os três pontos *H*, *D*, *I* e *h*, *d*, *i* a mesma relação que entre os três *h*, *d*, *i*.

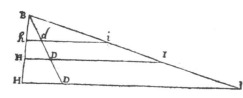

É fácil, então, tendo esses três pontos, traçar a hipérbole da maneira que foi acima explicada, a saber, fixando duas estacas nos pontos *H* e *I* e fazendo que a corda, posta em torno da estaca *H*, seja de tal modo atada à régua que ela não se possa aproximar de *I* mais do que até *D*.

Mas, se preferirdes antes traçá-la com um compasso comum, procurando os vários pontos por onde ela // passa, colocai uma das pontas desse compasso no ponto H e, deixando-o tão aberto que sua outra ponta passe um pouco além do ponto D, como até *1*, descrevei a partir do centro H o círculo *133*; a seguir, tendo feito M2 igual a H1, descrevei do centro I, pelo ponto 2, o círculo *233*, o qual corta o precedente nos pontos *33*, pelos quais essa hipérbole deve passar, como também pelo ponto D, que é o vértice. Recolocai, a seguir, do mesmo modo, uma das pontas do compasso no ponto H e, abrindo-o de maneira que sua outra ponta passe um pouco além do ponto

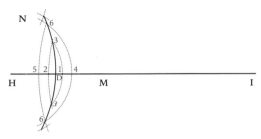

*1*, até *4*, descrevei a partir do centro H o círculo *466*. A seguir, tendo tomado M5 igual a H4, do centro I descrevei através de 5 o círculo *566*, o qual corta o precedente nos pontos *66* que estão na hipérbole, e, assim, continuando a colocar a ponta do compasso no ponto H e o resto como foi descrito, podereis encontrar tantos pontos quantos desejardes dessa hipérbole.

Isso será, talvez, apropriado para fazer grosseiramente algum modelo que represente aproximadamente a figura dos vidros que se quer talhar. Mas, para dar-lhes exatamente essa figura, é necessária alguma outra invenção por meio da qual seja possível descrever hipérboles de uma só vez, como se descrevem círculos com um compasso. E não conheço nenhuma melhor que a seguinte. Inicialmente, do centro T, que é o ponto médio da // linha HI, deve-se descrever o círculo HVI e, a seguir, elevar do ponto D uma perpendicular sobre HI que corta esse círculo no ponto V, e, traçando a partir de T uma linha reta por esse ponto V, ter-se-á o ângulo HTV, o qual é tal que, se ele for imaginado girar em torno do eixo HT, a linha TV descreverá a superfície de um cone na qual a seção feita pelo plano VX, paralelo a esse eixo HT e sobre o qual DV cai em ângulos retos, será uma hipérbole em tudo semelhante e igual à precedente. E todos os outros planos paralelos a esse plano cortarão também, nesse

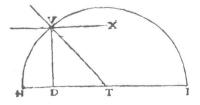

229

cone, hipérboles totalmente semelhantes, mas desiguais, e que terão seus pontos ardentes mais ou menos afastados segundo esses planos estejam mais ou menos afastados desse eixo.

A partir disso, pode-se fazer a seguinte máquina. Seja *AB* um torno ou rolo, de madeira ou de metal, o qual, girando sobre os polos *1* e *2*, representa o eixo *HI* da outra figura. *CG* e *EF* são duas lâminas ou placas totalmente planas e unidas, principalmente do lado no qual se tocam, de modo que a superfície que é possível imaginar entre as duas, sendo paralela ao rolo *AB* e cortada em ângulos retos pelo plano que se imagina passar pelos pontos *1*, *2* e *C*, *O* e *G*, representa o plano *VX* que corta o cone. E *NP*, a largura da lâmina superior *CG*, é igual ao diâmetro do vidro que se quer talhar, ou um pouco maior. Enfim, *KLM* é uma régua que, girando com o rolo *AB* sobre os polos *1* e *2* de modo que o ângulo *ALM* permaneça sempre igual ao ângulo *HTV*, representa a linha *TV //* que descreve o cone. E deve-se pensar que essa régua passa de tal modo através desse rolo que ela pode elevar-se e abaixar-se deslizando pelo orifício *L*, o qual tem exatamente a sua espessura, e mesmo que há em alguma parte, tal como em *K*, um peso ou uma mola, que a pressiona sempre contra a lâmina *CG*, por meio do qual ela é mantida e impedida de retornar e, além disso, que sua extremidade *M* é uma ponta de aço bem temperado que tem a força de cortar essa lâmina *CG*, mas não a outra *EF* que está embaixo. Do que é evidente que, se fizermos mover essa

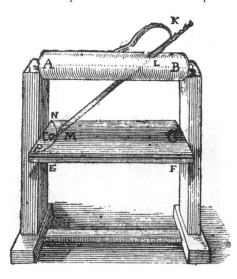

régua *KLM* sobre os polos *1* e *2*, de modo que a ponta de aço *M* passe de *N* através de *O* para *P* e, reciprocamente, de *P* através de *O* para *N*, ela dividirá essa lâmina *CG* em duas outras, *CNOP* e *GNOP*, cujo lado *NOP* será limitado pela linha cortada, convexa em *CNOP* e côncava em *GNOP*, a qual terá exatamente a figura de uma hipérbole. E essas duas lâminas, *CNOP* e *GNOP*, sendo de aço ou de outra matéria muito dura, poderão servir não apenas de

*A dióptrica*

modelos, mas também, talvez, de utensílios ou instrumentos para talhar certas rodas, das quais em breve direi que os vidros devem obter suas figuras. Contudo, existe ainda aqui algum defeito que consiste em que a ponta de aço *M*, estando // voltada um pouco diversamente quando está em *N* ou em *P* do que quando está em *O*, o fio ou o corte que ela dá a esses utensílios não pode ser totalmente igual. O que me faz crer que será melhor servir-se da seguinte máquina, não obstante ela seja um pouco mais composta.[56]

Seja *ABKLM* uma única peça que se move toda inteira sobre os polos *1* e *2* e cuja parte *ABK* pode ter a figura que se queira, mas *KLM* deve ter a de

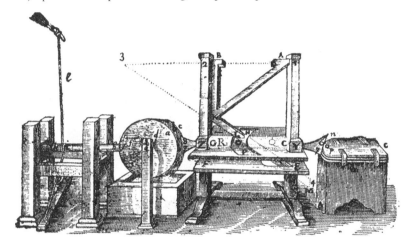

uma régua ou de outro corpo tal que as linhas que limitam suas superfícies sejam paralelas, e ela deve estar inclinada de modo que a linha reta *43*, que se imagina passar pelo centro de sua espessura, sendo prolongada até aquela que se imagina passar pelos polos *1* e *2*, faça aí um ângulo *234* igual àquele que há pouco foi marcado pelas letras *HTV*.* Sejam *CG* e *EF* duas pranchas paralelas ao eixo *12*, cujas superfícies // opostas sejam planas e

---

56 Ver as cartas de Descartes a Ferrier de 8 e 26 de outubro de 1629 (AT, I, p.32-8; 38-52). Para uma discussão da correspondência entre Descartes e Ferrier sobre a máquina de cortar e polir vidros, ver Donatelli, 2008. Para uma descrição pormenorizada, além de uma interessante contextualização histórica da "invenção" de Descartes para substituir "a mão do artesão" e suas "imperfeições" pela produção mecânica de lentes, ver Burnett, 2005. Também pode-se consultar, com proveito, Gaukroger, 1999, p.244-8; Lemaître, 1999; Dubois, 1999.

* [Nota da edição original] Ver a figura da p.216 [p.229 desta edição].

unidas, e cortadas em ângulos retos pelo plano *12GOC*. Mas, em vez de tocarem-se como anteriormente, elas estão aqui exatamente tão afastadas entre si quanto é necessário para dar passagem a um cilindro ou rolo *QR*, o qual é exatamente redondo e completamente igual em espessura. E, além disso, cada uma das pranchas possui uma fenda *NOP*, a qual é tão comprida e tão larga que a régua *KLM*, ao passar por dentro delas, pode mover-se, de um lado e de outro, sobre os polos *1* e *2*, tanto quanto seja necessário para traçar entre essas duas pranchas a metade de uma hipérbole, que tenha o tamanho do diâmetro dos vidros que se quer talhar. E essa régua também passa através do rolo *QR*, de tal ma- 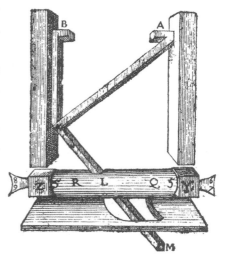 neira que, fazendo-o mover-se com ela sobre os polos *1* e *2*, o rolo permaneça, entretanto, sempre encerrado entre as duas pranchas, *CG* e *EF*, e paralelo ao eixo *12*. Enfim, *Y67* e *Z89* são os utensílios que devem servir para talhar em hipérbole todos os corpos que se queira, e seus manúbrios, *Y* e *Z*, são de tal espessura que suas superfícies, as quais são completamente planas, tocam exatamente com uma e a outra face essas superfícies das duas pran- chas, *CG* e *EF*, sem por isso deixarem de escorregar entre elas, porque são muito polidas. E cada manúbrio possui um furo circular, *5* e *5*, no qual cada uma das extremidades do rolo *QR* está de tal modo encerrada que esse rolo bem pode girar em torno da linha reta *55*, a qual é como seu eixo, sem fazer os manúbrios girarem consigo, porque suas superfícies planas, estan- do inseridas entre as pranchas, impedem-nos, mas, de qualquer outra manei- ra que o rolo se mova, ele os obriga a moverem-se também conjuntamente. E de tudo isso é evidente que, enquanto a régua *KLM* é levada de *N* para *O* e de *O* para *P*, ou de *P* para *O* e de *O* para *N*, fazendo mover consigo o rolo *QR*, ela faz mover, pelo mesmo meio, esses utensílios *Y67* e *Z89*, de tal maneira que o movimento particular de cada uma de suas partes descreva exatamente a mesma hipérbole que faz a intersecção das duas linhas *34* e

*A dióptrica*

*55*, das quais uma, a saber, a linha *34*, por meio de seu movimento, descreve o cone, enquanto a outra, a linha *55*, descreve o plano que a corta. Quanto às pontas ou fios desses utensílios, podem-se fazê-los de diversas maneiras, segundo os diversos usos para os quais se quer empregá-los. E, para dar a figura aos vidros convexos, parece-me que será oportuno servir-se primeiramente do utensílio *Y67* e talhar muitas lâminas de aço quase semelhantes à *CNOP*, a qual acabamos de descrever, e, a seguir, tanto por meio dessas lâminas quanto do utensílio *Z89*, escavar uma roda, tal como *d*, por toda sua volta segundo sua espessura *abc*, de modo que todas as seções que se possa imaginar nela serem feitas por planos nos quais se encontra *ee*, o eixo dessa roda, tenham a figura da hipérbole traçada por essa máquina, e, enfim, fixar o vidro que se quer talhar a um torno como *hik* e aplicá-lo contra essa roda *d*, de tal // modo que, fazendo mover esse torno sobre seu eixo *hk*, por meio da corda *ll*, e girando a roda, também sobre o seu eixo, o vidro posto entre os dois tome exatamente a figura que se lhe quer dar.[57]

Ora, quanto à maneira de servir-se do utensílio *Y67*, é necessário considerar que se deve talhar somente a metade das lâminas *cnop* a cada vez, por exemplo, somente aquela que está entre os pontos *n* e *o*. E, para esse efeito,

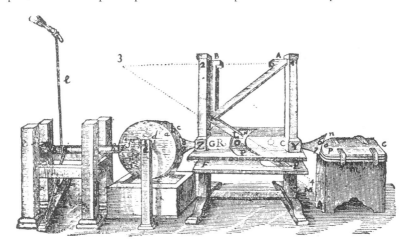

---
[57] O bloco de vidro a ser talhado deve ser posto entre a roda abrasiva e o eixo do torno. Assim, ao girarem continuamente e de modo automático, essas duas peças da máquina deveriam produzir um desbaste no bloco de vidro de modo a esculpir uma superfície hiperbólica, côncava ou convexa, dependendo da roda utilizada.

deve-se inserir em *P* uma barra na máquina que impeça que a régua *KLM*, ao ser movida de *N* para *O*, possa avançar para *P*, o que é necessário para fazer que a linha *34*, que marca a metade de sua espessura, chegue até o plano *12GOC*, o qual se imagina cortar as pranchas em ângulos retos. E o ferro desse utensílio *Y67* deve ser de tal figura que todas as partes de seu fio estejam nesse mesmo plano quando a linha *34* nele se encontre, e que ele não tenha outras partes que avancem para além do lado marcado *P*, // mas que toda a inclinação de sua espessura volte-se para *N*. Além disso, pode-se fazê-lo tão obtuso ou tão agudo, muito ou pouco inclinado, e do comprimento que se queira, segundo o que se julgar mais apropriado. A seguir, tendo forjado as lâminas *cnop* e tendo-lhes dado com a lima a figura mais próxima que se puder daquela que elas devem ter, é necessário aplicá-las e pressioná-las contra esse utensílio *Y67* e, fazendo mover a régua *KLM* de *N* para *O* e, reciprocamente, de *O* para *N*, talhar-se-á uma de suas metades. A seguir, a fim de poder tornar a outra metade totalmente semelhante, deve haver uma barra, ou outra coisa semelhante, que impeça que as lâminas possam avançar nesse utensílio para além do lugar em que elas se encontram quando se terminou de talhar sua metade *NO*, e, então, tendo-as recuado um pouco, é necessário mudar o ferro desse utensílio *Y67* e colocar outro em seu lugar, cujo fio esteja exatamente no mesmo plano e da mesma forma, e tão avançado quanto o precedente, mas que tenha toda a inclinação de sua espessura voltada para *P*, de modo que, se esses dois ferros fossem aplicados um contra o outro, os dois fios pareceriam não ser mais que um só. A seguir, tendo transferido para *N* a barra que se tinha anteriormente colocado em *P* para impedir o movimento da régua *KLM*, é necessário mover essa régua de *O* para *P* e de *P* para *O*, até que as lâminas *cnop* estejam tão avançadas quanto anteriormente para o utensílio *Y67* e, feito isso, elas estarão prontas para talhar.

Quanto à roda *d*, que deve ser de alguma matéria bastante dura, após ter-lhe dado, com a lima, tanto quanto se possa, a figura que mais se aproxima daquela que ela deve ter, // será bastante fácil terminá-la, primeiramente, com as lâminas *cnop*, desde que estas tenham inicialmente sido tão bem forjadas que a têmpera nada lhes tenha retirado de sua figura e que sejam aplicadas sobre essa roda de tal modo que seu fio *nop* e seu eixo *ee* estejam em um mesmo plano e que, enfim, exista uma mola ou contrapeso que as pressione contra a roda enquanto se faz que ela gire sobre seu eixo. A seguir, também com o utensílio Z89, cujo ferro deve ser igualmente talhado de ambos os lados e, com isso, ele possa ter quase a figura que se queira, desde que todas as partes de seu fio 89 estejam em um plano que corte as superfícies das pranchas *CG* e *EF* em ângulos retos. E, para servir-se dele, deve-se mover a régua *KLM* sobre os polos *1* e *2* de modo que ela passe sem interrupção de *P* para *N* e, reciprocamente, de *N* para *P*, enquanto se faz girar a roda sobre seu eixo. Por esse meio, o fio desse utensílio eliminará todas as desigualdades que se encontrarão de um lado ao outro da espessura dessa roda, enquanto sua ponta eliminará todas as desigualdades que se encontrarão de cima a baixo. Pois o utensílio deve ter um fio e uma ponta.

Após essa roda ter assim adquirido toda a perfeição possível, o vidro poderá ser facilmente talhado pelos dois movimentos diferentes, o da roda e o do torno, sobre o qual o vidro deve estar fixado, bastando unicamente que exista alguma mola, ou outra invenção que, sem impedir o movimento que lhe dá o torno, o pressione sempre contra a roda e que a parte inferior dessa roda esteja sempre mergulhada em um vaso que contém arenito, ou esmeril, ou trípoli, ou pedra pulverizada, // ou outra matéria da qual seja preciso servir-se para talhar e polir o vidro.

E tendo isso como exemplo, podeis facilmente entender de que maneira se deve dar a figura aos vidros côncavos, a saber, fazendo, primeiramente, lâminas como *cnop* com o utensílio Z89 e, depois, talhando uma roda tanto com essas lâminas quanto com o utensílio *Y67*, e fazendo todo o resto da maneira que foi explicada. Deve-se somente observar que a roda da qual se deve servir para os vidros convexos pode ser tão grande quanto se queira fazê-la, mas que aquela da qual se deve servir para os vidros côncavos deve ser tão pequena que, quando seu centro está alinhado com a linha *55* da máquina que se emprega para talhar, sua circunferência não passa por cima da linha *12* da mesma máquina. E deve-se mover essa roda muito mais velozmente do que o torno para polir esses vidros côncavos, ao passo que é melhor, para os convexos, mover mais rapidamente o torno, e a razão disso é que o movimento do torno usa muito mais as extremidades do vidro do que o centro e que, ao contrário, o movimento da roda usa menos. A utilidade desses diversos movimentos é muito evidente, pois, ao polir os vidros com a mão dando-lhes uma forma, da maneira que foi usual até o presente, seria impossível fazer algo bem-feito a não ser por acaso, ainda que as formas fossem totalmente perfeitas, enquanto, polindo-os com o único movimento do torno sobre um modelo, todos os pequenos defeitos desse modelo marcariam círculos inteiros sobre o vidro.[58]

Não acrescento aqui as demonstrações de diversas // coisas que pertencem à geometria, pois aqueles que são um pouco versados nessa ciência poderão bem compreendê-las por si mesmos, e persuado-me de que os outros estarão mais dispostos a crer em mim do que ter o trabalho de lê-las. Contudo, a fim de que tudo se faça ordenadamente, desejo, primeiramente, que nos exercitemos no polimento de vidros, planos de um lado e convexos de outro, que tenham a figura de uma hipérbole cujos pontos ardentes estejam entre si a dois ou três pés, pois esse comprimento é suficiente para uma luneta que serve para ver muito perfeitamente os objetos inacessíveis. A seguir, quero que se façam vidros côncavos de diversas figuras, cavando-os sempre cada vez mais, até que se tenha encontrado pela experiência a exata figura daquele vidro que tornaria essa luneta a mais perfeita possível e a mais proporcionada ao olho que dela se servirá. Pois sabeis que esses vidros devem ser um pouco mais côncavos para aqueles que têm a visão curta do que para os outros. Ora, tendo assim encontrado esse vidro côncavo, uma vez que esse mesmo vidro pode servir para o mesmo olho em todo outro tipo de luneta, é necessário apenas, para as lunetas que servem para ver os objetos inacessíveis, exercitar-se em fazer outros vidros convexos que devem ser colocados mais afastados do vidro côncavo do que o primeiro e em fazê-los também por graus que devem ser postos cada vez mais afastados, até a maior distância que seja possível, e fazê-los também maiores em

225

---

58 Descartes retorna uma vez mais à superioridade da máquina em relação ao processo manual e artesanal de confecção e polimento de lentes. Como mostra Burnett, de 1620 a 1670, consideravam-se duas limitações ao poder das lentes: (1) a aberração esférica e (2) as limitações artesanais dos produtores de lentes. "Descartes acreditava que podia superar ambas as dificuldades com o projeto de um sistema de produção de lentes completamente automatizado para a confecção de lentes hiperbólicas. Sua máquina se propunha a resolver o problema geométrico complexo da anaclástica no vidro, ao mesmo tempo que eliminava as irregularidades que ele acreditava serem introduzidas pelo trabalho manual" (Burnett, 2005, p.17-8).

proporção. Mas notai que, quanto mais afastados dos côncavos esses vidros convexos devem ser postos e, por conseguinte, também do olho, tanto mais exatamente eles devem // ser talhados, porque os mesmos defeitos desviam os raios para um lugar tanto mais afastado daquele para o qual deveriam ir. Assim, se o vidro *F* desvia o raio *CF* tanto quanto o vidro *E* desvia o raio *AE*, de modo que os ângulos *AEG* e *CFH* sejam iguais, é evidente que *CF*, indo para *H*, afasta-se bem mais do ponto *D* para onde, sem isso, ele iria, do que o raio *AE* se afasta do ponto *B* indo para *G*. Enfim, a última e principal coisa a qual desejo que se exercite é a de polir os vidros convexos dos dois lados para as lunetas que servem para ver objetos acessíveis, e que, tendo-se primeiramente exercitado em fazer aquelas coisas que tornam essas lunetas bastante curtas, porque

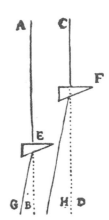

essas serão as mais fáceis, ponha-se, a seguir, a tarefa de, por graus, fazer aquelas coisas que as tornam mais longas, até que se tenha alcançado as mais longas das quais se possa servir. E, a fim de que a dificuldade que poderéis encontrar na construção dessas últimas lunetas não vos desencoraje, quero advertir-vos de que, embora inicialmente seu uso não impressione tanto como aquele das outras lunetas, as quais parecem prometer elevar-nos ao céu e de nele mostrar, sobre os astros, corpos muito particulares e, talvez, também, diferentes daqueles que se veem sobre a Terra, eu as julgo sempre muito mais úteis, porque será possível ver, por seu intermédio, as diversas misturas e arranjos das pequenas partes das quais são compostos os animais e as plantas, e talvez também os outros corpos que nos rodeiam, e disso obter muita vantagem para chegar ao conhecimento de sua natureza. Pois, já // segundo a opinião de muitos filósofos, todos esses corpos são feitos somente de partes de elementos diversamente mesclados, ao passo que, segundo minha opinião, toda sua natureza e sua essência, pelo menos dos corpos inanimados, consistem somente na espessura, na figura, no arranjo e no movimento de suas partes.[59]

---

59 Nessa passagem, Descartes considera que, apesar das dificuldades técnicas encontradas na construção dos microscópios, estes são "sempre muito mais úteis" do que os telescópios, pois por seu intermédio será possível ver "as diversas misturas

Quanto à dificuldade que se encontra, ao desbastar ou cavar esses vidros dos dois lados, em fazer que os vértices das duas hipérboles estejam diretamente opostos entre si, poder-se-á remediá-la arredondando, sobre o torno, sua circunferência e tornando-a exatamente igual àquelas dos manúbrios aos quais se deve fixá-las para poli-las; a seguir, após tê-las assim fixado, e que o gesso, ou a pele e o cimento com os quais foram fixadas, ainda estejam frescos e flexíveis, será possível remediá-la fazendo-os passar com esses manúbrios por um anel no qual eles se encaixam exatamente. Não vos falo de várias outras particularidades que devem ser observadas ao entalhar, nem tampouco de várias outras coisas que eu disse serem requeridas na construção das lunetas, pois julgo que nenhuma é tão difícil que possa impedir os bons espíritos e não me guio pela capacidade comum dos artesãos, mas tenho a esperança de que as invenções que apresentei neste tratado serão estimadas como tão belas e tão importantes que obriguem alguns dos mais curiosos e dos mais industriosos de nosso século a empreender a execução.

FIM

---

e arranjos das pequenas partes das quais são compostos" os corpos vivos (animais e plantas), bem como os corpos materiais. Ele apresenta, então, a diferença de posição entre os atomistas da Antiguidade, para quem as diferenças das coisas reduzem-se à figura, à ordem e à posição dos elementos, e a sua própria, a qual reduz a "natureza ou essência" das coisas corporais às propriedades da extensão (espessura, figura e arranjo) de suas pequenas partes componentes e ao movimento dessas partes. Fica evidente nessa explicação sua oposição à doutrina escolástica e aristotélica das "formas substanciais", o que é explicitado também na carta de Descartes a Morin de 13 de julho de 1638 (AT, II, p.200). No primeiro discurso de *Os meteoros*, Descartes fará uma exposição de sua teoria da matéria (ver a nota 2 de *Os meteoros*).

*Os meteoros*

// *Os meteoros**

## Primeiro discurso
*Da natureza dos corpos terrestres*

Temos naturalmente mais admiração pelas coisas que estão acima de nós do que por aquelas que estão à mesma altura ou abaixo. E embora as nuvens não excedam quase nada os picos de algumas montanhas e sejam vistas, muito amiúde, nuvens mais baixas do que as pontas de nossos campanários, pelo fato de ser preciso voltar os olhos ao céu para olhá-las, nós as imaginamos tão elevadas que mesmo os poetas e os pintores compõem com elas o trono de Deus e fazem que ele empregue suas próprias mãos para abrir e fechar as portas dos ventos, para verter o orvalho sobre as flores e para lançar o relâmpago sobre os rochedos. O que me faz esperar que, se eu explicar aqui sua natureza, de tal modo que não se tenha mais ocasião de admirar nada do que se vê no céu ou do que dele desce, acreditar-se-á facilmente que é possível, do mesmo modo, encontrar as causas de tudo aquilo que há de mais admirável sobre a Terra.

// Falarei, neste Primeiro Discurso, da natureza dos corpos terrestres em geral, a fim de poder melhor explicar, naquilo que se segue, a natureza das exalações e dos vapores. A seguir, porque esses vapores, elevando-se da água do

---

* Tradução e notas de Paulo Tadeu da Silva e Érico Andrade a partir do original francês *Les météores*, AT, VI, p.231-366.

mar, formam algumas vezes o sal sobre sua superfície, aproveitarei da ocasião para deter-me um pouco em descrevê-lo e experimentar nele se é possível conhecer as formas daqueles corpos que os filósofos dizem serem compostos de elementos por uma mistura perfeita, do mesmo modo que as formas dos meteoros que eles dizem não serem compostos de elementos, senão por uma mistura imperfeita. Após isso, conduzindo os vapores pelo ar, examinarei de onde vêm os ventos. E, fazendo-os reunir-se em alguns lugares, descreverei a natureza das nuvens. E, dissolvendo essas nuvens, direi o que causa a chuva, o granizo e a neve, e nisso não esquecerei aquela neve cujas partes têm a figura de pequenas estrelas com seis pontas muito perfeitamente compassadas e que, embora essa figura não tenha sido observada pelos antigos, não deixa de ser uma das mais raras maravilhas da natureza. Tampouco esquecerei as tempestades, o trovão, o relâmpago e os diversos fogos que se acendem no ar ou as luzes que nele são vistas. Mas, sobretudo, eu me esforçarei para bem pintar o arco-íris e fornecer a razão de suas cores, de tal modo que também se possa entender a natureza de todas as cores que se encontram em outras coisas. Ao que acrescentarei a causa das cores que se veem comumente nas nuvens e a dos círculos que envolvem os astros e, enfim, a causa dos sóis ou das luas, os quais por vezes aparecem muitos em conjunto.[1]

---

[1] Nesse segundo parágrafo do Primeiro Discurso, Descartes apresenta um resumo dos assuntos que serão abordados nos dez discursos que compõem *Os meteoros*. Temos, portanto, o plano de exposição a ser empreendido a partir desse momento. O Primeiro Discurso tem em vista o estabelecimento da natureza dos corpos e da matéria, passo fundamental que desempenha um papel importantíssimo nos discursos seguintes, uma vez que a explicação de diversos fenômenos depende da concepção de matéria desenvolvida por Descartes neste discurso, que corresponde à primeira parte do texto. Esse plano de exposição não seguirá, como adverte Michel Blay, a divisão dos fenômenos meteorológicos em determinados gêneros, a saber, meteoros ígneos, aquosos, terrestres e aéreos aparentes (cf. Blay, 2009, p.271). Pelo contrário, ao substituir a ordem escolástica, Descartes desenvolve a explicação dos fenômenos meteorológicos por meio de um tratamento de tipo mecânico, cuja suposição fundamental consiste em compreender a matéria e os corpos como constituídos de pequenas partes, dotadas de movimento, figura, tamanho e disposição. Essa suposição permitirá a Descartes explicar a natureza e o comportamento do ar e da água, dos vapores, das exalações, do sal, dos ventos, das nuvens, da neve, da chuva, do granizo, das tempestades, dos relâmpagos e de

**233**   // É verdade que, sendo o conhecimento dessas coisas dependente de princípios gerais da natureza, os quais ainda não foram, que eu saiba, bem explicados, será necessário que eu me sirva, desde o início, de algumas suposições, tal como fiz em *A dióptrica*, mas esforçar-me-ei para torná-las tão simples e tão fáceis que vós não tereis talvez dificuldade de nelas acreditar, ainda que eu não as tenha demonstrado.

Suponho, primeiramente, que a água, a terra, o ar e todos os outros corpos que nos circundam são compostos de muitas pequenas partes de figuras e espessuras diversas, as quais nunca estão tão bem arranjadas, nem tão exatamente unidas, que não restem muitos intervalos em torno delas. E que esses intervalos não são vazios, mas preenchidos de uma matéria muito sutil, por intermédio da qual eu disse que a ação da luz é comunicada.[2] A

---

todos os outros fogos que se acendem no ar. Podemos afirmar que tais fenômenos compõem a segunda parte do texto, que compreende os discursos segundo ao sétimo. A terceira parte é dedicada a fenômenos ópticos, os quais são igualmente tratados em termos mecânicos e tendo em vista a mesma suposição sobre a natureza e o comportamento da matéria, a saber, o arco-íris, a cor das nuvens, as coroas ou círculos que são vistos em torno dos astros e os paraélios ou falsos sóis. É exclusivamente na terceira parte, composta pelos discursos oitavo ao décimo, que Descartes aplica os resultados de *A dióptrica*, em particular a lei da refração, na explicação do arco-íris, dos halos e dos paraélios. O segundo ensaio do método sobre os meteoros encerra-se significativamente religando-se ao início de *A dióptrica*.

2   É aqui que Descartes apresenta sua teoria sobre a natureza da matéria e a composição dos corpos. Todos os corpos terrestres são caracterizados como compostos de pequenas partes ou corpúsculos de tal modo arranjados que há entre eles determinados intervalos, os quais são preenchidos por uma matéria muito sutil. É por meio do arranjo dessas partes que se constituem os diferentes tipos de corpos e meios nos quais os corpos se movem, como o ar e água. Se as pequenas partes estão arranjadas de tal modo que não possam ser facilmente separáveis, então elas constituem os corpos duros. Caso contrário, formam os líquidos. É interessante notar que Descartes utiliza uma analogia para explicar o modo como aquelas pequenas partes se organizam, pois descreve as partes da água como longas, unidas e escorregadias, comparando-as a pequenas enguias. Outro aspecto a ser considerado é a articulação de três elementos: as pequenas partes que compõem a matéria, o movimento dessas partes e a ação da matéria sutil. Quando as partes da matéria estão dispostas umas sobre as outras, sem o mesmo entrelaçamento que caracteriza os corpos duros, elas são facilmente movidas pela agitação da matéria sutil, tal como ocorre com o ar e a água. Essa suposição terá um papel

seguir, em particular, suponho que as pequenas partes das quais a água é composta são longas, unidas e escorregadias, tais como pequenas enguias, as quais, embora se juntem entrelaçando-se, jamais se impedem nem se agar-

> importantíssimo em diversos discursos de *Os meteoros*, particularmente naqueles nos quais Descartes explica a natureza e a formação dos vapores, das exalações, dos ventos e das nuvens. Como ele dirá um pouco mais adiante (cf. p.247-8) as pequenas partes que compõem a água são vergadas mais ou menos, de acordo com a agitação e a força da matéria sutil que as envolve. Esse efeito, por sua vez, assume um papel de destaque na explicação dos mesmos fenômenos anteriormente indicados. A teoria da matéria é um assunto abordado em alguns momentos da correspondência de Descartes, bem como em *O mundo ou tratado da luz* e nos *Princípios de filosofia*. Quanto à correspondência, alguns destaques são importantes. Em 15 de abril de 1630, Descartes escreve uma carta a Mersenne na qual descreve muito sucintamente qual seria a natureza dos corpos e da matéria, rejeita em sua explicação a existência dos átomos e do vazio e considera a existência de uma "substância extremamente fluida e sutil" que preenche os poros dos corpos (cf. AT, I, p.139-40), defendendo a concepção plenista do mundo. Em 2 de junho de 1631, na carta endereçada a Reneri, Descartes pede ao seu correspondente que imagine o ar como uma lã e o éter que está em seus poros como turbilhões de vento que se movem no interior dessa lã (cf. AT, I, p.205). Essas cartas são anteriores à conclusão da redação de *O mundo ou tratado da luz*, bem como de *Os meteoros*. Após a publicação deste último texto, há uma troca de correspondência entre Morin e Descartes que também merece destaque. A primeira carta, escrita por Jean-Baptiste Morin em 22 de fevereiro de 1638, contém uma série de objeções a *Os meteoros*, dentre as quais está uma crítica às suposições cartesianas sobre a natureza da matéria, bem como à hipótese cartesiana da matéria sutil (cf. AT, I, p.536-57). A resposta de Descartes só ocorrerá em 13 de julho de 1638 (cf. AT, II, p.196-221). Quanto aos textos, encontramos a primeira ocorrência desse assunto em *O mundo ou tratado da luz*, especialmente nos capítulos 2, 3 e 4 (cf. AT, XI, p.7-23; Descartes, 2008 [1633], p.25-40; Descartes, 2009 [1633], p.23-55). O tema é retomado na segunda parte dos *Princípios de filosofia* (cf. AT, VIII, p.40-79; AT, IX, p.63-102; Descartes, 2006, p.59-91). Descartes utiliza a mesma suposição em *A dióptrica*, a fim de explicar a natureza e o comportamento da luz. A teoria da matéria está associada à recusa cartesiana do vazio e à hipótese de que os intervalos entre as pequenas partes que compõem os corpos são preenchidos por uma matéria sutil. Por vezes, é o movimento dessa matéria sutil que provoca o movimento das pequenas partes supostas pelo autor. O conjunto de hipóteses aventadas por Descartes, seja com respeito à natureza da matéria e dos corpos, seja com respeito à recusa do vazio e à adoção da suposição da matéria sutil, forma a base a partir da qual será construída grande parte da sua filosofia natural, tanto para a explicação dos fenômenos terrestres quanto dos fenômenos celestes.

ram, de tal maneira que, por isso, elas não podem ser facilmente separadas, e, ao contrário, suponho que quase todas as pequenas partes, tanto da terra como mesmo do ar e da maioria dos outros corpos, têm figuras tão irregulares e desiguais, de modo que elas não podem ser tão pouco entrelaçadas, que não se agarrem e se liguem umas às outras, tal como fazem os diversos ramos dos arbustos que crescem conjuntamente em uma sebe. E quando essas partes // estão ligadas dessa maneira, elas compõem os corpos duros, tais como a terra, a madeira ou outros corpos semelhantes, ao passo que, se elas são simplesmente postas umas sobre as outras, sem serem senão muito pouco ou nada entrelaçadas, e se, com isso, forem tão pequenas que possam ser movidas e separadas pela agitação da matéria sutil que as circunda, então devem ocupar muito espaço e compor corpos líquidos muito rarefeitos e bastante leves, tais como os óleos ou o ar. Além disso, deve-se pensar que a matéria sutil que preenche os intervalos que estão entre as partes desses corpos é de tal natureza que jamais cessa de mover-se aqui e ali com grande velocidade, não, todavia, exatamente com a mesma velocidade em todos os lugares e em todos os tempos, mas que ela se move, em geral, um pouco mais velozmente na superfície da Terra do que no alto do ar, onde as nuvens estão, e mais velozmente nos lugares próximos do equador do que nos polos e, no mesmo lugar, mais velozmente no verão do que no inverno, e durante o dia do que durante a noite. A razão disso é evidente; supondo que a luz não é outra coisa senão certo movimento, ou uma ação, pela qual os corpos luminosos pressionam em linha reta a matéria sutil por todos os lados a sua volta, como foi dito em *A dióptrica*, disso se segue que os raios do Sol, tanto os retos quanto os refletidos, devem agitar a matéria sutil mais durante o dia do que à noite, mais no verão do que no inverno, mais no equador do que nos polos e mais nas proximidades do solo do que nas nuvens. Além do mais, deve-se também pensar que essa matéria sutil é composta de diversas partes, as quais, embora sejam todas muito pequenas, algumas são, entretanto, // muito menores do que as outras, e que as mais grossas ou, melhor dizendo, as maiores têm sempre mais força, tal como geralmente todos os grandes corpos têm mais força do que os pequenos quando são igualmente agitados. Isso faz que quanto menos essa matéria é sutil, isto é, composta de partes maiores, tanto mais ela pode agitar as partes de outros corpos. E isso faz também que ela seja comumente menos sutil nos lugares e nos tempos nos quais ela é mais agitada, ou seja, mais na proximidade do solo do que nas nuvens, e mais no equador do que nos polos, e mais no verão do que no inverno, e mais durante o dia do que à noite. A razão disso é que as partes maiores da matéria sutil, possuindo mais força, podem dirigir-se melhor para os lugares onde, sendo a agitação maior, é mais fácil continuar seu movimento. Todavia, existe sempre uma quantidade de partes muito pequenas que escorrem entre essas maiores. Deve-se notar que todos os corpos terrestres possuem poros por onde as partes menores podem passar, mas há muitos corpos que os possuem tão estreitos, ou de tal modo dispostos, que eles não recebem as partes maiores, e deve-se notar também que são comumente esses corpos que se sentem mais frios quando são tocados, ou quando meramente nos aproximamos deles. Assim, uma vez que os mármores e os metais são sentidos mais frios do que a madeira, deve-se pensar que seus poros não recebem tão facilmente as partes sutis dessa matéria e que os poros do gelo recebem essas partes sutis ainda menos facilmente do que os poros dos mármores ou dos metais, uma vez que o gelo é ainda mais frio. Pois suponho aqui que, quanto // ao frio e ao calor, não é necessário conceber outra coisa senão que as pequenas partes dos corpos que tocamos, sendo mais ou menos fortemente agitadas do que habitualmente, seja pelas pequenas partes dessa matéria sutil, seja por alguma outra causa pela qual isso possa existir, agitam também mais ou menos os pequenos filamentos daqueles de nossos nervos que constituem os órgãos do tato, e suponho também que, quando elas os agitam mais fortemente do que de costume, isso causa em nós a sensação do calor, ao passo que, quando elas os agitam menos fortemente, isso causa a sensação do frio. E é bem fácil compreender que, embora essa matéria sutil não separe as partes dos corpos duros, as quais são como que ramos entrelaçados, da mesma maneira que ela faz com as partes da água e de todos os outros corpos que são líquidos, ela não deixa de agitá-las e de fazê-las tremer mais ou menos, segundo seu movimento seja mais ou menos forte e suas partes sejam maiores ou menores, tal como o vento pode agitar todos os ramos dos arbustos dos quais uma sebe é composta, sem por isso tirá-los de seus lugares. Por fim, deve-se pensar que existe tal proporção entre a força dessa matéria sutil e a resistência das partes dos outros corpos que, quando essa matéria é igualmente agitada e não é mais sutil do que costuma ser nessas regiões próximas ao solo, tem a força de agitar e de fazer mover separadamente uma parte da outra, e mesmo de dobrar a maioria das pequenas partes da água entre as quais ela desliza e, assim, de torná-la líquida, mas que, quando não é mais agitada, nem menos sutil, do que costuma ser // nessas regiões altas do ar, ou que ela esteja às vezes, no inverno, próxima ao solo, não tem força suficiente para dobrá-las e agitá-las dessa maneira, o que é a causa de as partes pararem confusamente juntas e dispostas uma sobre a outra e, desse modo, comporem um corpo duro, a saber, o gelo. De modo que, entre a água e o gelo, podeis imaginar a mesma diferenciação que faríeis entre um amontoado de pequenas enguias, sejam vivas, sejam mortas, flutuando em um barco de pescador repleto de buracos pelos quais passa a água de um rio que as agita, e um amontoado dessas mesmas enguias, todas secas e duras de frio nas margens do rio. E porque a água jamais se congela quando a matéria que está entre suas partes não é mais sutil do que comumente, disso se segue que os poros do gelo que assim se formam, acomodando-se ao tamanho das partes dessa matéria mais sutil, dispõem-se de tal maneira que não podem receber aquela parte que lhes é menor; e como o gelo é sempre muito frio, ainda que o conservemos até o verão, e mesmo que ele preserve desse modo a sua dureza sem amolecer pouco a pouco como a cera, é porque o calor não penetra em seu interior a não ser à medida que sua superfície superior torna-se líquida.

Deve-se ainda notar que entre as partes longas e unidas, das quais eu disse que a água era composta, existe uma maioria que verdadeiramente se dobra ou cessa de dobrar-se segundo a matéria sutil que as envolve tenha um pouco mais ou menos de força do que comumente, como acabo de explicar; mas deve-se notar que existem também partes maiores, as quais, não podendo // ser assim dobradas, compõem os sais, ao passo que as partes menores, que sempre podem ser dobradas, compõem os espíritos ou as aguardentes,[3]

---

3 Descartes refere-se aos espíritos (*esprits*) e às aguardentes (*eaux-de-vie*), em cuja composição estariam aquelas menores partes, capazes de ser dobradas. Quanto à

os quais jamais congelam, e também que, quando aquelas partes da água comum cessam totalmente de dobrar-se, sua figura mais natural não é totalmente ereta como a dos juncos, mas muitas são curvadas de diversas maneiras, do que se segue que essas partes não podem ser assim ordenadas em tão pouco espaço senão quando a matéria sutil, sendo bastante forte para dobrá-las, faz que suas figuras acomodem-se umas às outras. É verdade também que, quando a matéria sutil é mais forte do que o requerido para esse efeito, ela novamente é causa de que essas partes estendam-se em um espaço maior, como se pode ver pela experiência, pois, tendo preenchido de água quente um matraz, ou outro vaso semelhante cujo gargalo seja bastante longo e estreito, se ele for exposto ao ar enquanto este gela, então essa água abaixará visivelmente pouco a pouco até ter chegado a certo grau de frieza e, depois disso, ela inchará, elevando-se novamente, também pouco a pouco, até que esteja completamente congelada, de modo que o mesmo frio que a tinha inicialmente condensado ou estreitado a torne finalmente rarefeita. E pode-se ver também pela experiência que a água que foi mantida por longo tempo sobre o fogo congela antes da outra, e a razão é que as suas partes que menos podem deixar de dobrar-se evaporam enquanto a água é aquecida.

Mas, a fim de que aceiteis todas essas suposições com menos dificuldade, sabei que não concebo as pequenas partes dos corpos terrestres como átomos ou partículas indivisíveis, mas que, julgando-as // todas de uma mesma matéria, creio que cada uma poderia ser ulteriormente dividida de uma infinidade de maneiras e que elas diferem entre si como as pedras de várias figuras diferentes que tivessem sido cortadas de um mesmo rochedo. Além disso, sabei também que, para não romper a paz com os filósofos, de modo algum desejo negar aquilo que eles imaginam nos corpos além daquilo que eu disse, como suas *formas substanciais*, suas *qualidades reais* e coi-

---

tradução do primeiro termo, note-se que ele se refere a um fluido muito sutil e volátil, obtido pela destilação, conforme o seu sentido na química da época; fala-se, por exemplo, de espírito do vinho, espírito do sal etc. O segundo termo refere-se aos líquidos produzidos pela fermentação e destilação de frutas, tais como a cachaça da cana-de-açúcar e a grapa da uva.

sas semelhantes, mas me parece que minhas razões deverão ser tanto mais aprovadas quanto de menos coisas eu as fizer depender.[4]

---

4 As declarações de Descartes nesse último parágrafo do Primeiro Discurso colocam em evidência a articulação entre três aspectos, a saber, o caráter de sua concepção sobre a natureza da matéria, seu posicionamento em relação aos conceitos escolásticos de "forma substancial" e "qualidades reais" e a aplicação do princípio de economia das hipóteses. A referência ao conceito de "forma substancial" aparece também em duas passagens do *Discurso do método*. A primeira ocorrência encontra-se na Primeira Parte e, a segunda, na Quinta Parte. Nesta segunda passagem, Descartes afirma: "Assim, primeiramente, descrevi essa matéria e tratei de representá-la de modo tal que nada há no mundo, parece-me, de mais claro nem de mais inteligível, exceto o que foi dito há pouco sobre Deus e sobre a alma, pois supus mesmo, expressamente, que não existia nela nenhuma dessas formas ou qualidades acerca das quais se disputa nas escolas, nem geralmente qualquer coisa cujo conhecimento não fosse tão natural a nossas almas que não se pudesse mesmo fingir ignorá-la." (p.98)

Essa passagem está diretamente relacionada com o contexto do último parágrafo do Primeiro Discurso de *Os meteoros*. Ao estabelecer as suposições sobre a natureza da matéria, Descartes deixa claro que não faz uso daqueles conceitos escolásticos, os quais considera inúteis para a explicação dos fenômenos naturais. Mais do que isso, conforme a carta a Mersenne de 28 de outubro de 1640 (cf. AT, III, p.211-2), Descartes considera as formas substanciais e as qualidades reais como quimeras. Segundo Blay e De Buzon (cf. 2009, p.690), a crítica aos conceitos escolásticos é mais contundente em *O mundo*, e o primeiro ataque público de Descartes à doutrina das formas substanciais e qualidades essenciais encontra-se nas sextas respostas às *Meditações metafísicas* (cf. AT, VII, p.423-47; AT, IX, p.225-44). A recusa de tais conceitos escolásticos está relacionada com a teoria da matéria de Descartes e com a ineficácia explicativa desses conceitos. Nesse contexto, seus principais argumentos contra o uso das formas substanciais e das qualidades reais dizem respeito à obscuridade de tais noções e a sua ineficiência na explicação tanto dos objetos naturais quanto das máquinas. Quanto ao primeiro aspecto, o da obscuridade, Descartes sustenta que tais conceitos escolásticos devem ser tomados como causas ocultas e, assim, não poderiam ser admitidos como bons expedientes para a demonstração científica. O segundo aspecto relativo à ineficiência está diretamente relacionado à superioridade das hipóteses sustentadas por Descartes. Com efeito, sua postura consiste em sustentar não somente que seus princípios explicam melhor e de modo mais simples os fenômenos naturais, mas indica também a eficiência do uso de analogias mecânicas para tal tipo de explicação. Além de tais aspectos, Descartes acredita que sua teoria será mais facilmente aceita quanto menor for o número de hipóteses das quais ela depender, ou seja, quanto mais simples ela for, como ele afirma no parágrafo em questão. Uma discussão mais aprofundada sobre a concepção mecanicista de Descartes e sua recusa das formas substanciais pode

# Segundo discurso
## *Dos vapores e das exalações*

Se considerardes que a matéria sutil que está nos poros dos corpos terrestres, sendo algumas vezes mais fortemente agitada, seja pela presença do Sol, seja por alguma outra causa pela qual isso possa existir, agita também mais fortemente as pequenas partes desses corpos, então entendereis facilmente que ela deve fazer que aquelas partes que são bastante pequenas, e com aquela de tais figuras ou em tal posição, que elas são capazes de separar-se facilmente de suas vizinhas, afastem-se aqui e ali umas das outras, elevando-se no ar, e isso não por alguma // inclinação particular que tenham para subir, ou porque o Sol tenha em si alguma força que as atraia, mas somente porque elas não encontram outro lugar no qual lhes seja tão fácil continuar seu movimento, assim como a poeira de uma estrada

---

ser encontrada em Hattab (2009). Mas o seu afastamento não ocorre somente com respeito à doutrina escolástica. Descartes distingue a sua posição daquela que sustenta a existência de átomos ou partículas indivisíveis. De fato, como afirma ao final do Primeiro Discurso de *Os meteoros*, ele concebe as partes da matéria como divisíveis de infinitas maneiras. Essa mesma concepção já estava presente no terceiro capítulo de *O mundo*, quando Descartes sustenta que cada corpo pode ser dividido em partes muito pequenas e que no menor grão de areia há milhões delas (AT, 11, p.12; Descartes 2008 [1633], p.30-1; Descartes 2009 [1633], p.33). A divisibilidade das partes da matéria será retomada no vigésimo artigo na Segunda Parte dos *Princípios de filosofia*, momento no qual Descartes utiliza dois argumentos (Descartes, 2006 [1644], p.68). No primeiro deles, afirma que as menores partes da matéria são extensas e, assim, divisíveis, de modo que, segundo o autor, seria contraditório pensá-las como extensas e não divisíveis. O segundo argumento (metafísico) leva em conta a onipotência divina, pois, ainda que imaginássemos que Deus pudesse criar uma parte da matéria tão diminuta que nenhuma criatura pudesse dividi-la, Ele não poderia ser privado do poder de dividi-la. O problema enfrentado por Descartes está relacionado com a maneira como devemos compreender a divisibilidade; trata-se de uma divisibilidade física (o que implica a existência do infinito em ato) ou de uma divisibilidade mental e matemática (o que implica um infinito em potência)? Como adverte Garber, a divisibilidade da extensão matemática não implica que todo corpo físico e extenso seja infinitamente divisível (cf. Garber, 1992, p.123). Uma análise sobre a recusa cartesiana da indivisibilidade da matéria pode ser encontrada em Garber (1992, p.120-7).

é levantada simplesmente por ser compelida e agitada pelos pés de algum transeunte. Pois, embora os grãos dessa poeira sejam muito mais grossos e pesados do que as pequenas partes das quais falamos, eles não deixam por isso de tomar seu curso para o céu. Vê-se também que eles sobem muito mais alto quando uma grande planície é coberta de pessoas que se movimentam do que quando é pisada somente por um único homem. Isso deve impedir que nos surpreendamos de que a ação do Sol eleve muito alto as pequenas partes da matéria da qual se compõem os vapores e as exalações, visto que tal ação se estende sempre ao mesmo tempo sobre toda uma metade da Terra, permanecendo nessa metade durante o dia todo. Mas notai que essas pequenas partes que são assim elevadas no ar pelo Sol devem ter, em sua maioria, a figura que eu atribuí às partes da água, porque nestas não há outras partes que possam ser tão facilmente separadas dos corpos nos quais elas estão. E serão unicamente essas partes que nomearei particularmente de vapores, a fim de distingui-las de outras que possuem figuras mais irregulares, às quais reservarei o nome de exalações, porque não conheço outro nome mais apropriado.[5] Todavia, entre as exalações, também incluo aquelas partes que, tendo quase a mesma figura que as da água, mas sendo // mais sutis, compõem os espíritos ou as aguardentes, porque podem facilmente inflamar-se. E excluirei aquelas partes que, sendo divididas em muitos ramos, são tão sutis que não são apropriadas senão para compor o corpo do ar. Quanto àquelas partes que, sendo um pouco maiores, são também divididas em ramos, é verdade que quase não podem sair por si mesmas dos corpos duros em que se encontram, mas, se alguma vez o fogo incendeia esses corpos, ele as expulsa todas como fumaça. E assim, quando a água escorre por seus poros, ela pode muitas vezes separá-las e carregá-las

---

5 Convém reter essa distinção entre os vapores e as exalações porque, primeiro, correspondem a explicações baseadas na "natureza dos corpos terrestres" e, segundo, porque a explicação da natureza dos vapores e exalações comparece em todas as demais explicações desenvolvidas do Terceiro Discurso sobre o sal até o Sétimo Discurso sobre as tempestades, o relâmpago e o trovão (cf. Primeiro Discurso, p.241). De certa maneira, Descartes está fixando dois processos (movimentos) básicos de transformação como pertencente ao referencial da "natureza dos corpos terrestres".

consigo para o alto, da mesma maneira que o vento, passando através de uma sebe, carrega as folhas ou as palhas que se encontram entrelaçadas em seus ramos, ou ainda, como a água carrega em direção ao alto de um alambique as pequenas partes desses óleos que os alquimistas costumeiramente extraem das plantas secas, quando, depois de tê-las banhado com muita água, destilam todo o conjunto, fazendo por esse meio que o pouco de óleo que elas contêm suba com a grande quantidade de água que lhe está misturada. Pois, com efeito, a maioria dessas partes são, todas elas, as mesmas que de costume compõem os corpos desses óleos. Notai também que os vapores ocupam sempre muito mais espaço do que a água, embora não sejam feitos senão das mesmas pequenas partes. A razão disso é que, quando essas partes compõem o corpo da água, elas se movem apenas aquele tanto suficiente para dobrar-se e entrelaçar-se, deslizando umas contra as outras, como as vedes representadas em *A*, ao passo que, quando têm a // forma de vapor, sua agitação é tão grande que giram muito subitamente para todos os lados, estendendo-se, da mesma maneira, por todo seu comprimento, de tal modo que cada uma delas tem a força de afastar do entorno de si todas as partes

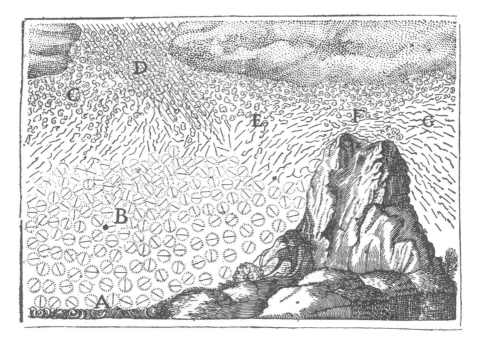

que lhe são semelhantes e que tendem a entrar na pequena esfera que ela descreve, tal como as vedes representadas em *B*. E do mesmo modo, se fizerdes girar bastante velozmente o pivô *LM* através do qual passa a corda *NP*, vereis que a corda manter-se-á no ar completamente reta e estendida, ocupando desse modo todo o espaço compreendido no círculo *NOPQ*, de tal modo que não será possível colocar nesse espaço qualquer outro corpo sem que a corda // o atinja imediatamente com força para afastá-lo de si, ao passo que, se a fizerdes mover mais lentamente, ela enrolar-se-á sobre si mesma em torno do pivô e, assim, não mais ocupará o mesmo espaço.

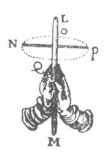

Além disso, deve-se notar que esses vapores podem ser mais ou menos comprimidos ou expandidos, mais ou menos quentes ou frios, mais ou menos transparentes ou escuros, e mais ou menos úmidos ou secos. Pois, inicialmente, quando suas partes, não sendo mais suficientemente agitadas para manterem-se expandidas em linha reta, começam a dobrar-se e a aproximar-se umas das outras, tal como são representadas em *C* e em *D*; ou ainda quando, estando encerradas entre as montanhas ou entre as ações de diversos ventos, os quais, sendo opostos, impedem-se uns aos outros de agitar o ar, ou estando embaixo de algumas nuvens, elas não podem expandir-se por tanto espaço quanto requerido por sua agitação, como podeis ver em *E*; ou enfim quando, empregando a maior parte de sua agitação para moverem-se muitas conjuntamente para um mesmo lado, elas não giram mais tão fortemente quanto de costume, tal como são vistas em *F*, onde, saindo do espaço *E*, elas engendram um vento que sopra para *G*, é evidente que os vapores que elas compõem são mais espessos ou mais comprimidos do que quando nenhuma dessas três coisas ocorre. E é também evidente que, supondo que o vapor que está em *E* é tão agitado quanto aquele que está em *B*, ele deve ser muito mais quente, porque suas partes, sendo mais comprimidas, têm mais força, da mesma maneira que o calor de um ferro em brasa é bem mais ardente // do que o calor dos carvões ou das chamas. E é por essa causa que comumente se sente no verão um calor mais forte e mais sufocante quando o ar, estando calmo e como que igualmente pressionado por todos os lados, prepara uma chuva do que quando o ar é mais claro e mais calmo. Quanto ao vapor que está em *C*, ele é mais frio do que aquele que está em *B*, embora suas partes

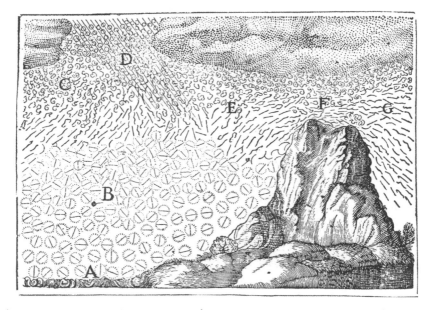

sejam um pouco mais comprimidas, uma vez que eu as suponho muito menos agitadas. E, ao contrário, o vapor que está em *D* é mais quente, uma vez que se supõe que suas partes são muito mais comprimidas e somente um pouco menos agitadas. E o vapor que está em *F* é mais frio do que aquele que está em *E*, embora suas partes não sejam menos comprimidas, nem menos agitadas, uma vez que elas // estão mais ajustadas a moverem-se no mesmo sentido, o que é a causa de elas não poderem sacudir tanto as pequenas partes dos outros corpos, assim como um vento que sopra sempre da mesma maneira, ainda que muito forte, não agita tanto as folhas e os ramos de uma floresta quanto um mais fraco que é menos regular. E podereis conhecer, pela experiência, que é nessa agitação das pequenas partes dos corpos terrestres que consiste o calor, se atentardes que o hálito que sai de vossa boca, ao soprar bem forte contra vossos dedos juntos, parecerá frio acima de vossa mão, onde, passando muito rapidamente e com igual força, quase não causará agitação alguma, ao passo que o sentireis bastante quente entre vossos dedos, onde, passando mais desigual e lentamente, ele agitará mais suas pequenas partes, tal como o sentimos também sempre quente quando se sopra com a boca muito aberta, e frio quando se sopra com a boca quase fechada. E é pela mesma razão que comumente se sentem frios os ventos impetuosos e que quase não se sentem ventos quentes que não sejam lentos.

*Os meteoros*

Além disso, os vapores representados em *B*, em *E* e em *F* são transparentes, e não podem ser discernidos do resto do ar pela vista, uma vez que, movendo-se muito rapidamente e agitando também rapidamente a matéria sutil que os envolve, não podem impedi-la de receber a ação dos corpos luminosos, mas, antes, a recebem com ela. Ao passo que o vapor que está em *C* começa a tornar-se opaco ou escuro, porque suas partes não obedecem mais // a essa matéria sutil a ponto de poderem ser movidas por ela de todas as maneiras. E o vapor que está em *D* de modo algum pode ser tão escuro quanto aquele que está em *C*, porque ele é mais quente. Como vedes que, no inverno, o frio faz aparecer o hálito ou o suor dos cavalos aquecidos na

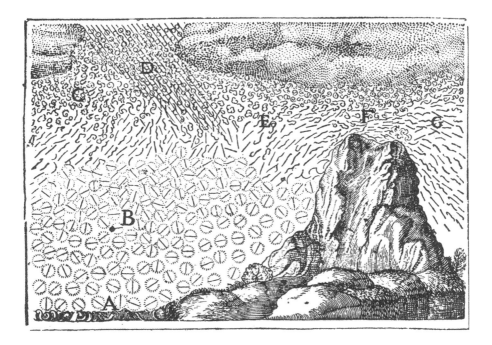

forma de uma espessa fumaça muito densa e escura, enquanto no verão, quando o ar é mais quente, ele é invisível. E não se deve duvidar de que o ar contenha geralmente tanto ou mais vapores quando eles não são vistos do que quando o são. Pois, como seria possível fazer, sem milagre, que em dias quentes e em pleno meio-dia, o Sol, incidindo sobre um lago ou um pântano, deixasse de elevar muitos vapores, // visto que se observa, por isso mesmo, que as águas secam e diminuem muito mais do que fazem em tempo frio e escuro? Entretanto, os vapores que estão em *E* são mais úmidos, ou seja, mais dispostos a converter-se em água e a molhar ou umedecer os outros corpos, tal como faz a água, do que os vapores que estão em *F*. Pois estes, ao contrário, são secos, visto que, batendo com força nos corpos úmidos que encontram, podem dispersá-los e carregar consigo as partes da água que neles estão e, por esse meio, secá-los. Assim também experimentamos que os ventos impetuosos são sempre secos e que não há ventos úmidos que não sejam fracos. E pode-se dizer que esses mesmos vapores que estão em *E* são mais úmidos do que os vapores que estão em *D*, porque suas partes, sendo mais agitadas, podem melhor insinuar-se nos poros dos outros corpos para torná-los mais úmidos; mas pode-se dizer também, em outro sentido, que eles são menos úmidos, porque a grandíssima agitação de suas partes impede que possam assumir tão facilmente a forma da água.

Quanto às exalações, elas são capazes de muito mais diferenças de qualidades do que os vapores, porque pode haver nelas maior diferença entre suas partes. Mas é suficiente notarmos aqui que as exalações mais grosseiras quase não são outra coisa que terra, como se pode ver no fundo de um recipiente, depois de nele ter deixado assentar a água da neve ou da chuva, nem as exalações mais sutis são outra coisa que esses espíritos ou aguardentes, os quais são sempre os primeiros a elevar-se dos corpos que se destilam, e que, entre as exalações medianas, // algumas participam da natureza dos sais voláteis, ao passo que outras, da natureza dos óleos ou, antes, das fumaças que deles saem quando os queimamos. E, embora a maioria dessas exalações não se eleve pelo ar a não ser misturada com os vapores, elas não deixam, depois disso, de poder facilmente separar-se deles, ou de si mesmas, tal como os óleos separam-se da água com a qual os destilamos ou, auxiliadas pela agitação dos ventos que as reúnem em um ou muitos corpos, da mesma maneira pela qual os aldeões, ao bater o creme, separam a manteiga do soro, ou mesmo, muitas vezes, somente porque, encontrando-se mais ou menos pesadas e mais ou menos agitadas, as exalações param em uma região mais baixa ou mais alta do que aquela em que os vapores estão. E os óleos comumente se elevam menos do que as aguardentes, e aquelas exalações que não são senão terra elevam-se ainda menos do que os óleos. Mas não existe exalação que se detenha mais baixo do que as partes das quais é composto o sal comum, embora não sejam propriamente exalações nem vapores, porque as partes do sal jamais se elevam acima da superfície da água; todavia, porque é pela evaporação dessa água que essas partes chegam à superfície e porque há nelas diversas coisas muito notáveis que podem ser comodamente aqui explicadas, eu não desejo omiti-las.

## // Terceiro discurso
### Do sal

O salgado do mar não consiste senão nas partes maiores de sua água, as quais há pouco eu disse não poderem ser dobradas como as outras pela ação da matéria sutil, nem tampouco agitadas sem o intermédio das partes menores.[6] Pois, primeiramente, se a água não fosse composta de partes, como há pouco supus, ser-lhe-ia igualmente fácil ou difícil dividir-se de todas as maneiras e em todos os sentidos, de modo que ela não entraria, como tão facilmente faz, nos corpos que têm poros um pouco largos, como no calcário e na areia, ou ainda, ela poderia também penetrar de alguma maneira nos corpos que têm os poros mais estreitos, como o vidro e os metais. Além disso, se essas partes não tivessem a figura que lhes atribuí quando estão dentro dos poros dos outros corpos, elas não poderiam ser tão facilmente dispersas somente pela agitação dos ventos ou do calor, tal como muito amiúde se experimenta nos óleos, ou em outros licores grassos, dos quais dissemos que as partes teriam outras figuras, pois jamais é possível fazer que eles saiam inteiramente dos corpos onde uma vez entraram. Enfim, porque não vemos na natureza corpos que sejam tão perfeitamente semelhantes entre si que não se encontre quase sempre // alguma pequena desi-

---

6 Esse longo discurso sobre o sal é curiosamente composto por apenas dois parágrafos. Em linhas gerais, o primeiro parágrafo é dedicado à explicação da diferença entre a água doce e a água salgada, das propriedades do sal e sua capacidade de conservar alimentos, tais como as carnes, bem como a sua utilização na produção de gelo. O segundo parágrafo tem em vista explicar a flutuação do sal e a formação de seus cristais, momento no qual Descartes vale-se de algumas analogias, como aquela entre as partes do sal e as agulhas de aço que flutuam sobre a superfície da água, ainda que compostas de matéria muito pesada.

gualdade em sua espessura, não devemos ter qualquer dificuldade em pensar que as partes da água não são todas exatamente iguais e que, particularmente no mar, que é o receptáculo de todas as águas, encontram-se partes tão grandes que elas não podem ser dobradas como as outras pela força que tem o costume de movê-las. E quero tentar aqui mostrar-vos que só isso é suficiente para atribuir ao sal todas as qualidades que ele possui. Primeiramente, não é surpreendente que as partes do sal tenham um sabor picante e penetrante, o qual difere muito do sabor da água doce, pois, ao não poderem ser dobradas pela matéria sutil que as envolve, essas partes devem sempre entrar com a sua ponta nos poros da língua e, por esse meio, penetrar o suficiente para picá-la, enquanto as partes que compõem a água doce, escorrendo completamente deitadas só por cima da língua, por causa da facilidade que têm em dobrar-se, quase não podem ser saboreadas. E as partes do sal, tendo penetrado com a ponta da mesma maneira nos poros das carnes que se quer conservar, não somente lhes retira a umidade, mas também são como que pequenos bastões espetados aqui e ali entre suas partes, onde, permanecendo firmes e sem se dobrar, elas os sustentam e impedem que outras partes mais dobráveis que estão entre elas os desarranjem ao agitá-los e, assim, que corrompam os corpos que elas compõem. O que faz também que essas carnes, com o passar do tempo, tornem-se mais duras, ao passo que as partes da água doce, dobrando-se e deslizando aqui e ali em seus poros, poderiam ajudar a amolecê-las e // a corrompê-las. Além disso, não é surpreendente que a água salgada seja mais pesada do que a água doce, porque ela é composta de partes que, sendo maiores e mais maciças, podem arranjar-se em um espaço menor, pois é disso que depende o peso.[7] Mas é necessário considerar por que essas partes mais maciças

251

---

[7] O termo utilizado por Descartes é "peso" ("*pesanteur*"), nessa passagem na qual ele afirma que a água salgada é mais pesada ("*plus pesante*") do que a água doce. Optamos pela palavra "peso" porque deixa mais claro o sentido envolvido nesse momento. O mesmo termo é utilizado por Descartes no 11o capítulo de *O mundo ou tratado da luz*, intitulado justamente "Do peso" ("De la pesanteur"). As versões brasileiras desse texto optam por traduções distintas quanto ao título do capítulo. Battisti (cf. Descartes, 2009 [1633], p.153), prefere "Da gravidade". Andrade (cf. Descartes, 2008 [1633], p.91), opta por "Do peso". No primeiro parágrafo desse capítulo de *O mundo*, Descartes define "*pesanteur*". Cabe notar que algumas

permanecem misturadas com as outras que o são menos, ao passo que parece que elas deveriam ir naturalmente para baixo. E a razão disso é que, pelo menos para as partes do sal comum, elas são igualmente grossas nas duas pontas e totalmente retas, tal como pequenos bastões, pois, se nunca houvesse no mar partes que fossem maiores em uma ponta do que na outra, sendo por isso mais pesadas, elas teriam toda a liberdade de ir para o fundo desde que o mundo existe, ou, se houvesse partes dobradas, elas teriam a liberdade de encontrar corpos duros e juntar-se a eles, porque, tendo uma vez entrado em seus poros, elas não poderiam tão facilmente tornar a sair deles como fazem as partes que são iguais e retas. Mas estas últimas, mantendo-se deitadas transversalmente umas sobre as outras, fornecem o meio para que aquelas partes da água doce que estão em perpétua agitação enrolem-se e torçam-se em volta delas, arranjando-se e dispondo-se em certa ordem, o que faz que elas possam continuar a mover-se mais fácil e rapidamente do que se estivessem totalmente isoladas. Pois, quando estão assim enroladas em torno de outras, a força da matéria sutil que as agita é empregada unicamente para fazer que girem muito subitamente em torno daquelas que elas envolvem e que passem aqui e ali uma sobre a outra, sem // mudar por isso qualquer de suas dobras, ao passo que, estando isoladas, tal como quando compõem a água doce, elas entrelaçam-se necessariamente de tal maneira que é preciso que uma parte dessa força da matéria sutil seja empregada em dobrá-las para separá-las umas das outras e, assim, ela não as pode fazer mover tão fácil nem tão rapidamente. Sendo verdadeiro, portanto, que essas partes da água doce, estando enroladas em torno das partes do sal, podem mover-se mais facilmente do que estando isoladas, não é surpreendente que se enrolem quando estão bastante próximas e que, de-

---

das propriedades utilizadas por Descartes para caracterizar o peso ou gravidade da Terra – o tamanho, a espessura e a solidez de suas partes – compareçam nessa passagem de *Os meteoros*. Contudo, "força" ("*force*"), termo presente em *O mundo ou tratado da luz*, está ausente de sua discussão aqui. Quanto ao problema de saber se um corpo pesa mais ou menos, tendo em vista sua distância em relação ao centro da Terra, sugerimos a leitura da carta de Descartes a Mersenne, de 13 de julho de 1638 (cf. AT, II, p.222-45). Nessa carta, Descartes utiliza diversos exemplos extraídos das mecânicas para dar conta do problema em questão.

pois, tendo envolvido as do sal, elas impeçam que a desigualdade de seu peso as separe. Donde se segue que o sal se dissolve facilmente na água doce, ou sendo somente exposto ao ar em tempo úmido, e que, não obstante, ele não se dissolve em uma determinada quantidade de água senão em uma determinada quantidade, a saber, tanto quanto as partes dobráveis dessa água podem envolver as partes do sal, enrolando-se em torno delas. E, sabendo que os corpos transparentes são tanto mais transparentes quanto menos impedem os movimentos da matéria sutil que está em seus poros, vê-se ainda, a partir disso, que a água do mar deve ser naturalmente mais transparente e causar refrações um pouco maiores do que a água dos rios. E vê-se também que ela não deve congelar-se tão facilmente, sabendo que a água congela somente quando a matéria sutil que está entre suas partes não tem a força de agitá-las. E até se pode aqui entender a razão do segredo para fazer o gelo no verão, que é um dos mais belos que // os curiosos conhecem, ainda que tal segredo não seja dos mais raros. Eles colocam o sal misturado com igual quantidade de neve ou de gelo picado em toda a volta de um vaso repleto de água doce e, sem outro artifício, enquanto esse sal e essa neve dissolvem-se juntos, a água que está contida no vaso torna-se gelo. A razão disso é que a matéria sutil que estava em torno das partes dessa água, sendo mais espessa ou menos sutil e, por conseguinte, tendo mais força do que a matéria sutil que estava em torno das partes dessa neve, toma seu lugar à medida que as partes da neve, ao dissolverem-se, enrolam-se em torno das partes do sal, pois ela encontra mais facilidade para mover-se nos poros da água salgada do que naqueles da água doce e ela tende incessantemente a passar de um corpo ao outro, para entrar naqueles onde seu movimento tem menos impedimento, por meio do que a matéria mais sutil que estava na neve entra na água para suceder aquela que sai, e porque não tem força suficiente para manter a agitação dessa água, isso é causa para ela congelar-se. Mas uma das principais qualidades das partes do sal é que elas são enormemente fixas, isto é, não podem ser evaporadas como aquelas da água doce. A causa disso é não somente que elas são maiores e mais pesadas, mas também que, sendo longas e retas, não podem ser por muito tempo suspensas no ar, quer estejam na ação de subir mais alto, quer na de descer, de modo que uma de suas extremidades não se apresenta para baixo e, assim,

**254** elas não se mantêm alinhadas perpendicularmente em relação ao solo, pois, tanto para // subir como para descer, é bem mais fácil para elas dividir o ar quando estão nessa posição do que em qualquer outra. Isso não acontece da mesma maneira com as partes da água doce porque, sendo fáceis de dobrar-se, elas jamais se mantêm todas retas, a não ser quando giram com rapidez, ao passo que as partes do sal jamais poderiam girar dessa maneira, pois, encontrando-se umas com as outras e chocando-se sem poderem dobrar-se para entremear-se, elas seriam imediatamente constrangidas a parar. Mas, quando se encontram suspensas no ar, tendo uma ponta para baixo, como eu já disse, é evidente que devem descer em vez de subir, porque a força que as poderia empurrar para o alto age muito menos do que se elas estivessem deitadas transversalmente, e age tanto menos quanto exatamente menor é a quantidade do ar que resiste a sua ponta do que seria aquela que resistiria ao seu comprimento, ao passo que seu peso, sendo sempre igual, age tanto quanto menor é essa resistência do ar. Se a isso acrescentarmos que a água do mar torna-se doce quando atravessa a areia porque as partes do sal, ao não se dobrarem, não podem escorrer como fazem as partes da água doce pelos pequenos caminhos desviados que estão em torno dos grãos dessa areia, saberemos que as fontes e os rios, não sendo compostos senão de águas que evaporaram, ou então de águas que passaram através de muita areia, não devem ser salgados e também que todas essas águas doces, retor-

**255** nando ao mar, não devem torná-lo nem mais nem menos // salgado, desde que saia continuamente outro tanto de outras águas, das quais algumas elevam-se no ar, transformadas em vapor, e depois precipitam-se em chuva ou em neve sobre a terra, mas a maior parte dessa água penetra pelos condutos subterrâneos embaixo das montanhas, de onde o calor, que está na terra, elevando-as como vapor para seus cumes, faz que essas águas preencham as nascentes das fontes e dos rios. E saberemos também que a água do mar deve ser mais salgada no equador do que nos polos se considerarmos que o Sol, tendo muita força no equador, faz sair muitos vapores, os quais não voltam depois a cair exatamente nos mesmos lugares de onde saíram, mas, comumente, em outros lugares mais próximos dos polos, como entendereis melhor a seguir. Contudo, se não me faltasse a vontade em deter--me para explicar particularmente a natureza do fogo, eu acrescentaria ainda aqui por que a água do mar é menos apropriada para apagar incêndios do que aquela dos rios e por que ela cintila à noite quando agitada, pois veríeis que as partes do sal, sendo muito facilmente agitadas, pois estão como que suspensas entre as partes da água doce, e tendo por isso muita força para serem assim agitadas, porque são retas e inflexíveis, podem não somente aumentar a chama quando são derramadas sobre o fogo, mas também causá-la por si mesmas quando são extraídas da água em que elas estão. Como, por exemplo, se o mar, que está em *A*, sendo empurrado com força para *C*, encontrasse um banco // de areia ou algum outro obstáculo que o fizesse subir para *B*, então o ímpeto que essa agitação dá às partes do sal pode fazer que as primeiras partes que chegam ao ar separem-se das partes da água doce

que as mantinham torcidas e que, encontrando-se isoladas em *B*, a certa distância uma da outra, engendrem faíscas bastante parecidas àquelas que saem dos seixos quando são batidos. É verdade que se requer para esse efeito que essas partes do sal sejam muito retas e muito escorregadias, a fim de que possam mais facilmente separar-se das partes da água doce, donde se segue que nem a salmoura nem a água do mar que esteve por muito tempo em algum recipiente são potáveis. Requer-se também que as partes da água doce não envolvam muito estreitamente as partes do sal, donde se segue que essas faíscas aparecem mais quando está quente do que quando está frio, e que a agitação do mar esteja bastante forte, donde se segue que não saia fogo ao mesmo tempo de todas as suas ondas, e que, enfim, as partes do sal movam-se com a ponta para a frente, tal como as flechas, e não de lado, donde se segue que todas as gotas que respingam para fora de uma mesma água não iluminam da mesma maneira.

Mas consideremos agora como o sal flutua sobre a água quando ele se faz, embora suas partes sejam muito fixas e muito pesadas, e como ele se forma em pequenos grãos, os quais têm uma figura quadrada, quase semelhante à de um diamante lapidado, // exceto que sua face mais larga é um pouco escavada. Primeiramente, é necessário, para esse efeito, que a água do mar seja retida em alguns fossos, para evitar tanto a agitação contínua das ondas quanto a influência da água doce que as chuvas e os rios trazem sem cessar para o oceano. Além disso, é necessário também um tempo quente e seco, a fim de que a ação do Sol tenha força suficiente para fazer que se evaporem as partes da água doce que estão enroladas em torno das partes do sal. E deve-se notar que a superfície da água é sempre muito igual e unida, do mesmo modo que a superfície de todos os outros licores;[8] a razão é que as partes da água movem-se entre si da mesma maneira e com a mesma cadência, e as partes do ar que tocam a superfície da água agitam-se igualmente entre si, mas as partes do ar não se agitam da mesma maneira nem na mesma medida que as partes da água, e também, particularmente, a matéria sutil que está em torno das partes do ar agita-se de modo completamente diferente daquela que está em torno das partes da água, o que é a causa de que suas superfícies, esfregando-se uma contra a outra, sejam polidas da mesma maneira como seriam dois corpos duros, exceto que muito mais facilmente e quase em um instante, posto que suas partes, não estando presas de maneira alguma umas às outras, organizam-se todas, desde o início, do modo como é requerido para esse efeito. E isso é também a causa de que a superfície da água seja muito mais difícil de dividir do que seu interior, tal como se vê pela experiência, na qual todos os corpos bastante pequenos, embora de matéria muito pesada, tal como // são as pequenas agulhas de aço, podem flutuar e ser sustentados em cima dela, quando ela ainda não está dividida, ao passo que, quando ela está dividida, esses corpos descem para o fundo sem se deter. A partir do que se deve considerar que, quando o calor do ar é bastante forte para formar o sal, ele pode não somente expelir da água do mar algumas das partes dobráveis que nela se encontram, fazendo-as evaporar, mas pode também elevá-las com tal velocidade que, antes de terem a liberdade de desenvolver-se em torno das partes do sal, elas chegam ao alto da superfície dessa água, onde, trazendo consigo essas partes, acabam por desenvolver-se somente depois que se fechou a abertura que elas fizeram nessa superfície para sair, por meio do que essas

---

8 O termo empregado por Descartes é "licores" ("*liqueurs*"). Embora tenhamos optado por traduzir o termo francês como "licores", seu sentido está evidentemente relacionado com a propriedade da fluidez dos líquidos, visto que Descartes afirma que, tal como a água, todos os líquidos têm uma superfície igual e unida.

 partes do sal permanecem flutuando todas isoladas, como as vedes representadas em *D*. Pois, estando deitadas longitudinalmente, as partes do sal não são suficientemente pesadas para afundar, não mais do que as agulhas de aço das quais acabo de falar, e elas fazem que a água seja somente um pouco curvada e dobrada debaixo delas, em razão do seu peso, do mesmo modo como fazem as agulhas. De modo que as primeiras, sendo disseminadas aqui e ali sobre essa superfície, fazem nela vários pequenos fossos ou curvaturas, e depois seguem-se outras que, encontrando-se sobre as encostas desses fossos, rolam e deslizam em direção ao fundo, onde juntar-se-ão às primeiras. E deve-se notar aqui particularmente que, de qualquer lugar que venham, essas partes devem deitar-se exatamente // ao lado das primeiras, como as vedes em *E*, pelo menos as segundas e muitas vezes também as terceiras, porque, por esse meio, elas descem um pouco mais baixo do que poderiam fazer se permanecessem em alguma outra posição, como

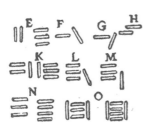 naquela que se vê em *F* ou em *G* ou em *H*. E o movimento do calor, que agita sempre um pouco essa superfície, ajuda a arranjá-las dessa maneira. Em seguida, quando há assim em cada fosso duas ou três partes do sal, lado a lado umas às outras, as que nele chegam a mais podem juntar-se a outras ainda na mesma direção, se elas tiverem, de algum modo, a disposição de fazê-lo, mas se acontece de inclinarem-se mais para as extremidades das precedentes do que para os lados, elas deitar-se-ão opostamente em ângulos retos, como vedes em *K*, porque, dessa maneira, descem também um pouco mais baixo do que poderiam fazer se fossem diferentemente arranjadas, tal como estão em *L* ou em *M*. E porque, nesse fosso, encontram-se aproximadamente tantas que vão deitar-se sobre as extremidades das duas ou três primeiras quantas são aquelas que vão deitar-se sobre seus lados, segue-se disso que, arranjando-se assim muitas centenas delas todas juntas, elas formam inicialmente uma pequena mesa, a qual, segundo o juízo da visão, parece muito quadrada e é como que a base do grão de sal que começa a formar-se. E deve-se notar que, existindo so-

**260** mente três ou quatro das partes do sal deitadas no mesmo sentido, como em N, as partes centrais abaixam-se um pouco mais do que as partes das bordas, // mas, ao chegarem aí outras partes que se juntam a elas transversalmente, como em O, estas últimas ajudam as outras partes situadas nas bordas a rebaixar-se quase tanto quanto aquelas das partes centrais, e de tal maneira que a pequena mesa quadrada, que serve de base a um grão de sal, formando-se comumente de muitas centenas de partes conjuntamente reunidas, não pode aparecer ao olho senão totalmente plana, ainda que seja sempre um pouco curvada. Ora, enquanto essa mesa torna-se maior, ela se abaixa cada vez mais, mas tão lentamente que faz dobrar sobre si mesma a superfície da água sem rompê-la. E, quando alcança certo tamanho, encontra-se tão rebaixada que as partes do sal que chegam novamente até ela, em vez de deter-se sobre suas bordas, passam por cima delas e rolam na mesma direção e da mesma maneira que as precedentes rolavam sobre a água. Isso faz que elas formem uma nova mesa quadrada, que se abaixa pouco a pouco da mesma maneira. Depois, as partes do sal que vêm para essa nova mesa podem ainda passar por cima e formar uma terceira mesa, e assim por diante. Mas deve-se notar que as partes do sal que formam a segunda dessas mesas não rolam tão facilmente sobre a primeira mesa como as partes que formaram essa primeira mesa rolavam sobre a água, pois não encontram aí uma superfície tão completamente unida nem que as deixe escorrer tão livremente, donde se segue que, muitas vezes, elas não rolam para o centro, o qual, permanecendo por isso vazio, faz que essa segunda mesa não se abaixe tão prontamente na proporção que havia feito a primeira, mas torne-se um pouco maior, antes que a terceira mesa comece a formar-se, e, novamente,

**261** permanecendo o centro desta última // vazio, ela se torna um pouco maior do que a segunda, e assim por diante, até que o grão inteiro, o qual se compõe de um grande número dessas pequenas mesas, postas uma sobre a outra, esteja acabado, isto é, até que, tocando as bordas dos outros grãos vizinhos, ele não possa tornar-se maior. Quanto ao tamanho da primeira mesa que lhe serve de base, ele depende do grau de calor que agita a água enquanto essa mesa se forma, pois, quanto mais a água é agitada, tanto mais as partes do sal que flutuam sobre a água fazem dobrar sua superfície, donde se segue que essa base permanece muito pequena e mesmo que a água pode ser tão agitada que as partes do sal irão ao fundo antes que tenham formado quaisquer grãos. Quanto à inclinação das quatro faces que saem dos quatro lados dessa base, ela não depende senão das causas já explicadas, quando o calor é igual durante todo o tempo no qual o grão está em formação, mas, quando o calor vai aumentando, essa inclinação torna-se menor e, ao contrário, maior quando ele diminui, de modo que, se o calor aumenta e diminui por intervalos, ela será feita como de pequenos degraus ao longo dessas faces. E quanto às quatro arestas, ou lados, que unem essas quatro faces, elas não são comumente muito agudas nem muito unidas, pois as partes que se juntarão aos lados desse grão irão quase sempre aderir neles longitudinal-

mente, como eu já disse, mas quanto àquelas partes que rolam contra seus ângulos, elas arranjam-se mais facilmente em outra direção, a saber, tal como são representadas em P. Isso faz que essas arestas sejam um pouco espumosas e desiguais, e que os grãos do sal muitas vezes rompam-se nelas mais // facilmente do que em outros lugares e também que o espaço vazio que permanece no centro torne-se quase redondo em vez de quadrado. Além disso, porque as partes que compõem esses grãos vão juntando-se confusamente e sem outra ordem além daquela que acabo de explicar, acontece muitas vezes que suas extremidades, em vez de se tocarem, deixam entre si espaço suficiente para dar lugar a algumas partes da

água doce, as quais aí ficam presas e permanecem redondamente dobradas, tal como vedes em R, enquanto não se movem senão com moderada rapidez, mas, quando são agitadas por um calor muito violento, tendem com muita força a estender-se, perdendo a dobra, da mesma maneira como há pouco eu disse que elas fazem quando a água se dilata em vapor, o que faz que elas rompam suas prisões de uma só vez e com estrondo. E eis por que os grãos de sal, sendo inteiros, quebram-se, saltando e crepitando quando os jogamos ao fogo, e por que eles não fazem o mesmo quando, em pó, são postos no fogo, pois então suas pequenas prisões já estão rompidas. Além disso, a água do mar não pode ser tão puramente composta das partes que descrevi, de modo que não se encontrem nela também algumas outras partes, as quais são de tal figura que não deixam de poder nela permanecer, ainda que sejam muito mais tênues, e as quais, indo ligar-se entre as partes do sal enquanto ele se forma, podem dar-lhe esse odor de violeta muito agradável que tem o sal branco quando acaba de ser feito e essa cor suja que tem o sal negro, e todas as outras variedades que é possível notar nos sais e que dependem das // diversas águas nas quais eles se formam. Enfim, não vos surpreendereis de que o sal seja tão friável e tão fácil de romper, se pensardes na maneira pela qual as suas partes se juntam; nem de que ele seja sempre branco ou transparente, sendo puro, se pensardes em sua grossura e na natureza da cor branca, que será explicada a seguir; nem de que ele, quando está inteiro, seja fundido muito facilmente sobre o fogo, se considerardes que existem muitas partes da água doce encerradas entre suas partes, nem de que ele seja com muito mais dificuldade fundido, quando bem pulverizado e bem seco, de modo que não reste mais nada da água doce, se notardes que ele não pode fundir-se, quando está assim isolado, se suas partes não se dobram, e que elas não podem dobrar-se senão dificilmente. Pois, embora se possa fingir que outrora aquelas partes da água do mar eram todas, gradualmente, umas mais dobráveis, outras menos, deve-se pensar que todas aquelas que puderam enrolar-se em torno de algumas outras amoleceram assim, pouco a pouco, tornando-se muito flexíveis, enquanto aquelas que não estão assim enroladas permaneceram inteiramente rígidas, de modo que, nisso, existe agora grande diferença entre as partes do sal e as partes da água doce. Mas uma e outra devem ser redondas, a saber, as partes da água doce como cordas e as partes do sal como cilindros ou bastões, porque todos os corpos que se movem de diversas maneiras e por muito tempo costumam arredondar-se. E pode-se conhecer em seguida qual é a natureza dessa água extremamente acre e forte que é capaz de dissolver o ouro e que os alquimistas chamam de espírito ou óleo do sal, pois, // uma vez que ela só é extraída pela violência de um fogo muito grande, ou do sal puro ou do sal misturado com algum outro corpo muito seco e muito fixo, tal como a terracota, o qual não serve senão para impedi-lo de fundir-se, é evidente que suas partes são as mesmas que anteriormente compuseram o sal, mas que elas não puderam subir pelo alambique e, assim, de fixas tornarem-se voláteis, a não ser posteriormente, ao chocarem-se umas contra as outras por força de serem agitadas pelo fogo; de rígidas e inflexíveis que eram, tornaram-se fáceis de dobrar e, pelo mesmo meio, de redondas em forma de cilindros, elas tornaram-se planas e cortantes, tal como as folhas da íris ou do gladíolo, pois sem isso não poderiam dobrar-se. E, em seguida, é fácil de julgar a causa do sabor que elas têm, o qual é muito diferente daquele do sal, pois, deitando-se ao longo da língua, e apoiando seus gumes sobre as extremidades de seus nervos, e escorrendo por cima cortando-os, elas devem então agitá-los de um modo diferente do que faziam antes e, consequentemente, causar outro sabor, a saber, aquele que se chama de sabor acre. Seria possível, assim, dar as razões de todas as outras propriedades dessa água, mas a coisa iria ao infinito, e será melhor que, retornando à consideração dos vapores, comecemos a examinar como eles se movem no ar e como aí causam os ventos.

## // Quarto discurso
### Dos ventos

Toda agitação sensível do ar denomina-se vento e todo corpo invisível e impalpável denomina-se ar. Assim, quando a água é muito rarefeita e transformada em vapor muito sutil, diz-se que ela é convertida em ar, embora esse grande ar que respiramos seja composto, em sua maioria, de partes que têm figuras muito diferentes daquelas da água e que são muito mais tênues. Assim, o ar, sendo expulso para fora de um fole ou impelido por um leque, denomina-se vento, não obstante esses ventos mais extensos que imperam sobre a face do mar e da terra não serem comumente outra coisa que o movimento dos vapores, os quais, dilatando-se, passam do lugar onde estão para algum outro lugar onde encontram mais facilidade para estender-se, do mesmo modo que se vê, nessas bolas denominadas eolípilas, que um pouco de água transformada em vapor produz, em proporção ao pouco de matéria da qual ele se compõe, um vento enorme e muito forte.[9] E porque

---

9 A fim de explicar a natureza dos ventos, Descartes vale-se da eolípila, máquina inventada por Heron de Alexandria (10-70 d.C.) e descrita em sua *Pneumática* (cf. Heron de Alexandria, 1851, p.72). Trata-se de uma bola de metal oca contendo duas aberturas opostas; quando é aquecida contendo água em seu interior, ela começa a girar devido ao ar que escapa pelas aberturas. Essa experiência foi posteriormente utilizada para explicar o fenômeno meteorológico dos ventos por Vitrúvio em seu *Tratado de arquitetura* (cf. Vitrúvio, 1999, p.29; Blay & De Buzon, 2009, p.694). Descartes, em carta escrita a Mersenne em 25 de fevereiro de 1630 (cf. AT, I,

esse vento artificial pode ajudar-nos muito a entender como são os naturais, será aqui oportuno que eu o explique. *ABCDE* é uma bola de cobre ou de outra tal matéria, totalmente oca e fechada, exceto por ter uma pequeníssima abertura no lugar marcado *D*; e, estando a parte dessa bola *ABC* cheia // de água e a outra parte *AEC* vazia, isto é, contendo somente ar, se ela é posta sobre o fogo, então o calor, agitando as pequenas partes da água, faz que muitas delas elevem-se acima da superfície *AC*, onde, rodopiando, estendem-se e empurram-se mutuamente, esforçando-se para afastar-se umas das outras, do modo anteriormente explicado. E porque as pequenas partes da água não podem assim afastar-se senão se algumas saírem pelo orifício *D*, todas as forças com as quais elas se empurram mutuamente conspiram em conjunto para expulsar pelo orifício todas as partes que dele estão mais próximas e, assim, causam um vento que sopra daí para *F*. E porque há sempre novas partes dessa água, as quais, sendo elevadas pelo calor acima da superfície *AC*, estendem-se

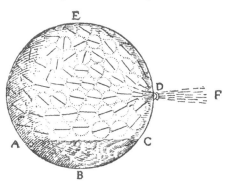

e afastam-se entre si enquanto saem pelo orifício *D*, esse vento não cessa até que toda a água da bola seja exalada, ou então até que tenha cessado o calor que a faz exalar. Ora, os ventos comuns que imperam no ar fazem-se quase da mesma maneira que este aqui, e há principalmente duas coisas em que eles diferem.[10] A primeira é que os vapores, dos quais eles são compostos,

---

p.115-24), faz referência à eolípila no mesmo contexto em que a utiliza neste Quarto Discurso de *Os meteoros*. Sua função é explicar de que modo os ventos são produzidos a partir dos vapores. Trata-se, evidentemente, de um vento artificial, mas cuja produção tem em vista explicar por analogia os ventos naturais.

10 A expressão "este aqui" refere-se ao vento produzido pela eolípila. Após a referência a esse dispositivo experimental e seu funcionamento, Descartes conclui que os ventos naturais são praticamente análogos àquele produzido experimentalmente, exceto por duas diferenças (que compõem a parte negativa da analogia). Na primeira delas, ele observa que os vapores naturais que compõem os ventos não provêm apenas da água, tal como na eolípila, mas também das terras úmidas. A segunda diferença coloca em cena o fato de que os vapores naturais não estão contidos no ar,

não se elevam somente da superfície da água, como nesta bola, mas também das terras úmidas, das neves e das nuvens, de onde comumente eles saem com mais abundância do que da água pura, porque suas partes encontram-se aí quase todas disjuntas // e desunidas, sendo, assim, tanto mais fáceis de separar. A segunda é que esses vapores, não podendo ser encerrados no ar tal como em uma eolípila, são somente impedidos de estender-se igualmente para todos os lados pela resistência de alguns outros vapores, ou de

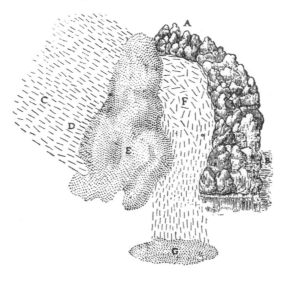

como ocorre naquele presente no interior de uma eolípila, mas são impedidos por diversos obstáculos naturais como outros vapores e ventos, nuvens e montanhas. Descartes explica o funcionamento desses impedimentos ou obstáculos naturais na continuidade do texto, valendo-se para isso da figura que ilustra os diversos elementos naturais em jogo. Cabe ressaltar que as analogias contêm aspectos positivos e negativos. Assim, uma boa analogia é aquela na qual as semelhanças superam as dessemelhanças. No presente caso, a utilizada por Descartes pode ser tomada como uma boa analogia, uma vez que as dessemelhanças entre os ventos naturais e os artificiais são menores do que as semelhanças. Mais do que isso, a analogia coloca em evidência uma característica fundamental do tipo mecânico de explicação ao qual Descartes recorre, no qual o choque das partes dos vapores, quer provenientes da água ou das terras úmidas, têm um papel predominante na produção dos ventos naturais e artificiais. Ainda que, como ele adverte, os ventos naturais não sejam produzidos totalmente pelos vapores, mas também pelas exalações e pela dilatação do ar, a contribuição das exalações é pequena quando comparada com a função exercida pelos vapores.

algumas nuvens, ou de algumas montanhas, ou, enfim, de algum vento que tende para o lugar onde eles estão; mas, em compensação, há alhures, amiúde, outros vapores que se adensam e condensam ao mesmo tempo em que estes se dilatam, determinando-os a tomar seu curso para o espaço que lhes é deixado por eles. Se imaginardes, por exemplo, que existem agora fortes vapores no lugar do ar marcado $F$, os quais se dilatam e tendem a ocupar um espaço incomparavelmente maior do que aquele que os contêm, e que existem, ao mesmo tempo, outros vapores em $G$, os quais, // contraindo-se e transformando-se em água ou em neve, abandonam a maior parte do espaço no qual estavam, então não duvidareis que os vapores que estão em $F$ não tomarão seu curso para $G$, como tampouco comporão um vento que sopra para lá. Principalmente, se pensardes, com isso, que eles são impedidos de estender-se para $A$ e para $B$ pelas altas montanhas que aí se encontram, e para $E$, porque o ar é nesse lugar contraído e condensado por outro vento, o qual sopra de $C$ para $D$, e, enfim, que existem nuvens acima deles que os impedem de estenderem-se mais alto para o céu. E notai que, quando os vapores passam dessa maneira de um lugar para outro, eles levam ou empurram para adiante todo o ar que encontram em seu caminho e todas as exalações que estão no ar, de modo que, embora causem quase totalmente sozinhos os ventos, não são eles os únicos a compô-los; e notai também que a dilatação e a condensação dessas exalações e desse ar podem ajudar na produção desses ventos, porém isso é tão pouco em comparação com a dilatação e condensação dos vapores que aquela das exalações quase não deve ser levada em conta. Pois o ar, estando dilatado, ocupa apenas cerca de duas ou três vezes mais espaço do que quando está moderadamente condensado, ao passo que os vapores ocupam duas ou três mil vezes mais espaço. E as exalações não se dilatam, isto é, não se extraem dos corpos terrestres, a não ser pela ajuda de um grande calor, além do que, quase nunca podem, por qualquer frialdade, ser novamente tão condensadas quanto o eram anteriormente, ao passo que basta muito pouco calor para // fazer que a água se dilate em vapor e, novamente, muito pouca frialdade para fazer que os vapores transformem-se em água.

Mas vejamos agora em particular as propriedades e a geração dos principais ventos. Primeiramente, observa-se que todo o ar tem seu curso em

*Discurso do método & Ensaios*

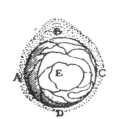

torno da Terra de oriente para ocidente, o que devemos aqui supor, porque a razão disso não pode ser comodamente deduzida a não ser explicando toda a estrutura do universo, o que não tenho o propósito de fazer.[11] Porém, em seguida, observa-se que os ventos orientais são comumente muito mais secos e tornam o ar muito mais claro e sereno do que os ventos ocidentais, cuja razão é que estes últimos, opondo-se ao curso comum dos vapores, detêm-nos, fazendo que se adensem em nuvens, enquanto os ventos orientais os expulsam, dissipando-os. Além disso, observa-se que é principalmente de manhã que sopram os ventos do oriente, e é à noite que sopram os do ocidente, cuja razão vos será manifesta se considerardes a Terra $ABCD$ e o Sol $S$, o qual, iluminando a metade $ABC$ e fazendo o meio-dia em $B$ e a meia-noite em $D$, põe-se em relação aos povos que habitam em $A$ e, ao mesmo tempo, nasce em relação àqueles que estão em $C$. Como os vapores que estão em $B$ são muito dilatados pelo // calor do dia, eles tomam seu curso, alguns passando por $A$ e outros por $C$, para $D$, onde ocuparão o lugar que deixaram aqueles vapores que o frescor da noite condensou, de modo que produzem um vento de ocidente para $A$, onde se põe o Sol, e um de oriente para $C$, onde ele nasce. E deve-se ainda notar que esse vento, que se faz assim para $C$, é comumente mais forte e sopra mais rapidamente do que aquele que se faz para $A$, tanto porque ele segue o curso de toda a massa do ar, como também porque a parte da Terra que está entre $C$ e $D$, tendo estado muito mais tempo sem ser iluminada pelo Sol do que a parte que está entre $D$ e $A$, a condensação dos vapores devia ocorrer mais cedo e maior. Observa-se também que é principalmente durante o dia que

---

11 É significativo que a primeira observação a propósito da apresentação das propriedades e "geração dos principais ventos" seja exatamente a observação de que há um "regime universal" dos ventos na circulação em torno da Terra de oriente para ocidente. Há aqui uma premissa subentendida que é a suposição do movimento de rotação da Terra, em torno de seu eixo, no mesmo sentido.

sopram os ventos do norte, e que eles vêm do alto para baixo e são muito violentos, muito frios e muito secos. Do que podeis ver a razão, considerando que a Terra *EBFD* é coberta por muitas nuvens e nevoeiros e nos polos *E* e *F* ela é muito pouco aquecida pelo Sol, e que em *B*, onde ele incide a prumo e excita grande quantidade de vapores, os quais, sendo muito agitados pela ação de sua luz, sobem muito rapidamente até que estejam tão elevados que a resistência de seu peso faça que lhes seja mais fácil desviarem-se e tomarem seu curso de um lado e de outro para *I* e *M*, acima das nuvens *G* e *K*, do que continuarem para mais alto em linha reta; e essas nuvens *G* e *K*, sendo também ao mesmo tempo aquecidas e rarefeitas pelo Sol, convertem-se em vapores, os quais tomam seu curso de *G* para *H* e de *K* para *L*, em vez de para *E* e para *F*, pois o ar espesso que está nos polos resiste-lhes muito mais do que os vapores que saem da Terra ao meio-dia, e os quais, sendo muito agitados e prontos a mover-se para todos os lados, podem facilmente ceder-lhes seu lugar. Assim, tomando *F* como o polo Ártico, o curso desses vapores de *K* para *L* produz um vento do norte, o qual sopra na Europa durante o dia. E esse vento sopra do alto para baixo, porque vem das nuvens para a Terra. E é comumente muito violento, por ser provocado pelo mais forte calor de todos, a saber, aquele do meio-dia, e pela matéria mais fácil de dissolver-se em vapor, a saber, as nuvens. Enfim, esse vento é muito frio e muito seco, tanto por causa de sua força, segundo o que foi dito, quanto porque os ventos impetuosos são sempre secos e frios; mas ele é seco por ser, em geral, composto das partes maiores da água doce misturadas com o ar, ao passo que a umidade depende principalmente das partes mais sutis, e estas quase nunca se encontram nas nuvens nas quais ele se engendra, pois, como vereis em breve, as partes mais sutis participam bem mais da natureza do gelo do que daquela da água, e esse vento é frio, porque traz consigo para o sul a matéria muito sutil que estava no norte, da qual depende principalmente a frialdade. Observa-se, de modo totalmente contrário, que os ventos do sul

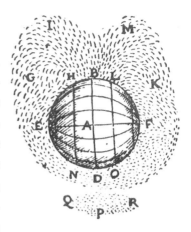

sopram mais comumente durante a noite, vêm de baixo para cima e são lentos e úmidos. A razão disso também pode ser vista // olhando novamente para a Terra *EBFD* e considerando que sua parte *D*, a qual está abaixo do equador e onde suponho que é agora noite, ainda retém suficientemente o calor que lhe foi comunicado pelo Sol durante o dia, de modo a fazer sair de si muitos vapores, ao passo que o ar que está acima em *P* não o retém na

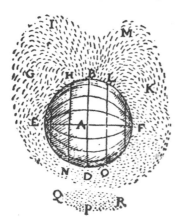

mesma proporção. Pois, geralmente, os corpos espessos e pesados sempre retêm seu calor por mais tempo do que os corpos leves e sutis, e os corpos duros retêm o calor por mais tempo do que os corpos líquidos. Isso causa que os vapores que se encontram em *P*, em vez de prosseguirem seu curso para *Q* e para *R*, param, adensando-se na forma de nuvens, as quais, impedindo que os vapores que saem da superfície da Terra em *D* elevem-se mais alto, obrigam esses vapores a tomar seu curso de um lado e de outro para *N* e para *O* e, assim, a produzir aí um vento do sul, o qual sopra principalmente durante a noite, vem de baixo para o alto, a saber, do solo para o ar, e não pode ser senão muito lento, tanto porque seu curso é retardado pelo adensamento do ar da noite, como também porque sua matéria, saindo somente da terra ou da água, não pode dilatar-se tão prontamente, nem em tão grande quantidade, como aquela dos outros ventos que comumente saem das nuvens. E, enfim, o vento do sul é quente e úmido, tanto por causa da lentidão de seu curso, como também de sua umidade, por ser composto das partes mais sutis // da água doce assim como das mais espessas, pois elas saem juntas da terra, e ele é quente porque traz consigo para o norte a matéria sutil que estava no sul. Observa-se também que, no mês de março, e geralmente em toda a primavera, os ventos são mais secos e as mudanças de ar mais súbitas e mais frequentes do que em qualquer outra estação do ano. A razão disso pode ser vista ainda, considerando a Terra *EBFD* e pensando que o Sol, que suponho estar em frente do círculo *BAD* que representa o equador, esteve três meses antes em frente do círculo *HN*, o qual representa o trópico de Capricórnio, e aqueceu muito menos a metade da Terra *BFD*, onde agora é primavera, do que a outra metade *BED*, onde agora é outono, e, por consequência, que essa metade *BFD* é muito mais coberta de neve e todo o ar que a circunda é muito mais espesso e mais repleto de nuvens do que todo o ar que circunda a outra metade *BED*, o que causa que, durante o dia, dilatem-se muito mais vapores e durante à noite, ao contrário, condensem-se muito mais. Isto porque a massa da Terra, estando mais aquecida, e a força do Sol não sendo menor, deve aí haver maior desigualdade entre o calor do dia e o frio da noite, e, assim, esses ventos do oriente, os quais eu disse soprarem principalmente de manhã, e os ventos do norte, os quais sopram em torno do meio-dia, são ambos muito secos e devem ser muito mais fortes e mais abundantes do que em qualquer outra estação, e porque os ventos do ocidente, os quais sopram à noite, devem ser também // bastante fortes, pela mesma razão que o são aqueles do oriente, os quais sopram de manhã, por pouco que o curso regular desses ventos seja adiantado, ou atrasado, ou desviado pelas causas particulares que podem mais ou menos dilatar ou adensar o ar em cada região, eles encontram-se mutuamente, engendrando as chuvas e as tempestades, as quais comumente cessam logo depois, porque os ventos do oriente e do norte que expulsam as nuvens permanecem dominantes. E creio que são esses ventos do oriente e do norte que os gregos chamavam de orníticos, porque trazem as aves que chegam na primavera. Mas, quanto aos ventos etésios, que os gregos observavam depois do solstício de verão, é verossímil que procedam dos vapores que o Sol eleva das terras e das águas do setentrião, depois de ter ficado muito tempo no trópico de Câncer. Pois vós sabeis que o Sol detém-se em proporção maior nos trópicos do que no espaço que está entre os dois trópicos, e deve-se pensar que, durante os meses de março, abril e maio, ele dissolve em vapores e ventos a maioria das nuvens e das neves que estão no nosso polo, mas que não pode aquecer com força suficiente as terras e as águas no polo para delas elevar outros vapores que causem ventos, senão algumas semanas depois, quando esse grande dia de seis meses que aí se faz está um pouco além de seu meio-dia.

Contudo, esses ventos gerais e regulares seriam sempre tal como os expliquei se a superfície da Terra fosse por toda parte igualmente coberta de água, ou por toda parte igualmente descoberta, de modo que não houvesse nela qualquer diversidade de mares, de terras e de // montanhas, nem qualquer outra causa que pudesse dilatar os vapores senão a presença do Sol, ou condensá-los em sua ausência. Mas deve-se notar que, quando o Sol brilha, ele comumente faz sair mais vapores dos mares do que das terras, porque as terras, encontrando-se secas em muitos lugares, não lhe fornecem tanta matéria, e que, ao contrário, quando ele está ausente, o calor que ocasionou faz sair mais vapores das terras do que dos mares, porque nelas o calor permanece mais fortemente impresso. É por isso que se observa amiúde, nas costas do mar, que o vento vem, durante o dia, do lado em que está a água e, à noite, do lado em que está a terra. E é também por isso que esses fogos, chamados ardentes, conduzem à noite os viajantes pelas águas, pois eles seguem indiferentemente o curso do ar que sopra para as terras vizinhas, porque aquele que já estava lá se condensa. Deve-se também notar que o ar que toca a superfície das águas segue de alguma maneira seu curso, donde decorre que os ventos mudam amiúde ao longo das costas do mar, com seus fluxos e refluxos, e que, ao longo dos grandes rios, sentem-se em tempo calmo pequenos ventos que seguem o curso desses rios. Além disso, deve-se também notar que os vapores que vêm das águas são bem mais úmidos e mais espessos do que aqueles que se elevam das terras, e que entre estes últimos sempre existe muito mais ar e exalações. Segue-se que as próprias tempestades são comumente mais violentas sobre a água do que sobre a terra e que um mesmo vento pode ser seco em uma região e úmido em outra, do mesmo modo que se diz que os ventos do sul, que são úmidos em quase todos os lugares, são secos no Egito, onde não // há senão as terras secas e queimadas do restante da África para lhes fornecerem matéria. E essa é, sem dúvida, a causa de quase nunca chover na África, pois, ainda que os ventos do norte, vindos do mar, sejam úmidos, pelo fato de, com isso, eles serem os mais frios que se encontram, não podem facilmente causar a chuva, como entendereis a seguir. Além disso, deve-se considerar que a luz da Lua, a qual é muito desigual segundo a Lua se distancie ou se aproxime do Sol, contribui para a dilatação dos vapores, como também faz a luz dos outros astros, mas que é somente na mesma proporção que sentimos que ela age contra nossos olhos, pois são eles os juízes mais certos que poderíamos ter para conhecer a força da luz, e que, por consequência, a força da luz das estrelas é muito pouco considerável em comparação com a força da luz da Lua, assim como esta última em comparação com a do Sol. Enfim, deve-se considerar que os vapores se elevam muito desigualmente das diversas regiões da terra, pois as montanhas são aquecidas pelos astros de outra maneira que a das planícies, e as florestas de outra maneira que a das praias, e os campos cultivados de outra maneira que o dos desertos, e mesmo certas terras são mais quentes por si mesmas ou mais fáceis de aquecer do que outras. E, em seguida, ao formarem-se no ar nuvens muito desiguais, que podem ser transportadas de uma região para outra pelos ventos mais brandos e sustentadas a diversas distâncias da terra, e mesmo muitas nuvens juntas umas sobre as outras, os astros agem novamente de outra maneira sobre as regiões mais altas do que sobre as mais baixas, e mais sobre estas últimas do que sobre a terra que está // embaixo, e agem de outra maneira mais sobre os mesmos lugares da Terra quando não há nuvens que os cubram do que quando há nuvens, e mais depois que choveu ou nevou do que antes. Isso faz que seja quase impossível prever os ventos particulares que devem estar a cada dia em cada região da Terra, e até mesmo que existam amiúde muitos ventos contrários que passam uns sobre os outros. Mas será possível determinar em geral quais devem ser os ventos mais frequentes e os mais fortes, e em quais lugares e em quais estações eles devem predominar, desde que se preste atenção exatamente a todas as coisas que foram aqui consideradas. E será possível determinar ainda muito melhor nos grandes mares, principalmente nos lugares muito distantes da Terra, porque, não havendo quaisquer desigualdades na superfície da água, semelhantes àquelas que acabamos de considerar sobre as terras, engendram-se muito menos ventos irregulares, e aqueles que vêm das costas quase não podem chegar até lá, como bem testemunha a experiência de nossos marinheiros, os quais, por essa razão, deram ao mais largo de todos os mares o nome de Pacífico. E não tenho aqui conhecimento de mais nada digno de consideração a não ser que quase todas as súbitas mudanças do ar, tal como aquela de tornar-se mais quente, mais rarefeito ou mais úmido do que o requerido pela estação, dependem dos ventos, não somente daqueles que estão nas mesmas regiões onde se produzem essas mudanças, mas também daqueles que estão próximos delas, e das diversas causas das quais os ventos procedem. Pois, por exemplo, enquanto sentimos um vento do // sul, o qual, procedendo unicamente de alguma causa particular e tendo sua origem muito próxima de onde estamos, não traz muito calor, se existir um vento do norte nas regiões vizinhas, o qual vem de muito longe ou de muito alto, então a matéria muito sutil que este último traz consigo pode facilmente chegar até nós, causando um frio extraordinário. E esse vento do sul, não saindo senão do lago vizinho, pode ser muito úmido, ao passo que, se viesse dos campos desertos que estão mais distantes, seria mais seco. E não sendo causado senão pela dilatação dos vapores desse lago, sem que a condensação de quaisquer outros que estejam no setentrião contribua para isso, esse vento deve tornar nosso ar bem mais espesso e bem mais pesado do que se ele fosse unicamente causado por essa condensação, sem produzir alguma dilatação de vapores no sul. Se acrescentarmos a isso que a matéria sutil e os vapores que estão nos poros da terra, tomando diversos cursos, fazem o mesmo que os ventos que trazem consigo exalações de todos os tipos, segundo as qualidades das terras por onde passam, e que, além disso, as nuvens, ao abaixarem-se, podem causar um vento que expulsa o ar do alto para baixo, como direi a seguir, teremos, creio, todas as causas das mudanças do ar que são notadas.

## // Quinto discurso
### Das nuvens

Após ter considerado como os vapores, ao dilatar-se, causam os ventos, deve-se ver como, ao condensar-se e comprimir-se, eles compõem as nuvens e os nevoeiros. A saber, quando os vapores se tornam notavelmente menos transparentes do que o ar puro, caso se estendam até a superfície da Terra, recebem o nome de nevoeiros, mas, se permanecem suspensos mais altos, recebem o nome de nuvens. E deve-se notar que aquilo que faz os vapores tornarem-se assim menos transparentes do que o ar puro é que, quando seu movimento diminui e suas partes estão bastante próximas para estar mutuamente em contato, estas se reúnem, juntando-se em diversos pequenos amontoados, os quais são como gotas de água ou, ainda, parcelas de gelo.[12]

---

12 O termo utilizado por Descartes é *"parcelle"*. Optamos pela tradução "parcela" em vez de "partícula", tendo em vista que este último termo faz parte do vocabulário corrente do atomismo. Para uma discussão sobre o atomismo no período moderno, ver Gaugroker, 2006, cap.8; Clericuzio, 2000; Kargon, 1966, cap.7.

Pois, enquanto permanecem efetivamente separadas e suspensas no ar, as partes do vapor quase não podem impedir o curso da luz, ao passo que, estando juntas, ainda que as gotas de água ou as parcelas de gelo que elas compõem sejam transparentes, pelo fato de cada uma de suas superfícies fazer refletir uma parte dos raios incidentes, como foi dito em *A dióptrica* de todas as superfícies dos corpos transparentes, essas superfícies encontram-se facilmente em número // bastante grande para fazer que todos ou quase todos os raios sejam refletidos.[13] E quanto às gotas de água, elas formam-se quando a matéria sutil que está em torno das pequenas partes dos vapores, não tendo mais força suficiente para fazer que estas se estendam, expulsando-se mutuamente, tem força suficiente pelo menos para fazer que elas se dobrem e que, em seguida, todas aquelas que se encontram liguem-se e acumulem-se conjuntamente em uma bola. E a superfície dessa bola torna-se imediatamente toda igual e toda polida, porque as partes do ar que a tocam movem-se de outra maneira que suas partes, e também porque a matéria sutil que está em seus poros move-se de outra maneira que a matéria sutil que está nas partes do ar, como há pouco foi explicado quando falei da superfície da água do mar. E também, pela mesma razão, ela torna-se exatamente redonda, pois, como podeis ter muitas vezes visto, a água dos rios rodopia e faz círculos nos lugares onde há alguma coisa que a impede de mover-se em linha reta tão velozmente quanto a sua agitação o requer; assim, deve-se pensar que a matéria sutil, escorrendo através dos poros dos outros corpos da mesma maneira que um rio através dos intervalos das relvas que crescem em seu leito, passando mais livremente de um lugar do ar para outro e também de um lugar da água para outro, como também do ar para a água ou, reciprocamente, da água para o ar, como se considerou em outro

---

13 Descartes refere-se ao primeiro parágrafo do Nono Discurso de *A dióptrica*, dedicado à descrição das lunetas (sobre o termo "luneta", ver a nota 45 de *A dióptrica*). É nesse momento que ele explica a razão pela qual o cristal da montanha reflete mais raios do que o vidro e, portanto, não é tão adequado quanto o segundo para a produção de lentes. Além disso, ele retoma a sua concepção sobre a natureza da luz, claramente envolvida com a hipótese da matéria sutil (ver também a nota 46 de *A dióptrica*).

lugar,[14] deve rodopiar dentro dessa gota e também exteriormente no ar que a envolve, mas em outra medida que no seu interior e, por esse meio, dispor de modo arredondado todas as partes de sua superfície. Pois essas partes não podem deixar de obedecer a seus movimentos, // porque a água é um corpo líquido. E sem dúvida isso é suficiente para fazer entender que as gotas de água devem ser exatamente redondas, no sentido de que suas seções são paralelas à superfície da Terra, pois não há razão para que algumas partes de sua circunferência estejam distanciadas ou próximas de seus centros mais do que as outras nesse mesmo sentido, visto que elas não são nem mais nem menos pressionadas de um lado do que de outro pelo ar que as envolve, pelo menos se ele for calmo e tranquilo, como devemos supor aqui. Mas porque, considerando-as em outro sentido, pode-se duvidar, quando são tão pequenas, de que seu peso não tem a força de fazer que elas dividam o

ar para descer, se isso não as deixa um pouco mais planas e menos espessas em sua altura do que em sua largura, como $T$ ou $V$, deve-se considerar que elas têm o ar em torno de seus lados assim como embaixo e que, se seu peso não é suficiente para fazer que o ar que está embaixo abandone seu lugar, deixando-as descer, ele tampouco pode ser suficiente para fazer que se retire o ar que está nos lados, permitindo que se tornem mais largas. E porque, ao contrário, pode-se duvidar, quando seu peso as faz descer, de que o ar que as gotas de água dividem não as torne um pouco mais longas e estreitas, como $X$ ou $Y$, deve-se ainda considerar que, estando envolvidas de ar por todos os lados, o ar que elas dividem, e do qual vão ocupar o lugar ao descerem, deve subir ao mesmo tempo para cima delas, de modo a aí preencher o lugar que elas deixam, e que ele só pode fazê-lo escorrendo ao longo de toda // a sua superfície, onde encontra o caminho mais curto e mais fácil quando elas são redondas do que se tivessem alguma outra figura,

---

14 Descartes refere-se aos capítulos 8 e 9 de *O mundo ou tratado da luz*, nos quais ele trata, respectivamente, da formação do Sol e das estrelas e da origem e curso dos planetas e cometas (cf. AT, XI, p.48-63; Descartes, 2008 [1633], p.69-90; Descartes, 2009 [1633], p.105-35). A analogia do curso dos planetas com o comportamento das águas dos rios é apresentada no capítulo 8.

pois todos sabem que, de todas as figuras, é a redonda que é a mais capaz, isto é, aquela que tem a menor superfície em proporção ao tamanho dos corpos que ela contém. E assim, qualquer que seja a maneira que se queira considerá-las, essas gotas devem sempre permanecer redondas, a não ser que a força de algum vento, ou de alguma outra causa particular, venha impedir isso. Quanto a seu tamanho, ele depende de que as partes do vapor estejam mais ou menos próximas entre si, quando começam a compor essas gotas, e também de que elas sejam, depois, mais ou menos agitadas, e da quantidade de outros vapores que podem vir juntar-se a elas. Pois cada gota de água compõe-se inicialmente apenas de duas ou três pequenas partes de vapor que se encontram, mas imediatamente depois, se esse vapor se torna um pouco espesso, duas ou três gotas que se haviam formado, ao encontrarem-se, juntam-se em uma única gota e, novamente, duas ou três gotas juntam-se ainda em mais uma gota, e assim por diante, até o momento em que elas não possam mais encontrar-se. E enquanto as gotas de água sustentam-se no ar, outros vapores podem vir juntar-se a elas, tornando-as maiores, até o momento em que, enfim, seu peso as faça cair como chuva ou orvalho.

Quanto às pequenas parcelas de gelo, elas se formam quando o frio é tão grande que as partes do vapor não podem ser dobradas pela matéria sutil que está entre essas partes. E, se esse frio não sobrevém senão após as gotas já estarem formadas, ele as deixa totalmente // redondas ao gelá--las, a não ser que seja acompanhado por algum vento bastante forte que as faça tornar-se um pouco planas do lado em que ele as encontra. E, ao contrário, se o frio sobrevém antes mesmo que as gotas tenham começado a formar-se, as partes do vapor não se juntam a não ser longitudinalmente, compondo filetes de gelo muito tênues. Mas se o frio sobrevém entre esses dois momentos, o que é mais comum, ele gela as partes do vapor enquanto elas se dobram, amontoando muitas, sem permitir-lhes unirem-se perfeitamente para formar as gotas; e, assim, o frio produz nelas pequenos nós ou novelos completamente brancos, porque são compostos de muitos filetes, os quais não deixam de estar separados e de ter, cada um, suas superfícies distintas, ainda que estejam dobrados uns sobre os outros. E esses nós são como veludos ou cobertos de pelo em todo o entorno, porque neles sempre existem muitas partes de vapor, as quais, sem poder dobrar-se e amontoar-se tão depressa quanto as outras, aplicam-se totalmente retas contra estas, compondo os pequenos pelos que as cobrem; e, segundo esse frio venha mais lentamente ou de imediato e o vapor seja mais espesso ou mais rarefeito, esses nós formam-se mais grossos ou menores, ao passo que os pelos ou filetes que os envolvem, mais fortes e mais curtos, ou mais tênues e mais longos.

E podeis ver a partir disso que há sempre duas coisas requeridas para converter os vapores em água ou em gelo, a saber, que suas partes estejam bastante próximas para tocarem-se entre si e que haja suficiente frialdade em torno delas para fazer que, ao // se tocarem, elas se juntem e detenham umas às outras. Pois não seria suficiente que sua frialdade fosse muito grande se as partes do vapor estivessem esparsas no ar tão distantes que de nenhum modo se tocassem entre si, nem tampouco que estivessem muito próximas umas das outras e muito espremidas, se seu calor, isto é, sua agitação, fosse suficientemente forte para impedi-las de juntar-se. Assim, não se vê que as nuvens sempre se formem no alto do ar, embora o frio aí seja sempre suficiente para esse efeito, e requer-se, além disso, que um vento ocidental, opondo-se ao curso ordinário dos vapores, reúna-os, condensando-os nos locais onde ele termina, ou, então, que dois ou mais ventos, vindos de diversos lados, pressionem os vapores, acumulando-os, ou que um desses ventos expulse-os para uma nuvem já formada, ou, enfim, que os vapores se juntem por si mesmos na parte inferior de alguma nuvem enquanto saem da terra. E nem sempre se formam os nevoeiros ao nosso redor, nem no inverno, ainda que o ar esteja frio, nem no verão, ainda que os vapores sejam bastante abundantes, a não ser quando a frialdade do ar e a abundância dos vapores ocorrem conjuntamente, tal como acontece muitas vezes ao anoitecer e à noite, quando precede um dia bastante quente, principalmente na primavera, mais do que em outras estações, e mesmo mais do que no outono, porque há mais desigualdade entre o calor do dia e o frio da noite, e também mais desigualdade nos lugares pantanosos ou marítimos do que sobre as terras que estão longe das águas, ou sobre as águas que estão longe das terras, porque a água, perdendo seu calor antes do que a terra, // arrefece o ar no qual se condensam os vapores que as terras úmidas e quentes produzem em abundância. Mas os maiores nevoeiros, como também as nuvens, formam-se nos lugares onde termina o curso de dois ou mais ventos. Pois esses ventos expulsam para esses lugares muitos vapores que aí se adensam em nevoeiros, se o ar próximo da terra é muito frio, ou em nuvens, se o frio é suficiente para condensá-los somente mais alto. E notai que as gotas de água, ou as parcelas de gelo, dos quais os nevoeiros são compostos, não podem senão ser muito pequenas, pois, se tivessem um tamanho pouco maior, seu peso faria que descessem bastante rapidamente para o solo, de modo que não diríamos que são nevoeiros, mas chuva ou neve; e, com isso, notai que jamais pode haver algum vento onde os nevoeiros estão que não os dissipe logo depois, principalmente quando eles são compostos de gotas de água, pois a menor agitação do ar faz que essas gotas, juntando-se várias em uma única, engrossem-se e caiam como chuva ou orvalho. Notai também, quanto às nuvens, que elas podem ser produzidas a diversas distâncias da superfície da Terra, segundo os vapores tenham a liberdade de subir mais ou menos alto antes de serem suficientemente condensados para compô-las. Donde se segue que se veem, muitas vezes, várias nuvens umas acima das outras e, mesmo, que são agitadas por diversos ventos. E isso ocorre principalmente em regiões montanhosas, porque o calor que eleva os vapores age nesses lugares mais desigualmente do que em outros. Deve-se notar, além disso, que as mais altas dessas nuvens quase nunca podem ser compostas // de gotas de água, mas somente de parcelas de gelo, pois é certo que o ar onde elas estão é mais frio, ou, pelo menos, tão frio quanto aquele que está no cume das altas montanhas, o qual, todavia, é suficiente, mesmo em pleno verão, para impedir que as neves se derretam. E porque, quanto mais alto os vapores se elevam, mais encontram o frio que os gela e menos podem ser comprimidos pelos ventos, segue-se disso que, comumente, as partes mais altas das nuvens não se compõem senão de filetes de gelo muito tênues, os quais estão dispersos cada vez mais distantes no ar. A seguir, um pouco abaixo, formam-se os nós ou novelos desse gelo, os quais são muito pequenos e cobertos de pelos, e gradualmente formam-se abaixo ainda outros um pouco menores e, enfim, algumas vezes, na região mais baixa, formam-se as gotas de água. E quando o ar que contém os filetes está inteiramente calmo e tranquilo, ou ainda, quando todo o ar é igualmente levado por algum vento, tanto essas gotas quanto essas parcelas de gelo podem permanecer dispersas, muito afastadas e sem qualquer ordem, de modo que, então, a forma das nuvens em nada difere daquela dos nevoeiros. Mas, porque elas são comumente empurradas pelos ventos que não ocupam igualmente todo o ar que as envolve, os quais, não podendo consequentemente fazê-las mover-se na mesma medida que esse ar, fluem por cima e por baixo, pressionando-as e obrigando-as a tomar a figura que menos pode impedir seu movimento, de modo que aquelas de suas superfícies contra as quais passam esses ventos tornam-se todas planas e unidas. E desejo aqui particularmente // que noteis que todos os pequenos nós ou novelos de neve, os quais se encontram nessas superfícies, arranjam-se exatamente de tal maneira que cada um deles tem seis outros em torno de si, os quais o tocam, ou, pelo menos, não estão mais afastados dele do que um do outro. Suponhamos, por exemplo, que acima do solo *AB* venha um vento do lado ocidental *D*, o qual se opõe ao curso comum do ar, ou, se preferirdes, a outro vento que vem do lado oriental

*C*, e suponhamos que esses dois ventos detêm-se inicialmente um ao outro, em torno do espaço *FGP*, onde condensaram alguns vapores, dos quais fizeram uma massa confusa, enquanto, ao equilibrar suas forças e serem iguais nesse lugar, mantinham o ar calmo e tranquilo. Pois ocorre muitas vezes que dois ventos opõem-se dessa maneira, porque existem sempre vários ventos diferentes em torno da Terra ao mesmo tempo, e também que cada um deles segue comumente, sem desviar-se, seu curso para o lugar onde encontra um vento contrário que lhe resiste. Mas suas forças não podem permanecer assim equilibradas por muito tempo, enquanto sua matéria aflui cada vez mais, se esses ventos não cessarem completamente ao mesmo tempo, o que é raro, de modo que o mais forte toma, enfim, seu curso por baixo ou por cima // da nuvem, ou também pelo centro ou por todo o entorno, segundo o que se encontre mais disposto a fazer, por meio do que, se esse vento não amortece inteiramente o outro, pelo menos o obriga a desviar-se. Como aqui, onde suponho que o vento ocidental, tendo tomado seu curso entre G e P, obriga o oriental a passar por baixo em F, onde fez cair como orvalho o nevoeiro que aí estava, retendo depois, acima de si,

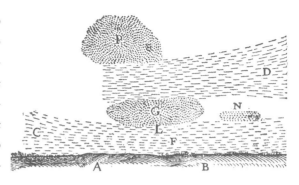

a nuvem G, a qual, encontrando-se pressionada entre esses dois ventos, torna-se muito plana e extensa. E os pequenos novelos de gelo que estavam em sua superfície, tanto acima como abaixo, como também na superfície embaixo da nuvem P, tiveram de arranjar-se de tal maneira que cada um deles tinha seis outros novelos que o circundavam, pois não seria possível imaginar razão alguma que os tivesse impedido, e, naturalmente, todos os corpos redondos e iguais, os quais são movidos em um mesmo plano por uma força bastante semelhante, arranjam-se dessa maneira, tal como podereis ver por experiência, jogando confusamente um colar ou dois de pérolas redondas desfiadas sobre um prato e sacudindo-as, ou soprando somente um pouco contra elas, a fim de que elas se aproximem umas das outras. Mas notai que falo aqui somente das superfícies inferiores ou superiores, e não das laterais, porque a quantidade // desigual de matéria que os ventos podem empurrar a cada momento contra as superfícies laterais, ou mesmo retirar delas, torna geralmente a figura de seu perímetro muito irregular e desigual. Não acrescento senão que os pequenos nós de gelo, os quais compõem o interior da nuvem G, devem arranjar-se da mesma maneira que aqueles da superfície, porque isso não é uma coisa totalmente evidente. Mas desejo que vós considereis ainda os ventos que podem deter-se embaixo da nuvem, após ela ter sido totalmente formada, pois, enquanto ela permanece suspensa no espaço G, se alguns vapores saem das regiões da terra que estão em A, os quais, arrefecendo-se no ar pouco a pouco, convertem-se em pequenos nós de gelo que o vento expulsa para L, então não há dúvida alguma de que esses nós devem arranjar-se de tal maneira que cada um deles seja rodeado de seis outros nós, os quais o pressionam igualmente, estão no mesmo plano e, assim, compõem, inicialmente, como que uma folha que se estende sob a superfície dessa nuvem, depois ainda outra folha que se estende sob esta última e, assim, ainda outras folhas, enquanto houver matéria. E, além disso, deve-se considerar que o vento que passa entre a superfície da Terra e essa nuvem, agindo com mais força contra a mais baixa dessas folhas do que contra aquela que está imediatamente acima, e com mais força contra esta última do que contra aquela que está ainda mais acima, e assim por diante, pode arrastá-las e fazer mover separadamente uma da outra, polindo assim suas superfícies, ao rebaixar dos dois lados os pequenos pelos que estão em torno dos novelos dos quais as nuvens são compostas. E esse vento pode mesmo fazer // deslizar parte dessas folhas para fora da parte inferior dessa nuvem G e transportá-las para mais longe, como para N,

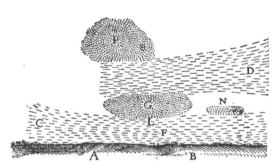

onde elas compõem uma nova nuvem. E embora eu tenha aqui falado somente das parcelas de gelo que são como amontoados em forma de pequenos nós ou novelos, o mesmo pode ser também facilmente entendido das gotas de água, desde que o vento não seja tão forte para fazer que elas se empurrem umas contra as outras, ou, então, desde que exista em torno delas algumas exalações, ou, como acontece amiúde, alguns vapores ainda não dispostos a tomar a forma da água, os quais as separam, pois, de outro modo, tão logo se tocam, elas se juntam várias em uma única e, assim, tornam-se tão grandes e tão pesadas que são obrigadas a cair como chuva.

Contudo, o que há pouco eu disse, que a figura do perímetro de cada nuvem é comumente muito irregular e desigual, não se deve entender senão das figuras que ocupam menos espaço, em altura e largura, do que os ventos que as envolvem. Pois encontra-se algumas vezes tão grande abundância de vapores no lugar onde se encontram dois ou vários ventos, que as nuvens obrigam esses ventos a rodopiar em torno delas, em vez de passar por cima ou por baixo, e, desse modo, os vapores formam uma nuvem extraordinaria-

**291** mente grande, a qual, sendo // igualmente pressionada de todos os lados por esses ventos, torna-se toda arredondada e muito unida em seu perímetro, e também que, quando esses ventos são um pouco quentes ou, então, quando a nuvem é exposta ao calor do Sol, ela adquire como que uma casca ou uma crosta de muitos fragmentos de gelo reunidos, a qual pode tornar-se bastante grande e espessa sem que seu peso a faça cair, porque todo o resto da nuvem a sustenta.

## Sexto discurso
*Da neve, da chuva e do granizo*

Há muitas coisas que comumente impedem que as nuvens desçam imediatamente após serem formadas.[15] Pois as parcelas de gelo ou as gotas de água a partir das quais as nuvens são compostas, sendo inicialmente muito pequenas e, por consequência, tendo muita superfície proporcionalmente à quantidade de sua matéria, a resistência do ar que elas deveriam dividir, se descessem, pode facilmente ter mais força para impedi-las do que seu peso para superar a resistência do ar. Assim, os ventos que comumente são mais fortes próximos à superfície da Terra, onde seus corpos são mais densos do que no alto do ar, onde este é mais sutil, e os quais, por essa causa, agem mais **292** de baixo para cima do que do alto para // baixo, podem não somente sustentar as nuvens, mas também, muitas vezes, fazê-las subir acima da região do ar em que elas se encontram. E o mesmo podem fazer também os vapores, os quais, saindo da superfície terrestre ou vindo de algum outro lado, inflam o ar que está abaixo deles, ou o mesmo também pode somente o calor desse ar, o qual, dilatando esse ar, empurra as nuvens, ou a frialdade do ar que está

---

15 Após tratar das nuvens, suas propriedades e composição, Descartes passa a explicar o modo como se dissipam, transformando-se em neve, chuva ou granizo. Este discurso comportará a partir daqui uma descrição (à guisa de explicação) da mecânica (do processo) de formação das parcelas de gelo que compõem as nuvens, concluindo com a apresentação das várias figuras (traçadas na imaginação) dessas parcelas (p.292). A descrição só faz uso da ação de ventos frios ou quentes, secos ou úmidos, fracos ou fortes, que realizam ações mecânicas tais como raspar ou polir a superfície das nuvens ou pressionar as parcelas de gelo etc.

acima das nuvens, a qual, contraindo-o, atrai as nuvens para si, ou coisas semelhantes. E particularmente as parcelas de gelo, sendo empurradas pelos ventos umas contra as outras, entrechocam-se sem que por isso se unam completamente, compondo um corpo tão raro, tão leve e tão extenso que, se não sobreviesse um calor que fundisse algumas de suas partes e, por esse meio, o condensasse, tornando-o mais pesado, ele jamais poderia descer até o solo. Contudo, como foi dito anteriormente que a água é, de algum modo, dilatada pelo frio quando se congela, deve-se, então, considerar aqui que o calor, o qual costuma tornar rarefeitos os outros corpos, comumente condensa o corpo das nuvens. E isso é fácil de experimentar na neve, que é feita da mesma matéria das nuvens, exceto que ela já é mais condensada, pois vê-se que, quando é colocada em um lugar quente, ela se comprime e diminui muito seu tamanho antes de soltar alguma água ou de diminuir de peso. Isso acontece enquanto as extremidades das parcelas de gelo, das quais as nuvens são compostas, sendo mais tênues do que o resto, fundem-se antes e, ao fundir-se, isto é, ao dobrar-se e tornar-se como que vivas e frementes devido à agitação da matéria sutil que as envolve, elas deslizarão // e ligar-se-ão às parcelas vizinhas de gelo, sem por isso separar-se daquelas com as quais já estavam unidas e, assim, elas se aproximarão umas das outras. Mas, porque as parcelas que compõem as nuvens estão comumente cada vez mais afastadas entre si do que as que compõem a neve que está sobre a superfície da Terra, elas não podem assim aproximar-se de algumas de suas vizinhas sem afastar-se, do mesmo modo, de algumas outras, o que faz que, tendo estado anteriormente dispersas de igual modo pelo ar, elas se dividam posteriormente em vários pequenos flocos, os quais se tornam tanto maiores quanto as partes da nuvem forem mais cerradas e o calor, mais fraco. E mesmo quando algum vento, ou alguma dilatação de todo o ar que está acima da nuvem, ou outra tal causa semelhante que faça que os mais altos desses amontoados ou flocos desçam primeiro, então estes se ligam aos flocos que se encontram embaixo em seu caminho, tornando-os assim maiores. Depois disso, o calor, condensando-os e tornando-os cada vez mais pesados, pode facilmente fazê-los descer até a terra. E quando os flocos descem assim, sem estarem efetivamente fundidos, eles compõem a neve, mas, se o ar por onde passam é tão quente que os funde, como sempre ocorre durante o verão e, muito amiúde, em outras estações de nossa região, eles se convertem em chuva. E também acontece algumas vezes que, após terem sido assim quase fundidos, sobrévem algum vento frio, o qual, congelando novamente esses flocos, transforma-os em granizo.

Ora, esse granizo pode ser de muitos tipos, pois, se o vento frio que inicialmente o causa encontra // gotas de água já formadas, ele faz grãos de gelo totalmente transparentes e redondos, exceto quando ele os torna algumas vezes um pouco planos do lado em que ele os empurra. E se o vento frio encontra inicialmente os flocos de neve quase fundidos, mas que ainda não estejam arredondados na forma de gotas de água, então ele torna esse granizo pontiagudo e com diversas figuras irregulares, cujos grãos algumas vezes tornam-se muito grandes, porque são formados por um vento frio que, empurrando a nuvem do alto para baixo, empurra muitos desses flocos uns contra os outros, gelando-os todos em uma única massa. E deve-se aqui considerar que, quando esse vento se aproxima desses flocos que se fundem, ele faz que o calor do ar que os envolve, isto é, a matéria sutil mais agitada e menos sutil que se encontra nesse ar, retire-se para o interior de seus poros, porque ele não pode penetrá-los imediatamente. Da mesma maneira que, na superfície da Terra, algumas vezes, quando começa repentinamente um vento ou uma chuva que resfria o ar externo, entra mais calor nas casas do que entrava antes. E o calor, o qual está nos poros desses flocos, mantém-se mais em suas superfícies do que em seus centros, uma vez que a matéria sutil que causa aí o calor pode melhor continuar seus movimentos, enquanto, na superfície, ele os funde cada vez mais, um pouco antes de começarem novamente a congelar-se, e mesmo os flocos mais líquidos, isto é, aqueles nos quais as partes mais agitadas encontram-se em outro lugar, tendem também para a superfície, ao passo que aquelas partes que não conseguem fundir-se permanecem no centro. Donde se segue que o exterior de cada grão desse granizo, sendo comumente composto de um gelo contínuo e transparente, // contém em seu centro um pouco de neve, tal como podereis ver ao quebrá-los. E porque o granizo quase nunca cai a não ser no verão, isso vos assegurará que as nuvens podem ser compostas por parcelas de gelo tanto no verão como no inverno. Mas a razão que impede que quase não possa cair granizo no inverno, pelo menos aqueles cujos grãos são um pouco grandes, é que quase nunca chega suficiente calor até as nuvens para que ocorra esse efeito, a não ser quando as nuvens estão tão baixas que sua matéria, estando fundida ou quase fundida, não tenha tempo de congelar-se novamente antes de ter descido até a superfície terrestre. Ora, se a neve ainda não está tão fundida, mas somente um pouco reaquecida e amolecida, quando sobrevém o vento frio que a converte em granizo, ela não se torna completamente transparente, mas permanece branca como o açúcar. E, se os flocos dessa neve são suficientemente pequenos, como do tamanho de uma ervilha ou mesmo menor, cada um deles converte-se em um grão de granizo bastante redondo. Mas, se são maiores, eles partem-se e dividem-se em muitos grãos totalmente pontiagudos em forma de pirâmide. Pois o calor, que se retira para o interior dos poros desses flocos no momento em que um vento frio começa a envolvê-los, condensa e comprime todas suas partes, empurrando-as de suas circunferências para seus centros, o que torna esses flocos bastante redondos, ao passo que o frio, penetrando-os também logo a seguir e congelando-os, torna esses flocos muito mais duros do que a neve. E porque, quando os flocos são um pouco grandes, o calor que eles têm em seu interior continua ainda a fazer que suas partes internas comprimam-se e condensem-se, empurrando sempre para o // centro, depois que as partes externas estiverem de tal modo endurecidas e congeladas pelo frio que elas não podem seguir as partes internas, é necessário que os flocos partam-se internamente segundo os planos ou as linhas retas que tendem para o centro e que suas fendas aumentem cada vez mais quanto mais o frio penetra e, enfim, que os flocos se quebrem e se dividam em muitos pedaços pontiagudos, os quais são outros tantos grãos de granizo. Eu não determino em quantos desses grãos cada floco de neve pode dividir-se, mas parece-me que eles possam talvez ser comumente divididos em pelo menos oito grãos e que também possam dividir-se em 12 ou 20 ou 24 ou, melhor ainda, em 32, ou mesmo em um número muito maior, segundo sejam maiores, compostos de uma neve mais sutil e que o frio, o qual os converte em granizo, seja mais forte e chegue mais abruptamente. E tenho observado mais de uma vez esse granizo, cujos grãos tinham mais ou menos a figura de segmentos de uma bola dividida em oito partes iguais por três seções que se interceptam no centro em ângulos retos. A seguir, observei

296

também outros granizos, os quais, sendo mais longos e menores, pareciam ter cerca de um quarto do tamanho do granizo anterior, ainda que suas arestas, tendo-se tornado menos agudas e arredondadas ao comprimirem-se, tenham quase a figura de um pão de açúcar. E observei também que antes ou depois, ou mesmo junto com esses grãos de granizo, caíam comumente alguns outros que eram redondos.

Mas as diversas figuras desse granizo nada possuem ainda de curioso nem de notável em comparação com as figuras da neve feita desses pequenos nós ou novelos de gelo dispostos pelo vento em forma de // folhas da maneira que acabo de descrever. Pois, quando o calor começa a fundir os pequenos pelos dessas folhas, ele elimina inicialmente os pelos que estão em cima e embaixo, porque estes são os mais expostos a sua ação, e faz que o pouco de líquido que sai espalhe-se sobre suas superfícies, onde preenche imediatamente as pequenas desigualdades que aí se encontram e, assim, torna-as tão planas e polidas quanto as superfícies dos corpos líquidos, não obstante regelar-se imediatamente, porque, se o calor não é maior do que o necessário para fazer que esses pequenos pelos, estando completamente envoltos de ar, degelem-se sem que nada se funda, então ele não é suficiente para impedir que a matéria dos pelos se recongele quando ele está sobre essas superfícies que são de gelo. Após isso, esse calor, amolecendo e tornando flexíveis também os pequenos pelos que restam em torno de cada nó no circuito onde ele está envolto por seis outros nós que lhe são semelhantes, faz que os pelos que estão mais afastados dos seis nós vizinhos, ao dobrarem-se indiferentemente aqui e ali, juntem-se totalmente àqueles que estão na frente desses seis nós, pois esses pelos, sendo resfriados pela proximidade dos seis nós, não podem fundir-se, mas, ao contrário, fazem gelar novamente a matéria dos outros pelos, tão logo ela se misture com sua matéria. Por meio disso se formam seis pontas ou raios em torno de cada nó, os quais podem ter diversas figuras segundo os nós sejam mais ou menos largos e apertados, e seus pelos, mais ou menos fortes e longos, e o calor que os une, mais ou menos lento e moderado; e também segundo o vento que acompanha esse calor, se // ele for pelo menos acompanhado de algum vento, seja mais ou menos forte. E, assim, a face exterior da nuvem, a qual estava anteriormente tal como se vê em *Z* ou em *M*, torna-se, um

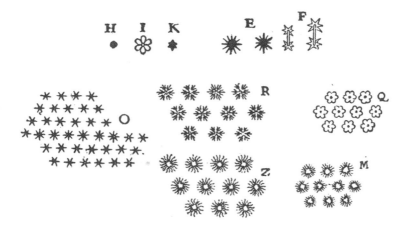

pouco depois, tal como se vê em O ou em Q, e cada uma das parcelas de gelo, da qual a nuvem é composta, tem a figura de uma pequena rosa ou estrela muito bem talhada.

    Mas, para que não penseis que falo apenas de opinião, quero apresentar-vos o relato de uma observação que fiz no inverno passado, de 1635. No quarto dia de fevereiro, após o ar ter estado extremamente frio, caiu durante a noite em Amsterdã, onde então me encontrava, um pouco de regelo, ou seja, de chuva que se congela ao chegar ao solo, e, depois, seguiu-se um granizo minúsculo, do qual eu julguei que os grãos, os quais tinham aproximadamente o tamanho dos grãos representados em *H*, eram gotas da mesma chuva, as quais se congelaram no alto do ar. Todavia, em vez de serem exatamente redondos, tal como sem dúvida essas gotas deveriam ser, esses grãos tinham notadamente um lado mais plano do que o outro, de modo que // quase se assemelhavam em figura à parte de nosso olho que se dá o nome de humor cristalino. Donde conheci que o vento, o qual era até então muito forte e muito frio, teria tido a força para mudar desse modo as figuras das gotas, ao congelá-las. Mas o que me surpreendeu acima de tudo foi que, entre os grãos que caíram por último, observei que alguns deles tinham em torno de si seis pequenos dentes, semelhantes aos das rodas dos relógios, como vedes em *I*. E, sendo esses dentes muito brancos como o açúcar, ao passo que os grãos, os quais eram de gelo transparente, pareciam quase negros, eles pareciam manifestamente feitos de uma neve muito sutil que se fixara em torno deles depois de serem formados, tal como se fixa a geada branca em torno das plantas. E conheci isso mais claramente quando encontrei, próximo ao fim do dia, um ou dois grãos que tinham em torno de si inúmeros pequenos pelos, compostos de uma neve mais pálida e mais sutil do que a neve dos pequenos dentes que estavam em torno dos outros grãos, de modo que essa neve poderia ser comparada àquela neve da mesma maneira que a cinza não consumida, da qual se cobrem os carvões quando se consomem, pode ser comparada àquela que é recozida e acumulada na fornalha. Eu tinha dificuldade somente em imaginar o que podia ter formado e compassado tão exatamente esses seis dentes em torno de cada grão no interior de um ar livre e durante a agitação de um vento fortíssimo, até que considerei, enfim, que esse vento podia ter facilmente levado alguns desses grãos para baixo ou para cima de alguma nuvem e // aí sustentá-los, porque esses grãos eram muito pequenos, e que ali podiam ter se arranjado de tal modo que cada um deles estivesse cercado de seis outros grãos situados em um mesmo plano, seguindo a ordem comum da natureza. E que, ademais, era bem verossímil que o calor, o qual um pouco antes devia estar no alto do ar para causar a chuva que eu havia observado, tinha aí também movido alguns vapores que esse mesmo vento havia lançado contra esses grãos, onde eles se congelaram na forma de pequenos pelos muito tênues e tinham mesmo, talvez, ajudado a sustentá-los, de modo que esses pelos tinham podido facilmente permanecer aí suspensos até que sobreviesse novamente algum calor. E que, tendo esse calor fundido inicialmente todos os pelos que estavam em torno de cada grão, excetuados aqueles que se encontravam no centro de algum dos seis outros grãos que os cercavam porque a frialdade destes tinha impedido sua ação, a matéria desses pelos fundidos misturou-se imediatamente entre os seis amontoados daqueles grãos que haviam permanecido e, tendo, por esse meio, fortificado e tornado esses pelos muito menos penetráveis pelo calor, ela se congelava entre eles e tinha, assim, composto esses seis dentes. Ao passo que os inumeráveis pelos que eu havia visto em torno de alguns dos últimos grãos que tinham caído, de modo algum eram atingidos por esse calor. Na manhã seguinte, por volta das oito horas, observei ainda outro tipo de granizo, ou antes, de neve, da qual eu jamais tinha ouvido falar. Eram pequenas lâminas de gelo totalmente planas, muito polidas, muito transparentes, aproximadamente da espessura de uma folha bem grossa de papel e do tamanho // que se vê em *K*, mas tão perfeitamente talhadas em hexágonos, e cujos seis lados eram tão retos e os seis ângulos tão iguais, que é impossível aos homens fazer algo tão exato. Vi imediatamente que essas lâminas deveriam ter sido inicialmente feitas de pequenos novelos de gelo, dispostas, como eu já tanto disse, e comprimidas por um vento muito forte, acompanhado de suficiente calor, de modo que esse calor fundiu todos seus pelos e preencheu de tal modo todos seus poros com a umidade que havia saído deles, que de brancos, como eram anteriormente, tornaram-se transparentes; e vi também que esse vento, ao mesmo tempo, havia pressionado tão fortemente uns contra os outros que não permaneceu espaço algum entre dois deles, e que esse vento aplainara também suas superfícies passando por cima e por baixo, dando-lhes, assim, exatamente a figura dessas lâminas. Restava somente uma pequena dificuldade, a de que esses novelos de gelo, tendo sido assim fundidos pela metade e, ao mesmo tempo, mutuamente prensados, não estavam, por isso, inteiramente colados, mas permaneciam todos separados, pois, por mais que prestasse expressamente atenção, nunca pude encontrar dois que se mantivessem mutuamente unidos. Mas fiquei logo satisfeito acerca disso, ao considerar de que maneira o vento sempre agita e dobra sucessivamente todas as partes da superfície da água, escorrendo sobre ela sem torná-la, por isso, rugosa ou desigual. Pois conheci disso que o vento infalivelmente dobra e ondula da mesma maneira as superfícies das nuvens e que, agitando continuamente cada parcela de gelo de uma maneira um pouco diferente do que suas vizinhas, ele não lhes // permite colarem-se inteiramente umas às outras, ainda que, por isso, ele não as desarranje e não deixe, entretanto, de aplanar e de polir suas pequenas superfícies, do mesmo modo que vemos algumas vezes o vento polir a superfície das ondas que ele produz na poeira de um campo. Depois dessa nuvem vinha outra que produzia apenas pequenas rosas ou rodas com seis dentes arredondados em semicírculos, tais como se vê em *Q* e as quais eram totalmente transparentes e planas, quase da mesma espessura que as lâminas que as haviam precedido, e as mais talhadas e compassadas que fosse possível imaginar. Percebi também, no meio de algumas dessas pequenas rosas, um ponto branco bastante pequeno que se poderia dizer ser a marca da ponta seca do compasso que

*Os meteoros*

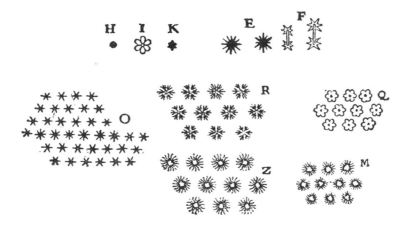

serviu para arredondá-las. Mas foi-me muito fácil julgar que elas foram formadas da mesma maneira que essas lâminas, exceto que, tendo o vento as pressionado muito menos e o calor tendo sido, talvez, um pouco menor, suas pontas não se fundiram inteiramente, mas ficaram, nas extremidades, somente um pouco encurtadas e arredondadas // em forma de dentes. E quanto ao ponto branco que aparecia no meio de algumas dessas rosas, não duvido que ele não proceda senão de que o calor, o qual de brancas tornou-as transparentes, tenha sido tão moderado que não penetrou totalmente até seu centro. Seguiam-se, depois, muitas outras dessas rodas, unidas duas a duas por um eixo, ou melhor, porque no começo esses eixos eram muito grossos, seria possível dizer que eram como pequenas colunas de cristal, das quais cada extremidade era ornada com uma rosa de seis folhas um pouco mais larga do que a sua base. Mas, logo em seguida, caíam outras mais tênues e, muitas vezes, rosas ou estrelas que eram desiguais em suas extremidades. Depois, caíam também outras mais curtas e gradativamente mais curtas, até que, por fim, essas estrelas juntaram-se inteiramente e caíram estrelas duplas com doze pontas, ou raios, muito longas e perfeitamente bem compassadas, algumas totalmente iguais e outras alternadamente desiguais, tal como se vê nas figuras *F* e *E*. E tudo isso me deu a ocasião de considerar que as parcelas de gelo que são compostas por dois diferentes planos ou folhas, postas uma sobre a outra nas nuvens, podem fixar-se conjuntamente com mais facilidade do que aquelas parcelas compostas de uma mesma folha. Pois, ainda que o vento, agindo, como é comum, mais fortemente contra as folhas mais baixas do que contra as mais altas, faça que elas se movam um pouco mais rapidamente, como já foi tanto considerado, ainda assim, ele pode também, algumas vezes, agir contra elas com igual força e fazê-las ondular da mesma maneira, principalmente quando há apenas duas ou três folhas uma sobre a outra e quando, // sendo essas folhas crivadas em seu entorno de novelos que as compõem, o vento faz que os novelos que se correspondem nas diferentes folhas mantenham-se sempre como que imóveis uns em relação aos outros, apesar da agitação e da ondulação dessas folhas, porque por esse meio a passagem do vento é mais fácil. E, entretanto, não sendo o calor menos impedido, pela proximidade dos novelos de duas folhas diferentes do que pela proximidade dos novelos de uma mesma folha, de fundir aqueles de seus pelos que se correspondem, ele funde somente os outros pelos que as circundam, os quais, misturando-se imediatamente entre aqueles que permanecem e regelando-se, compõem os eixos, ou colunas, que juntam esses pequenos novelos ao mesmo tempo que eles se transformam em rosas ou estrelas. E não me surpreendi com o tamanho que inicialmente notei nessas colunas, ainda que eu bem soubesse que a matéria dos pequenos pelos, os quais haviam estado em torno das duas nódoas, não seria suficiente para compô-las, pois pensava que havia talvez quatro ou cinco folhas, uma sobre a outra, e que o calor, agindo mais fortemente contra as duas ou três folhas intermediárias do que contra a primeira e a última, porque aquelas estavam menos expostas ao vento, fundira quase inteiramente as nódoas que as compunham, tendo formado essas colunas. Tampouco me surpreendi de ver muitas vezes duas estrelas de tamanho desigual postas juntas, pois, considerando atentamente que os raios da estrela maior eram sempre mais longos e mais pontiagudos do que aqueles da menor, julguei que a causa disso era que o calor, tendo sido mais forte em torno // da estrela menor do que da maior, tinha fundido e atenuado mais as pontas desses raios, ou, mesmo, que essa estrela menor também podia ter sido composta por um novelo de gelo menor. Enfim, tampouco me surpreendi com essas estrelas duplas de doze raios que caíram depois, pois julguei que cada uma delas tinha sido composta de duas estrelas simples de seis raios pelo calor, o qual, sendo mais forte entre as duas folhas onde elas estavam do que no exterior, fundira inteiramente os pequenos filetes de gelo que as uniam, tendo-as assim colado conjuntamente, do mesmo modo que encurtou também os filetes que unem as outras estrelas que eu tinha visto caírem imediatamente antes. Ora, entre os muitos milhares dessas pequenas estrelas que considerei nesse dia, ainda que eu atentasse expressamente para isso, jamais pude notar alguma que tivesse mais ou menos do que seis raios, excetuando um pequeníssimo número dessas estrelas duplas que tinham doze raios, bem como quatro ou cinco outras estrelas que tinham oito. E estas últimas não eram exatamente redondas, tal como todas as outras, mas um pouco ovaladas, como se pode ver em *O*, de onde julguei que eram formadas na conjunção das extremidades de duas folhas, as quais o vento tinha empurrado uma contra a outra ao mesmo tempo que o calor convertia seus pequenos novelos em estrelas, pois elas tinham exatamente a figura que isso deve causar, e essa conjunção, fazendo-se segundo uma linha totalmente reta, não pode ser tão impedida pela ondulação causada pelos ventos quanto pelas parcelas de uma mesma folha, além de que o calor também pode ser maior entre as bordas // dessas folhas, quando elas se aproximam umas das outras, do que em outros lugares, e a esse calor, que funde pela metade as parcelas de gelo que aí estão, o frio que lhe sucede, no momento em que as folhas começam a tocar-se, pode com facilidade uni-las firmemente. Entretanto, além das estrelas de que falei até aqui, as quais eram transparentes, caía nesse dia uma infinidade de outras, totalmente brancas como o açúcar e algumas tinham aproximadamente a mesma figura que as transparentes, mas a maioria tinha seus raios mais pontiagudos e mais tênues, e muitas vezes tanto divididos em três ramos, dos quais os dois laterais eram dobrados para fora, de um lado e de outro, e o ramo do meio permanecia ereto, de modo que elas representavam uma flor-de-lis, tal como é possível ver em *R*, quanto também divididos em muitos ramos, os quais representavam plumas ou folhas de samambaias ou coisas semelhantes. E caíam também, entre essas estrelas, muitas outras parcelas de gelo em forma de filete, sem outra figura determinada. Do que todas as causas são fáceis de entender, pois, quanto à brancura dessas estrelas, ela não procedia senão de que o calor não havia penetrado até o fundo de sua matéria, como era evidente que todas aquelas parcelas de gelo muito finas eram transparentes. E, se algumas vezes os raios das estrelas brancas não eram menos curtos e espumosos do que aqueles das transparentes, isso não se devia a que eles fossem tão fundidos pelo calor, mas a que eles tinham sido antes pressionados pelos ventos e comumente eram mais longos e pontiagudos, porque eram menos fundidos. E quando esses // raios eram divididos em muitos ramos, isso acontecia porque o calor tinha abandonado os pequenos pelos que os compunham, tanto é assim que eles começavam a aproximar-se uns dos outros para juntar-se. E quando eram divididos somente em três ramos, isso acontecia porque o calor os havia abandonado um pouco mais tarde, e os dois ramos laterais dobravam-se para fora, de um lado e de outro, quando o calor se retirava, porque a proximidade do ramo central tornava-os invariavelmente mais frios e menos flexíveis de seu lado, o que transformava cada raio na figura de uma flor-de-lis. E as parcelas de gelo que não tinham alguma figura determinada asseguravam-me de que nem todas as nuvens eram compostas de pequenos nós ou novelos, mas de que havia também nuvens que eram feitas apenas de filetes confusamente entremeados. Quanto à causa que fazia descer essas estrelas, ela era bastante evidente pela violência do vento, o qual continuou durante todo esse dia, pois julguei que ele poderia facilmente desarranjá-las e romper as folhas das quais elas eram compostas, após tê-las feito, e que, tão logo elas fossem assim desarranjadas, pendendo algum de seus lados para a superfície da Terra, elas poderiam facilmente abrir o ar, porque eram completamente planas e encontravam-se suficientemente pesadas para descer. Mas, se essas estrelas caem algumas vezes em tempo calmo, é porque o ar embaixo da nuvem, contraindo-se, atrai para si toda a nuvem, ou porque o ar que está acima, dilatando-se, empurra-a para baixo e, desse modo, desarranja as estrelas, do que se segue que, por isso, elas têm o costume de ser seguidas de mais neve, o que não aconteceu nesse dia. Na manhã seguinte, // caíram flocos de neve que pareciam ser compostos de um número infinito de pequeninas estrelas todas juntas; todavia, olhando-as de mais perto, descobri que as estrelas internas não eram tão regularmente formadas quanto aquelas de cima e que elas poderiam facilmente proceder da dissolução de uma nuvem semelhante àquela que foi anteriormente marcada por G.[16] Depois,

---

16 Descartes refere-se à última figura do Quinto Discurso (p.286), na qual está representada uma nuvem indicada pela letra G.

tendo cessado essa neve, um vento súbito em forma de tempestade fez cair um pouco de granizo branco, muito longo e pequeno, do qual cada grão tinha a figura de um pão de açúcar, e, tornando-se o ar imediatamente claro e sereno, julguei que esse granizo se formara na parte mais alta das nuvens, cuja neve era bastante sutil e composta de filetes muito tênues, da maneira que já descrevi. Enfim, três dias depois, vendo cair neve composta inteiramente de pequenos nós ou novelos envolvos por um grande número de pelos entrelaçados e que não tinham a forma de estrela, confirmei a crença de tudo aquilo que havia imaginado a respeito desse assunto.[17]

Quanto às nuvens que não são compostas senão de gotas de água, é fácil entender, a partir daquilo que já foi dito, como elas descem como chuva, a saber, ou por conta de seu próprio peso, quando suas gotas são muito grandes, ou porque o ar que está embaixo delas, ao retirar-se, ou aquele que está acima, ao pressioná-las, dão-lhes a ocasião de abaixarem-se, ou porque várias dessas causas ocorrem conjuntamente.[18] E é quando o ar abaixo se retira que acontece a chuva mais fina que pode existir, pois mesmo ela é

---

17 Nesse longo parágrafo, que se inicia após a representação das figuras assumidas pelas parcelas de gelo que compõem as nuvens (p.292 desta edição), Descartes descreve detalhadamente as observações que fez no inverno de 1635, entre os dias 4 e 9 de fevereiro, quando se encontrava em Amsterdã. Essas observações desempenham um papel de grande relevância para a explicação da neve, da chuva e do granizo. Em primeiro lugar, é preciso notar que Descartes inicia o parágrafo afirmando que apresentará o relato de uma observação para que não se tomem como mera opinião as explicações apresentadas. Em segundo lugar, no final do parágrafo, diz ter confirmado, com seu protocolo observacional, tudo aquilo "que havia imaginado a respeito desse assunto". Desse modo, as explicações imaginadas nos três primeiros parágrafos deste discurso – bem como as suposições nelas envolvidas – são amparadas pelo conjunto das observações descritas pelo autor no seu protocolo da tempestade de Amsterdã, o que indica claramente o recurso à experiência com o objetivo de persuadir os leitores das explicações mecânicas dadas. É significativo que Descartes apresente seu longo relato da tempestade como protocolos de experiência, de modo que as observações feitas no inverno de 1635 são descritas cronologicamente e com riqueza de detalhes. Teria Descartes se servido de uma lupa em suas observações dos cristais de neve?

18 Desse ponto em diante e até o final do Sexto Discurso, Descartes faz uma apresentação bastante sumária da chuva, dos nevoeiros, do sereno, do orvalho e da geada.

então, algumas vezes, // tão fina que não se diz que está chovendo, mas antes que é uma neblina que desce, como também, ao contrário, ela se faz muito espessa quando a nuvem se abaixa, porque é pressionada somente pelo ar que lhe está acima, pois as gotas mais altas, descendo primeiro, encontram outras que as aumentam. Ademais, vi algumas vezes no verão, durante um tempo calmo acompanhado de forte e sufocante calor, que começava a cair tal chuva antes mesmo que alguma nuvem tivesse aparecido, cuja causa era que existiam no ar muitos vapores, os quais eram, sem dúvida, pressionados pelos ventos de outros lugares, tal como testemunhavam a calma e o peso do ar, enquanto as gotas, nas quais se convertiam esses vapores, tornavam-se bastante grandes ao cair, e caíam à medida que se formavam.

Quanto aos nevoeiros, quando a terra se resfria e o ar que está em seus poros é comprimido, isso permite que os nevoeiros se abaixem, convertendo-se em orvalho, caso sejam compostos de gotas de água, e em bruma ou geada, se forem compostos de vapores já gelados, ou melhor, que se gelam ao tocar a terra. E isso acontece principalmente à noite ou pela manhã, porque esse é o momento em que a Terra, afastando-se do Sol, resfria-se. Mas o vento elimina muito amiúde os nevoeiros, ocupando o lugar em que eles estão, e pode até mesmo transportar sua matéria, transformando-a em orvalho ou geada naqueles nevoeiros em que eles não foram percebidos, e então se vê que essa geada fixa-se nas plantas somente sobre o lado tocado pelo vento.

// Quanto ao sereno, que jamais cai senão ao anoitecer e que é conhecido pelos transtornos e pela dor de cabeça que causa em algumas regiões, ele consiste somente em certas exalações sutis e penetrantes, as quais, sendo mais fixas do que os vapores, elevam-se somente nos países muito quentes e em dias de bom tempo, voltando a cair tão logo sejam abandonadas pelo calor do Sol, do que se segue que o sereno tem qualidades diferentes em regiões diferentes e que ele é até mesmo desconhecido em muitas regiões, segundo as diferenças das terras de onde saem essas exalações. E não digo que o sereno não seja comumente acompanhado de orvalho, o qual começa a cair à noite, embora de modo algum seja o orvalho que causa os males imputados ao sereno. São também as exalações que compõem o maná e outros sucos semelhantes que descem do ar durante a noite, pois, quanto aos vapores, eles não poderiam transformar-se em outra coisa senão em água e gelo.[19] E esses sucos não somente são diferentes nas diferentes regiões, mas também alguns deles se fixam somente em certos corpos, porque suas partes são, sem dúvida, de tal figura que elas não têm suficiente aderência em outros corpos para firmar-se neles.

Ora, se não cai o orvalho e veem-se névoas elevarem-se pela manhã, deixando a terra inteiramente enxuta, isso é sinal de chuva, o que só acontece quando a terra, não tendo sido à noite suficientemente resfriada ou estando pela manhã extraordinariamente aquecida, produz uma quantidade de vapores, os quais, empurrando essas névoas para o céu, fazem que suas gotas, ao reencontrarem-se, sejam engrossadas e estejam dispostas a cair logo depois como chuva. É também um sinal // de chuva ver que, estando nosso ar muito carregado de nuvens, o Sol não deixa de aparecer muito claro durante a manhã, pois isso quer dizer que não há quaisquer outras nuvens no ar vizinho ao nosso ar oriental que impeçam que o calor do Sol condense as nuvens que estão acima de nós e também que ele eleve da terra onde nos encontramos novos vapores que as aumentem. Mas, não ocorrendo essa causa senão pela manhã, se não chover antes do meio-dia, ela não permite julgar o que acontecerá à noite. Nada direi sobre os muitos outros sinais de chuva que são observados, porque eles são em sua maioria muito incertos, e se considerardes que é o mesmo calor, comumente requerido para condensar as nuvens e fazer chover, que também pode, ao contrário, dilatá-las e transformá-las em vapores que se perdem algumas vezes no ar insensivelmente e, por vezes, causam os ventos, conforme as partes dessas nuvens encontrem-se um pouco mais comprimidas ou afastadas, e conforme esse calor seja um pouco mais ou menos acompanhado de umidade, e conforme o ar que está nos arredores seja mais ou menos dilatado, ou condensado, então sabereis muito bem que todas essas coisas são muito variáveis e incertas para serem seguramente previstas pelos homens.

---

19 "Maná" refere-se, em primeiro lugar, ao alimento milagroso fornecido por Deus aos hebreus durante a travessia do deserto. O termo diz respeito ainda à seiva de determinadas árvores (freixo, tamarindo), as quais Descartes supõe que se evaporam durante o dia, caindo sobre a terra ao anoitecer.

## // Sétimo discurso
### *Das tempestades, do relâmpago e de todos os outros fogos que se acendem no ar*

Contudo, não é somente quando as nuvens se dissolvem em vapores que elas causam os ventos, mas algumas vezes podem também abaixar-se tão repentinamente que expulsam com grande violência todo o ar que lhes está por baixo, compondo assim um vento muito forte, embora pouco durável, cuja imitação pode ser vista quando se estende um pano no alto do ar, deixando-o depois descer totalmente plano até o chão. As chuvas fortes são quase sempre precedidas por tal vento que age manifestamente do alto para baixo e cuja frialdade mostra suficientemente que ele vem das nuvens, onde o ar é comumente mais frio do que aquele que nos cerca. E é esse vento que é a causa de que, quando voam muito baixo, as andorinhas nos avisam da chegada da chuva, pois ele faz descer certos mosquitos dos quais elas se alimentam, os quais têm o costume de esforçar-se para manter-se alto no ar quando o tempo está bom. É ele também que, algumas vezes, mesmo quando a nuvem é muito pequena, ou não se abaixa senão muito pouco, é tão fraco que quase não é sentido ao ar livre e que, introduzindo-se nos tubos das chaminés, faz mover as cinzas e as pequenas palhas que se encontram em torno do fogo, excitando // como que pequenos turbilhões tão admirados por aqueles que lhes ignoram a causa, e que são comumente seguidos de alguma chuva.[20] Mas, se a nuvem que desce é muito pesada e extensa (como ocorre mais facilmente com as nuvens que estão sobre os grandes mares do que em outros lugares, porque, sendo os vapores muito

---

20 Aqui ocorre a primeira menção aos turbilhões. O termo não é utilizado nos outros ensaios, tampouco aparece no *Discurso do método*. A hipótese dos turbilhões ou vórtices é utilizada pela primeira vez em *O mundo ou tratado da luz* e, posteriormente, nos *Princípios de filosofia*. Nesses dois textos, a hipótese dos turbilhões está diretamente relacionada à explicação dos movimentos planetários. Para Descartes, os planetas são transportados ou movidos pela matéria líquida que compõe os céus, a qual revoluciona em vórtices. O termo reaparecerá mais quatro vezes neste Sétimo Discurso, no contexto da explicação de fenômenos que ocorrem no céu próximo à Terra, tais como as tempestades, os relâmpagos, os trovões e os clarões, sem relação aparente com a hipótese cosmológica.

igualmente dispersos sobre os mares, tão logo se forme a menor nuvem em algum lugar, ela se estende imediatamente em toda a circunvizinhança), isso causa infalivelmente uma tempestade, a qual é tanto mais forte quanto a nuvem é maior e mais pesada, e sua duração é tanto mais longa quanto de mais alto a nuvem desce. E é assim que imagino que se formam as trovoadas que os marinheiros tanto temem em suas grandes viagens, particularmente as que ocorrem um pouco além do Cabo da Boa Esperança, onde os vapores que se elevam do Mar Etiópico, o qual é muito largo e muito aquecido pelo Sol, podem facilmente causar uma borrasca, a qual, impedindo o curso natural dos vapores que vêm do mar das Índias, junta-os em uma nuvem, a qual, resultando da desigualdade que há entre esses dois grandes mares e essa terra, deve tornar-se imediatamente muito maior do que as nuvens que se formam nessas regiões, onde elas dependem de várias desigualdades menores do que aquelas que existem entre nossas planícies, lagos e montanhas. E porque quase jamais se veem outras nuvens nesses lugares, tão logo os marinheiros se apercebam de alguma nuvem que começa a formar-se, ainda que algumas vezes ela apareça tão pequena que os flamengos a comparam ao olho de um boi, a partir do que eles lhe deram esse nome, e ainda que o // restante do ar pareça muito calmo e sereno, eles se apressam em recolher suas velas e preparam-se para receber uma tempestade, a qual não tarda a chegar. E julgo mesmo que essa tempestade deve ser tanto maior quanto menor essa nuvem apareceu no início, pois, não podendo tornar-se bastante espessa para obscurecer o ar e ser visível sem tornar-se também muito grande, essa nuvem não pode aparecer assim pequena senão por causa de sua extrema distância, e sabeis que, de quanto mais alto um corpo desce, mais impetuosa é sua queda. Assim, essa nuvem, sendo muito alta e tornando-se subitamente muito grande e pesada, desce toda inteira, expulsando com grande violência todo o ar que está embaixo dela, causando, por esse meio, o vento de uma tempestade. Deve-se ainda considerar que os vapores misturados entre esse ar são dilatados por sua agitação e que também saem, entrementes, muitos outros vapores do mar devido à agitação de suas ondas, o que aumenta muito a força do vento e, retardando a descida da nuvem, faz durar a tempestade por muito mais tempo. Além disso, deve-se considerar também que existem comumente exalações misturadas entre esses vapores, as quais, sem poderem ser expulsas para mais longe do que são levadas pela nuvem, porque suas partes são menos sólidas e de figuras mais irregulares, são separadas dos vapores pela agitação do ar, do mesmo modo que, como se disse anteriormente, ao bater o creme, a manteiga é separada do soro do leite, e que, por esse meio, elas se juntam aqui e ali em diversos amontoados, os quais, flutuando sempre o mais alto que podem próximo à nuvem, vão, por fim, fixar-se nas cordas e nos mastros dos navios quando a nuvem // acaba de descer. E assim, sendo inflamadas por essa violenta agitação, essas exalações compõem esses fogos denominados fogos de santelmo, os quais tranquilizam os marinheiros, fazendo-os esperar por bom tempo. É verdade que muitas vezes essas tempestades possuem sua maior força perto do fim e também que pode haver muitas nuvens umas sobre as outras, embaixo de cada uma das quais se encontram tais fogos, o que foi talvez a causa pela qual, não vendo os antigos senão um único fogo, o qual nomearam de astro de Helena, eles o estimavam como sendo de mau agouro, como se ainda aguardassem a mais forte das tempestades, ao passo que, quando viam dois fogos, os quais nomearam de Castor e Pólux, eles os tomavam como um bom presságio, pois isso era comumente o máximo que viam, exceto talvez quando a tempestade era tão extraordinariamente grande que viam três fogos, estimando-os também, por causa disso, de mau agouro. Todavia, ouvi dizer de nossos marinheiros que eles veem, algumas vezes, até o número de quatro ou cinco desses fogos, talvez porque suas embarcações sejam maiores e tenham mais mastros do que as embarcações dos antigos, ou porque elas viajam a lugares onde as exalações são mais frequentes. Pois, enfim, nada posso dizer, a não ser por conjectura, daquilo que acontece nos grandes mares, os quais jamais vi e dos quais tenho apenas relatos muito imperfeitos.[21]

---

21 Os fenômenos ópticos tratados por Descartes nesse momento recebem, por parte dos navegantes e marinheiros, as denominações de "fogos de santelmo", em homenagem a São Telmo, padroeiro dos navegantes. A aparição de um ou dois fogos é, respectivamente, associada a Helena e aos gêmeos Castor e Pólux, estes últimos considerados protetores dos marinheiros. Para aqueles que se interessam pela referência literária clássica e seu simbolismo (cf. Vernant, 2000, p.89-90; Brandão, 1987, v.1, p.85-6, v.2, p.23). É significativo que Descartes termine sua

Mas quanto às tempestades que são acompanhadas de trovão, clarões, turbilhões e relâmpagos, das quais pude ver alguns exemplos em terra firme, não duvido que elas sejam causadas porque, existindo aí muitas nuvens umas sobre as outras, acontece algumas vezes // de as nuvens mais altas descerem muito repentinamente sobre as mais baixas. Por exemplo, sendo as duas nuvens, *A* e *B*, compostas unicamente de neve muito rarefeita e muito extensa, se for encontrado um ar mais quente em torno da nuvem superior *A* do que em torno da nuvem inferior *B*, é evidente que o calor desse ar pode condensar a nuvem

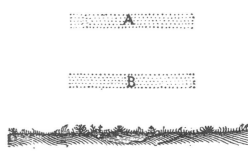

e torná-la pouco a pouco mais pesada, de tal modo que suas partes mais altas, sendo as primeiras que começam a descer, chocar-se-ão ou arrastarão consigo uma quantidade de suas outras partes, as quais cairão imediatamente todas em conjunto com grande estrondo sobre a nuvem inferior. Do mesmo modo que me lembro de ter visto outras vezes nos Alpes, por volta do mês de maio, que, sendo as neves aquecidas e tornadas pesadas pelo Sol, o menor movimento do ar era suficiente para fazer que caíssem repentinamente grandes amontoados de neve, denominados, ao que me parece, avalanches, e que, reverberando nos vales, imitam muito bem o estrondo do trovão. Do que se pode entender por que troveja mais raramente nesses lugares no inverno do que no verão, pois não sobrevém então, com tanta facilidade, um calor suficiente que alcance as nuvens mais altas para dissol-

---

explicação com as crenças dos marinheiros relativas aos sinais que se acredita que esses fogos expressam; isso serve para ressaltar que esse relato observacional está marcado pela superstição e que produz menos confiança do que o "protocolo da tempestade" (ver a nota 17). Assim, os relatos de observação dos marinheiros, caracterizados como uma observação indireta, não têm a mesma força dos protocolos observacionais de 1635, razão pela qual Descartes afirma que nada pode dizer, senão por conjectura. É por esse motivo que ele afirma que a aparição de quatro ou cinco fogos, em vez de um ou dois, poderia ser ocasionada pelo maior comprimento dos mastros ou porque as embarcações navegam por regiões com maior quantidade de exalações.

vê-las. E porque, durante os calores intensos, depois de um vento setentrional que dura muito pouco, sente-se novamente um calor úmido e abafado, isso é sinal de que brevemente se seguirá um trovão, pois isso testemunha que esse vento setentrional, tendo passado sobre a terra, expulsou o calor para // o lugar do ar onde as nuvens mais altas se formam, e que, sendo depois ele mesmo expulso para o lugar onde se formam as nuvens mais baixas pela dilatação do ar inferior causada pelos vapores quentes que ele contém, não somente as nuvens mais altas, ao condensar-se, devem descer, mas também as mais baixas, permanecendo muito rarefeitas e sendo mesmo como que suspensas e repelidas por essa dilação do ar inferior, devem resistir-lhes de tal modo que comumente podem impedir que alguma parte caia sobre a terra. E notai que o estrondo que assim se faz acima de nós deve ser ouvido com maior clareza, por causa da ressonância do ar, e deve ser maior do que o ruído estrondoso das avalanches, em proporção à neve que cai. A seguir, notai também que é unicamente porque as partes das nuvens superiores caem todas juntas ou uma após a outra, mais rápida ou mais lentamente, e que as inferiores são maiores ou menores, mais ou menos espessas, e resistem com mais ou menos força, que todos os diferentes ruídos do trovão podem ser facilmente causados. Quanto às diferenças entre os clarões, os turbilhões e o relâmpago, elas não dependem senão da natureza das exalações que se encontram no espaço que está entre duas nuvens e da maneira pela qual a nuvem superior cai sobre a inferior. Pois, se precederam grandes calores e secas, de modo que esse espaço contenha uma quantidade de exalações muito sutis e fortemente dispostas a inflamar-se, então a nuvem superior dificilmente pode ser tão pequena nem descer tão lentamente que, expulsando o ar que está entre ela e a nuvem inferior, não faça sair um clarão, isto é, uma chama ligeira que se dissipa // no mesmo instante. De modo que é possível ver então tais clarões sem, de modo algum, ouvir o estrondo do trovão e até mesmo, algumas vezes, sem que as nuvens sejam muito espessas para serem visíveis. Do mesmo modo que, ao contrário, se não há no ar quaisquer exalações que sejam propícias a inflamarem-se, pode-se ouvir o estrondo do trovão sem que apareça, por isso, algum clarão. E quando a nuvem mais alta cai em pedaços que se sucedem, ela causa quase somente clarões e trovão, mas quando cai toda inteira e muito rapidamente, ela pode causar, com isso, turbilhões e relâmpago. Pois deve-se notar que suas extremidades, como *C* e *D*, devem abaixar-se um pouco mais rapidamente do que seu centro, uma vez que o ar que está embaixo da nuvem, tendo que percorrer um caminho menor para sair, cede-lhes mais facilmente, e que, vindo, assim, essas extremidades a tocar a nuvem inferior mais do

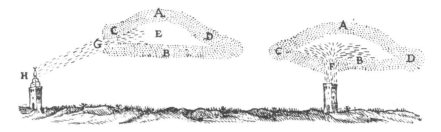

que faz o centro da nuvem, este encerra muito ar entre elas, tal como aqui se vê em *E*; a seguir, sendo esse ar pressionado e expulso com grande força pelo centro da nuvem superior que ainda continua a descer, ele deve necessariamente romper a nuvem inferior para poder sair, como se vê em *F*, ou entreabrir uma de suas extremidades, como se vê em *G*. E quando rompeu assim essa nuvem, esse // ar desce com grande força para a terra e, depois, torna a subir em redemoinho, porque encontra resistência de todos os lados que o impede de continuar seu movimento em linha reta tão rapidamente quanto requerido por sua agitação. E, assim, esse ar compõe um turbilhão que pode não ser acompanhado de relâmpago nem de clarões, se não houver nesse ar exalações que sejam propícias a inflamarem-se, mas, quando existem essas exalações, elas se reúnem todas em um mesmo amontoado e, sendo expulsas muito impetuosamente com esse ar para a terra, compõem o relâmpago. E esse relâmpago pode queimar as roupas e rasar os pelos sem causar dano ao corpo se essas exalações, que têm comumente o cheiro de enxofre, forem gordurosas e oleosas, de modo que elas componham uma chama que se fixa somente nos corpos que são fáceis de queimar. Como, ao contrário, o relâmpago pode romper os ossos sem danificar a carne, ou fundir a espada sem danificar a bainha, se essas exalações, sendo muito sutis e penetrantes, participarem da natureza dos sais voláteis ou das águas fortes, por meio do que, sem fazer certo esforço contra os corpos que lhes cedem, elas rompem e dissolvem tudo aquilo que lhes oferecer muita resistência, tal como se vê a água forte dissolver os metais mais duros e de modo algum agir contra a cera.²² Enfim, o relâmpago pode algumas vezes converter-se em uma pedra muito dura, a qual rompe e destrói tudo o que encontra, se, entre essas exalações muito penetrantes, existir uma quantidade de outras exalações gordurosas e impregnadas de enxofre, principalmente se existir também das mais grosseiras, semelhantes a essa terra que se encontra na água da chuva quando // se deixa que ela se deposite no fundo de algum vaso, tal como é possível ver pela experiência que, tendo misturado determinadas porções dessa terra, de salitre e de enxofre, se for ateado fogo a essa composição, forma-se subitamente uma pedra.²³ Ora, se a nuvem abre-se lateralmente, como se vê em G, o relâmpago, sendo lançado transversalmente, encontra antes as pontas das torres ou dos rochedos do que os lugares baixos, como se vê em H. Mas, mesmo quando a nuvem se rompe por baixo, há uma razão pela qual o relâmpago cai mais nos lugares altos e eminentes do que em outros lugares, pois, por exemplo, se a nuvem B não está mais disposta a romper-se em um lugar do que em outro, é certo que ela deverá romper-se naquele ponto que está marcado por F, por causa da resistência do campanário que está debaixo dela. Existe também uma razão pela qual cada trovão é comumente seguido de uma súbita chuva e pela qual, quando essa chuva cai muito abundantemente, não mais troveja, pois, se a força pela qual a nuvem superior sacode a inferior, ao cair sobre ela, é suficientemente grande para fazê-la descer completamente, é evidente que o

---

22 A expressão "água forte" refere-se ao ácido capaz de corroer alguns metais, como o ferro, o latão, o zinco e o cobre. Como afirma Cecon (2012), costuma-se associar a água forte ao que atualmente conhecemos como ácido nítrico. Contudo, de acordo com ele, é preciso observar que tal identificação não significa que a água forte utilizada em outras épocas, como no caso do século XVII, seja exatamente o ácido nítrico atualmente utilizado nos laboratórios de química. De todo modo, a água forte foi largamente utilizada em trabalhos de gravura em metal, obtida pela ação corrosiva sobre as partes não protegidas do metal. O pintor holandês Rembrandt, contemporâneo de Descartes, é considerado um dos maiores água-fortistas da história da arte.

23 Descartes sustentava que alguns relâmpagos têm uma capacidade explosiva. Esses relâmpagos são, então, produzidos pela ignição e explosão de uma concentração no ar de exalações repletas de enxofre, o que causa uma explosão análoga àquela da pólvora Desse modo, a capacidade explosiva desse tipo de relâmpago seria análoga à explosão da pólvora, a qual é composta por salitre, enxofre e carvão vegetal (o que Descartes designa como "essa terra"). Sobre a pólvora, ver Maar, 2008, p.167-9.

trovão deve cessar, e, se é menor, essa força não deixa de poder retirar da nuvem muitos flocos de neve, os quais, fundindo-se no ar, fazem a chuva. Enfim, não é sem razão que se afirma que os grandes ruídos, como aqueles dos sinos ou dos canhões, podem diminuir o efeito do relâmpago, pois ele ajuda a dissipar e fazer cair a nuvem inferior, sacudindo a neve da qual ela é composta. Tal como sabem aqueles que costumam viajar pelos vales, onde as avalanches amedrontam, pois eles se abstêm mesmo de // falar e de tossir quando por aí passam por medo de que o som de sua voz mova a neve.

**321**

Mas, como já notamos, há algumas vezes clarões sem que troveje, assim também, em regiões do ar onde se encontram muitas exalações e poucos vapores, podem formar-se nuvens tão pouco espessas e tão leves que, ao caírem de muito alto umas sobre as outras, não fazem ouvir trovão algum, nem excitam no ar borrascas, embora envolvam e juntem muitas exalações, as quais compõem não somente as chamas menores, que se diria serem estrelas que caem do céu, ou outras chamas que o atravessam, mas também bolas de fogo muito grandes, as quais, chegando até nós, são como diminutivos do relâmpago. E ainda, uma vez que existem exalações de naturezas muito diversas, não julgo que seja impossível que as nuvens, ao prensá-las, algumas vezes componham a partir delas uma matéria que, segundo a cor e a consistência que tenha, parece-se com o leite, ou com o sangue, ou com a carne, ou que, ao queimar-se, torna-se tal que a confundimos com o ferro, ou com pedras, ou enfim, ao corromper-se, engendra alguns pequenos animais em pouco tempo, de modo que se lê comumente entre os prodígios que choveu ferro ou sangue ou mesmo gafanhotos ou coisas semelhantes. Ademais, sem que haja no ar nuvem alguma, as exalações podem ser amontoadas e envoltas pelo simples sopro dos ventos, principalmente quando há dois ou muitos ventos contrários que se encontram. E, enfim, sem ventos nem nuvens, unicamente porque uma exalação // sutil e penetrante, a qual tem a natureza dos sais, insinua-se nos poros de alguma outra exalação, a qual é gordurosa e sulfúrea, podem formar-se chamas leves tanto no alto quanto na parte baixa do ar, tal como se vê, no alto, essas estrelas que o atravessam e, embaixo, tanto esses fogos ardentes ou fogos-fátuos que aí brincam, quanto os outros fogos que param em certos corpos, como no cabelo das crianças, ou na crina dos cavalos, ou nas pontas das lanças que foram esfregadas com óleo ao serem limpas, ou em coisas semelhantes. Pois é certo que não

**322**

apenas uma violenta agitação, mas muitas vezes também somente a mistura de dois corpos diferentes é suficiente para inflamar as exalações, como se vê ao verter água sobre a cal, ou ao cobrir o feno antes que esteja seco, ou em uma infinidade de outros exemplos que se encontram todos os dias na química. Mas todos esses fogos têm pouquíssima força em comparação com o relâmpago, e a razão disso é que eles não são compostos senão das partes mais moles e pegajosas dos óleos, embora as partes mais vivas e mais penetrantes dos sais também concorram comumente para produzi-los. Pois estas últimas partes não são, por isso, retidas entre as primeiras, mas afastam-se prontamente no ar livre após as terem inflamado, ao passo que o relâmpago é composto principalmente das partes mais vivas e penetrantes, as quais, ao serem muito violentamente pressionadas e expulsas pelas nuvens, carregam consigo as partes mais moles e pegajosas até a terra. E aqueles que sabem o quanto o fogo da mistura de salitre e enxofre tem de força e velocidade, enquanto a parte gordurosa do enxofre, sendo separada de seus espíritos, tem muito pouca, não encontrarão nisso // nada de duvidoso. Quanto à duração dos fogos que param no ar ou volteiam ao nosso redor, ela pode ser mais ou menos longa, segundo sua chama seja mais ou menos lenta, e sua matéria, mais ou menos espessa e comprimida. Mas, quanto à duração dos fogos que se veem somente no alto do ar, ela só poderia ser curtíssima, porque, se sua matéria não fosse rarefeita, seu peso faria que descessem. E penso que os filósofos tiveram razão de compará-los a essa chama que se vê correr ao longo da fumaça que sai de uma tocha que acaba de se apagar, quando, sendo aproximada de outra tocha, ela se acende. Mas muito me admira que, após isso, eles tenham podido imaginar que os cometas e as colunas ou vigas de fogo que se veem algumas vezes no céu fossem compostos de exalações, pois estas duram incomparavelmente mais tempo.

E porque tentei explicar curiosamente sua produção e natureza em outro tratado,[24] e não creio que essas coisas pertençam aos meteoros, como

---

[24] A cauda dos cometas que, segundo Descartes, é composta pelo fogo que é visto, por causa do seu brilho em torno do cometa, foi investigada no nono capítulo de *O Mundo ou tratado da luz*. Nessa obra, ele pretende explicar a natureza e o comportamento da luz por meio do comportamento mecânico dos três elementos que compõem a matéria do universo, sendo que a diferença entre os corpos resulta finalmente do movimento e tamanho das pequenas partes que os compõem. No

tampouco os terremotos e os minerais, os quais muitos escritores incluem entre os meteoros, falarei aqui somente de certas luzes, as quais, aparecendo à noite durante um tempo calmo e sereno, dão ocasião aos povos de imaginar esquadrões de fantasmas que combatem no ar e aos quais fazem pressagiar a derrota ou a vitória do partido pelo qual eles têm afeição, segundo predomine em sua fantasia o medo ou a esperança. E mesmo porque jamais vi tais espetáculos e sei o quanto os relatos que se fazem disso têm o costume de ser // falsificados e aumentados pela superstição e ignorância, contentar-me-ei em tocar com poucas palavras todas as causas que me parecem capazes de produzi-los. A primeira é que existam no ar muitas nuvens suficientemente pequenas para serem tomadas por um tanto de soldados e as quais, ao cair uma sobre a outra, envolvem exalações suficientes para causar uma quantidade de pequenos clarões e lançar pequenos fogos e, talvez, fazer também ouvir pequenos estrondos, por meio dos quais esses soldados parecem combater. A segunda, que existam também no ar tais nuvens, mas, em vez de cair uma sobre a outra, que elas recebam sua luz dos fogos e dos clarões de alguma grande tempestade, a qual acontece tão longe que não possa ser percebida. E a terceira, que essas nuvens, ou algumas outras mais setentrionais, das quais recebem sua luz, sejam tão altas que os raios do Sol cheguem até elas, pois, considerando atentamente as refrações e as reflexões que duas ou três dessas nuvens podem causar, encontrar-se-á que elas não precisam ser muito altas para fazer aparecer tais luzes no setentrião depois que a hora do crepúsculo passou e, algumas vezes, também depois que o próprio Sol já se pôs. Mas isso não parece pertencer tanto a este discurso quanto ao seguinte, no qual tenho o propósito de falar de todas as coisas

---

que concerne particularmente aos cometas, Descartes sustentou que eles atravessam vários vórtices em grande velocidade acumulando em seu entorno parte da matéria desses vórtices. A luz dos cometas é especialmente mais clara e forte pois, quando eles se deslocam, tendem a concentrar suas partículas atrás de si, formando a sua cauda (cf. AT, XI, p.61-3, Descartes, 2009 [1633], p.131-5, Descartes, 2008 [1633], p.80-2). Como ele adverte, a natureza e o comportamento dos cometas não serão tratados em *Os meteoros*, sem dúvida porque se trata de um fenômeno celeste e não meteorológico. Esse deslocamento disciplinar dos cometas da meteorologia para a astronomia é característico da reorganização dos temas de investigação promovida pela revolução científica dos séculos XVI e XVII.

que se podem ver no ar sem que elas nele estejam, logo após ter aqui encerrado a explicação de todas aquelas coisas que se veem no ar e que nele estão.[25]

## // Oitavo discurso
### Do arco-íris

O arco-íris é uma maravilha da natureza tão notável e sua causa foi em todos os tempos tão curiosamente investigada pelos bons espíritos e tão pouco conhecida, que eu não poderia escolher matéria mais apropriada para fazer ver como, pelo método do qual me sirvo, pode-se chegar a conhecimentos que não tiveram aqueles dos quais temos os escritos.[26] Primeira-

---

25 Descartes conclui o Sétimo Discurso indicando uma mudança quanto ao tipo de fenômeno ao qual se dedicará. Como ele afirma, até o Sétimo Discurso esteve concentrado na explicação das "coisas que se veem no ar e que nele estão". A partir do Oitavo Discurso, passa a tratar das coisas que "se podem ver no ar sem que elas nele estejam". Essa mudança envolve a noção de *aparência*, uma vez que se trata de uma ocorrência vista pelo observador, mas que, de fato, não é real. Tal é o caso de alguns fenômenos meteorológicos ópticos, como o arco-íris, os halos em torno dos astros e os paraélios. Embora Descartes tenha dedicado o seu *O mundo ou tratado da luz* ao estudo da luz, não tratou nessa obra desses fenômenos meteorológicos, reservando o estudo do arco-íris para este Oitavo Discurso de *Os meteoros*. Tal opção justifica-se não somente em vista das condições meteorológicas envolvidas nesse fenômeno, mas também pelo fato de que o estudo do arco-íris é um tema tradicional dos tratados de meteorologia. Usando a lei de reflexão e a lei da refração (lei dos senos), demonstrada em *A dióptrica*, Descartes elabora uma explicação físico-geométrica do arco-íris.

26 A referência de Descartes aos autores que escreveram sobre o arco-íris é lacônica. Descartes apresenta neste discurso, servindo-se do método proposto na Segunda Parte do *Discurso do método*, sua explicação do arco-íris. Entretanto, para que se possa ter uma ideia do estado em que se encontrava o problema quando ele o trata e, consequentemente, avaliar o alcance da explicação proposta por Descartes, faremos aqui um breve relato das tentativas de explicar o arco-íris, reconhecendo-o como um fenômeno óptico atmosférico. Significativamente, o único estudo sobre o arco-íris que temos da Antiguidade é o de Aristóteles nos três capítulos do terceiro livro de seu *Meteorologica* (III, 2, 4, 5), onde ele aplica ao fenômeno um tratamento analítico e matemático, utilizando a lei da reflexão (igualdade dos ângulos de incidência e reflexão) à explicação do arco-íris, que consiste basicamente no efeito dos reflexos dos raios solares nas nuvens. É importante notar que Aristóteles não revela conhecimento do fenômeno da refração. Passará muito tempo antes que tenhamos outros estudos sobre o arco-íris e será preciso esperar pelas investigações ópticas de Alhazen (Ibn al-Haytham, ±965-±1040) e pela mudança de orientação que

mente, tendo considerado que esse arco pode aparecer não somente no céu, mas também no ar próximo a nós, todas e quantas vezes muitas gotas de água encontram-se iluminadas pelo Sol, tal como a experiência faz ver em

> ele imprimiu ao estudo da visão, com sua firme adesão à tese de que a luz refletida pelos objetos alcança o olho e o penetra, demonstrando com isso a função das diversas túnicas e humores do olho que, refratando os raios luminosos, reproduziam a imagem em seu fundo. Alhazen será retomado no século XIII, no Islã, na explicação do arco-íris formulada por Al Farisi, e, no Ocidente latino, por Robert Grosseteste (1168-1253) e Roger Bacon (1214?-1292), cujos trabalhos servirão para que Teodorico de Freiberg (??- 1311) baseasse sua notável explicação do arco-íris. Tanto Al Farisi como Teodorico conseguiram mostrar que toda tentativa de explicação do fenômeno deve estar baseada na trajetória do raio de luz no interior das gotas de água, composta por duas refrações (uma na entrada e outra na saída da gota) e uma reflexão no interior da gota. Após um novo período sem desenvolvimento, no qual a explicação de Teodorico alcançou alguma repercussão, o arco-íris é retomado por Francesco Maurolico (1494-1576) e Giambattista della Porta (1535-1615) e mais próximo de Descartes por Marco Antonio de Dominis (1566-1634). Também Johannes Kepler (1571-1630) tem conhecimento das reflexões e refrações sofridas pela luz ao passar pelas gotas de água, supostas perfeitamente esféricas. (Para a história das tentativas de explicação do arco-íris, ver Crombie, 1970 [1952], p.84-5; 88-9; 93-7; 225-6; Boyer, 1959; Blay, 2009, p.273-4.)
> Cabe fazer ainda duas considerações acerca deste discurso sobre o arco-íris. A primeira é que os experimentos com o "grande frasco de vidro totalmente redondo e transparente" – a analogia da grande gota de água – foram propostos e realizados por Teodorico de Freiberg em seu *De iride et radialibus impressionibus*, redigido no início do século XIV (cf. Blay, 2009, p.274). Al-Farisi também desenvolveu de modo independente experimentos com esse modelo da esfera transparente que, entretanto, não chegaram a ser conhecidos no Ocidente (cf. Boyer, 1959; Sarton, 1931, p.761-3). A questão é então: Descartes efetivamente realizou a série de experimentos envolvidos em seu relato ou trata-se de uma reconstrução (ou compilação) na *imaginação* dos relatos observacionais bastante difundidos de Teodorico de Freiberg? (Para uma apresentação dos experimentos de Teodorico de Freiberg, ver Harré, 1981, p.92-100.) A segunda consideração é chamar a atenção para a *figura* utilizada por Descartes que cumpre, na exposição, uma função pedagógica, permitindo a passagem do relato imaginado do experimento para sua aplicação ao caso do arco-íris. Assim, a grande gota de água se encontra representada entre os arcos externo e interno do arco-íris numa parede de gotas de água cuja diferença com o modelo é serem todas minúsculas, mas para as quais é mais fácil transferir (visualizar) o que está acontecendo na gota grande. Além disso, a figura nos dá as posições do Sol e de todos os raios de luz paralelos, a posição do observador e o que ele vê entre os ângulos de 42° e 52°. (Para a explicação cartesiana do arco-íris, ver Battisti, 2002, p.313-37; Crombie, 1970 [1952], p.439-40; Boyer, 1959, cap.8, p.200-32; Blay, 2009, p.273-83; Clarke, 1982, p.192-4; Gaukroger, 1999, p.325-34.)

algumas fontes, foi para mim fácil julgar que o arco-íris procede unicamente do modo pelo qual os raios da luz agem sobre essas gotas e daí tendem para nossos olhos. A seguir, sabendo que essas gotas são redondas, tal como foi provado anteriormente, e vendo que, por serem maiores ou menores, elas não fazem esse arco aparecer diversamente, tomei o cuidado de fazer uma gota bastante grande, a fim de poder melhor examiná-la. E, tendo enchido de água, para esse efeito, um grande frasco de vidro totalmente redondo e muito transparente, descobri que, vindo o Sol, por exemplo, do lado do céu marcado *AFZ* e estando meu olho no ponto *E*, quando eu colocava // essa bola no lugar *BCD*, seu lado *D* aparecia-me todo vermelho e incomparavelmente mais brilhante do que o resto e que, quer eu a aproximasse, quer eu a recuasse, quer a colocasse à direita ou à esquerda, ou mesmo a fizesse girar em torno de minha cabeça, desde que a linha *DE* fizesse sempre um ângulo de aproximadamente 42 graus com a linha *EM*, a qual se deve imaginar tender do centro do olho para o centro do Sol, esse lado *D* apareceria sempre igualmente vermelho, mas que, tão logo eu fizesse que esse ângulo *DEM* fosse um pouco maior, essa vermelhidão desapareceria, e que, se eu o fizesse um pouco menor, ela não desapareceria totalmente

326

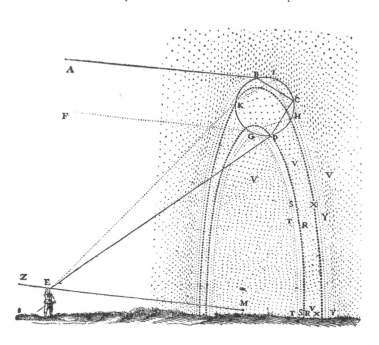

**327** // de uma só vez, mas dividir-se-ia inicialmente como que em duas partes menos brilhantes, nas quais se veriam o amarelo, o azul e outras cores. A seguir, olhando também para o lugar dessa bola que está marcado *K*, percebi que, fazendo o ângulo *KEM* de aproximadamente 52 graus, essa parte *K* apareceria também de cor vermelha, mas não tão brilhante quanto *D*, e que, fazendo esse ângulo um pouco maior, apareceriam outras cores mais fracas, mas, fazendo-o um pouco menor ou muito maior, não apareceria mais cor alguma.[27] Donde eu conheci claramente que, preenchendo todo o ar que está em *M* com tais bolas ou, em seu lugar, com gotas de água, deve aparecer um ponto muito vermelho e bastante brilhante em cada uma dessas gotas, cujas linhas traçadas para o olho *E* fazem um ângulo de aproximadamente 42 graus com *EM*, como suponho que fazem aquelas gotas marcadas por *R*, e que esses pontos, sendo vistos todos conjuntamente sem que se note, de outro modo, o lugar onde estão a não ser pelo ângulo sob o qual são vistos, devem aparecer como um círculo contínuo de cor vermelha e, do mesmo modo, nesse lugar devem existir pontos naquelas gotas que estão marcadas por *S* e *T*, cujas linhas traçadas para *E* fazem ângulos um pouco mais agudos com *EM*, os quais compõem círculos de cores mais fracas, e que é nisso que consiste o primeiro e principal arco-íris; a seguir, novamente, que, sendo o ângulo *MEX* de 52 graus, deve aparecer um círculo vermelho nas gotas marcadas por *X* e outros círculos de cores mais fracas na gotas marcadas por *Y*, e que é nisso que consiste o segundo e menos importante

**328** // arco-íris; e que, enfim, em todas as outras gotas marcadas por *V*, não deve aparecer cor alguma. Examinando, depois disso, mais particularmente na bola *BCD*, o que fazia que a parte *D* aparecesse vermelha, descobri que eram os raios do Sol, os quais, vindo de *A* para *B*, curvavam-se ao entrar

---

27 Para que esse resultado fique claro é preciso recorrer a uma leitura da figura e considerar que (1) o ângulo que a linha *DE* faz com a linha *EM* é igual ao ângulo que a linha *AB* faz com a linha *DE*. Esse ângulo é de 42° e corresponde à abertura do primeiro círculo (ou arco interno); (2) o ângulo que a linha *KE* faz com a linha *EM* é igual àquele que a linha *FG* faz com a linha *KE*. Esse ângulo é de 52° e corresponde à abertura do segundo círculo (ou arco externo). As medidas desses ângulos não foram obtidas por Descartes, que está novamente fazendo uso de resultados já obtidos pelos autores anteriores.

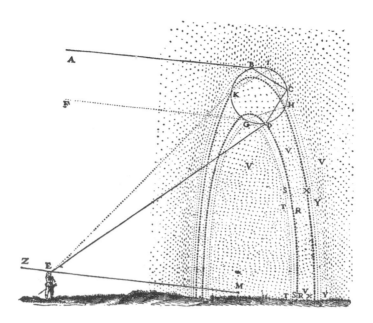

na água no ponto *B* e iam para *C*, a partir do qual se refletiam para *D*, e daí, curvando-se novamente ao saírem da água, tendiam para *E*, pois, tão logo eu colocasse um corpo opaco ou escuro em algum lugar das linhas *AB*, *BC*, *CD* ou *DE*, essa cor vermelha desaparecia. E ainda que eu cobrisse toda a bola, // excetuados os pontos *B* e *D*, e que colocasse corpos escuros por todos os outros lugares, desde que nada impedisse a ação dos raios *ABCDE*, a cor vermelha não deixava de aparecer. Investigando também, a seguir, qual era a causa do vermelho que aparecia em *K*, descobri que eram os raios que vinham de *F* para *G*, onde eles se curvavam para *H*, e em *H* refletiam-se para *I*, e em *I* refletiam-se novamente para *K*, e finalmente curvavam-se no ponto *K* e tendiam para *E*. De modo que o primeiro arco-íris é causado pelos raios que chegam ao olho após duas refrações e uma reflexão, enquanto o segundo arco-íris, por outros raios que chegam ao olho somente após duas refrações e duas reflexões, o que impede que ele apareça tanto quanto o primeiro.[28]

---

28 No longo parágrafo seguinte, que termina na p.323, Descartes apresenta sua teoria das cores cujo tratamento foi adiado no Primeiro Discurso de *A dióptrica*, no qual faz uma comparação entre os corpos brancos e os corpos coloridos e não polidos – "vermelhos ou amarelos ou azuis" etc. – e acrescenta que pensa "poder determinar no que consiste a natureza de cada uma dessas cores, mostrando-o pela

*Os meteoros*

Mas a principal dificuldade ainda permanecia: a de saber por que, existindo muitos outros raios, os quais, após duas refrações e uma ou duas reflexões, podem tender para o olho quando essa bola está em outra posição, existem, todavia, somente aqueles raios dos quais falei que fazem aparecer alguma cor. E, para resolver essa dificuldade, investiguei se não haveria algum outro assunto no qual essas cores aparecessem da mesma maneira, a fim de que, pela comparação de um com o outro, eu pudesse melhor julgar sua causa. Assim, lembrando-me de que um prisma ou triângulo de cristal faz que vejamos cores semelhantes, considerei um prisma que fosse tal como é aqui *MNP*, cujas duas superfícies *MN* e *NP* são totalmente planas e inclinadas uma sobre a outra segundo um ângulo de aproximadamente 30 ou 40 graus, de modo que, se os raios do Sol *ABC* atravessam *MN* em ângulos retos, // ou quase retos, sem sofrer assim qualquer refração sensível, então eles não devem sofrer uma refração suficientemente grande ao saírem por *NP*. E, cobrindo uma dessas duas superfícies com um corpo escuro, no qual existia uma abertura bastante estreita como *DE*, observei que os raios, passando por essa abertura e daí incidindo sobre um pano ou papel branco *FGH*, pintam aí todas as cores do arco-íris e sempre pintam o vermelho em *F* e o azul ou o violeta em *H*. Disso aprendi, primeiramente, que a curvatura das superfícies das gotas de água em nada é necessária para a produção dessas cores, pois as superfícies desse cristal são totalmente planas; tampouco a grandeza do ângulo sob o qual essas cores apareciam, pois esse ângulo pode ser aqui mudado sem que as cores mudem, e embora se possa fazer que os

---

experiência" (p.136) (cf. nota 8 de *A dióptrica*). É exatamente o que Descartes passa a fazer agora. Utiliza nessa exposição sobre a "natureza das cores" o experimento do prisma ou triângulo de cristal para produzir a mesma diversidade de cores que aquela que se vê no arco-íris. Assim como no caso da grande gota de água, o uso do prisma também está de acordo com os preceitos das *Regras para a direção do espírito*, pois Descartes procura, a propósito das cores do arco-íris, "se não haveria algum outro assunto (*sujet*) no qual essas cores aparecessem da mesma maneira, a fim de que, pela comparação de um com o outro, eu pudesse melhor julgar sua causa" (p.317). Ou seja, Descartes *compara* as cores produzidas no arco-íris com as cores produzidas pelo "prisma ou triângulo de cristal" quando é atravessado em certas posições por um raio de luz. Trata-se, então, da construção da analogia (comparação) entre a produção das cores no arco-íris e a produção das cores no prisma de cristal.

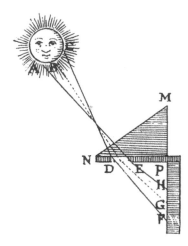

raios que vão para *F* curvem-se, ora mais ora menos, do que aqueles que vão para *H*, eles não deixam de pintar *F* sempre de vermelho, e aqueles que vão para *H*, sempre de azul; tampouco a reflexão, pois nenhuma existe aqui; tampouco, enfim, a pluralidade de refrações, pois não há aqui senão uma única. Mas julguei que fosse necessária pelo menos uma refração, e mesmo uma cujo efeito não fosse destruído por outra refração contrária, pois a experiência mostra que, se as superfícies *MN* e *NP* fossem paralelas, os raios, voltando a endireitar-se em uma superfície tanto quanto poderiam curvar-se na outra, não produziriam essas cores. Não duvidei que também fosse necessária a luz, pois nada se vê sem ela. E, além disso, observei que era necessária a sombra, ou a limitação dessa luz, pois, ao retirar o corpo escuro que está sobre *NP*, as cores *FGH* deixam de aparecer e, se for feita uma abertura *DE* suficientemente grande, o vermelho, o laranja e o amarelo, os quais estão em *F*, não se estendem por isso mais longe, não mais que o verde, o azul e o violeta, os quais estão em *H*, mas todo o espaço excedente que está em *G*, entre os dois pontos *F* e *H*, permanece branco.[29] Após isso, procurei conhecer por que essas cores são diferentes em *H* e em *F*, não obstante a refração, a sombra e a luz ocorrerem do mesmo modo. E concebendo a

---

29 Apresentado o experimento, Descartes retoma a consideração que havia feito na p.136, na qual diz que os corpos coloridos diferentemente dos corpos brancos, além de refletir a luz, aportam a essa reflexão "uma mudança semelhante àquela que recebe o movimento de uma bola quando é enviesada por uma raquete". Descartes retoma também a definição de raio de luz do Primeiro Discurso de *A dióptrica*, segundo a qual os raios de luz são definidos como linhas retas seguidas pela ação ou inclinação a mover-se das partes da matéria sutil. Nesse ponto de *Os meteoros*, ele constrói um modelo mecânico com a analogia entre as partes da matéria sutil e as bolas que rolam diferentemente segundo as causas que as determinam. As cores são, então, tomadas como o efeito na sensação das diferentes intensidades de velocidades angulares em relação à velocidade linear adquirida pelas partes da matéria sutil. Conforme muda essa relação entre a tendência à rotação e a velocidade linear, mudam as cores. (Sobre a teoria cartesiana das cores, ver Blay, 1997; 2009, p.275-7; Gaukroger, p.328-34; Gal & Chen-Morris, 2013, p.34-42.)

natureza da luz tal como a descrevi em *A dióptrica*, a saber, como a ação ou o movimento de certa matéria muito sutil, cujas partes devem ser imaginadas como pequenas bolas que rolam nos poros dos corpos terrestres, eu conheci que essas bolas podem rolar de diversas maneiras, segundo as diversas causas que as determinam, e que, em particular, todas as refrações que se fazem em um mesmo lado determinam que essas bolas girem no mesmo sentido, mas que, quando elas não têm quaisquer vizinhas que se movam notavelmente mais ou menos rápido do que elas mesmas, sua rotação é quase igual a seu movimento em linha reta, ao passo que, quando elas têm, de um lado, vizinhas que se movem menos velozmente e, de outro lado, vizinhas que se movem mais ou igualmente rápido, tal como acontece nos limites entre a sombra e a luz, se essas bolas encontram aquelas que se // movem menos velozmente do lado no qual rolam, como fazem aquelas bolas que compõem o raio *EH*, então essa é a causa pela qual elas não giram tão velozmente quanto se movem em linha reta, e ocorre totalmente o contrário quando elas as encontram do outro lado, como fazem aquelas bolas do raio *DF*. Para entender isso melhor, pensai que a bola *1234* é empurrada de *V* para *X*, de tal modo que ela siga unicamente em linha reta e que seus dois lados, *1* e *3*, desçam com

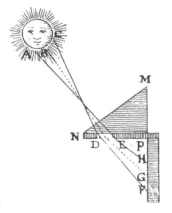

igual velocidade até a superfície da água *YY*, onde o movimento do lado marcado *3*, o qual a encontra primeiro, é retardado, ao passo que o movimento do lado marcado *1* ainda continua, o que é a causa pela qual a bola inteira começa infalivelmente a girar seguindo a ordem dos números *123*. A seguir, imaginai que ela é cercada por quatro outras bolas, *Q*, *R*, *S* e *T*, das quais as duas, *Q* e *R*, tendem, com mais força do que ela, a mover-se para *X*, enquanto as duas outras, *S* e *T*, tendem para *X* com menos força. Do que é evidente que *Q*, ao

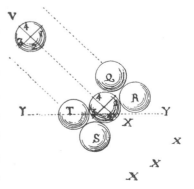

pressionar sua parte marcada *1*, e *S*, // ao reter aquela parte marcada *3*, aumentam seu giro, e que *R* e *T* em nada se opõem a isso, porque *R* está disposta a mover-se para *X* mais rapidamente do que a segui-la, ao passo que *T* não está disposta a segui-la tão rapidamente quanto ela a precede. O que explica a ação do raio *DF*. Além disso, ao contrário, se *Q* e *R* tendem mais lentamente do que a bola *1234* para *X* e se *S* e *T* tendem mais rapidamente para *X*, então *R* impede o giro da parte marcada *1* e *T* impede o giro da parte *3*, sem que as duas outras bolas, *Q* e *S*, façam algo para isso. O que explica a ação do raio *EH*. Mas deve-se notar que, sendo essa bola *1234* muito redonda, pode facilmente ocorrer que, quando ela é pressionada com um pouco de força pelas duas bolas *R* e *T*, ela se revira piruetando em torno do eixo de 42 graus, em vez de parar seu giro nessa ocasião, e que, mudando de posição em um momento, ela gira seguindo a ordem dos números *321*, pois as duas bolas, *R* e *T*, que a fizeram começar a girar, obrigam-na a continuar até que ela tenha completado meia rotação nesse mesmo sentido e elas possam aumentar seu giro, em vez de retardá-lo. O que me serviu para resolver a principal de todas as dificuldades que vi nesse assunto. E, ao que me parece, de tudo isso demonstra-se muito evidentemente que a natureza das cores que aparecem em *F* não consiste senão em que as partes da matéria sutil, a qual transmite a ação da luz, tendem a girar com mais força do que a moverem-se em linha reta, de modo que essas partes que tendem a girar muito mais fortemente causam a cor vermelha, ao passo que as partes que tendem a girar apenas um pouco mais fortemente causam o amarelo. Assim também, // ao contrário, a natureza das cores que são vistas em *H* não consiste senão em que essas pequenas partes não giram tão velozmente quanto costumam girar quando não há causa particular que as impeça, de modo que o verde aparece onde elas não giram muito menos velozmente, enquanto o azul aparece onde elas giram muito menos velozmente. E comumente, nas extremidades desse azul, este se mistura com a cor encarnada, a qual, dando-lhe vivacidade e brilho, transforma-o em violeta ou em púrpura. O que ocorre, sem dúvida, porque a mesma causa que costuma retardar o giro das partes da matéria sutil, sendo então bastante forte para fazer mudar a posição de algumas partes, deve aumentar o giro nessas partes, enquanto o diminui nas outras. E, em tudo isso, a razão concorda tão perfeitamente com a experiência, que não creio que seja possível, depois de ter bem conhecido uma e outra, duvidar de que a coisa não seja tal como acabo de explicá-la. Pois, se é verdade que a sensação que temos da luz é causada pelo movimento ou inclinação a mover-se de alguma matéria que toca nossos olhos, como muitas outras coisas testemunham, é certo que os diversos movimentos dessa matéria devem causar em nós diversas sensações.[30] E como não pode existir outra diferença nesses movimentos que aquela que afirmei, tampouco encontramos pela experiência, nas sensações que disso temos, alguma outra diferença que não seja a das cores. E não é possível encontrar alguma coisa no cristal *MNP* que possa produzir as cores, a não ser a maneira pela qual ele envia as pequenas // partes da matéria sutil para o pano *FGH* e daí para os nossos olhos, do que é bastante evidente, ao que me parece, que não se deve procurar outra coisa nas cores que os outros objetos fazem aparecer, pois a experiência comum testemunha que a luz ou o branco, e a sombra ou o preto, com as cores do arco-íris que foram aqui explicadas, são suficientes para compor todas as outras cores. E não posso apreciar a distinção dos filósofos quando dizem que existem cores que são verdadeiras e outras que são falsas ou aparentes. Pois, não sendo sua verdadeira natureza senão aparência, parece-me uma contradição dizer que elas são falsas e que elas aparecem. Mas admito que a sombra e a refração não são sempre necessárias para produzi-las e que, em seu lugar, o

---

30 A explicação de Descartes está de acordo com a perspectiva mecanicista de que a figura, o tamanho e o movimento das partes constituintes são suficientes para produzir uma explicação dos fenômenos naturais. Assim, nesta passagem, Descartes sustenta que a percepção da luz, que sentimos por meio de nossos olhos, pode ser traduzida pela pressão que a matéria sutil exerce na retina, de sorte que a diferença de sensações que experimentamos está diretamente ligada ao modo como a matéria sutil que constitui os raios de luz penetra em nossos olhos pressionando mais ou menos a retina. O termo empregado por Descartes é *"sentiment"*, aqui traduzido por "sensação", porque o contexto é obviamente o do modo como percebemos, pelos sentidos, a diversidade dos modos pelos quais os corpos coloridos refletem a luz. Note-se, além disso, que a cor é uma *aparência* explicada por um mecanismo material subjacente.

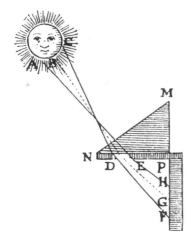

tamanho, a figura, a posição e o movimento das partes dos corpos que se denominam coloridos podem concorrer de várias maneiras com a luz para aumentar ou diminuir o giro das partes da matéria sutil.[31] De modo que, mesmo no arco-íris, duvidei inicialmente se as cores nele se produziam inteiramente da mesma maneira que no cristal *MNP*, pois não observei sombra que limitasse a luz e não sabia ainda o porquê de elas aparecerem unicamente sob certos ângulos, até que, tendo tomado a pena e calculado // minuciosamente todos os raios que caem sobre os diversos pontos de uma gota de água, para saber sob quais ângulos, após duas refrações e uma ou duas reflexões, esses raios podem vir para nossos olhos, descobri que, após uma reflexão e duas refrações, existem muito mais raios que podem ser vistos sob o ângulo de 41 a 42 graus do que sob qualquer ângulo menor e que não existe raio algum que possa ser visto sob um ângulo maior. Depois disso, descobri também que, após duas reflexões e duas refrações, existem muito mais raios que vêm para o olho sob o ângulo de 51 a 52 graus do que sob qualquer outro ângulo maior e que não existe raio algum que venha de um ângulo menor. De modo que, de um lado e de outro, existe sombra que limita a luz, a qual, após ter passado por uma infinidade de gotas de chuva iluminadas pelo Sol, vem para o olho sob o ângulo de 42 graus, ou um pouco menor, e causa assim o primeiro e principal arco-íris. E existe também sombra que limita a luz que vem sob o ângulo de 51 graus, ou um pouco maior, e causa o arco-íris externo, pois não receber quaisquer raios de luz em seus próprios olhos, ou receber notavelmente menos de um objeto do que de outro que está mais próximo, é ver a sombra.

---

31 Nesse ponto termina a exposição da teoria das cores de Descartes, cuja evidente explicação mecânico-corpuscular se assenta em uma analogia entre as figuras, o tamanho e o movimento, que são propriedades da matéria que podem ser transformadas em grandezas empíricas, isto é, podem ser medidas.

*Os meteoros*

O que mostra claramente que as cores desses arcos são produzidas pela mesma causa que aquelas cores que aparecem com a ajuda do cristal *MNP* e que o semidiâmetro do arco interno não deve ser maior do que 42 graus, nem o semidiâmetro do arco externo menor do que 51 graus e que, enfim, o primeiro arco deve ser bem mais limitado em sua superfície externa do que em sua superfície interna, enquanto o segundo deve ser totalmente o contrário, como se // vê pela experiência.[32] Mas, a fim de que aqueles que conhecem a matemática possam saber se o cálculo que faço desses raios é correto, é necessário aqui que eu o explique.[33]

---

32 Descartes conclui aqui a explicação do arco-íris que está baseada em um conjunto de experimentos com a grande gota de água e com o prisma de cristal. Mostra que, quando aparece o arco-íris, existem no céu duas faixas ou arcos mais luminosos do que o resto do céu e que as cores produzidas no arco-íris podem ser comparadas às cores observadas no caso do prisma.

33 Inicia-se aqui a exposição de Descartes da aplicação da lei da refração, exposta no Segundo Discurso de *A dióptrica*, à solução da questão da gênese, em lugares determinados, segundo uma ordem determinada, das cores do arco-íris. Para resolver a questão, Descartes faz um estudo minucioso de todos os raios que atravessam uma gota "para saber sob quais ângulos, após duas refrações e uma ou duas reflexões, eles podem vir para o olho"; partindo da medida (índice) de refração da água, passa a calcular esses ângulos. O conhecimento da lei da refração da luz permite a Descartes traçar a trajetória do raio de luz que penetra na gota de água, cujo formato é esférico, representada pela circunferência *AFD*. A demonstração exposta nesse momento leva em conta a trajetória do raio de luz até o olho do observador, bem como a medida das linhas, arcos e ângulos envolvidos. Descartes considera inicialmente os semidiâmetros, *CD* ou *AB*, os quais são divididos em tantas partes quantos são os raios que se pretende calcular. Note-se que a divisão em tais partes será posteriormente utilizada no momento em que ele determina, numericamente, quantas partes têm as linhas *HF*, *AB* e *CI*. Tomando o raio *EF*, Descartes considera dois casos. No primeiro deles, o raio *EF* sofre uma refração (representada pela linha *FK*) ao entrar na gota de água *AFD*, reflete-se de *K* para *N* e, finalmente, sofre uma refração ao sair da gota de água até o olho *P*. Nesse primeiro caso, o raio de luz sofre uma refração, uma reflexão e uma refração. No segundo caso, após atingir o ponto *N*, o raio de luz reflete-se até *Q* e, então, sofre uma refração em direção ao olho *R*. Assim, no segundo caso, o raio de luz sofre uma refração, duas reflexões e uma refração. Após essa exposição, Descartes estabelece as medidas das linhas, arcos e ângulos envolvidos, cujo detalhamento é apresentado nas duas tabelas presentes no texto. O cálculo que determina a trajetória do raio depende

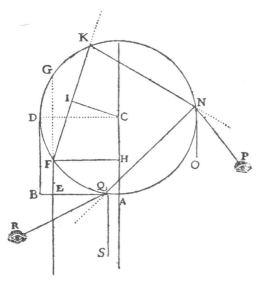

Seja *AFD* uma gota de água, da qual divido o semidiâmetro *CD* ou *AB* em tantas partes iguais quantos são os raios que desejo calcular, a fim de atribuir o mesmo tanto de luz a umas quanto a outras. A seguir, considero um desses raios em particular, por exemplo *EF*, o qual, em vez de seguir retilineamente para *G*, desvia-se para *K*, reflete--se de *K* para *N* e daí vai para o olho *P*, ou então, reflete-se, ainda mais uma vez, de *N* para *Q* e daí desvia-se para o olho *R*. E, tendo traçado *CI* em ângulos retos sobre *FK*, conheço, a partir do que foi dito em *A dióptrica*, que *AE*, ou *HF*, e *CI* têm entre si a proporção pela qual se mede a refração da água. De modo que, se *HF* contém 8.000 partes, tais que *AB* contém 10.000, então *CI* conterá cerca de 5.984, porque a refração da água é um pouco maior do que a razão de três para quatro; pois, por mais exatamente que eu possa medi-la, ela é como a razão de 187 para 250. Tendo assim as duas linhas *HF* e *CI*, conheço facilmente // os dois arcos, *FG*, o qual é de 73 graus e 44 minutos, e *FK*, o qual é de 106.30. A seguir, subtraindo o dobro do arco *FK* do arco *FG* adicionado a 180 graus, obtenho 40.44 para a quantidade do ângulo *ONP*, pois suponho *ON* paralela a *EF*. E, subtraindo esses 40.44 de *FK*, obtenho 65.46 para o ângulo *SQR*, pois também suponho *SQ* paralela a *EF*. E, calculando da mesma maneira todos os outros raios paralelos a *EF*, os quais passam pelas divisões do semidiâmetro *AB*, componho a seguinte tabela:

338

---

do índice de refração do ar para a água que Descartes mede de modo razoavelmente preciso. A variação cromática, responsável pela diversidade de todas as cores do arco-íris, é circunscrita apenas à variação do ângulo do raio de luz após atravessar a gota de água que pode ser calculada com o conhecimento da refração da água e aplicando a lei dos senos.

*Os meteoros*

| A LINHA HF | A LINHA CI | O ARCO FG | O ARCO FK | O ÂNGULO ONP | O ÂNGULO SQR |
|---|---|---|---|---|---|
| 1000 | 748 | 168.30 | 171.25 | 5.40 | 165.45 |
| 2000 | 1496 | 156.55 | 162.48 | 11.19 | 151.29 |
| 3000 | 2244 | 145.4 | 154.4 | 17.56 | 136.8 |
| 4000 | 2992 | 132.50 | 145.10 | 22.30 | 122.4 |
| 5000 | 3740 | 120. | 136.4 | 27.52 | 108.12 |
| 6000 | 4488 | 106.16 | 126.40 | 32.56 | 93.44 |
| 7000 | 5236 | 91.8 | 116.51 | 37.26 | 79.25 |
| 8000 | 5984 | 73.44 | 106.30 | 40.44 | 65.46 |
| 9000 | 6732 | 51.41 | 95.22 | 40.57 | 54.25 |
| 10000 | 7480 | 0. | 83.10 | 13.40 | 69.30 |

E é fácil ver nessa tabela que existem muito mais raios que fazem o ângulo *ONP* de aproximadamente 40 graus do que raios que o façam menor, ou que fazem o ângulo *SQR //* de cerca de 54 graus do que raios que o façam maior. Assim, a fim de torná-la ainda mais precisa, faço:

| A LINHA HF | A LINHA CI | O ARCO FG | O ARCO FK | O ÂNGULO ONP | O ÂNGULO SQR |
|---|---|---|---|---|---|
| 8000 | 5984 | 73.44 | 106.30 | 40.44 | 65.46 |
| 8100 | 6058 | 71.48 | 105.25 | 40.58 | 64.37 |
| 8200 | 6133 | 69.50 | 104.20 | 41.10 | 63.10 |
| 8300 | 6208 | 67.48 | 103.14 | 41.20 | 62.54 |
| 8400 | 6283 | 65.44 | 102.9 | 41.26 | 61.43 |
| 8500 | 6358 | 63.34 | 101.2 | 41.30 | 60.32 |
| 8600 | 6432 | 61.22 | 99.56 | 41.30 | 58.26 |
| 8700 | 6507 | 59.4 | 98.48 | 41.28 | 57.20 |
| 8800 | 6582 | 56.42 | 97.40 | 41.22 | 56.18 |
| 8900 | 6657 | 54.16 | 96.32 | 41.12 | 55.20 |
| 9000 | 6732 | 51.41 | 95.22 | 40.57 | 54.25 |
| 9100 | 6806 | 49.0 | 94.12 | 40.36 | 53.36 |
| 9200 | 6881 | 46.8 | 93.2 | 40.4 | 52.58 |
| 9300 | 6956 | 43.8 | 91.51 | 39.26 | 52.25 |
| 9400 | 7031 | 39.54 | 90.38 | 38.38 | 52.0 |
| 9500 | 7106 | 36.24 | 89.26 | 37.32 | 51.54 |
| 9600 | 7180 | 32.30 | 88.12 | 36.6 | 52.6 |
| 9700 | 7255 | 28.8 | 86.58 | 34.12 | 52.46 |
| 9800 | 7330 | 22.57 | 85.43 | 31.31 | 54.12 |

// E vejo aqui que o ângulo maior *ONP* pode ser de 41 graus e 30 minutos, enquanto o ângulo menor *SQR* de 51.54, aos quais, adicionando ou subtraindo respectivamente 17 minutos do semidiâmetro do Sol, obtenho 41.47 para o maior semidiâmetro do arco-íris interno e 51.37 para o menor semidiâmetro do arco-íris externo.[34]

É verdade que, quando a água está quente, sua refração é um pouco menor do que quando ela está fria, o que pode mudar alguma coisa nesse cálculo. Todavia, isso poderia aumentar o semidiâmetro do arco-íris interno, quando muito, em um ou dois graus e, então, o semidiâmetro do arco-íris externo será quase duas vezes menor. O que é digno de ser notado, porque, a partir disso, é possível demonstrar que a refração da água não pode ser um pouco menor nem um pouco maior do que a suponho. Pois, por pouco que fosse maior, ela tornaria o semidiâmetro do arco-íris interno menor do que 41 graus, ao passo que a crença comum lhe atribui 45 graus; e, se a supormos bastante pequena para fazer que ele seja verdadeiramente de 45, encontrar-se-á que o semidiâmetro do arco-íris externo não será muito maior do que 45, ao passo que este aparece ao olho muito maior do que aquele do arco-íris interno. E Maurolico, que creio ter sido o primeiro a determinar esse ângulo de 45 graus, determina o outro ângulo como tendo cerca de 56 graus. O que mostra a pouca fé que se deve atribuir às observações que não são acompanhadas da verdadeira razão. Além disso, não tive dificuldade em conhecer por que o vermelho está fora do arco-íris interno, nem por que ele está dentro do arco-íris externo, pois a mesma causa, pela // qual é em *F*, mais que em *H*, que o vermelho aparece através do cristal *MNP*, faz que, estando o olho no lugar do pano branco *FGH*, se esse cristal

---

34 Terminada a explicação do arco-íris, Descartes passa a discutir a questão da variabilidade da medida (índice) de refração da água em função de ela estar mais quente ou mais fria e considera, a seguir, com muita reticência a aparição de um terceiro arco-íris (cf. Blay, 2009, p.282). Aqui é o lugar para apresentar brevemente duas dificuldades da explicação cartesiana do arco-íris. A primeira diz respeito à dificuldade de explicar a ordem (a posição respectiva) das cores em cada um dos arcos que formam o arco-íris. Isso se liga à dificuldade que tem Descartes em compatibilizar as diferenças da ordem de aparecimento das cores no caso do prisma e do arco-íris. A segunda diz respeito ao caráter arbitrário da associação do mecanismo de geração das cores à explicação dada.

Os meteoros

for observado, o vermelho será visto em sua parte mais espessa *MP* e o azul em *N*, porque o raio tingido de vermelho, o qual vai para *F*, vem de *C*, a parte do Sol mais próxima de *MP*. E essa mesma causa faz também que, sendo o centro das gotas de água, e, por conseguinte, sua parte mais espessa, exterior em relação aos pontos coloridos que formam o arco-íris interno, o vermelho deve aparecer fora e, sendo esse centro interno em relação aos pontos que formam o arco-íris externo, o vermelho deve também aparecer dentro.

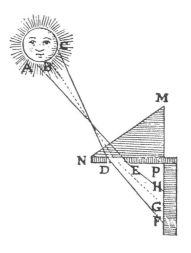

Assim, creio que não resta mais qualquer dificuldade neste assunto, a não ser talvez no tocante às irregularidades que aí se encontram, como quando o arco não é exatamente redondo ou quando seu centro não está na linha reta que passa pelo olho e pelo Sol, o que pode acontecer se os ventos mudam a figura das gotas de chuva, pois estas poderiam perder tão pouco de sua esfericidade que isso não faria uma notável diferença no ângulo sob o qual as cores devem aparecer. Viu-se também algumas vezes, segundo me disseram, um arco-íris de tal modo invertido que seus cornos estavam voltados para o alto, como é aqui representado por *FF*. O que eu não poderia julgar ter acontecido senão // pela reflexão dos raios do Sol que incidem sobre a água do mar ou a de algum lago. Por exemplo, se esses raios, vindos da parte do céu *SS*, caírem sobre a água *DAE* e daí se refletirem para a chuva *CF*, então o olho *B* verá o arco *FF*, cujo centro está no ponto *C*, de modo que, sendo *CB* prolongada até *A* e passando *AS* pelo centro do Sol, os ângulos *SAD* e *BAE* sejam iguais e o ângulo *CBF* seja de aproximadamente 42

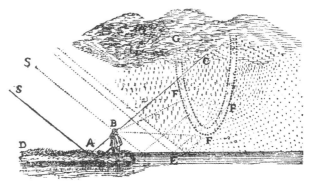

graus. Todavia, requer-se também, para esse efeito, que não exista vento algum que faça ondular a face da água que está em *E* e talvez, com isso, que não exista alguma nuvem, como *G*, que impeça que a luz do Sol, indo em linha reta para a chuva, apague a luz que essa água *E* envia para a nuvem, do que se segue que isso ocorre raramente. Além disso, o olho pode estar em tal posição em relação ao Sol e à chuva que se verá a parte inferior que fecha o círculo do arco-íris sem que se veja a parte superior e, assim, ele será tomado por um arco invertido, embora não seja visto voltado para o céu, mas para a água ou para a terra.

Disseram-me também terem visto algumas vezes um terceiro // arco-íris acima dos outros dois comuns, mas que era muito mais tênue e quase tão afastado do segundo quanto o segundo era do primeiro. O que não julgo que possa ter acontecido, a não ser que existissem grãos de granizo muito redondos e muito transparentes misturados à chuva, e nos quais, sendo a refração notavelmente maior do que na água, o arco-íris externo deveria ser muito maior e, assim, deveria aparecer acima do outro. E quanto ao arco-íris interno, o qual pela mesma razão deveria ser menor do que o arco-íris interno produzido pela chuva, pode acontecer que não tenha sido notado por causa do grande brilho deste último, ou também que, estando suas extremidades unidas, todas as duas extremidades terão sido contadas como sendo uma, mas uma extremidade cujas cores terão sido dispostas de maneira diferente da comum.

E isso me lembra de uma invenção para fazer aparecer sinais no céu, os quais poderiam causar grande admiração naqueles que lhes ignoram as razões.[35] Suponho que já sabeis a maneira de fazer que se veja o arco-íris por meio de um chafariz. Por exemplo, se a água que sai pelos pequenos orifícios

---

35 Descartes não se furta de encerrar este discurso sobre o arco-íris, apresentando a invenção de um chafariz que, em condições apropriadas, pode reproduzir artificialmente o arco-íris. Assim, a explicitação do mecanismo subjacente ao fenômeno do arco-íris permite o projeto de um mecanismo artificial que respeite as condições naturais e matemáticas de produção do fenômeno do arco-íris, reproduzindo-o artificialmente. Este não deixa de ser mais um exemplo da filosofia prática preconizada na Sexta Parte do *Discurso do método*. Na verdade, trata-se de um caso típico em que o conhecimento das causas torna possível a reprodução dos efeitos.

*ABC*, saltando bem alto, expande-se no ar por todos os lados para *R*, e se o Sol está em Z, de modo que, estando *ZEM* em linha reta, o ângulo *MER* possa ser de aproximadamente 42 graus, então o olho *E* não deixará de ver o arco--íris em *R*, totalmente semelhante àquele que aparece no céu. A isso deve-se agora acrescentar que existem óleos, aguardentes e outros licores nos quais a refração se faz sensivelmente maior ou menor do que na água comum, e os quais não são, por // isso, menos claros e transparentes. De modo que se poderia dispor ordenadamente muitas fontes nas quais, existindo diversos desses licores, ver-se-ia, por seu meio, toda uma grande parte do céu repleta das cores do arco-íris, a saber, fazendo que os líquidos cuja refração fosse maior estivessem mais próximos dos espectadores e que eles não se elevassem tão alto que impedissem a visão daqueles que estivessem mais afastados. A seguir, porque, fechando uma parte dos orifícios *ABC*, pode-se fazer desaparecer a parte que se deseje do arco-íris *RR* sem impedir as outras partes, é fácil entender do mesmo modo que, abrindo e fechando propositalmente os orifícios dessas diversas fontes, será possível fazer que aquilo que aparece colorido tenha a figura de uma cruz, ou de uma coluna, ou de qualquer outra coisa que dê ocasião à admiração. Mas admito que seriam necessários habilidade e dispêndio a fim de produzir essas fontes e fazer que os licores saltem tão alto que essas figuras possam ser vistas de muito longe por todas as pessoas, sem que o artifício seja descoberto.

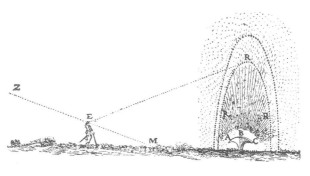

## // Nono discurso
### *Da cor das nuvens e dos círculos ou coroas que algumas vezes se vê em torno dos astros*

Depois do que eu disse sobre a natureza das cores, não creio ter muitas coisas a acrescentar em relação às cores que se veem nas nuvens. Pois, inicialmente, quanto a sua brancura e a sua obscuridade ou negrura, isso não procede senão de que as nuvens estejam mais ou menos expostas à luz dos astros, ou à sombra, tanto delas mesmas quanto de suas vizinhas. E há aqui somente duas coisas a serem consideradas. A primeira é que as superfícies dos corpos transparentes refletem uma parte dos raios que vêm para elas, como eu já disse, o que é causa de que a luz possa penetrar melhor através de três lanças de água do que através de um pouco de espuma, a qual não é, todavia, outra coisa senão água, mas na qual existem muitas superfícies, das quais a primeira superfície, fazendo refletir uma parte dessa luz, e a segunda, outra parte, e assim por diante, até que não reste luz alguma, ou quase nenhuma, que passe adiante.[36] E é assim que nem o vidro moído, nem a neve, nem as nuvens, quando estas são um pouco espessas, podem ser transparentes. A outra coisa que se deve aqui // considerar é que, embora a ação dos corpos luminosos seja somente a de empurrar em linha reta a matéria sutil que toca nossos olhos, o movimento comum das pequenas partes dessa matéria, pelo menos daquelas partes que estão no ar que nos cerca, é o de rolar da mesma maneira que rola uma bola que está no chão, ainda que ela tenha sido empurrada somente em linha reta. E são propriamente os corpos que as fazem rolar dessa maneira que se nomeiam brancos, como são, sem dúvida, todos os corpos que deixam de ser transparentes por causa da multiplicidade de suas superfícies, como a espuma, o vidro moído, a neve e as nuvens. A partir disso pode-se entender por que o céu, sendo muito limpo e completamente sem nuvens, aparece azul, uma vez que se sabe que

**346**

---

36 No início do primeiro parágrafo do Nono Discurso, Descartes apresenta algumas breves considerações sobre as cores que se veem nas nuvens. Dentre tais considerações, cabe tecer alguns comentários sobre a primeira coisa que ele afirma que deve ser considerada, com relação às nuvens, mas também com outros corpos que não são transparentes, como o vidro moído e a neve. Descartes compara a penetração da luz em corpos distintos, mas ainda assim constituídos de parcelas de água. É nesse contexto que ele fala das "lanças de água" — isto é, jatos de água — e da espuma. Ambas são constituídas de água, mas suas partes têm forma e disposição diversas. Por essa razão, a reflexão e a penetração da luz ocorre de modo diferente. Ao que tudo indica, Descartes vale-se aqui, mais uma vez, de uma analogia, comparando os jatos de água com as gotas de água, e a espuma, com as nuvens.

não provém dele mesmo claridade alguma e que ele apareceria extremamente negro se de modo algum existissem exalações ou vapores acima de nós, mas sempre existem mais ou menos exalações que fazem refletir alguns raios para nossos olhos, isto é, que impelem para nós as pequenas partes da matéria sutil que o Sol ou os outros astros empurram contra essas exalações; e, quando esses vapores são em número suficientemente grande, a matéria sutil, sendo impelida para nós pelos primeiros vapores, encontra a seguir outros que fazem rolar e girar essas pequenas partes da matéria sutil antes que elas cheguem até nós. O que faz, então, o céu aparecer branco, ao passo que, se a matéria sutil não encontra vapores suficientes para fazer assim girar suas partes, ele deve aparecer azul, segundo o que já foi dito acerca da natureza da cor azul. // E é a mesma causa que faz também que a água do mar, nos lugares onde ela é muito pura e profunda, pareça ser azul, pois não se refletem de sua superfície senão poucos raios e nenhum dos raios que a penetram retorna. Além disso, pode-se entender aqui por que, muitas vezes, quando o Sol se põe ou nasce, todo o lado do céu, no qual ele está, aparece vermelho, o que acontece quando não existem tantas nuvens, ou melhor, nevoeiros, entre ele e nós, que sua luz não possa atravessá-los, mas ela não os atravessa tão facilmente quando eles estão muito próximos da superfície da Terra do que um pouco mais altos, nem tão facilmente quando estão um pouco mais altos do que muito mais altos. Pois é evidente que essa luz, sofrendo refração nesses nevoeiros, determina que as partes da matéria sutil que a transmitem girem no mesmo sentido que uma bola que viesse do mesmo lado rolando sobre o chão, de modo que o giro das mais baixas é sempre aumentado pela ação das mais altas, porque se supõe que essa ação é mais forte do que a ação das mais baixas, e sabeis que isso é suficiente para fazer aparecer a cor vermelha, a qual, refletindo-se depois nas nuvens, pode estender-se para todos os lados do céu.[37] E deve-se notar que essa cor, quando aparece pela manhã, é presságio de ventos ou de chuva,

---

[37] O azul do céu não é dele próprio, no sentido de que ele não tem luz própria. O mesmo se aplica, aliás, ao crepúsculo, que nos ocasiona a sensação de vermelho. Em ambos os casos, como afirma Descartes, ele nos pareceria negro, se não existissem exalações e vapores. Assim, Descartes explica que a variação de cor do céu deve-se ao

porque ela testemunha que, havendo poucas nuvens a oriente, o Sol poderá elevar muitos vapores antes do meio-dia e que os nevoeiros, os quais a fazem aparecer, começam a subir, ao passo que, à noite, ela testemunha tempo bom, porque, havendo pouca ou nenhuma nuvem no poente, os ventos // orientais devem predominar e as névoas descer durante a noite.

Não me deterei em falar mais particularmente das outras cores que se veem nas nuvens, pois creio que todas as causas estão suficientemente contidas no que eu já disse. Mas aparecem algumas vezes certos círculos em torno dos astros, dos quais não devo omitir a explicação. Eles são semelhantes ao arco-íris, por serem redondos, ou quase redondos, e sempre circundarem o Sol ou algum outro astro, o que mostra que são causados por alguma reflexão ou refração cujos ângulos são quase todos iguais. Como também são semelhantes ao arco-íris por serem coloridos, o que mostra que são produzidos pela refração e pela sombra que limita a luz. Mas eles diferem no fato de que o arco-íris nunca é visto senão quando chove atualmente no lugar no qual ele é visto, embora muitas vezes não chova no lugar em que o espectador está, ao passo que esses círculos nunca são vistos onde chove, o que mostra que eles não são causados pela refração que se faz nas gotas de água ou por aquela que se faz no granizo, mas pela refração que se faz nas pequenas estrelas transparentes de gelo, das quais falei anteriormente. Pois não se poderia imaginar, nas nuvens, outra causa que seja capaz de tal efeito e, se nunca se veem cair tais estrelas exceto quando faz frio, a razão assegura-nos de que elas não deixam de formar-se em todas as estações do ano. E, ainda, por ser necessário algum calor para fazer que de brancas, como são no começo, essas pequenas estrelas de gelo tornem-se transparentes, tal como é requerido para esse efeito, é verossímil que // o verão seja mais apropriado para isso do que o inverno. E ainda que a maioria das estrelas que caem apareça ao olho extremamente plana e unida, é certo, no entanto, que todas essas estrelas são um pouco mais espessas no meio do que nas extremidades, tal como também é visto a olho nu em algumas delas, e que, segundo sejam mais ou menos espessas, elas fazem esses círculos aparecerem maiores ou menores, pois existem, sem dú-

---

movimento e ao choque da matéria sutil com as exalações que se encontram acima de nós, o que faz o céu parecer branco ou azul e, no caso do crepúsculo, vermelho.

vida, estrelas de gelo de muitos tamanhos.[38] E se aqueles círculos que foram mais vezes observados tinham um diâmetro de cerca de 45 graus, tal como alguns escreveram, quero crer que as parcelas de gelo, as quais os fazem desse tamanho, têm a convexidade que lhes é mais comum e que é também, talvez, a maior que elas costumam adquirir sem terminar inteiramente de fundir-se. Seja, por exemplo, *ABC* o Sol, seja *D* o olho, e *E*, *F* e *G* muitas pequenas parcelas de gelo transparentes dispostas entre si lado a lado, tal como o são ao formarem-se e cuja convexidade é tal que o raio, vindo, por exemplo, do ponto *A* sobre a extremidade da convexidade // marcada *G* e do ponto *C* sobre a extremidade daquela marcada *F*, retorna para *D*, e de tal modo que para *D* venham muitos outros raios que atravessam as outras parcelas de gelo que estão em *E*, mas nenhum que atravesse as parcelas que estão além do círculo *GG*. É manifesto não somente que os raios *AD*, *CD* e outros semelhantes que passam em linha reta fazem aparecer o Sol com o seu tamanho costumeiro, mas também que outros raios, os quais sofrem refração em *EE*, devem tornar todo o ar compreendido no círculo *FF* muito brilhante e fazer que sua circunferência, entre os círculos *FF* e *GG*, seja como uma coroa pintada com as cores do arco-íris, e também que o vermelho deve estar no interior em *F* e o azul no exterior em *G*, exatamente como se costuma observar. E se existem duas ou mais fileiras de parcelas de gelo, uma sobre a outra, contanto que isso em nada impeça que os raios do Sol as atravessem, os raios que atravessarem duas delas pelas bordas, curvando-se quase tanto quanto duas vezes mais do que os outros raios, produzirão ainda outro círculo colorido, muito maior em circunferência, mas menos aparente do que o primeiro, de modo que se verão então duas coroas, uma sobre a outra, e das quais a interior será a mais

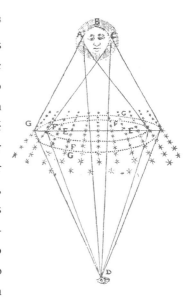

---

38 A expressão "a olho nu" designa agora a percepção ocular ordinária, isto é, a expressão denota simplesmente a visão natural sem o auxílio de qualquer instrumento óptico artificial (técnico) que corrija ou amplie a nossa capacidade de visão.

bem pintada, como também se observou algumas vezes. Além disso, vedes bem por que essas coroas não têm o costume de formar-se em torno dos astros que estão muito baixos, perto do horizonte, pois os raios encontram, então, muito obliquamente, as parcelas de gelo para atravessá-las. E vedes por que suas cores não são tão vivas como as cores das suas coroas, pois elas são causadas por // refrações muito menores. E vedes por que as coroas aparecem mais comumente em torno da Lua e também por que são observadas, algumas vezes, em torno das estrelas, a saber, quando as parcelas de gelo interpostas, sendo muito pouco convexas, tornam essas coroas muito pequenas, pois, uma vez que elas não dependem de tantas reflexões e refrações quanto o arco-íris, não é necessário que a luz que as causa seja tão forte. Mas as coroas aparecem, amiúde, somente brancas, não tanto pela falta de luz, senão porque a matéria onde se formam não é inteiramente transparente.

Seria bem possível imaginar ainda algumas outras coroas que se formam à imitação do arco-íris nas gotas de água, a saber, primeiramente, por duas refrações sem nenhuma reflexão, mas então nada há que determine seu diâmetro e a luz não é limitada pela sombra, tal como é requerido para a produção das cores. Depois, também, por duas refrações e três ou quatro reflexões, mas sua luz, sendo então enormemente fraca, pode facilmente ser apagada pela luz que se reflete da superfície das próprias gotas, o que me faz duvidar de que essas coroas apareçam, e o cálculo mostra que seu diâmetro deveria ser muito maior do que aquele que se encontra naquelas coroas que é costumeiro observar.

Enfim, quanto às coroas que se veem algumas vezes em torno das lâmpadas e das tochas, a causa não deve ser procurada no ar, mas somente no olho que as olha. E eu tive disso, no último verão, uma experiência bastante manifesta.[39] Aconteceu enquanto // eu viajava à noite em um navio, onde, após ter mantido minha cabeça apoiada em uma mão durante todo o entardecer,

---

39 Descartes introduz nesse ponto a experiência da vela, a qual lhe permitirá introduzir uma nova analogia comparando o halo dos astros ao halo da vela. O experimento é descrito em termos bem semelhantes na carta de Descartes a Golius, de 19 de maio de 1635 (AT, I, p.318-20), na qual Descartes conclui o relato da experiência dizendo que "essa experiência me agradou tanto que não quero esquecê-la em meus *Meteoros*" (AT, I, p.320). E efetivamente ela servirá de base à analogia que permitirá a Descartes explicar a formação dos halos em torno dos astros.

## Os meteoros

tendo fechado meu olho direito enquanto olhava com o outro para o céu, alguém trouxe uma vela para o lugar onde eu estava e, então, abrindo os dois olhos, vi em torno da chama duas coroas cujas cores eram tão vivas como eu jamais as tinha visto no arco-íris. *AB* era a coroa maior e era vermelha

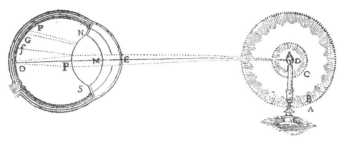

em *A* e azul em *B*, e *CD* era a menor, que também era vermelha em *C*, mas branca em *D* e estendia-se até a chama. Depois disso, fechando novamente o olho direito, percebi que essas coroas desapareciam e que, ao contrário, abrindo e fechando o olho esquerdo, elas continuavam a aparecer, o que me assegurava que elas não procediam senão de alguma disposição adquirida por meu olho direito enquanto eu o havia mantido fechado, e que isso era a causa não só de que a maioria dos raios que ele recebia da chama fosse representada em *O*, onde eles se juntavam, mas que havia também alguns raios, os quais eram de tal modo desviados que eles se estendiam por todo o espaço *fO*, onde pintavam a coroa *CD*, e alguns outros raios no espaço *FG*, onde pintavam a coroa *AB*. Não // determino qual era essa disposição, pois existem muitas disposições diferentes que podem causar o mesmo efeito. Por exemplo, se existir somente uma ou duas pequenas rugas em alguma das superfícies *E*, *M* e *P*, as quais, por causa da figura do olho, estendem-se na forma de um círculo cujo centro esteja na linha *EO*, como ocorre amiúde com todas as retas que se cruzam nessa linha *EO*, fazendo-nos ver grandes raios esparsos aqui e ali em torno das tochas; ou, também, se existir alguma coisa opaca entre *E* e *P*; ou, ainda, lateralmente em algum lugar, desde que se estenda circularmente; ou, enfim, se os humores ou as peles do olho tiverem de algum modo mudado de temperamento ou de figura, pois é muito comum àqueles com moléstias nos olhos ver tais coroas, e estas não aparecem semelhantemente a todos. Deve-se somente notar que sua parte externa, como *A* e *C*, é comumente vermelha, completamente ao contrário daquelas coroas que se veem em torno dos astros, cuja razão vos será clara se considerardes que, na produção de suas cores, é o humor cristalino *PNM* que ocupa o lugar do prisma de cristal, do qual tanto já foi dito,[40] e que é o fundo do olho *FGf* que ocupa o lugar do pano branco que estava detrás. Mas talvez duvidareis da razão pela qual, tendo o humor cristalino esse poder, ele não colore do mesmo modo todos os objetos que vemos, a não ser que considereis que os raios que vêm de cada ponto desses objetos para cada ponto do fundo do olho, passando alguns pelo lado marcado *N*, e os outros pelo lado // marcado *S*, possuem ações totalmente contrárias e que se destroem umas às outras, pelo menos quanto à produção das cores, ao passo que aqui os raios que vão para *FGf* não passam senão por *N*. E tudo

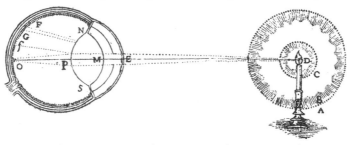

isso ajusta-se tão bem ao que eu disse acerca da natureza das cores, que me parece poder servir muito bem para confirmar-lhe a verdade.

## Último discurso
### *Da aparição de vários sóis*

Veem-se também, algumas vezes, outros círculos nas nuvens que diferem daqueles que acabei de falar por jamais aparecerem a não ser completamente brancos e, em vez de terem algum astro em seu centro, por atravessarem comumente o centro do Sol ou da Lua e aparecerem paralelos ou quase paralelos ao horizonte. Mas, porque eles aparecem unicamente nessas grandes // nuvens completamente redondas, das quais se falou acima, e porque se veem também, algumas vezes, vários sóis ou várias luas nessas

---

40 Descartes refere-se aqui ao experimento do prisma de cristal, cuja discussão foi apresentada no discurso anterior por ocasião do exame do arco-íris (cf. p.316 ss.; notas 28 e 29 de *Os meteoros*).

mesmas nuvens, é necessário que eu explique conjuntamente uma e outra aparência.⁴¹ Seja, por exemplo, *A* o meio-dia, onde o Sol é acompanhado de um vento quente que tende para *B*, e seja *C* o setentrião, de onde vem um vento frio que também tende para *B*. E suponho que esses dois ventos encontram ou compõem uma nuvem constituída por parcelas de neve, a qual se estende tão amplamente em profundidade e em largura, que eles não podem passar um por cima e o outro por baixo, ou pelo meio da nuvem, tal como, de outro modo, têm o costume de fazer, mas que são obrigados a passar em torno dela, com o que não somente

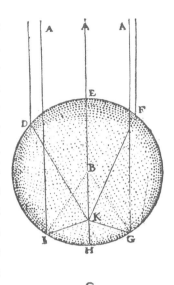

a arredondam, mas também o vento que vem do meio-dia, sendo quente, funde um pouco a neve do perímetro da nuvem, a qual, ao ser imediatamente regelada tanto pelo vento do norte, que é frio, quanto pela proximidade da neve interna que ainda não está fundida, pode formar como que um grande anel de gelo todo contínuo e transparente, cuja superfície não deixará de ser muito polida, porque os ventos que a arredondam são muito uniformes. E, além disso, esse gelo não deixa de ser mais espesso do lado *DEF*, o qual suponho exposto ao vento quente e ao Sol, do que do outro lado *GHI*, onde a // neve não pôde ser tão facilmente fundida. E, enfim, deve-se notar que, nessa constituição do ar e sem tempestade, não pode haver calor suficiente em torno da nuvem *B* para que, assim, o gelo se forme, nem pode haver calor suficiente na superfície da Terra que está embaixo da nuvem

---

41 Nesse discurso, Descartes analisa o fenômeno óptico atmosférico denominado "paraélio" ou "falso sol" e que é devido à reflexão da luz solar nos pequenos cristais hexagonais presentes em certas nuvens. A refração da luz é neste caso equivalente àquela que se produz nos prismas com ângulos de 60° e engendra um espectro de cores. Cabe lembrar que esse assunto e o relato observacional feito adiante em latim do fenômeno observado em Roma em 20 de março de 1629 estão na origem da decisão de Descartes de compor *Os meteoros* (cf. carta de Descartes a Mersenne de 8 de outubro de 1629; AT, I, p.22).

para excitar os vapores que a sustentam, elevando e empurrando para o céu todo seu corpo circundado pelo calor. Donde se segue que é evidente que a claridade do Sol, o qual suponho estar muito alto no meio-dia, ao incidir por todo o entorno do gelo *DEFGHI* e daí refletir-se na brancura da neve vizinha, deve fazer essa neve aparecer, àqueles que estiverem embaixo, na forma de um grande círculo todo branco; e mesmo, que é suficiente, para esse efeito, que a nuvem seja redonda e um pouco mais pressionada em seu perímetro do que em seu centro, sem que o anel de gelo deva estar formado. Mas, quando ele está formado, pode-se ver, estando embaixo no ponto *K*, até seis sóis, os quais parecem estar engastados no círculo branco tal como diamantes em um anel. A saber, o primeiro sol em *E*, formado pelos raios que vêm diretamente do Sol que suponho estar em *A*, e os dois sóis seguintes em *D* e em *F*, formados pela refração dos raios que atravessam o gelo nos lugares onde, sendo sua espessura gradativamente diminuída, esses raios curvam-se para dentro de um lado e de outro, tal como fazem ao atravessar o prisma de cristal do qual tanto já se falou. E, por essa causa, esses dois sóis têm suas bordas pintadas de vermelho no lado que está em *E*, onde o gelo é mais espesso, e de azul no outro lado, onde ele o é menos. O quarto sol aparece por reflexão no ponto *H*, e os dois // últimos aparecem, também por reflexão, em *G* e em *I*, por onde suponho que se possa descrever um círculo, cujo centro esteja no ponto *K* e passe por *B*, o centro da nuvem, de modo que os ângulos *KGB* e *KBG*, ou *BGA*, sejam iguais e, do mesmo modo, sejam iguais os ângulos *KIB* e *KBI*, ou *BIA*. Pois sabeis que a reflexão sempre se faz em ângulos iguais e que o gelo, sendo um corpo polido, deve representar o Sol em todos os lugares de onde seus raios possam refletir-se para o olho. Mas, porque os raios que vêm diretamente são sempre mais vivos do que os raios que vêm por refração, e estes últimos são ainda mais vivos do que aqueles refletidos, o Sol deve aparecer mais brilhante em *E* do que em *D* ou *F*, e ainda mais brilhante aí do que em

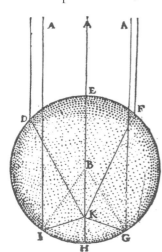

*G* ou em *H* ou em *I*, e esses três sóis, *G*, *H* e *I*, não devem ter cor alguma em torno de suas bordas, como os dois sóis *D* e *F*, mas devem ser somente brancos. Ora, ao olhá-los, se eles não estão em *K*, mas em alguma parte mais vizinha de *B*, de modo que o círculo, do qual seus olhos estão no centro e que passa por *B*, não corta a circunferência da nuvem, então os olhos não poderão ver os dois sóis, *G* e *I*, mas somente os quatro outros sóis. E se, ao contrário, os olhos estão muito recuados para *H*, ou ainda mais, para *C*, então eles poderão ver somente os cinco sóis, *D*, *E*, *F*, *G* e *I*. E mesmo estando suficientemente longe daí eles verão // somente os três sóis, *D*, *E* e *F*, os quais não mais estarão dentro de um círculo branco, mas serão como que atravessados por uma barra branca. Do mesmo modo, quando o Sol está tão pouco elevado sobre o horizonte que não pode iluminar a parte da nuvem *GHI*, ou então, quando ela não está ainda formada, é evidente que não se deve ver senão os três sóis *D*, *E* e *F*.

Contudo, até aqui, vos fiz considerar apenas o plano dessa nuvem, e há nisso ainda diversas coisas a considerar, as quais serão mais bem vistas de perfil. Primeiramente, ainda que o Sol não esteja na linha reta que vai de *E* para o olho *K*, mas mais alto ou mais baixo, ele não deve deixar de

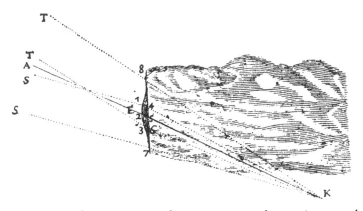

aí aparecer, principalmente se o gelo não se estender muito em altura ou em profundidade, pois então a superfície desse gelo será tão curvada que, em qualquer lugar que o Sol esteja, ela poderá quase sempre reenviar seus raios para *K*. Assim também, se sua figura tem a espessura compreendida entre as linhas *123* e *456*, é evidente que seus raios, ao atravessá-la, poderão ir para o olho *K*, não somente quando o Sol estiver na // linha reta *A2*, mas também quando estiver muito mais baixo, como na linha $S1$, ou muito mais alto, como na linha $T3$, e assim fazer que o Sol sempre apareça como se estivesse em $E$, pois, se o anel de gelo não for suposto muito largo, a diferença que existe entre as linhas $4K$, $5K$ e $6K$ não é considerável. E notai que isso pode fazer o Sol aparecer mesmo depois de ele ter-se posto e também fazer recuar ou avançar a sombra dos relógios, fazendo-os marcar uma hora totalmente diferente daquela que é. Todavia, se o Sol está muito mais baixo do que ele aparece em $E$, de modo que seus raios passam também em linha reta, por baixo do gelo, até o olho $K$, tal como a linha $S7K$, a qual suponho paralela a $S1$, então, além dos seis precedentes, será visto ainda um sétimo sol abaixo deles, o qual, tendo mais luz, apagará a sombra que eles poderiam causar nos relógios. Do mesmo modo, se o Sol está tão alto que seus raios possam passar em linha reta para $K$ por debaixo do gelo, como $T8K$, a qual é paralela a $T3$, e se a nuvem interposta não for tão opaca que os impeça, então será possível ver um sétimo sol acima dos outros seis. Ora, se o gelo $123456$ estender-se mais alto e mais baixo, como até os pontos 8 e 7, estando o Sol em $A$, será possível ver três sóis um sobre o outro em $E$, a saber, nos pontos 8, 5 e 7, e então será possível ver também três sóis um sobre o outro em $D$ e três em $F$, de modo que aparecerão até doze sóis engastados no círculo branco $DEFGHI$. E, estando o Sol um pouco mais baixo // do que em $S$, ou mais alto do que em $T$, será novamente possível que apareçam três sóis em $E$, a saber, dois no círculo branco e um abaixo ou acima desse círculo, e então será possível que apareçam ainda dois sóis em $D$ e dois em $F$. Mas não sei se alguma vez foram observados tantos sóis de uma só vez, nem mesmo se, quando se viram três sóis um sobre o outro, como aconteceu muitas vezes, notaram-se alguns outros sóis em seus arredores; nem mesmo se, quando se viram três sóis lado a lado, como também já aconteceu muitas vezes, notaram-se alguns outros sóis acima ou abaixo deles.[42] A razão disso, sem dúvida, é que a largura do gelo, marcada entre

---

42 Após ter explicado a aparição de até seis sóis (cf. p.336-9), Descartes considera ainda a possível aparição de até doze sóis. Tal possibilidade decorre da posição do Sol, das características da nuvem e do gelo nela presentes. Contudo, como ele mesmo adverte, não tem notícia de que tal quantidade de sóis tenha sido, alguma vez, vista. Como podemos observar na continuidade do texto, Descartes faz alusão a algumas observações de vários sóis, nas quais não se viu mais do que seis.

*Os meteoros*

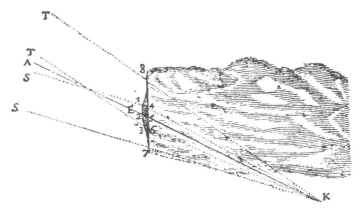

os pontos 7 e 8, não tem comumente proporção alguma com o tamanho do perímetro de toda a nuvem, de modo que o olho deve estar muito próximo do ponto E, quando essa largura aparecer-lhe suficientemente grande para aí distinguir três sóis um sobre o outro e, ao contrário, muito afastado, a fim de que os raios que se curvam em D e em F, onde a espessura do gelo é mínima, possam chegar até o olho.

// E raramente acontece que a nuvem seja tão íntegra de modo que se vejam mais do que três sóis ao mesmo tempo. Todavia, diz-se que, no ano de 1625, o rei da Polônia viu até seis sóis.[43] E faz apenas três anos que o matemático de Tübingen observou os quatro sóis designados aqui pelas letras D, E, F e H, e ele nota ainda, particularmente naquilo que escreveu sobre isso, que os dois sóis D e F eram vermelhos do lado voltado para aquele que estava no centro E, que ele chama de Sol verdadeiro, e azuis do outro lado, e que o quarto sol, H, era muito pálido e não aparecia senão muito pouco.[44] O que confirma muito o que eu disse. Mas a observação mais bela e

---

43 Blay e De Buzon chamam a atenção para o erro na data que deve ser 1525. Froidmond (Fromondus), em seu *Meteorologicum libri sex* de 1627, associa esse acontecimento à batalha de Pávia perdida por Francisco I em 24 de fevereiro de 1525 (Blay & De Buzon, 2009, p.700, nota 140).

44 O nome do matemático de Tübingen é revelado a Mersenne na carta redigida por Descartes em 21 de abril de 1641 (cf. AT, III, p.362). Trata-se do matemático e astrônomo alemão Wilhelm Schickhard (1592-1635). O "aqui" refere-se às duas primeiras figuras do último discurso de *Os meteoros* que estão nas páginas 337 e 338, nas quais os pontos D, E, F e H representam os quatro sóis observados por Schickhard.

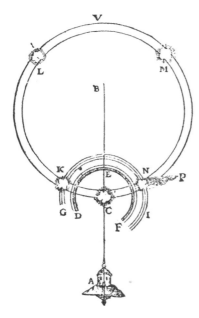

mais notável que vi sobre esse assunto é a dos cinco sóis que apareceram em Roma no ano de 1629, em 20 de março, duas ou três horas depois do meio-dia; e, a fim de que possais ver se está de acordo com meu discurso, quero colocá-la aqui nos mesmos termos em que foi então divulgada.[45]

A é o observador romano. B é o vértice situado sobre o lugar do observador. C é o Sol verdadeiro observado. AB é o plano vertical no qual estão o olho do observador e o sol observado, e sobre o qual está o vértice do lugar B, de modo que tudo que é representado está na linha // vertical AB; com efeito, nessa linha jaz inteiramente o plano vertical. Em torno do sol C, apareceram duas coroas incompletas, ambas homocêntricas com o Sol, de diversas cores, e das quais a

---

45 Por "observação", Descartes entende o exame empírico de certo fenômeno. Como vimos, nem todas as observações às quais Descartes recorre foram feitas por ele. Nesse sentido, a experiência na qual ele se apoia depende amplamente de observações geralmente aceitas por seus contemporâneos. Algumas observações aparecem apenas em relatos que não foram feitos necessariamente por astrônomos e não possuem, por conseguinte, um caráter estritamente científico. Esses relatos não se referem, portanto, a resultados de experimentos, mas têm interesse epistêmico porque narram a observação livre de diversas pessoas sobre um mesmo fenômeno e representam de certo modo um aporte racional ligado ao bom senso que Descartes diz, logo no início do *Discurso do método*, ser "a coisa do mundo mais bem compartida" (p.69). Descartes apresenta agora uma paráfrase da observação feita pelo padre jesuíta Christoph Scheiner (1573-1650), ocorrida em 20 de março de 1629, em Frascatti, próximo a Roma. Aparentemente, Descartes trabalha a partir da cópia enviada pelo cardeal Barberini (1597-1679) a Nicolas-Claude Fabri de Peiresc (1580-1637), para que este fizesse ampla divulgação do relato de Scheiner. Cabe chamar a atenção para as diferenças entre esse relato parafraseado de Scheiner (mantido em latim) e o relato compilado dos experimentos com o grande recipiente redondo que simula uma gota de água gigante. Por outro lado, esse relato é claramente, desde a cópia inicial, um protocolo de observação, que guarda então semelhança com o conjunto de observações que compõe o protocolo que Descartes nos apresenta da tempestade em Amsterdã.

menor, ou interna, DEF era mais plena e mais perfeita, mas truncada ou aberta de D até F, e em perpétuo esforço para fechar-se e, por vezes, fechava-se, para logo abrir-se novamente. A outra coroa, sempre fraca e dificilmente visível, era GHI, externa e secundária, embora ela mesma de cores variadas, mas instáveis. A terceira coroa, KLMN, de uma só cor e também a maior, era completamente branca, tal como aquelas que se veem nos parasselenes em torno da Lua: ela formava um arco excêntrico, que era íntegro no início, quando passava pelo centro do Sol, mas no final, quando ia de M para N, era fraco e rompido, ou melhor, quase nulo. Além disso, nas intersecções comuns desse círculo com a coroa externa GHI, surgiram dois parélios não tão perfeitos, N e K, dos quais este brilhava mais fracamente e aquele mais forte e mais luminosamente; em ambos, o brilho da parte central rivalizava com aquele do Sol, mas seus lados estavam pintados das cores do arco-íris; discernia-se que seus perímetros não eram redondos nem exatos, mas desiguais e lacunares. N, espectro instável, projetava uma cauda espessa e incandescente NOP com perpétua reciprocação. L e M estavam além do zênite B, menos vivazes do que os sóis precedentes, mas mais redondos e brancos, à semelhança do círculo ao qual pertenciam, emitindo a cor do leite ou da prata pura, ainda que M, situado às duas horas e meia, já tivesse propriamente desaparecido, sem deixar nada mais que exíguos vestígios, e isso porque o círculo desaparecia nessa posição. O sol N desapareceu diante do sol K e, ao desaparecer, reforçou K, o qual foi o último a desaparecer etc.

[*A observator Romanus. B vertex loco observatoris incumbens. C sol verus observatus. AB planum verticale, in quo & oculus observatoris & sol observatus existunt, in quo & vertex loci B iacet, ideoque omnia per lineam // verticalem AB repraesentantur: in hanc enim totum planum verticale procumbit. Circa solem C appareure duea incompletae Irides eidem homocentricae, diversicolores, quarum minor sive interior DEF plenior & perfectior fuit, curta tamen sive aperta a D ad F, & in perpetuo conatu sese claudendi stabat & quandoque claudebat, sed mox denuo aperiebat. Altera, sed debilis semper & vix conspicabilis, fuit GHI, exterior & secundaria, variegata tamen & ipsa suis coloribus, sed admodum instabilis. Tertia, & unicolor, eaque valde magna Iris, fuit KLMN, tota alba, quales saepe visuntur in paraselenis circa lunam: haec fuit arcus excentricus, integer ab initio, solis per medium incedens, circa finem tamen ab M versus N debilis & lacer, imo quasi nullus. Caeterum, in communibus circuli huius intersectionibus cum Iride exteriore GHI, emerserunt duo parhelia non usque adeo perfecta, N & K, quorum hoc debilius, illud autem fortius & luculentius splendescebat; amborum medius nitor aemulabatur solarem, sed latera coloribus Iridis pingebantur; neque rotundi ac praecisi, sed inaequales & lacunosi, ipforum ambitus cernebantur. N, inquietum spectrum, eiaculabatur caudam spissam subigneam NOP, cum iugi reciprocatione. L & M fuere trans Zenith B, prioribus minus vivaces, sed rotundiores & albi, inflar circuli sui cui inhaerebant, lac seu argentum purum exprimentes, quanquam M media tertia iam prope disparuerat; nec nisi exigua sui vestigia subinde praebuit, quippe & circulus ex illa parte defecerat. Sol N defecit ante solem K, illoque deficiente roborabatur K, qui omnium ultimus disparuit, &c.]*

*CKLMN* era um círculo branco no qual se // viam cinco sóis, e deve-se imaginar que, estando o espectador em *A*, esse círculo estava pendente no ar acima dele, de modo que o ponto *B* correspondia ao vértice de sua cabeça e que os dois sóis, *L* e *M*, estavam atrás de seus ombros quando ele estava voltado para os três outros sóis, *K*, *C* e *N*, dos quais dois, *K* e *N*, eram coloridos em suas bordas e não tão redondos nem tão brilhantes quanto o sol que estava em *C*, o que mostra que foram causados por refração, ao passo que os dois sóis, *L* e *M*, eram bastante redondos, mas menos brilhantes, e inteiramente brancos, sem mistura de qualquer outra cor em suas bordas, o que mostra que eles eram causados por reflexão. E muitas coisas puderam impedir que aparecesse ainda um sexto sol em *V*, das quais a mais verossímil é que o olho estava tão próximo, em proporção à altura da nuvem, que todos os raios que incidiam sobre o gelo em *V* refletiam-se para além do ponto *A*. E embora o ponto *B* não seja aqui representado tão próximo dos sóis *L* e *M* quanto do centro da nuvem, isso não impede que a regra da qual já falei, concernente ao lugar em que eles devem aparecer, tenha sido observada. Pois // o espectador, estando mais próximo do arco *LVM* do que das outras partes do círculo, devia julgá-lo maior do que ele era em comparação com essas partes, além do que, sem dúvida, essas nuvens nunca são extremamente redondas, ainda que ao olho assim elas apareçam.

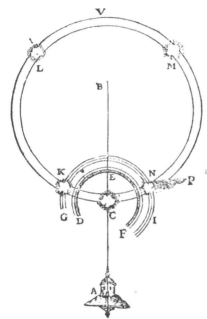

Mas há aqui ainda duas coisas muito notáveis. A primeira é que o sol *N*, que estava no poente, tendo uma figura cambiante e incerta, lançava para fora de si como que uma espessa cauda de fogo *NOP*, a qual aparece ora mais longa, ora mais curta. O que, sem dúvida, não era outra coisa senão que a imagem do Sol era assim simulada e irregular em *N*, como amiúde a vemos quando ela é refletida em uma água um pouco ondulante, ou quando ela é vista através de um vidro cujas superfícies são desiguais. Pois o gelo era verossimilhantemente um pouco agitado nesse lugar e não tinha aí suas superfícies tão regulares, porque ele começava então a dissolver-se, tal como se prova que o círculo branco estava rompido e era como que nulo entre *M* e *N*, e que o sol *N* desapareceu diante do sol *K*, o qual parecia fortalecer-se enquanto o outro se dissipava.

A segunda coisa que resta aqui notar é que havia duas coroas em torno do sol *C*, pintadas das mesmas cores que o arco-íris, e das quais a coroa interna *DEF* era muito mais viva e mais aparente que a coroa externa *GHI*, de modo que não duvido de que elas fossem causadas, da maneira como eu já tanto disse, pela refração que se fazia, não nesse gelo contínuo onde se veem os sóis *K* e *N*, mas em outro gelo dividido em muitas pequenas parcelas // que se encontravam acima e abaixo. Pois é bem verossímil que a mesma causa, a qual foi capaz de compor todo um círculo de gelo a partir de algumas das partes externas da nuvem, teria disposto as outras partes vizinhas de modo a fazerem aparecer essas coroas. De modo que, se tais coroas não são sempre observadas quando se veem vários sóis, é porque a espessura da nuvem não se estende sempre para além do círculo de gelo que a envolve; ou mesmo, porque a nuvem é tão opaca e escura que as coroas não são percebidas através dela. Quanto ao lugar em que são vistas essas coroas, é sempre em torno do Sol verdadeiro, e elas não possuem relação alguma

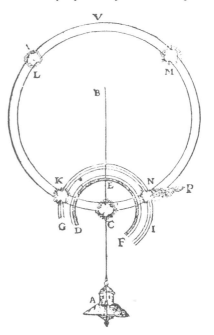

com os sóis que são aparentes, pois, ainda que os dois sóis, *K* e *N*, encontrem-se aqui na intersecção da coroa externa com o círculo branco, isso é algo que não acontece senão por acaso, e asseguro-me de que não se via o mesmo em lugares um pouco distantes de Roma, onde esse fenômeno foi observado.[46] Mas não julgo, por isso, que seu centro esteja sempre tão precisamente na linha reta traçada do olho para o Sol quanto o centro do arco-íris está nessa linha, pois existe a seguinte diferença: que as gotas de água, sendo redondas, causam sempre // a mesma refração em qualquer posição em que estejam, ao passo que as parcelas de gelo, sendo planas, causam uma refração tanto maior quanto mais obliquamente são olhadas. E porque, quando se formam pelo giro de um vento sobre a circunferência de uma nuvem, essas parcelas de gelo devem estar deitadas em sentido diferente daquele em que estão quando se formam acima ou abaixo da nuvem, pode acontecer que duas coroas sejam vistas conjuntamente, uma dentro da outra, sendo aproximadamente do mesmo tamanho e não tendo exatamente o mesmo centro.

Além disso, pode acontecer que, ademais dos ventos que envolvem essa nuvem, passe algum vento por cima ou por baixo, o qual, formando novamente alguma superfície de gelo, cause outras variedades nesse fenômeno, como podem fazer ainda as nuvens circunvizinhas, ou a chuva, se ela cair. Pois os raios, refletindo-se a partir do gelo de uma dessas nuvens para essas gotas, nestas representarão partes do arco-íris, cujas posições serão muito

---

46 Esse é o primeiro momento no qual Descartes utiliza o termo "fenômeno", reportando-se ao evento observado em Roma, em 20 de março de 1629, sobre o qual apresentou sua explicação. Note-se que o termo está presente nessa passagem na qual o autor se refere ao Sol verdadeiro, aos sóis aparentes e às coroas que aparecem em torno do Sol verdadeiro. De acordo com Descartes, os sóis aparentes (particularmente *K* e *N*) não são ocasionados pelas coroas, ainda que sejam vistos na interseção da coroa externa com o círculo branco. Como a demonstração cartesiana deixa claro, as aparências observadas no fenômeno em questão são causadas pela refração e pela reflexão dos raios de luz do Sol verdadeiro. Nesse sentido, a explicação fornecida por Descartes visa restituir a realidade por trás das aparências, distinguindo aquilo que se vê e existe no céu daquilo que se vê sem que exista no céu, daquilo que é, portanto, mera aparência, ou seja, um efeito óptico produzido pela reflexão e refração dos raios solares nas nuvens circundantes ou nas condições de observações do relato romano de 1629.

diversas. Como também os espectadores, não estando embaixo de tal nuvem, mas ao lado entre muitas, podem ver outros círculos e outros sóis. Não creio que seja necessário que eu vos entretenha ainda mais, pois espero que aqueles que compreenderam tudo o que foi dito neste tratado nada verão, nas nuvens futuras, cuja causa eles não possam facilmente entender, nem que lhes dê motivo de admiração.[47]

FIM

---

47 Descartes inicia *Os meteoros* falando da *admiração* que temos particularmente "pelas coisas que estão acima de nós" (p.241), isto é, pelos fenômenos atmosféricos que giram em torno das nuvens, e conclui *Os meteoros* dizendo que agora não temos mais motivos para admiração, os quais foram suprimidos por meio do conhecimento das causas, o que permite até mesmo a reprodução artificial (técnica) do fenômeno.

*A geometria*

# *Nota preliminar sobre a composição de* A geometria

*César Augusto Battisti*

*A geometria* passa a integrar apenas tardiamente o projeto do que virá a ser a publicação de 1637. Ela é o último tratado a ser redigido e a ser impresso. Tendo sido mencionada pela primeira vez apenas em março de 1636 (AT, I, p.339-40), sua redação definitiva ocorre, em boa medida, a partir dessa data, acentuando-se nos meses finais desse ano e no início do ano seguinte, paralelamente à impressão de *Os meteoros*. *A geometria*, afirma Descartes, "é um tratado que eu praticamente compus enquanto eram impressos meus *Meteoros*, e até mesmo inventei uma parte dela durante esse período" (AT, I, p.458). A edição completa dos quatro textos fica pronta em abril de 1637, tendo Descartes enviado para Huygens, no final de março, exemplares de *A geometria* e do *Discurso do método* ainda em "estado de nudez" (AT, I, p.628-9), já estando o amigo de posse de exemplares dos outros dois tratados (AT, I, p.623).

*A geometria* é composta de três livros, cada qual contendo certo número de seções assinaladas por títulos/temas alocados às margens do texto. O quadro fornecido abaixo, baseado nos estudos de H. Bos (1990, p.357; 2001, p.291), aglutina as seções de cada livro ao redor de pontos centrais e permite, com isso, que compreendamos a estrutura da obra.

*Discurso do método & Ensaios*

| A geometria [p.349-474] ||
|---|---|
| 1º Livro [p.349-80] | *Construções de problemas planos (com régua e compasso)* |
| [p.349-60] | Construções geométricas correspondentes a $+, -, \times, \div, \sqrt{\phantom{x}}$; introdução da simbologia |
| [p.360-6] | O método de resolução de problemas e suas duas principais etapas: (a) do problema à equação; (b) da equação à construção/resolução |
| [p.367-80] | Problema de Pappus I: construção de pontos do *locus*-solução para problemas planos |
| 2º Livro [p.381-431] | *Natureza e aceitabilidade das linhas curvas* |
| [p.381-90] | Aceitabilidade das curvas geométricas; sua classificação |
| [p.389-403] | Problema de Pappus II: caso de quatro linhas (solução: seções cônicas); caso especial de cinco linhas (solução: parábola cartesiana) |
| [p.403-4] | Aceitabilidade de construções ponto por ponto e por meio de cordas |
| [p.403-16] | Perpendiculares (normais) de uma curva e sua determinação |
| [p.416-30] | Ovais como forma de lentes |
| [p.430-1] | Curvas em superfícies não planas |
| 3º Livro [p.433-74] | *Construções de problemas sólidos (equações de 3º e 4º graus) e supersólido (5º e 6º graus), precedidas por técnicas algébricas voltadas a tais construções* |
| [p.433-5] | Aceitabilidade das curvas nas construções; classificação quanto à simplicidade |
| [p.434-46] | Equações e suas raízes; regras de manipulação e de redução das equações |
| [p.446-56] | Redução de equações por fatoração |
| [p.455-66] | Construção de raízes de equações de 3º e 4º graus (problemas sólidos) |
| [p.465-74] | Construção de raízes de equações de 5º e 6º graus (mais do que sólidos) |

O Primeiro Livro diz respeito aos problemas planos, aqueles que podem ser construídos pelo uso de círculos e linhas retas (de régua e compasso), e pode ser estruturado ao redor de três conjuntos de temas. O primeiro conjunto faz considerações de natureza teórico-técnicas relativas: (1) à interpretação geométrica das operações aritméticas básicas; (2) à introdução da noção de unidade e à resolução do problema da heterogeneidade resultante dessas operações; e (3) à introdução da notação algébrica. O segundo conjunto tem um conteúdo eminentemente metodológico: Descartes apresenta nesse local o seu método entendido como procedimento resolutivo de cada problema, e denuncia sua filiação à tradição dos praticantes da análise geométrica grega. O terceiro bloco apresenta o famoso problema de Pappus, expõe seus desdobramentos e examina sua primeira versão (sua parte I) para o caso de quatro linhas dadas em posição. Detalhes desse problema serão tratados mais adiante nas notas 21, 22 e 23.

O Segundo Livro, conforme enuncia seu título, trata da natureza das linhas curvas, interpondo-se aos outros dois, consagrados à resolução de problemas planos (Primeiro Livro) e sólidos e mais do que sólidos (Terceiro Livro). Seus temas podem ser agrupados em seis blocos. O primeiro trata da distinção entre curvas geométricas e mecânicas, da classificação das curvas geométricas em gêneros e de sua geração pelos compassos inventados pelo autor. O segundo retoma o problema de Pappus (sua parte II), examina-o em toda a sua generalidade para casos de quatro linhas dadas e o estende também para casos de cinco linhas. O terceiro bloco apresenta um novo critério de aceitabilidade das curvas geométricas, que é o de sua construção por meio de cordas ou de um fio, a exemplo da prática dos jardineiros no traçado da elipse e da hipérbole. O quarto expõe o método para traçar a normal de uma curva, expondo o que talvez seja o tema mais polêmico da obra, dada a oposição da natureza algébrica de seu tratamento com a perspectiva construtivo-geométrica dominante em grande parte da obra. O quinto bloco do Segundo Livro, predominantemente geométrico, trata de quatro espécies de ovais, das suas formas e propriedades, e as relaciona com *A dióptrica*. O último bloco é composto de apenas uma observação, a única na obra, sobre a geometria espacial e sobre as curvas descritas em um espaço tridimensional.

O Terceiro Livro tem como tema central a construção dos problemas sólidos e superiores, e pode ser dividido em cinco partes. A primeira lida com os critérios sobre a escolha adequada das curvas geométricas: trata-se das mais simples (as do gênero mais simples possível), mas, ainda assim, suficientes para resolver os problemas para os quais cada uma das curvas é proposta. Os dois blocos seguintes são devotados ao estudo de regras de transformação e de redução das equações à sua forma elementar e à estipulação da capacidade resolutiva de cada uma delas. Os dois últimos blocos voltam-se ao objetivo maior do Terceiro Livro, à resolução dos problemas superiores aos planos ou cujas equações vão além das equações de segundo grau. Uma vez reduzida à sua forma-padrão, uma equação de terceiro ou quarto grau corresponde a um problema sólido, e uma de quinto ou sexto grau, a um problema supersólido. No primeiro caso, as raízes podem ser determinadas por meio de uma das seções cônicas (com o auxílio de círculos e retas), e a regra geral é encontrá-las por meio de uma parábola. No segundo caso, as raízes devem ser determinadas por curvas superiores, nomeadamente por meio da parábola cartesiana auxiliada pelo círculo. Coroando o fechamento do Terceiro Livro com considerações sobre o ordenamento dos problemas geométricos a partir de suas condições de resolubilidade, *A geometria* exibe unidade e articulação interna, ao mesmo tempo que denuncia seu distanciamento, em termos de estilo e estrutura, das obras de natureza sintética dos gregos, cujo modelo são os *Elementos*: a perspectiva analítico-resolutiva de *A geometria* nada tem de comum com a estrutura axiomática euclidiana e com o seu objetivo de ordenamento de proposição e de demonstração de verdades geométricas.

## // Advertência

*Até aqui me esforcei para ser inteligível a todos, mas, quanto a este tratado, receio que só poderá ser lido por quem já conhece o que há nos livros de geometria, pois, uma vez que estes contêm muitas verdades muito bem demonstradas, acreditei que seria supérfluo repeti-las, embora nem por isso eu tenha deixado de servir-me delas.*[1]

---

1 A advertência assinala a peculiaridade de *A geometria* com relação aos outros dois ensaios, voltados a um público mais amplo e com fins práticos. As razões das dificuldades de leitura e da determinação do estilo do texto vão além dos fatos de a obra ter sido redigida em um curto período de tempo e de "ter reutilizado" pesquisas anteriores. Várias das dificuldades, lacunas e obscuridades do texto parecem decorrer de decisões relativas "a não querer e a não precisar dizer tudo", seja porque foi possível a Descartes ser sucinto, unificar domínios e captar a generalidade dos casos (graças à linguagem algébrica), seja para propiciar aos outros a possibilidade da pesquisa futura (cf. p.474), mas, talvez, principalmente, para evitar que outros se vangloriassem de que já conheciam o que a obra trazia. Sobre o ambiente não muito amistoso entre Descartes e principalmente os "analistas", consultar a correspondência posterior à publicação de 1637, em particular, as cartas de Descartes a Mersenne de 1 de março de 1638 (AT, II, p.30-1) e de 31 de março de 1638 (AT, II, p.83); ver também a carta de Descartes a de Beaune de 20 de fevereiro de 1639 (AT, II, p.510-2) e a carta de Descartes a Mersenne de 4 de abril de 1648 (AT, V, p.142-3).

## // *A geometria**
### *Primeiro livro*
## Dos problemas que podem ser construídos empregando somente círculos e linhas retas

Todos os problemas da geometria podem ser facilmente reduzidos a termos tais que, para construí-los, não é necessário, depois disso, senão conhecer somente o comprimento de algumas linhas retas.[1]

E como toda a aritmética é composta apenas de quatro ou cinco operações, as quais são a adição, a subtração, a multiplicação, a divisão e a extração de raízes, a qual pode ser tomada como uma espécie de divisão, não há assim outra coisa a fazer, em geometria, no que concerne às linhas que se procura, para prepará-las a serem conhecidas, senão acrescentar-lhes ou retirar--lhes outras linhas; ou mesmo, tendo uma linha // que chamarei de unidade para relacioná-la ainda melhor aos números e a qual pode ser comumente tomada à discrição, tendo a seguir ainda outras duas linhas, encontrar uma quarta, a qual esteja para uma

Como o cálculo da aritmética relaciona-se com as operações da geometria

---

* Tradução e notas de César Augusto Battisti a partir do original francês *La géometrie*, AT, VI, p.369-485.

1 Com a afirmação desse princípio geral – todos os problemas geométricos podem ser construídos a partir da determinação de certas linhas retas –, Descartes aponta para a importância central das noções de *problema* e de *construção*, bem como para o lugar determinante ocupado pela linha reta.

dessas duas linhas assim como a outra linha está para a unidade, o que é o mesmo que a multiplicação; ou ainda, encontrar uma quarta, a qual esteja para uma dessas duas assim como a unidade está para a outra linha, o que é o mesmo que a divisão; ou enfim, encontrar uma, ou duas, ou muitas médias proporcionais entre a unidade e alguma outra linha, o que é o mesmo que extrair a raiz quadrada ou cúbica etc. E não temo introduzir esses termos da aritmética na geometria, a fim de tornar-me mais inteligível.[2]

A multiplicação

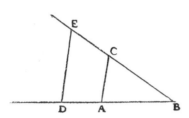

Seja, por exemplo, *AB* a unidade, e que seja requerido multiplicar *BD* por *BC*; tenho apenas que unir os pontos *A* e *C*, e depois traçar *DE* paralela a *CA*, e *BE* é o produto dessa multiplicação.

A divisão

Ou então, se é requerido dividir *BE* por *BD*, tendo unido os pontos *E* e *D*, traço *AC* paralela a *DE*, e *BC* é o resultado dessa divisão.[3]

---

2 A introdução do segmento unidade é uma das grandes inovações de *A geometria*. Essa noção já aparece nas *Regras para a direção do espírito*, a partir das regras 14 e 15 (AT, X, p.449-50; 453; Descartes, 1985, p.100; 104). Com ela, resolve-se o problema da heterogeneidade interna de uma operação como a multiplicação geométrica (e também da divisão e da raiz quadrada), que tradicionalmente produzia algo heterogêneo (uma área) em relação aos elementos integrantes (segmentos de retas). Havia dois principais obstáculos relativos à assimilação da aritmética pela geometria: (1) a mudança de dimensão dos objetos resultantes dessas operações geométricas e sua limitação à tridimensionalidade do espaço; (2) a diferença de natureza entre magnitudes contínuas (geométricas) e descontínuas (aritméticas). Esses obstáculos são resolvidos por Descartes por combinação da introdução da unidade (aritmética) com o uso da teoria das proporções (geométrica).

3 Descartes faz amplo uso da semelhança entre triângulos e do teorema de Tales. Aqui, a semelhança dos triângulos *BAC* e *BDE* permite afirmar que *BE* : *BD* :: *BC* : *BA*. Sendo $BA = 1$, $BE = BD.BC$ e $BC = BE/BD$ (cf. *Elementos*, VI, Prop. 12, que trata da quarta proporcional). Antes,

*A geometria*

Ou, se é requerido extrair a raiz quadrada de *GH*, eu lhe acrescento, em linha reta, *FG*, a qual é a unidade, e, dividindo *FH* em duas partes iguais no ponto *K*, do centro *K* descrevo o círculo *FIH*, depois, elevando em ângulos retos uma linha reta do ponto *G* sobre *FH* até *I*, // a raiz procurada é *GI*.[4] Nada digo aqui sobre a raiz cúbica nem sobre as outras raízes, porque falarei delas mais comodamente adiante.

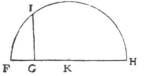

A extração da raiz quadrada

Mas não se tem amiúde necessidade de traçar essas linhas assim sobre o papel, sendo suficiente designá-las por algumas letras, cada linha por uma letra. Por exemplo, para adicionar a linha *BD* à linha *GH*, eu nomeio uma delas *a* e a outra *b*, e escrevo $a + b$, e escrevo $a - b$ para subtrair *b* de *a*, e *ab* para multiplicá-las entre si, e *a/b* para dividir *a* por *b*, e *aa* ou $a^2$ para multiplicar *a* por si mesma, e $a^3$ para multiplicá-la por *a* uma vez mais, e assim ao infinito, e $\sqrt{a^2 + b^2}$ para extrair a raiz quadrada de $a^2 + b^2$, e $\sqrt{C.a^3 - b^3 + abb}$ para extrair a raiz cúbica de $a^3 - b^3 + abb$, e assim para as outras raízes.

Como se podem empregar símbolos na geometria

Donde se deve considerar que, por $a^2$ ou $b^3$ ou semelhantes, comumente concebo apenas linhas totalmente simples, ainda

---

acima, Descartes definiu o resultado da multiplicação e da divisão como a quarta linha a ser encontrada (quarto elemento da proporção). Neste caso, teríamos *BA* : *BD* :: *BC* : *BE* e *BE* = *BD.BC*, para a multiplicação. Para a divisão, teríamos *BD* : *BA* :: *BE* : *BC* e *BC* = *BE/BD*.

4 Tendo sido construído em um semicírculo, o ângulo *FIH* é reto (*Elementos*, III, Prop. 31), e os dois triângulos retângulos *FGI* e *IGH* são semelhantes. Assim, *FG* : *GI* :: *GI* : *GH* ou $GI2 = FG.GH$; sendo *FG* = 1, $GI = \sqrt{GH}$. Os ângulos em *F*, em *I* e em *H* não se encontram traçados na figura, por não serem necessários à construção (mas apenas à demonstração). Como se viu anteriormente, a raiz quadrada corresponde à determinação da média proporcional (cf. *Elementos*, VI, Prop. 13; II, Prop. 14, as quais mostram respectivamente como encontrar uma média proporcional entre duas retas dadas e como construir um quadrado de mesma área que a de um retângulo dado).

que, para servir-me dos nomes utilizados na álgebra, eu as nomeei quadrados ou cubos etc.[5]

É necessário também considerar que todas as partes de uma mesma linha devem comumente expressar-se por tantas dimensões, umas e outras, quando a unidade não está determinada na questão; como aqui, $a^3$ contém tantas dimensões quanto $abb$ ou $b^3$, das quais se compõe a linha que denominei $\sqrt{C.a^3 - b^3 + abb}$ ; mas não acontece o mesmo quando a unidade está determinada, porque ela pode ser subentendida em todos os lugares nos quais há muitas ou muito poucas dimensões; por exemplo, se é requerido extrair a raiz cúbica de $aabb - b$, deve-se pensar que a quantidade $aabb$ é dividida uma vez pela unidade e que // a outra quantidade $b$ é multiplicada duas vezes pela mesma unidade.[6]

---

5 Atente-se para a semelhança entre a simbologia utilizada por Descartes e a nossa, contrariamente à simbologia cóssica e, por exemplo, a de Viète. Se até então $a^2$ indicava a superfície de um quadrado de lado $a$, e $b^3$, o volume de um cubo de aresta $b$, não havendo sentido geométrico para expressões acima de três dimensões, em *A geometria* todas essas expressões correspondem a linhas retas. Descartes utiliza frequentemente $aa$ (mas também $a^2$) onde utilizamos apenas $a^2$ (porém escreve $a^3$, $a^4$ etc.), $\sqrt{C.}$ no lugar de $\sqrt[3]{\phantom{x}}$ e o símbolo $\infty$ (possivelmente inspirado na palavra *æqualis*) como sinal de igualdade. Além disso, ele indica por meio de um asterisco (*) a inexistência de um termo (monômio) em uma equação e por meio de um ponto (·) o sinal atual ±. Quanto à simbologia, foram introduzidas duas alterações: a primeira é a substituição do sinal de igualdade cartesiano pelo nosso sinal atual; a segunda constitui em usar como notação da divisão de $a$ por $b$, em vez de $\frac{a}{b}$, a/b.

6 Para que a expressão $aabb - b$ possa ser considerada homogênea, é preciso estar subentendida a unidade. Neste caso, para a extração da raiz cúbica de $aabb - b$, deve-se pensar que as suas partes têm três dimensões, estando o primeiro termo dividido pela unidade e o segundo multiplicado duas vezes por ela; ou seja, deve-se considerá-la como sendo $a^2b^2/1 - b.1.1$. O tema da homogeneidade foi tratado anteriormente por Descartes nas regras 14 e 16 (cf. AT, X, p.448; 455; Descartes, 1985, p.99, 106ss.).

*A geometria*

Ademais, a fim de não esquecer os nomes dessas linhas, deve-se sempre fazer um registro em separado, à medida que eles são introduzidos ou são mudados, escrevendo, por exemplo,

$AB = 1$, isto é, $AB$ é igual a $1$,
$GH = a$,
$BD = b$   etc.

Assim, quando se quer resolver algum problema, deve-se inicialmente considerá-lo como já resolvido e dar nomes a todas as linhas que parecem necessárias para construí-lo, tanto àquelas que são desconhecidas quanto às outras.[7] A seguir, sem considerar qualquer diferença entre essas linhas conhecidas e

*Como chegar às equações que servem para resolver os problemas*

---

[7] Frase característica do início da etapa analítica, conforme descrição do método de análise e síntese fornecida por Pappus no início do Livro VII da *Coleção matemática* (cf. Pappus, 1982, II, p.477-8; Commandino, 1588, p.157). Esta frase e outras do mesmo teor ("suponha-se o problema resolvido"; "suponha-se a coisa já feita") encontram-se regularmente no início da análise e marcam o seu começo, tanto na matemática grega e árabe quanto no início da modernidade. Viète e Descartes, cada um a seu modo, são os maiores representantes dessa tradição. Pappus cita vários matemáticos antigos praticantes da análise, dentre os quais Euclides e Apolônio. Não são, entretanto, os *Elementos* de Euclides (escritos na forma sintética) que pertencem a essa tradição, mas outra obra do grande alexandrino, os *Dados*. É um erro capital, portanto, aproximar o método cartesiano ao método praticado nos *Elementos* como faz, por exemplo, Gueroult em sua obra clássica sobre as *Meditações* (cf. 1953, I, p.20; II, p.288; 2016, p.23; p.769). Sobre o método de Descartes, particularmente aquele de *A geometria* e sobre sua relação com a análise dos antigos, ver Battisti, 2002, cap.1, 2, p.69-172. Embora haja preceitos metodológicos em outros lugares e seja possível considerar *A geometria* em sua totalidade como um ensaio metodológico, é aqui e nos parágrafos seguintes que Descartes apresenta o funcionamento de seu método, entendido como procedimento resolutivo interno a um problema. Em um sentido mais amplo, o método englobaria também a relação entre problemas, as regras de manipulação e de redução das equações, os mecanismos para evitar erros, as estratégias e operações gerais empregadas etc. Descartes não atribui nome ao seu método em nenhum lugar da obra. Tampouco as

desconhecidas, deve-se percorrer a dificuldade segundo a ordem que mostra, da maneira mais natural possível, de que modo elas dependem mutuamente umas das outras, até que se tenha encontrado um meio de expressar uma mesma quantidade de duas maneiras, o que se denomina uma equação, pois os termos de uma dessas duas maneiras são iguais aos da outra.[8] E devem ser encontradas tantas equações quantas forem as linhas desconhecidas supostas. Ou ainda, se não for encontrado esse tanto de equações, e se, não obstante, nada se omite do que é desejado na questão, isso testemunha que ela não está inteiramente determinada, e então é possível tomar, à discrição, // linhas conhecidas para todas as linhas desconhecidas às quais não corresponda equação alguma.[9] Após isso, se ainda restarem muitas linhas desconhecidas, é preciso servir-se ordenadamente de cada uma das equações que também restam, seja considerando-a isoladamente, seja comparando-a com as outras, para explicar cada uma dessas linhas desconhecidas e fazer assim que, ao desmembrá-las, per-

373

---

etapas recebem nomes nesse momento do texto, mas duas delas (a segunda e a terceira) são denominadas "construção" e "demonstração" nos livros posteriores; a primeira delas, a "análise", é denominada apenas na correspondência, por exemplo, na carta de Descartes a Mersenne, de 31 de março de 1638 (cf. AT, II, p.83). A primeira etapa, apresentada aqui, tem como principal objetivo equacionar o problema algebricamente de tal forma que a "dificuldade" seja reduzida à sua expressão (equação) mais simples; a segunda etapa, apresentada a seguir, de p.363 a p.367, tem por objetivo central resolver a equação, isto é, construir a raiz (ou raízes) da equação; a terceira etapa é mencionada apenas no Livro II e é a menos importante por não ser parte constitutiva da resolução propriamente dita. O método evidencia o caráter mutuamente complementar entre equação algébrica e construção geométrica de uma curva, bem como a exigência de que ambas, equação e construção, sejam *sempre* as mais elementares possíveis.

8 Esta é uma definição clara do que é uma equação: a igualdade de uma mesma quantidade expressa de duas maneiras distintas.

9 Descartes jamais fala de variáveis, tampouco de coeficientes ou constantes, mas de *quantidades desconhecidas* e *quantidades conhecidas*.

maneça uma única linha, a qual é igual a alguma outra linha que seja conhecida, ou mesmo cujo quadrado, ou cubo, ou quadrado do quadrado, ou supersólido, ou quadrado do cubo etc.[10] seja igual àquilo que se produz por adição, ou subtração, de duas ou várias outras quantidades, das quais uma seja conhecida e as outras sejam compostas de algumas médias proporcionais entre a unidade e esse quadrado, ou cubo, ou quadrado do quadrado etc., multiplicadas por outras quantidades conhecidas. O que escrevo do seguinte modo:

$$z = b,$$
$$\text{ou } z^2 = -az + bb,$$
$$\text{ou } z^3 = +az^2 + bbz - c^3,$$
$$\text{ou } z^4 = az^3 - c^3z + d^4$$
etc.

Isto é, $z$, que tomo pela quantidade desconhecida, é igual a $b$; ou o quadrado de $z$ é igual ao quadrado de $b$ menos $a$ multiplicado por $z$; ou o cubo de $z$ é igual a $a$ multiplicado pelo quadrado de $z$ mais o quadrado de $b$ multiplicado por $z$ menos o cubo de $c$; e assim para as outras.

E é possível sempre reduzir assim todas as quantidades desconhecidas a uma única quantidade quando o problema pode ser construído por meio de círculos e linhas retas, ou também por meio de seções cônicas, ou mesmo por meio de alguma outra linha que não seja senão de um ou de dois graus mais composta.[11] Mas não me detenho em explicar isso mais detalhadamente porque eu vos privaria do prazer de aprendê-lo por vós mesmos e da utilidade de cultivar vosso espírito exercitando-vos, o que é, ao que me parece, a principal utilidade que pode ser obtida

---

10 As locuções utilizadas para potências superiores ao cubo remontam aos árabes e expressam a quarta, a quinta e a sexta potências etc.

11 Descartes não emprega o termo "grau" no sentido moderno (como "grau de um polinômio"). Para isso ele emprega o termo "dimensão". Sem sentido técnico preciso e devendo ser entendido de forma

dessa ciência. E também porque nada noto de tão difícil que não possa ser encontrado por aqueles que sejam um pouco versados na geometria comum e na álgebra e os quais estejam atentos a tudo o que se encontra neste tratado.

É por isso que me contentarei aqui em advertir-vos de que, ao desmembrar essas equações, contanto que não se deixe de utilizar todas as divisões que forem possíveis, obter-se-á infalivelmente os termos mais simples aos quais a questão possa ser reduzida.

*Quais são os problemas planos*

E que, se a questão puder ser resolvida pela geometria ordinária, isto é, servindo-se somente de linhas retas e circulares traçadas sobre uma superfície plana, quando a última equação tiver sido inteiramente desmembrada, não restará, quando muito, senão um quadrado desconhecido igual àquele que se produz pela adição, ou subtração, de sua raiz multiplicada por alguma quantidade conhecida e de alguma outra quantidade também conhecida.[12]

*Como são resolvidos*

E, então, essa raiz, ou linha desconhecida, é facilmente encontrada.[13] Pois, se tenho, por exemplo,

---

abrangente, o termo "grau" é utilizado principalmente para fazer referência a curvas, mas também aparece relacionado a problemas. Ele jamais é utilizado para o tratamento de equações, para cuja finalidade Descartes utiliza os termos "dimensão" e "gênero" (definidos mais adiante na nota 42).

12 A equação é da forma: $z^2 = az \pm bb$. A etapa analítica do método termina aqui, quando reduzidas todas as equações a apenas uma e da forma mais simples possível. A equação condensa algebricamente o problema a ser resolvido, cuja solução depende da construção geométrica da raiz ou raízes correspondentes. A segunda etapa (a etapa sintética), que começa a seguir, consiste na construção geométrica, por vezes acrescida (aqui não é o caso) da demonstração.

13 Como era usual na época, Descartes considera três modos possíveis: $z^2 = az + bb$, $z^2 = -az + bb$ e $z^2 = az - bb$, com $a$ e $b$ positivos. O quarto caso ($z^2 = -az - bb$) não é mencionado, pois não tem solução positiva. As construções apresentadas nas primeiras páginas da obra correspondem à resolução das equações de primeiro grau (por meio da adição, subtração, multiplicação e divisão: $x = a + b$; $x = a - b$; $x = ab$; $x = a/b$) e à resolução da equação mais simples de segundo grau (extração da raiz: $x^2 = ab$).

*A geometria*

$$z^2 = az + bb,$$

**375** // faço o triângulo retângulo *NLM*, cujo lado *LM* é igual a *b*, a raiz quadrada da quantidade conhecida *bb*, e o outro lado, *LN*, é $(1/2)a$, a metade da outra quantidade conhecida, a qual foi multiplicada por *z*, a linha que suponho ser desconhecida. Em seguida, prolongando *MN*, a base do triângulo, até *O*, de modo que *NO* seja igual a *NL*, a linha toda *OM* é *z*, a linha procurada.[14] E esta linha se expressa da seguinte maneira:

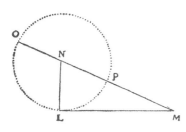

$$z = (1/2)a + \sqrt{(1/4)aa + bb}.$$

Mas, se tenho

$$yy = -ay + bb,$$

e se *y* for a quantidade que se deve encontrar, faço o mesmo triângulo retângulo *NLM* e, de sua base *MN*, retiro *NP* igual a *NL*, e o resto *PM* é *y*, a raiz procurada. De modo que obtenho

$$y = -(1/2)a + \sqrt{(1/4)aa + bb}$$

E, do mesmo modo, se eu tivesse

$$x^4 = -ax^2 + b^2,\text{[15]}$$

---

14 No triângulo retângulo LMN, temos, pelo teorema de Pitágoras (*Elementos*, I, Prop. 47), $MN^2 = LN^2 + LM^2$. Por meio dessa relação, sendo os lados $LN = (1/2)a$ e $LM = b$, a hipotenusa é $NM = \sqrt{(1/4)a^2 + b^2}$ e, portanto, $OM\ (=z) = (1/2)a + \sqrt{(1/4)a^2 + b^2}$ Por outro lado, por meio dessa mesma relação, temos $(z - (1/2)a)^2 = ((1/2)a)^2 + b^2$ e, portanto, $z^2 = az + b^2$. A equação pode ser obtida também por meio da seguinte relação: $MO \cdot MP = LM^2$ (*Elementos*, III, Prop. 36). Descartes ignora a outra raiz da equação, chamada "falsa" por ele (cf. Livro III, p.436).

15 Essa equação biquadrada é reduzida a uma equação de segundo grau substituindo $x^2$ por *y*.

*Discurso do método & Ensaios*

PM seria $x^2$ e eu obteria

$$x = \sqrt{-(1/2)a + \sqrt{(1/4)aa + bb}};$$

e assim para as outras.

// Enfim, se tenho

**376**

$$z^2 = az - bb,$$

faço, como anteriormente, NL igual a $(1/2)a$ e LM igual a $b$, e a seguir, em vez de unir os pontos M e N, traço MQR paralela a LN

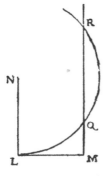

e tendo descrito, do centro N por L, um círculo que a corta nos pontos Q e R, a linha procurada $z$ é MQ, ou ainda, MR, pois nesse caso ela se expressa de duas maneiras, a saber:[16]

$$z = (1/2)a + \sqrt{(1/4)aa - bb}$$
$$e\, z = (1/2)a - \sqrt{(1/4)aa - bb}.$$

E se o círculo, o qual, tendo seu centro no ponto N, passa pelo ponto L, não corta nem toca a linha reta MQR, não existe raiz alguma na equação, de modo que é possível assegurar que a construção do problema proposto é impossível.

Contudo, essas mesmas raízes podem ser encontradas por uma infinidade de outros meios, e eu somente quis apresentar estes por

---

16 Novamente (*Elementos*, III, Prop. 36) obtém-se $MQ \cdot MR = ML^2$. Sendo o raio do círculo igual a $(1/2)a$ e $a$ seu diâmetro, temos $z(a - z) = b^2$, isto é, $z^2 = az - b^2$. Por outro lado, sendo O (não construído) o ponto que divide ao meio QR, aplicando o teorema de Pitágoras no triângulo retângulo ONQ $(= ONR)$, QO $(= OR) = \sqrt{(1/2)a^2 - b^2}$; logo, MR $(= z) = (1/2)a + \sqrt{(1/4)a^2 - b^2}$ e MQ $(= z) = (1/2)a - \sqrt{(1/4)a^2 - b^2}$. Sendo, aqui, MR secante ao círculo, Descartes fornece as duas raízes. Por outro lado, se MR for tangente, isto é, $b = (1/2)a$, haverá apenas uma raiz (ou raiz dupla), e se o segmento não encontrar o círculo, isto é, $b > (1/2)a$, o problema geométrico não poderá ser construído, sendo as raízes imaginárias.

*A geometria*

serem muito simples, a fim de fazer ver que é possível construir todos os problemas da geometria ordinária sem fazer outra coisa que o pouco compreendido nas quatro figuras que expliquei. O que não creio que os antigos tenham considerado, pois, de outro modo, não se teriam dado ao trabalho de escrever livros tão volumosos, nos quais a simples ordem de suas proposições permite saber que eles não possuíam o verdadeiro método para encontrar todas as raízes, mas somente recolheram aquelas que encontraram.

377 // E pode-se também ver isso muito claramente a partir do que Pappus coloca no início de seu sétimo livro,[17] no qual, após deter-se um pouco em enumerar tudo o que havia sido escrito na geometria por aqueles que o tinham precedido, ele fala, enfim, de uma questão que, segundo diz, nem Euclides nem Apolônio nem qualquer outro sabiam resolver inteiramente,[18] e eis aqui suas palavras:

Exemplo extraído de Pappus

> Aquele (Apolônio) que diz, no terceiro livro, que o lugar para três e quatro linhas não foi completamente resolvido por Euclides, e que nem ele mesmo poderia resolver, nem qualquer outro, mas que tampouco se podia acrescentar, ainda que pouco, àquilo que Euclides escrevera, por meio unicamente daquelas cônicas que haviam sido anteriormente enunciadas até a época de Euclides etc.
>
> [*Quem autem dicit (Apollonius) in tertio libro locum ad tres & quatuor lineas ab Euclide perfectum non esse, neque ipse perficere poterat, neque aliquis*

Cito a versão latina em vez do texto grego, a fim

---

17 Descartes transcreve um longo trecho do Livro VII do texto de Pappus, conforme a edição latina feita por Federico Commandino (cf. Pappus, 1588, p.164-5), da qual houve várias edições nos anos subsequentes (cf. a tradução de Tannery desse trecho no final do volume VI das *Oeuvres de Descartes* (AT, VI, p.721-2) e a tradução da mesma passagem feita por Ver Eecke (Pappus, 1982, II, p.507-10). O problema de Pappus foi proposto a Descartes por Golius em 1631 (cf. Descartes a Stampioen, final de 1633, AT, I, p.278).

18 Pappus de Alexandria (290-350); Euclides de Alexandria (325-265 a. C.); Apolônio de Perga (262-190 a. C.).

*alius; sed neque paululum quid addere iis quae Euclides scripsit, per ea tantum conica quae usque ad Euclidis tempora praemonstrata sunt, &c.*]

de que todos o entendam mais facilmente

E, um pouco depois, ele explica assim qual é essa questão:

O lugar para três e quatro linhas, do qual (Apolônio) tanto se jacta e se orgulha, sem reconhecimento algum para quem anteriormente escreveu sobre isso, é o seguinte. Se, dadas três linhas retas em posição, forem traçadas, de um mesmo ponto, outras linhas retas em ângulos dados com as três linhas retas dadas e se for dada a proporção entre o retângulo contido por duas das linhas assim traçadas e o quadrado da restante, então o ponto tocará um lugar sólido dado em posição, a saber, o lugar de uma das três seções cônicas. E se forem traçadas linhas formando ângulos dados com quatro linhas retas // dadas em posição e se for dada a proporção entre o retângulo contido por duas das linhas retas assim traçadas e o retângulo contido pelas outras duas, então o ponto tocará, similarmente, uma seção cônica dada em posição. Pois mostrou-se que é somente em relação a duas linhas que um lugar é plano. Porque, se forem dadas mais do que quatro linhas, o ponto tocará lugares ainda não conhecidos, mas denominados simplesmente linhas, das quais não se sabe o que são nem quais são suas propriedades: eles fizeram uma delas, mostrando que ela era útil e que parecia a mais evidente, embora não fosse a primeira. Eis aqui suas proposições:

**378**

Se de qualquer ponto forem traçadas linhas retas em ângulos dados com cinco retas dadas em posição e se for dada a proporção entre o sólido paralelepípedo retângulo, contido por três das linhas traçadas, e o sólido paralelepípedo retângulo, contido pelas outras duas e por uma linha dada qualquer, então o ponto tocará uma linha dada em posição. Se, em vez disso, forem dadas seis linhas e se for dada a proporção entre o sólido contido por três dessas linhas e o sólido contido pelas outras três, então o ponto tocará igualmente uma linha dada em posição. E se forem dadas mais do que seis linhas, até agora não é ainda possível dizer se é dada uma proporção entre algo contido por quatro linhas e algo contido pelas outras linhas, porque não existe algo contido por mais de três dimensões.

[*At locus ad tres & quatuor lineas, in quo (Apollonius) magnifice se iactat & ostentat, nulla habita gratia ei qui prius scripserat, est huiusmodi. Si, positione datis tribus rectis lineis, ab uno & eodem puncto ad tres lineas in datis angulis rectae lineae ducantur, & data sit proportio rectanguli contenti duabus ductis ad quadratum reliquae, punctum contingit positione datum solidum locum, hoc est unam ex tribus conicis sectionibus. Et, si ad quatuor rectas // lineas positione datas in datis angulis lineae ducantur, & rectanguli duabus ductis contenti ad contentum duabus reliquis proportio data sit, similiter punctum datam coni sectionem positione continget. Siquidem igitur ad duas tantum, locus planus ostensus est. Quod si ad plures quam quatuor, punctum continget locos non adhuc cognitos, sed lineas tantum dictas; quales autem sint, vel quam habeant proprietatem, non constat: earum unam, neque primam, & quae manifestissima videtur, composuerunt ostendentes utilem esse. Propositiones autem ipsarum hae sunt:*

*Si ab aliquo puncto, ad positione datas rectas lineas quinque, ducantur rectae lineae in datis angulis, & data sit proportio solidi parallelepipedi rectanguli, quod tribus ductis lineis continetur, ad solidum parallelepipedum rectangulum, quod continetur reliquis duabus & data quapiam linea, punctum positione datam lineam continget. Si autem ad sex, & data sit proportio solidi tribus lineis contenti ad solidum quod tribus reliquis continetur, rursus punctum continget positione datam lineam. Quod si ad plures quam sex, non adhuc habent dicere an data sit proportio cuiuspiam contenti quatuor lineis ad id quod reliquis continetur, quoniam non est aliquid contentum pluribus quam tribus dimensionibus.*]

Eu vos peço que considereis aqui, de passagem, que o escrúpulo que os antigos tinham de empregar termos da aritmética na geometria, o qual não podia proceder senão de que não viam muito claramente a relação entre elas, causou muita obscuridade e confusão na maneira pela qual eles se explicavam, pois Pappus continua assim:

Todavia, nisso concordaram os que interpretaram // um pouco antes essas coisas, ao sustentarem que algo que é contido por essas linhas de modo algum é compreensível. Será permitido, entretanto, enunciar e demonstrar universalmente as ditas proporções por meio de proporções compostas, e isso da seguinte maneira.

Se de um ponto qualquer forem traçadas sobre as linhas retas dadas em posição outras linhas retas em ângulos dados e se for dada a proporção composta, a partir da proporção entre uma das linhas traçadas e a outra, e entre a segunda e a outra segunda, e entre a terceira e a outra terceira, e entre a remanescente e a linha dada se forem sete, mas, se forem oito, entre a remanescente e a outra remanescente, então o ponto tocará as linhas dadas em posição. E, similarmente, qualquer que seja o número, par ou ímpar, de linhas, uma vez que elas, como se disse, correspondem a um lugar relativo a quatro linhas, eles nada estabeleceram, portanto, que permitisse conhecer a linha etc.

[*Acquiescunt autem his qui paulo ante talia interpretati* // *sunt, neque unum aliquo pacto comprehensibile significantes quod his continetur. Licebit autem per coniunctas proportiones haec & dicere & demonstrare universe in dictis proportionibus, atque his in hunc modum.*

*Si ab aliquo puncto, ad positione datas rectas lineas, ducantur rectae linea in datis angulis, & data sit proportio coniuncta ex ea quam habet una ductarum ad unam, & altera ad alteram, & alia ad aliam, & reliqua ad datam lineam, si sint septem: si vero octo, & reliqua ad reliquam: punctum continget positione datas lineas. Et similiter, quotcumque sint impares vel pares multitudine, cum haec, ut dixi, loco ad quatuor lineas respondeant, nullum igitur posuerunt ita ut linea nota sit, &c.*]

A questão, portanto, cuja solução havia sido iniciada por Euclides e levada adiante por Apolônio, sem que ninguém a tenha concluído, era a seguinte. Tendo três ou quatro ou um número maior de linhas retas dadas em posição, pede-se, primeiramente, um ponto a partir do qual possam ser traçadas outras tantas

*A geometria*

linhas retas, cada qual sobre cada uma das linhas retas dadas, as quais façam com elas ângulos dados, e que o retângulo contido por duas das linhas que forem assim traçadas a partir de um mesmo ponto tenha a proporção dada com o quadrado da terceira, se houver somente três, ou então, com o retângulo das outras duas, se houver quatro. Ou então, se houver cinco, que o paralelepípedo composto por três delas tenha a proporção dada com o paralelepípedo composto pelas duas restantes e outra linha dada.[19] Ou, se houver seis, que o paralelepípedo composto por três delas tenha a proporção dada // com o paralelepípedo das outras três. Ou, se houver sete, pede-se que aquilo que se produz pela multiplicação de quatro linhas uma pela outra tenha a razão dada com aquilo que se produz pela multiplicação das outras três com ainda outra linha dada. Ou, se houver oito, que o produto da multiplicação de quatro delas tenha a proporção dada com o produto das outras quatro. E, assim, essa questão pode ser estendida a um número qualquer de linhas.[20] A seguir, porque

---

19 As expressões "retângulo contido por duas retas" e "paralelepípedo composto por três retas" referem-se, respectivamente, ao produto de duas e de três grandezas.

20 O problema em sua formulação geral é o seguinte: se $P$ é um ponto genérico de um plano e se forem dadas retas $r_i$ em determinados ângulos $\varphi_i$ e com distâncias $d_i$ dos segmentos $Pr_i$, conduzidos de $P$ até as retas $r_i$ com ângulos $\varphi_i$ dados, o produto das distâncias $d_i$ da metade das retas está para o produto das distâncias $d_i$ da outra metade (se as retas forem em número par) ou para o produto das distâncias $d_i$ restantes e de uma constante $a$ (se forem em número ímpar), segundo uma proporção fixa $\alpha:\beta$. Trata-se de determinar o *lugar geométrico* do ponto $P$ que satisfaça as seguintes condições:
(1) para três retas dadas: $(d_1 \cdot d_2) : d_3^2 = \alpha : \beta$;
(2) para quatro retas dadas: $(d_1 \cdot d_2) : (d_3 \cdot d_4) = \alpha : \beta$;
(3) para $2n$ retas dadas: $(d_1 \cdot d_2 \cdot ... \cdot d_n) : (d_{n+1} \cdot d_{n+2} \cdot ... \cdot d_{n+1} \cdot a) = \alpha : \beta$;
(4) para $2n - 1$ retas dadas: $(d_1 \cdot d_2 \cdot ... \cdot d_n) : (d_{n+1} \cdot d_{n+2} \cdot ... \cdot d_{n-1} \cdot a)$ $= \alpha : \beta$, tendo $a$ como constante.
O caso de três retas, aparentemente um caso particular ($n = 2$) de $2n - 1$ retas, tem como segundo membro um quadrado, ou seja, trata-se de um problema de quatro retas em que as duas últimas são idênticas.

existe sempre uma infinidade de pontos que podem satisfazer ao que aqui se pede, requer-se também conhecer e traçar a linha na qual todos esses pontos devem encontrar-se, e Pappus diz que, quando existem somente três ou quatro linhas retas dadas, é em uma das três seções cônicas que esses pontos devem encontrar-se, mas ele não tenta determiná-la nem descrevê-la, e tampouco explicar as linhas onde todos esses pontos devem encontrar-se, quando a questão é proposta para um número maior de linhas. Ele somente acrescenta que os antigos tinham imaginado uma linha que eles mostravam ser útil para isso, mas que parecia ser a mais evidente e que não era, todavia, a primeira. O que me deu ocasião de investigar, pelo método do qual me sirvo, se é possível ir tão longe quanto eles o foram.

*Resposta à questão de Pappus*

E conheci primeiramente que,[21] quando essa questão não é proposta senão para três, quatro ou cinco linhas, é sempre possível encontrar os pontos procurados pela geometria simples, isto

---

21 O problema de Pappus contém duas partes, cuja diferença básica encontra-se no fato de que, na primeira parte (Livro I), trata-se de encontrar determinado número de pontos de uma curva (de uma linha ou lugar) que satisfazem a condição exigida pelo problema, ao passo que, na segunda parte (Livro II), trata-se de determinar a própria curva, isto é, um conjunto indefinido e contínuo de pontos que satisfazem essa mesma condição. Esse tratamento duplo, que produzirá dois conjuntos distintos de soluções (cf. Vuillemin, 1960, p.109), é decorrente do fato de que um problema relativo a um lugar exige, no mínimo, a variação recíproca de duas linhas desconhecidas, de sorte que, no primeiro caso, é possível atribuir-se determinadas grandezas a uma delas (por exemplo, $y$) para que sejam encontradas as grandezas correspondentes da outra linha desconhecida (por exemplo, $x$), equivalendo cada relação estabelecida entre elas à determinação de um ponto da curva procurada. No segundo caso, variando indefinida e concomitantemente as grandezas das duas linhas desconhecidas, é necessária a determinação de ambas ($x$ e $y$), o que dá origem a um lugar (e não apenas a alguns de seus pontos). Embora praticamente todos os estudos de *A geometria* façam referência ao problema de Pappus, pode-se consultar a esse respeito os seguintes textos: Vuillemin, 1960, p.99-112; Scott, 1976, p.97-100; p.106-13; Bos, 2001, cap.23, p.313-34; Battisti, 2002, p.142-54.

é, servindo-se unicamente da régua e do compasso, sem fazer outra coisa senão aquilo que já foi dito, exceto somente quando existem cinco linhas dadas, se todas forem // paralelas. Caso em que, também quando a questão é proposta para seis, sete, oito ou nove linhas, é sempre possível encontrar os pontos procurados pela geometria dos sólidos, isto é, empregando para isso alguma das três seções cônicas, exceto somente quando existem nove linhas dadas, se todas elas forem paralelas. Caso em que, novamente, e também para dez, onze, doze ou treze linhas, é possível encontrar os pontos procurados por meio de uma linha curva que seja ainda de um grau mais composta do que as seções cônicas, exceto para treze, se todas elas forem paralelas. Caso em que, e também para catorze, quinze, dezesseis e dezessete, será necessário empregar uma linha curva composta ainda de um grau a mais do que a precedente, e assim ao infinito.[22]

A seguir, descobri também que, quando existem somente três ou quatro linhas dadas, os pontos procurados encontram-se, todos eles, não somente em uma das três seções cônicas, mas também, algumas vezes, na circunferência de um círculo ou em

---

22 Classificação das soluções oriundas da primeira configuração do problema de Pappus. Para três, quatro ou cinco linhas dadas (exceto se as cinco retas forem paralelas), podemos construir o lugar, ponto por ponto, pela geometria simples, isto é, com régua e compasso (pelo uso da reta e do círculo). Para as cinco retas paralelas, seis, sete, oito ou nove retas dadas (exceto se as nove retas forem paralelas), podemos construir o lugar geométrico, ponto por ponto, pela geometria dos sólidos, isto é, por meio de uma cônica não circular (pelo uso da parábola, da hipérbole e da elipse). Para as nove retas paralelas, dez, onze, doze e treze retas dadas (exceto se as treze retas forem paralelas), podemos construir o lugar geométrico, ponto por ponto, por meio de uma curva de um grau mais complexa que as cônicas. Tal é o caso da "parábola de Descartes", uma curva de dimensão 3 (e do segundo gênero), contrariamente às cônicas, que são de dimensão 2 (e do primeiro gênero). Para as treze retas paralelas, catorze, quinze, dezesseis e dezessete retas dadas (exceto se as dezessete retas forem paralelas), podemos construir o lugar geométrico, ponto por ponto,

uma linha reta. E que, quando existem cinco, seis, sete ou oito linhas dadas, todos esses pontos encontram-se em alguma das linhas que são de um grau mais compostas do que as seções cônicas, e é impossível imaginar uma dessas que não seja útil para essa questão, mas esses pontos também podem novamente encontrar-se em uma seção cônica ou em um círculo ou em uma linha reta, e que, se existirem nove, 10, 11 ou 12 linhas dadas, esses pontos encontram-se em uma linha que não pode ser composta senão de um grau a mais do que as precedentes, mas todas aquelas que são de um grau mais compostas podem servir nesse caso, e assim ao infinito.[23]

Entretanto, a primeira e a mais simples de todas as linhas // depois das seções cônicas é aquela que é possível descrever pela intersecção de uma parábola e de uma linha reta, da maneira que será explicada.[24] De modo que penso ter satisfeito inteiramente

---

    por meio de uma linha curva que seja de um grau mais composta que a precedente; e, assim, ao infinito. Nessa primeira versão do problema, as configurações formadas com cinco, nove e treze retas não paralelas não se distinguem dos casos imediatamente anteriores, visto que, podendo-se atribuir valores arbitrários à incógnita com grau mais elevado, não resta senão determinar a outra, com grau mais baixo. Assim, no caso de cinco retas não paralelas dadas, atribuem-se valores arbitrários à incógnita de grau 3 e calcula-se a de grau 2.

23 Classificação das soluções oriundas da segunda configuração do problema de Pappus (a ser examinado no Livro II). Para três ou quatro retas dadas, o lugar geométrico é uma das seções cônicas (podendo também ser um círculo ou mesmo uma linha reta). Para cinco a oito retas dadas, o lugar geométrico é uma curva mais complexa que as seções cônicas (podendo ser também uma seção cônica, um círculo ou uma linha reta), não havendo nenhuma curva geométrica, segundo Descartes (p.390), que não seja útil à questão. Para nove a doze retas dadas, o lugar geométrico é uma curva "de um grau" mais complexa que as precedentes. Essa classificação é decorrente da variação das duas incógnitas, o que faz os casos de cinco, nove etc. retas (paralelas ou não) serem incluídos nos níveis subsequentes. Um quadro comparativo das duas classificações é fornecido por Vuillemin (1960, p.109).

24 Ver adiante Livro II, p.400ss.

*A geometria*

aquilo que Pappus nos diz ter sido procurado pelos antigos e farei o esforço de fornecer aqui a demonstração em poucas palavras, pois já começo a entediar-me de tanto escrever.

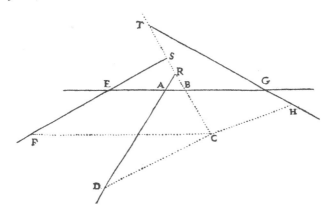

Sejam *AB*, *AD*, *EF*, *GH* etc. várias linhas dadas em posição, e seja requerido encontrar um ponto, tal como *C*, a partir do qual possam ser traçadas outras linhas retas sobre as linhas dadas, como *CB*, *CD*, *CF* e *CH*, de modo que os ângulos *CBA*, *CDA*, *CFE*, *CHG* etc. sejam dados e que aquilo que é produzido pela multiplicação de uma parte dessas linhas seja igual àquilo que é produzido pela multiplicação das outras, ou ainda, que elas tenham alguma outra proporção dada, pois isso de modo algum torna a questão mais difícil.[25]

Primeiramente, suponho a coisa como já feita e,[26] para desembaraçar-me da confusão de todas essas linhas, considero

Como os termos devem

---

25 O problema pode ser enunciado, em sua forma mais simples do seguinte modo. Sejam *AB*, *AD*, *EF*, *GH* quatro linhas retas dadas em posição (mas não em comprimento), encontrar um ponto *C* de modo que, tendo extraído outras quatro retas, como *CB*, *CD*, *CF*, *CH*, em ângulos dados com as quatro retas dadas, o produto de duas dessas retas desconhecidas tenha uma proporção dada (a igualdade) para com as outras duas restantes (ou seja, *CB.CF=CD.CH*).

26 A resolução do problema começa, como prescreve o método, pela análise. Tendo então suposto o problema resolvido, procede-se à sua compreensão e à expressão algébrica das relações entre as linhas conhecidas e desconhecidas com vista à montagem da equação corres-

*ser postos para chegar à equação neste exemplo*

uma das linhas dadas e uma daquelas que se devem encontrar, por exemplo, *AB* e *CB*, como as principais e às quais me esforço para relacionar todas as outras como segue. Que o segmento da linha *AB*, o qual está entre os pontos *A* e *B*, seja designado por *x* e que *BC* seja designado por *y*,[27] e sejam prolongadas todas as demais linhas dadas até interceptarem essas duas, também prolongadas, se houver necessidade e se elas não lhes forem paralelas, como vedes aqui que elas cortam a linha *AB* nos pontos *A*, *E* e *G* e a linha *BC* nos pontos *R*, *S* e *T*. A seguir, porque todos os ângulos do triângulo *ARB* são dados, a proporção que existe entre os lados *AB* e *BR* também é dada, e eu a ponho como sendo a proporção de *z* para *b*, de modo que, *AB* sendo *x*, *RB* será *bx/z* e a linha *CR* inteira será $y + bx/z$, porque o ponto *B* cai entre *C* e

---

pondente. É aqui que Descartes introduz, pela primeira vez, a noção de origem das coordenadas (o ponto *A*) e o seu sistema, sendo $x = AB$ e $y = BE$ as coordenadas do ponto *C*. O sistema, como se vê, não é ortogonal, mas oblíquo. Por mais polêmico que seja pretender apontar o inventor da geometria analítica, não se pode negar que aparece, aqui, algo que lhe é constituinte (como também ocorre na p.392 do Livro II). Intérpretes favoráveis à tese de que *A geometria* dá nascimento à geometria analítica afirmam que a perspectiva cartesiana, ao contrário da dos antigos (como Apolônio) ou mesmo da dos modernos (como Fermat), permite relacionar diferentes curvas com um só sistema de coordenadas (Fink, Karl apud Smith, D. E.; Latham, M. L., 1954, p.26). A tese mais aceita atualmente parece ser, entretanto, a de que a geometria analítica não seja algo que tenha emergido em um momento histórico determinado, por mais que se reconheça o papel fundamental de Descartes e de Fermat, de modo que sua emergência se encontra esparsa em vários momentos da história da matemática. Sobre Fermat e Descartes e sobre o fato de nenhum deles ter reivindicado a invenção (e da polêmica sobre prioridades ter ficado restrita ao círculo de Mersenne), ao contrário do que se deu na disputa aberta e pública pela invenção do cálculo infinitesimal (entre os partidários de Newton e de Leibniz), vale a pena consultar Milhaud (1921, cap.6). Para os principais argumentos em defesa da origem da geometria analítica nas obras de Descartes e Fermat podem-se consultar Boyer, 1956; Vuillemin, 1960; Forbes, 1977; Mahoney, 1994.

27 Para a primeira linha desconhecida temos que $CB = y$.

*A geometria*

R, pois, se R caísse entre C e B, CR seria $y - bx/z$, e se C caísse entre B e R, CR seria $-y + bx/z$. Do mesmo modo, os três ângulos do triângulo DRC são dados e, por conseguinte, também a proporção que existe entre os lados CR e CD, a qual ponho como sendo a proporção de $z$ para $c$, de modo que, CR sendo $y + bx/z$, CD será $cy/z + bcx/zz$.[28] Depois disso, porque as linhas AB, AD e EF são dadas em posição, a distância que existe entre os pontos A e E também é dada, e, se for designada $k$, ter-se-á EB igual a $k + x$, mas seria $k - x$, se o ponto B caísse entre E e A, e seria $-k + x$, se o ponto E caísse entre A e B. E porque todos os ângulos do triângulo ESB são dados, a proporção de BE para BS também é dada, e eu a ponho como sendo a proporção de $z$ para $d$, de modo que BS é $(dk + dx)/z$ e a linha CS inteira é $(zy + dk + dx)/z$, mas seria $(zy - dk - dx)/z$, se o ponto S // caísse entre B e C, e seria $(-zy + dk + dx)/z$, se o ponto C caísse entre

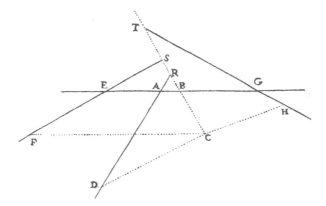

B e S. Além disso, dados os três ângulos do triângulo FSC e, em seguida, sendo a proporção de CS para CF como a de $z$ para $e$, a linha CF inteira será $(ezy + dek + dex)/zz$.[29] Do mesmo modo,

---

28 Para a segunda linha desconhecida, temos: $CD = (czy + bcx)/z^2$. Com efeito, sendo $AB (=x)/BR = z/b$; $RB = bx/z$ e $CR = y + bx/z$; e sendo $CR/CD = z/c$, então $CD = (czy + bcx)/z^2$.

29 Para a terceira linha desconhecida, temos $CF = (ezy + dek + dex)/z^2$. Com efeito, sendo $AE = k$; $EB = k+x$ e $BE/BS = z/d$, então

sendo dada a linha *AG*, a qual nomeio *l*, e *BG* sendo *l* − *x*, e, em virtude do triângulo *BGT*, sendo também dada a proporção de *BG* para *BT*, a qual seja a de *z* para *f*, e *BT* será $(fl - fx)z$ e $CT = (zy + fl - fx)/z$. A seguir, novamente, a proporção de *TC* para *CH* é dada, em virtude do triângulo *TCH*, e pondo-a como a mesma de *z* para *g*, ter-se-á

$$CH = (+gzy + fgl - fgx)/zz.\text{[30]}$$

E vedes assim que qualquer que seja o número que se possa ter de linhas dadas em posição, todas as linhas traçadas sobre elas a partir do ponto *C* em ângulos dados, segundo o requerido pela questão, podem sempre ser expressas cada uma delas por três termos, dos quais um é composto pela quantidade desconhecida *y* multiplicada, ou dividida, por alguma outra quantidade conhecida, e o outro termo, pela quantidade desconhecida *x* também multiplicada ou dividida por alguma outra // conhecida, e o terceiro termo, por uma quantidade inteiramente conhecida. Excetuado somente se elas forem paralelas ou à linha *AB*, caso em que o termo composto pela quantidade *x* será nulo, ou à linha *CB*, caso em que o termo, o qual é composto pela quantidade *y*, será nulo, o que é muito evidente para que eu me detenha em explicá--lo. E quanto aos sinais + e −, os quais se juntam a esses termos, eles podem ser trocados de todas as maneiras imagináveis.[31]

A seguir, vedes também que, multiplicando várias dessas linhas entre si, cada uma das quantidades *x* e *y*, as quais se encon-

---

  $BS = (dk + dx)/z$ e $CS = (zy + dk + dx)/z$; e sendo $CS/CF = z/e$, então $CF = (ezy + dek + dex)/z^2$.

30 Para a quarta linha desconhecida, temos: $CH = (gzy + fgl - fgx)/z^2$. Com efeito, sendo $AG = l$; $BG = l - x$; e $BG/BT = z/f$, segue-se que $BT = (fl - fx)/z$ e também $CT = (zy + fl - fx)/z$; e sendo $CT/CH = z/g$, então $CH = (gzy + fgl - fgx)/z^2$.

31 Cada uma das retas é da forma $ax + by + c = 0$, onde *a*, *b* e *c* são quantidades reais positivas ou negativas, mas não nulas, a menos que haja relações de paralelismo.

tram no produto, não pode ter senão tantas dimensões quantas são as linhas assim multiplicadas,[32] para cuja explicação elas servem. De modo que elas nunca terão mais de duas dimensões naquilo que for produzido pela multiplicação de duas linhas, nem terão mais de três dimensões naquilo que for produzido pela multiplicação de três delas, e assim ao infinito.

Ademais, porque, para determinar o ponto C, não há senão uma única condição que seja requerida, a saber, que aquilo que é produzido pela multiplicação de certo número dessas linhas seja igual, ou (o que em nada é mais difícil) tenha a proporção dada para aquilo que é produzido pela multiplicação das outras linhas, pode-se tomar à discrição uma das duas quantidades desconhecidas, $x$ ou $y$, e procurar a outra por meio dessa equação, na qual é evidente que, quando a questão não é proposta para mais do que cinco linhas, a quantidade $x$, a qual não serve para a expressão da primeira quantidade, nunca poderá ter mais do que duas dimensões.[33] De modo // que, tomando uma quantidade conhecida por $y$, restará que

$$xx = +\text{ ou} - ax + \text{ou} - bb,\text{[34]}$$

e será possível, então, encontrar a quantidade $x$ com a régua e o compasso, da maneira já explicada. E mesmo, tomando sucessivamente ao infinito diversas grandezas para a linha $y$, serão encontradas infinitas grandezas para a linha $x$ e ter-se-á, assim, uma infinidade de diversos pontos, tais como aquele que é marcado C, por meio dos quais se descreverá a linha curva procurada.

Como se descobre que esse problema é plano, quando não é proposto para mais do que cinco linhas

---

32 Como foi dito anteriormente, o termo "dimensão" (de um monômio ou polinômio) é equivalente ao termo "grau" no sentido atual. Assim, a "dimensão" em $x$ é o grau relativo a essa variável.

33 A equação resultante é: $y^2 = (-dekz^2y + cfglzy - dez^2xy - cfgzxy + bcgzxy + bcfglx - bcfgx^2)/(ez^3 - cgz^2)$.

34 Fazendo $y = 1$, temos: $x^2 = [(bcfgl + bcgz - cfgz - dez^2)x + cfglz + cgz^2 - dekz^2 - ez^3]/bcfg$, que é uma equação da forma $x^2 = \pm ax \pm b^2$. Com efeito, $bcfgx^2 = (bcfgl + bcgz - cfgz - dez^2)x + (cfglz + cgz^2 - dekz^2 - ez^3)$.

Pode acontecer também que, sendo a questão proposta para seis ou para um número maior de linhas, se existirem entre as linhas dadas algumas que sejam paralelas a *BA* ou a *BC*, uma das duas quantidades, *x* ou *y*, não tenha senão duas dimensões na equação e, assim, seja possível encontrar o ponto *C* com a régua e o compasso. Mas, ao contrário, se todas elas forem paralelas, ainda que a questão seja proposta somente para cinco linhas, esse ponto *C* não poderá ser assim encontrado, porque, não sendo a quantidade *x* encontrada em parte alguma da equação, não será mais permitido tomar como uma quantidade conhecida aquela que se nomeia *y*, mas será justamente essa quantidade que deverá ser procurada. E, porque ela terá três dimensões, não será possível encontrá-la senão extraindo a raiz de uma equação cúbica, o que não pode geralmente ser feito sem que se empregue pelo menos uma seção cônica. E ainda que existam até nove linhas dadas, desde que todas elas não sejam paralelas, pode-se sempre fazer que a equação não supere // o quadrado do quadrado, pelo que também sempre é possível resolvê-la pelas seções cônicas, da maneira que explicarei adiante. E ainda que existam até treze delas, pode-se sempre fazer que a equação não supere o quadrado do cubo, de modo que é possível resolvê-la por meio de uma linha que não é senão de um grau mais composta do que as seções cônicas, da maneira que também explicarei adiante.[35] E essa é a primeira parte daquilo que eu tinha aqui para demonstrar, mas, antes de passar à segunda parte, é preciso que eu diga alguma coisa em geral sobre a natureza das linhas curvas.

---

35 No Segundo Livro II, de p.385 a p.390, é retomado o caso de dez, onze, doze e treze linhas e, no Terceiro Livro, de p.471 a p.474, é retomado o caso de catorze, quinze, dezesseis e dezessete linhas.

# // Segundo livro
## Da natureza das linhas curvas

Os antigos ressaltaram muito bem que, entre os problemas da geometria, alguns são planos, outros, sólidos e outros, lineares, isto é, que alguns podem ser construídos traçando-se somente linhas retas e círculos, ao passo que os demais não podem sê-lo sem que se empregue, pelo menos, alguma seção cônica ou, enfim, para os últimos, sem que se empregue alguma outra linha mais composta.[36] Mas espanto-me que eles não tenham distinguido, além disso, diversos graus entre essas linhas mais compostas, e não posso compreender por que as denominaram mecânicas em vez de geométricas. Pois, ao dizer que isso aconteceu em razão da necessidade de servir-se de alguma máquina para descrever essas linhas, seria necessário rejeitar, pela mesma razão, os círculos e as linhas retas, visto que estes não são descritos sobre o papel senão com um compasso e uma régua, os quais também podem ser chamados de máquinas. Isso tampouco se deve a que // os instrumentos que servem para traçá-las, sendo mais compostos do que a régua e o compasso, não possam ser tão precisos, pois

*Quais são as linhas curvas que podem ser admitidas na geometria*

---

36 Essa classificação dos problemas encontra-se nos Livros III e IV da *Coleção matemática* de Pappus (cf. Pappus, 1982, I, p.38-9; I, p.206-8; Commandino, 1588, p.4; p.61).

seria necessário, por essa razão, excluí-las das mecânicas, nas quais a justeza das obras feitas pela mão é mais desejada do que na geometria, na qual o que se procura é somente a justeza do raciocínio, que pode, sem dúvida, ser tão perfeita tanto para essas linhas quanto para as outras. Tampouco direi que foi porque eles não quiseram aumentar o número de seus postulados e que se contentaram com que se lhes concedesse a possibilidade de unir dois pontos dados por uma linha reta e descrever um círculo a partir de um centro dado que passasse por um ponto dado, pois não tiveram escrúpulo algum de supor, além disso, ao tratar das seções cônicas, que se pudesse cortar todo cone dado por um plano dado. E não é necessário supor nada mais, para traçar todas as linhas curvas que pretendo introduzir aqui, a não ser que duas ou mais linhas possam ser movidas pelas outras e que suas intersecções marquem outras linhas, o que em nada me parece ser mais difícil. É verdade que eles tampouco admitiram inteiramente, em sua geometria, as seções cônicas, e não pretendo mudar os nomes que foram consagrados pelo uso, mas me parece ser muito claro que, tomando, como se faz, por geométrico aquilo que é preciso e exato, e por mecânico aquilo que não o é, e considerando a geometria como uma ciência que ensina a conhecer geralmente as medidas de todos os corpos, não se devem excluir as linhas mais compostas nem as // mais simples, desde que se possa imaginá-las serem descritas por um movimento contínuo ou por muitos movimentos que se sucedem e dos quais os últimos sejam inteiramente regulados por aqueles que os precedem, pois, por esse meio, pode-se sempre ter um conhecimento exato de sua medida.[37] Mas talvez o que impediu os antigos geômetras

---

37 É também de inspiração grega a distinção entre curvas geométricas e mecânicas ("instrumentais"). Menções a ela podem ser encontradas em vários lugares na *Coleção* (cf. Pappus, 1982, L.I, p.38-9; p.187; p.194; p.197; p.845; L.II, p.860). Para Descartes, são geométricas (em oposição às mecânicas) todas as curvas engendradas por um movimento único ou por vários movimentos reconduzidos a um só. A

*A geometria*

de admitirem as linhas que eram mais compostas do que as seções cônicas foi que as primeiras linhas que consideraram, tendo sido por acaso a espiral, a quadratriz e outras linhas semelhantes, as quais não pertencem verdadeiramente senão às mecânicas e não estão entre aquelas que penso que se devem aqui admitir, porque se imagina descritas por dois movimentos independentes e sem qualquer relação mútua que se possa medir com exatidão, ainda que depois tenham examinado a concoide, a cissoide e outras poucas linhas que podem ser assim medidas, todavia, porque talvez não consideraram suficientemente suas propriedades, eles dedicaram-lhes tão pouca atenção quanto fizeram com as primeiras.[38] Ou então porque, vendo que ainda conheciam tão poucas coisas concernentes às seções cônicas e que lhes restavam mesmo muitas que ignoravam quanto ao que é possível fazer com a régua e o compasso, eles acreditaram que não deviam enfrentar uma matéria mais difícil. Mas, porque espero que doravante

---

aceitação de uma curva não se encontra subordinada à oposição entre simplicidade e complexidade. Assim, por mais complexa que seja uma curva, ela pode ser aceita, quando é precisa e exata, se engendrada por um movimento contínua e inteiramente determinado.

38 Segundo a perspectiva cartesiana, a concoide de Nicomedes e a cissoide de Díocles são geométricas, ao contrário da espiral de Arquimedes e da quadratriz de Hípias/Dinostrato, consideradas mecânicas. A espiral, por exemplo, é gerada por um ponto que se desloca sobre uma semirreta ao mesmo tempo que essa semirreta gira em torno da origem, ao passo que a quadratriz é traçada pelo encontro, em um quadrado *ABCD*, de um segmento *CD* que desce para *AB* simultaneamente ao giro do segmento *AB* ao redor do centro A. Elas são mecânicas por serem regradas pela composição de um movimento retilíneo e de um movimento circular, evocando, portanto, a irracionalidade de π. Pappus, no Livro IV da *Coleção*, tem longas considerações sobre a espiral (1982, I, p.17 ss.), a concoide (I, p.185ss.) e a quadratriz (I, p.191). Comentários e discussões sobre essas curvas se encontram nos textos dos historiadores da matemática grega, por exemplo, Heath, 1981), como também em estudos sobre a matemática cartesiana, por exemplo, Vuillemin, 1960, cap.I, notas finais 4, 5 e 6). Para essas e outras curvas, ver Bos, 2001.

aqueles que têm a aptidão de servir-se do cálculo geométrico aqui proposto não encontrarão motivo suficiente que os detenha concernente aos problemas planos ou sólidos, creio ser oportuno convidá-los a outras investigações, nas quais jamais lhes faltará oportunidade para se exercitar bem.[39]

// Vede as linhas $AB$, $AD$, $AF$ e semelhantes, que suponho terem sido descritas com a ajuda do instrumento $YZ$, o qual é composto de muitas réguas de tal modo unidas que, estando parada sobre a linha $AN$ aquela que é marcada $YZ$, pode-se abrir e fechar o ângulo $XYZ$ e que, quando este está totalmente fechado, todos os pontos $B$, $C$, $D$, $E$, $F$, $G$ e $H$ encontram-se reunidos no ponto $A$, mas que, à medida que ele é aberto, a régua $BC$, a qual está unida em ângulos retos com $XY$ no ponto $B$, empurra para $Z$ a régua $CD$, a qual desliza sobre $YZ$ fazendo sempre ângulos retos com ela, e $CD$ empurra $DE$, a qual desliza igualmente sobre $YX$ permanecendo paralela a $BC$, e $DE$ empurra $EF$, e $EF$ empurra $FG$, e esta última empurra $GH$, e é possível conceber uma infinidade

391

---

39 Segundo Molland (1976, p.35 ss.), a avaliação que Descartes faz da distinção grega entre curvas geométricas e mecânicas (instrumentais) contém certos equívocos: não seria acertado sugerir que os antigos tenham simplesmente excluído as curvas superiores às cônicas nem que as cônicas não tenham sido totalmente aceitas por eles nem tampouco que tenham estabelecido como legítimas apenas as construções com régua e compasso. Efetivamente, parece não ter havido critérios explícitos na geometria antiga (por exemplo, não os encontramos em Proclus (cf. Bos, 2001, p.25), sejam relacionados à restrição das construções ao uso da linha reta e do círculo, sejam relacionadas à demarcação do domínio de procedimentos geométricos considerados legítimos. Por outro lado, a classificação de Pappus dos problemas deixa clara a relação entre problemas e curvas: devendo eles ser resolvidos por meio delas, tanto as mais simples quanto as mais complexas, a questão central era como elas mesmas deveriam ser construídas (cf. Bos, 2001, p.38, 50, 52, 56). Ora, conclui Molland (1976, p.35), não havia ou havia poucas dúvidas sobre a aceitabilidade da espiral e da quadratriz (cf. também Bos, 2001, p.52; 56), de modo que tampouco poderiam os gregos, como diz Descartes, ter considerado instrumentais a concoide e a cissoide em decorrência da exclusão das primeiras.

*A geometria*

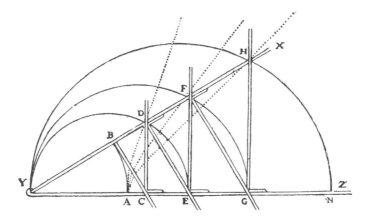

de outras réguas, as quais se empurram consecutivamente do mesmo modo e das quais algumas fazem sempre os mesmos ângulos com YX, e outras, com YZ. Ora, enquanto // se abre assim o ângulo XYZ, o ponto B descreve a linha AB, a qual é um círculo, e os outros pontos, D, F e H, onde se fazem as interseções das outras réguas, descrevem outras linhas curvas, AD, AF e AH, das quais as últimas são, ordenadamente, mais compostas do que a primeira e esta, mais composta do que o círculo. Mas não vejo o que pode impedir que se conceba tão clara e distintamente a descrição dessa primeira linha curva quanto a do círculo ou, pelo menos, quanto a descrição das seções cônicas, nem o que pode impedir que se concebam a segunda, a terceira e todas as outras linhas curvas que podem ser descritas tão bem quanto a primeira, nem, por conseguinte, o que pode impedir que todas sejam igualmente admitidas para servir às especulações da geometria.[40]

---

40 O *mesolabum*, ou compasso de esquadros deslizantes, permite inserir médias proporcionais entre duas grandezas. Quando o compasso se encontra fechado, todos os esquadros coincidem no ponto A; articulados a partir do ponto Y e do esquadro YBC (fixo perpendicularmente em B), eles deslizam entre as duas réguas YZ e YX e empurram os subsequentes. O percurso dos pontos B, D, F, H etc., por meio de um movimento único, determina o círculo AB e as curvas pontilhadas AD, AF, AH etc. Sendo semelhantes os triângulos BYC, CYD, DYE, EYF, FYG, GYH etc., seus lados são proporcionais, a saber, YB/YC = YC/YD

*Discurso do método & Ensaios*

A maneira de distinguir todas as linhas curvas em certos gêneros e de conhecer a relação que todos os seus pontos têm com os pontos das linhas retas

Eu poderia apresentar aqui muitos outros meios para traçar e conceber linhas curvas que seriam cada vez mais compostas por graus, ao infinito. Mas, para compreender conjuntamente todas as linhas curvas que existem na natureza e distingui-las ordenadamente em certos gêneros, não tenho conhecimento de nada melhor do que dizer que todos os pontos das linhas que podem ser chamadas geométricas, isto é, das que admitem alguma medida precisa e exata, têm necessariamente alguma relação com todos os pontos de uma linha reta, relação essa que pode ser expressa por alguma equação, a mesma para todos os pontos.[41] E que, quando essa equação não vai senão até o retângulo de duas quantidades indeterminadas, ou ainda, até o quadrado de uma

---

$= YD/YE = YE/YF = YF/YG = YG/YH = \ldots$. Fazendo $YA = YB = a$; $YC = x$ e $CD = y$, a equação da curva $AD$ é $x^4 = a^2 (x^2 + y^2)$. Por meio de procedimentos similares são determinadas as equações das curvas $AF$ e $AH$, respectivamente, $x^8 = a^2 (x^2 + y^2)^3$ e $x^{12} = a^2 (x^2 + y^2)^5$. As curvas crescem de dois em dois graus. Sobre o tema podem-se consultar, dentre outros autores, Scott, 1976, p.101-6; Shea, 1991, p.353 ss.; Jullien,1996, p.85-95; Bos, 2001, p.237-45.

41 Descartes institui aqui a correspondência entre construção geométrica e equação algébrica, de tal modo que a regularidade da construção, expressa pelo movimento contínuo que engendra a curva, equivale às relações expressas na equação correspondente. Uma curva geométrica estabelece uma mesma e indistinta relação entre cada um de seus pontos com os de uma reta de referência, que pode ser estabelecida (e revelada pela equação) a partir de qualquer um deles. No caso de uma curva mecânica, ao contrário, os pontos encontrados são determinados por alguma medida arbitrária, de natureza mais simples que a requerida pela natureza da curva, de modo que eles apenas coincidem com os pontos dessa curva, não sendo, portanto, propriamente pontos seus. Sobre isso, cf. o que Descartes dirá mais adiante (p.402-3): ao contrário dos pontos das mecânicas, os de uma curva geométrica são tais que "lhe são de tal modo apropriados que não possam ser encontrados senão por ela" (403). A equação é montada a partir dessa relação e, portanto, a condensa e é sua expressão. Este é um segundo elemento determinante, ao lado do uso das coordenadas, ao posterior desenvolvimento da geometria analítica.

*A geometria*

mesma quantidade, a linha curva é do primeiro e mais simples gênero, no qual estão compreendidos o círculo, a parábola, a hipérbole e a elipse. Mas ela será do segundo gênero quando a equação for elevada até // a terceira ou a quarta dimensão das duas ou de uma das duas quantidades indeterminadas, pois são necessárias duas para explicar aqui a relação entre um ponto e outro. E será do terceiro gênero quando a equação for elevada até a quinta ou a sexta dimensão, e assim para as demais, ao infinito.[42]

Por exemplo, se eu quiser saber de qual gênero é a linha *EC*, a qual imagino ser descrita pela intersecção da régua *GL* e do plano retilíneo *CNKL*, cujo lado *KN* é indefinidamente prolongado para *C* e o qual, sendo movido em linha reta a partir do plano inferior, 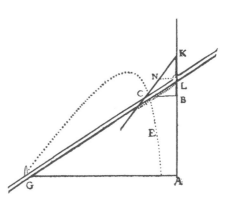 isto é, de tal modo que seu diâmetro *KL* encontre-se sempre aplicado sobre alguma parte da linha *BA* prolongada para ambos os lados, faz mover circularmente essa régua *GL* em torno do ponto *G*, porque ela lhe está de tal modo unida que ela passa sempre pelo ponto *L*. Escolhi uma linha reta, como *AB*, para relacionar a seus diversos pontos todos aqueles da linha curva *EC* e, nessa linha *AB*, escolhi um ponto, como *A*, para começar por ele esse cálculo. Digo que escolhi tanto um ponto quanto uma

---

42 A noção de gênero, introduzida nesse ponto do texto, dá origem a uma classificação ou ordenamento das curvas em razão de sua complexidade. Cada gênero engloba curvas de dimensões ou graus (sentido atual) sucessivos, tomadas dois a dois: do primeiro gênero são as de grau um e dois, do segundo gênero são as de grau três e quatro, do terceiro gênero são as de grau cinco e seis; e assim sucessivamente.

reta porque se tem a liberdade de tomá-los como se queira; há muitas escolhas que tornam a equação mais curta e mais fácil, todavia, de qualquer modo que sejam tomados, pode-se sempre fazer que a // linha pareça do mesmo gênero, tal como é fácil de demonstrar. Depois disso, tomando um ponto qualquer na curva, tal como $C$, sobre o qual suponho que se aplica o instrumento que serve para descrevê-la, eu traço, a partir desse ponto $C$, a linha $CB$ paralela a $GA$ e, porque $CB$ e $BA$ são duas quantidades indeterminadas e desconhecidas, chamo uma de $y$ e a outra de $x$. Mas, a fim de encontrar a relação entre uma e outra quantidade, considero também as quantidades conhecidas que determinam a descrição dessa linha curva, tais como $GA$, que nomeio $a$, $KL$, que nomeio $b$, e $NL$, paralela a $GA$, que nomeio $c$. Afirmo depois: assim como $NL$ está para $LK$, ou $c$ para $b$, assim também $CB$, ou $y$, está para $BK$, a qual é, por conseguinte, $(b/c)y$, e $BL$ é $(b/c)y - b$ e $AL$ é $x + (b/c)y - b$. Além disso, assim como $CB$ está para $LB$, ou $y$ está para $(b/c)y - b$, assim também $a$, ou $GA$, está para $LA$, ou $x + (b/c)y - b$. De modo que, multiplicando a segunda quantidade pela terceira, produz-se $(ab/c)y - ab$, a qual é igual a $xy + (b/c)yy - by$, a qual se produz multiplicando a primeira quantidade pela última, e, assim, a equação que se procurava é:

$$yy = cy - (c/b)xy + ay - ac,$$

da qual se conhece que a linha $EC$ é do primeiro gênero, como também, com efeito, que ela não é senão uma hipérbole.

E se, no instrumento que serve para descrevê-la, fizer-se que, em vez da linha reta $CNK$, seja essa hipérbole ou alguma outra linha curva do primeiro gênero que delimita o plano $CNKL$, então a intersecção dessa linha e da régua $GL$ descreverá, em vez da hipérbole $EC$, // outra linha curva, a qual será do segundo gênero. Por exemplo, se $CNK$ for um círculo com centro em $L$, será descrita a primeira concoide dos antigos e, se ela for uma parábola, cujo diâmetro seja $KB$, será descrita a linha curva que

*A geometria*

há pouco eu disse ser a primeira e a mais simples para a questão de Pappus, quando não houver senão cinco linhas retas dadas em posição. Mas se, em vez de uma dessas linhas curvas do primeiro gênero, for uma do segundo gênero que delimita o plano *CNKL*, será descrita, por seu meio, uma linha curva do terceiro gênero, ou, se for uma do terceiro, será descrita uma do quarto gênero, e assim ao infinito, como é muito fácil de conhecer pelo cálculo. E de

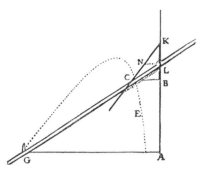

qualquer outra maneira que se imagine a descrição de uma linha curva, contanto que ela esteja dentre aquelas que chamo de geométricas, será sempre possível encontrar, dessa maneira, uma equação para determinar todos seus pontos.

Contudo, incluo as linhas curvas que elevam essa equação até o quadrado do quadrado no mesmo gênero daquelas que não a fazem elevar-se senão até o cubo, e incluo aquelas cuja equação eleva-se ao quadrado do cubo no mesmo gênero que aquelas cuja equação não se eleva senão até o supersólido, e assim para as outras. A razão disso é que existe uma regra geral para reduzir ao cubo // todas as dificuldades que vão até o quadrado do quadrado, e até o supersólido todas as dificuldades que vão até o quadrado do cubo, de modo que não se deve considerá-las como mais compostas.[43]

Mas deve-se notar que entre as linhas de cada gênero, embora a maioria seja igualmente composta, de modo que elas podem servir

---

[43] Já se sabia na época que a resolução de uma equação geral de quarto grau pode sempre ser reduzida a uma equação de grau três. A universalização dessa regra para graus superiores não é, contudo, estritamente verdadeira.

para determinar os mesmos pontos e construir os mesmos problemas, existem também algumas dentre elas que são mais simples e que não possuem tanta extensão em sua potência. Por exemplo, entre as linhas do primeiro gênero, além da elipse, da hipérbole e da parábola, as quais são igualmente compostas, o círculo, o qual é manifestamente mais simples, também está incluído. E entre aquelas do segundo gênero, existe a concoide comum, a qual tem sua origem no círculo, e existem ainda algumas outras que, embora não tenham tanta extensão como a maioria daquelas do mesmo gênero, não podem ser incluídas no primeiro gênero.

<small>Continuação da explicação da questão de Pappus apresentada no livro anterior</small>

Ora, após ter assim reduzido todas as linhas curvas a certos gêneros, é fácil prosseguir na demonstração da resposta que anteriormente dei à questão de Pappus. Pois, tendo inicialmente mostrado que, quando há somente três ou quatro linhas retas dadas, a equação que serve para determinar os pontos procurados não se eleva senão até o quadrado, é evidente que a linha curva onde se encontram esses pontos é necessariamente uma daquelas do primeiro gênero, porque essa mesma equação explica a relação que todos os pontos das linhas do primeiro gênero têm com os pontos de uma linha reta. E que, quando não há // mais do que oito linhas retas dadas, essa equação não se eleva, quando muito, senão até o quadrado do quadrado e, por conseguinte, a linha procurada não pode ser senão do segundo gênero ou de um gênero inferior. E que, quando não houver mais do que doze linhas dadas, a equação não se eleva senão até o quadrado do cubo e, por conseguinte, a linha procurada não é senão do terceiro gênero ou de um gênero inferior, e assim para as outras. E também, porque a posição das linhas retas dadas pode variar de todas as maneiras e, por conseguinte, fazer mudar, de todos os modos imagináveis, tanto as quantidades conhecidas quanto os sinais + e − da equação, é evidente que não existe linha curva alguma do primeiro gênero que não seja útil para essa questão quando ela é proposta para quatro linhas retas, nem linha alguma do segundo gênero

*A geometria*

que não seja útil quando a questão é proposta para oito linhas, nem linha alguma do terceiro quando ela é proposta para doze, e assim para as outras. De modo que não existe uma linha curva que possa ser calculada e admitida na geometria, e que não seja útil para qualquer número de linhas.[44]

Mas é preciso que eu determine e forneça aqui, mais particularmente, a maneira de encontrar a linha procurada que serve para cada caso quando houver somente três ou quatro linhas retas dadas, e ver-se-á, pelo mesmo meio, que o primeiro gênero de linhas curvas contém somente as três seções cônicas e o círculo.

Solução dessa questão, quando ela não é proposta senão para três ou quatro linhas

Retomemos as quatro linhas *AB*, *AD*, *EF* e *GH* dadas anteriormente, e seja requerido encontrar outra linha, na qual se encontra uma infinidade de pontos tais como *C*, a partir do qual, tendo traçado as quatro linhas *CB*, *CD*, *CF //* e *CH* em ângulos dados com as retas dadas, *CB*, multiplicada por *CF*, produz uma soma igual a *CD* multiplicada por *CH*, isto é, tendo feito:

$$CB = y, \quad CD = (czy + bcx)/zz,$$

$$CF = (ezy + dek + dex)/zz \text{ e } CH = (gzy + fgl - fgx)/zz,$$

a equação é

$$yy = \frac{\left.\begin{matrix}-dekzz\\+cfglz\end{matrix}\right\}y \quad \left.\begin{matrix}-dezzx\\-cfgzx\\+bcgzx\end{matrix}\right\}y \quad \left.\begin{matrix}+bcfglx\\-bcfgxx\end{matrix}\right\}}{ezzz - cgzz},$$

supondo-se, ao menos, *ez* maior do que *cg*, pois, se fosse menor, seria preciso mudar todos os sinais + e −. E se, nessa equação, a

---

44 Essa tese de que toda curva geométrica é um lugar-solução de determinada configuração do problema de Pappus tampouco é correta. Análises dessa questão se encontram em Bos, 1981, Apêndice; Rashed, 2005.

*Discurso do método & Ensaios*

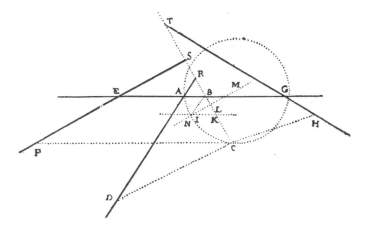

quantidade *y* fosse nula, ou menor do que zero, quando se supôs o ponto *C* no ângulo *DAG*, então seria necessário supô-lo também no ângulo *DAE*, ou *EAR* ou *RAG*, // mudando os sinais + e −, segundo o que fosse requerido para esse efeito. E se, em todas essas quatro posições, o valor de *y* fosse nulo, a questão seria impossível para o caso proposto. Mas suponhamos aqui que ela seja possível e, para abreviar os termos, em vez das quantidades $(cfglz - dekzz)/(ez^3 - cgzz)$, escrevamos $2m$, e, em vez de $(dezz + cfgz - bcgz)/(ez^3 - cgzz)$, escrevamos $2n/z$, e assim teremos

$$yy = 2my - (2n/z)xy + (bcfglx - bcfgxx)/(ez^3 - cgzz),$$

cuja raiz é

$$y = m - nx/z + \sqrt{mm - 2mnx/z + nnxx/zz + (bcfglx - bcfgxx)/(ez^3 - cgzz)};$$

e, novamente, para abreviar,

em vez de $-2mn/z + bcfgl/(ez^3 - cgzz)$, escrevamos $o$,

e em vez de $nn/zz - bcfg/(ez^3 - cgzz)$, escrevamos $-p/m$.

Pois, sendo dadas todas essas quantidades, podemos nomeá-las como nos agradar, e assim temos

$$y = m - (n/z)x + \sqrt{mm + ox - (p/m)xx},$$

*A geometria*

a qual deve ser o comprimento da linha *BC*, deixando *AB*, ou *x*, indeterminada. E é evidente que, sendo a questão proposta somente para três ou quatro linhas, podem-se sempre obter tais termos, exceto que alguns deles podem ser nulos e os sinais + e − podem ser diversamente mudados.

400  // Depois disso, faço *KI* igual e paralela a *BA*, de modo que ela corte de *BC* a parte *BK* igual a *m*, porque existe aqui +*m*, e eu a teria adicionado traçando essa linha *IK* do outro lado, se houvesse −*m*, e de modo algum eu a teria traçado, se a quantidade *m* fosse nula. A seguir, traço também *IL* de modo que a linha

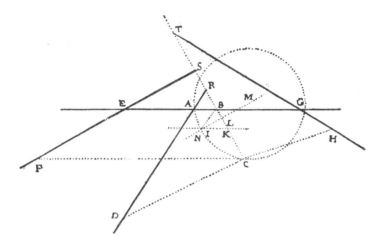

*IK* esteja para *KL* assim como $z$ está para *n*, ou seja, *IK* sendo *x*, *KL* é $(n/z)x$. E da mesma maneira conheço também a proporção que existe entre *KL* e *IL*, a qual ponho como sendo a que existe entre *n* e *a*, de modo que, *KL* sendo $(n/z)x$, *IL* é $(a/z)x$. E faço que o ponto *K* esteja entre *L* e *C*, porque existe aqui − $(n/z)x$, ao passo que eu teria posto *L* entre *K* e *C*, se existisse + $(n/z)x$, e de modo algum teria traçado essa linha *IL*, se $(n/z)x$ fosse nula.

Ora, feito isso, não me restam, para a linha *LC*, mais do que estes termos:

$$LC = \sqrt{mm + ox - (p/m)xx},$$

a partir dos quais vejo que, se fossem nulos, esse ponto *C* seria encontrado // na linha reta *IL* e que, se fossem tais que se pudesse extrair-lhes a raiz, isto é, se *mm* e *(p/m)xx* fossem marcados por um mesmo sinal, + ou −, *oo* seria igual a 4*pm*, ou ainda, se os termos *mm* e *ox*, ou *ox* e *(p/m)xx*, fossem nulos, esse ponto *C* seria encontrado em outra linha reta que não seria mais difícil de encontrar do que *IL*. Mas, quando isso não acontece, esse ponto *C* está sempre em uma das três seções cônicas ou em um círculo, do qual um dos diâmetros está na linha *IL* e a linha *LC* é uma daquelas linhas que se aplicam ordenadamente a esse diâmetro ou, ao contrário, *LC* é paralela ao diâmetro ao qual aquela que está na linha *IL* é ordenadamente aplicada. A saber, se o termo *(p/m)xx* é nulo, essa seção cônica é uma parábola, e se ele é marcado pelo sinal +, é uma hipérbole, e, enfim, se ele é marcado pelo sinal −, é uma elipse. Excetuado somente se a quantidade *aam* for igual a *pzz* e se o ângulo *ILC* for reto, caso em que se tem um círculo em vez de uma elipse.[45] E se essa seção é uma parábola, seu lado reto é igual a *oz/a* e seu diâmetro está sempre na linha *IL*, e para encontrar o ponto *N*, que é o seu vértice, deve-se fazer *IN* igual a *amm/oz*, e que o ponto *I* esteja entre *L* e *N*, se os termos são

---

45 A partir da figura, $BC (= y) = BK + LC$, e
$y = m - nx/z + \sqrt{m^2 + ox - pz^2/m}$, sendo $\sqrt{m^2 + ox - px^2/m} = LC$. Conforme sintetiza Scott (1976, p.108), assumindo valores positivos para as expressões, temos como resultado:
(1) se $m^2 + ox - px^2/m = 0$ ($LC = 0$), *C* se encontra na reta *IL*, e $y = m - nx/z$;
(2) se houver $+px^2/m$ e $o^2 = 4pm$, *C* está em outra linha reta; o mesmo ocorre se $m^2$ e *ox* ou *ox* e $px^2/m$ forem nulos;
(3) se $px^2/m = 0$ e, portanto, $LC = \sqrt{m^2 + ox}$, *C* representa uma *parábola*;
(4) se tivermos $+px^2/m$, *C* representa uma *hipérbole*; e, sendo $a^2m = pz^2$, a hipérbole é *equilátera*;
(5) se tivermos $-px^2/m$, *C* representa uma *elipse*; e se $a^2m = pz^2$ e o ângulo *ILC* for reto, *C* representa um *círculo*.

*A geometria*

+*mm* + *ox*, ou ainda deve-se fazer que o ponto *L* esteja entre *I* e *N*, se eles são +*mm* – *ox*, ou ainda seria necessário que *N* estivesse entre *I* e *L*, se houvesse –*mm* + *ox*, mas jamais pode acontecer –*mm*, // na maneira como os termos foram aqui introduzidos. E, enfim, o ponto *N* seria o mesmo que o ponto *I*, se a quantidade *mm* fosse nula. Por meio do que é fácil encontrar essa parábola pelo primeiro problema do primeiro livro de Apolônio.[46]

E se a linha requerida é um círculo, ou uma elipse, ou uma hipérbole, deve-se, primeiramente, procurar o ponto *M* que é seu

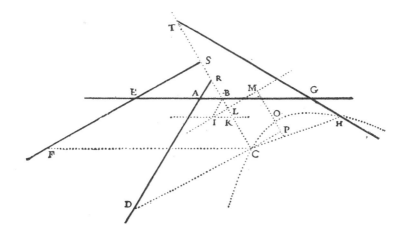

centro e que está sempre na linha reta *IL*, onde ele é encontrado tomando-se *aom*/2*pz* por *IM*, de modo que, se a quantidade *o* é nula, esse centro está exatamente no ponto *I*. E se a linha pro-

---

46 Trata-se da Proposição 52 do Livro I das *Cônicas* de Apolônio (1952, p.668-9), que diz respeito à construção de uma parábola em um plano, sendo dados o *latus rectum* (isto é, a corda que passa pelo foco e é perpendicular ao eixo), o vértice, o diâmetro e os ângulos formados pelas ordenadas com o diâmetro. A seguir, Descartes faz referência às Prop. 55 e 56 do mesmo livro (1952, p.673-7): a primeira proposição (juntamente com a Prop. 54) refere-se, de forma análoga à da parábola, à hipérbole, e a segunda (juntamente com a Prop. 57) refere-se à elipse.

curada é um círculo ou uma elipse, deve-se tomar o ponto *M* do mesmo lado que o ponto *L* em relação ao ponto *I*, quando se tem +*ox*, e quando se tem −*ox*, deve-se tomá-lo do outro lado. Mas, totalmente ao contrário na hipérbole, quando se tem −*ox*, esse centro *M* deve estar no mesmo lado que *L*, e, quando se tem +*ox*, ele deve estar do outro lado. Após isso, o // lado reto da figura deve ser $\sqrt{oozz/aa + 4mpzz/aa}$, quando se tem +*mm* e a linha procurada é um círculo ou uma elipse, ou também quando se tem −*mm* e a linha procurada é uma hipérbole. E ele deve ser $\sqrt{oozz/aa - 4mpzz/aa}$, quando, sendo a linha procurada um círculo ou uma elipse, tem-se −*mm*, ou ainda quando, sendo uma hipérbole e a quantidade *oo* maior do que 4*mp*, tem-se +*mm*. E se a quantidade *mm* é nula, esse lado reto é *oz/a*, e se *ox* é nula, ele é $\sqrt{4mpzz/aa}$. A seguir, quanto ao lado transverso, deve-se encontrar uma linha que esteja para esse lado reto assim como *aam* está para *pzz*, a saber, se esse lado reto é $\sqrt{oozz/aa + 4mpzz/aa}$, o transverso é $\sqrt{aaoomm/ppzz + 4aam^3/ppz}$, e, em todos esses casos, o diâmetro da seção está na linha *IM*, e a linha *LC* é uma daquelas que lhe são aplicadas ordenadamente. De modo que, fazendo *MN* igual à metade do lado transverso e tomando este do mesmo lado do ponto *M* em que está o ponto *L*, tem-se o ponto *N* como o vértice desse diâmetro. Do que se segue que é fácil encontrar a seção pelo segundo e terceiro problemas do primeiro livro de Apolônio.

Mas quando, sendo essa seção uma hipérbole, tem-se +*mm* e quando a quantidade *oo* é nula ou menor do que 4*pm*, deve-se traçar, a partir do centro *M*, a linha *MOP* paralela a *LC* e a linha *CP* paralela a *LM*, fazendo *MO* igual a $\sqrt{mm - oom/4p}$, ou mesmo fazê-la igual a *m*, se a quantidade *ox* é nula; a seguir, deve-se considerar o ponto *O* como o vértice dessa hipérbole, cujo diâmetro é *OP*, e *CP* a linha que lhe é ordenadamente aplicada, // e seu lado reto é $\sqrt{4a^4m^4/ppz^4 - a^4oom^3/p^3z^4}$ e seu lado transverso é $\sqrt{4mm - oom/p}$. Exceto quando *ox* é nulo, pois nesse caso o lado reto é *2aamm/pzz* e o transverso é *2m*. E, assim, é fácil encontrar essa seção pelo terceiro problema do primeiro livro de Apolônio.[47]

E as demonstrações de tudo isso são evidentes. Pois, compondo um espaço a partir das quantidades que eu atribuí para os lados reto e transverso e para o segmento do diâmetro, *NL*

Demonstração de tudo o que acaba de ser explicado

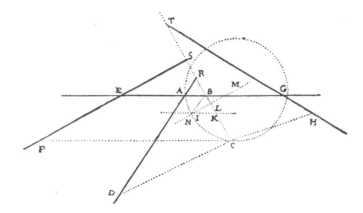

ou *OP*, com base nos teoremas 11, 12 e 13 do primeiro livro de Apolônio,[48] serão encontrados todos os mesmos termos dos quais é composto o quadrado da linha, *CP*, ou *CL*, a qual é ordenadamente aplicada a esse diâmetro. Como, neste exemplo, subtraindo *IM*, que é $aom/2pz$, de *NM*, que é $(am/2pz)\sqrt{oo+4mp}$, eu obtenho *IN*, à qual, adicionando *IL*, que é $(a/z)x$, obtenho *NL*, que é $(a/z)x - aom/2pz + (am/2pz)\sqrt{oo+4mp}$, e sendo isso multiplicado por $(z/a)\sqrt{oo+4mp}$, que é o lado reto da figura, resulta

$$x\sqrt{oo+4mp} - (om/2p)\sqrt{oo+4mp} + moo/2p + 2mm$$

---

47 Como resultado, Descartes está em condições de afirmar que toda equação do tipo $y^2 = ax^2 + bx + c$ representa uma cônica.

48 Esses três teoremas do Livro I das *Cônicas* (1952, p.615-20) descrevem as três cônicas, nomeando-as tal como as conhecemos. Mais adiante, na p.407, Descartes volta a fazer referência à Proposição 13, relativa à elipse.

// para o retângulo, do qual se deve subtrair um espaço que esteja para o quadrado de *NL* assim como o lado reto está para o lado transverso, e esse quadrado de *NL* é

$$(aa/zz)xx - (aaom/pzz)x + (aam/pzz)x\sqrt{oo + 4mp} + aaoomm/2ppzz + aam^3/pzz - (aaomm/2ppzz)\sqrt{oo + 4mp},$$

o qual se deve dividir por *aam* e multiplicar por *pzz*, porque esses termos explicam a proporção existente entre o lado transverso e o lado reto, e resulta

$$(p/m)xx - ox + x\sqrt{oo + 4mp} + oom/2p - (om/2p)\sqrt{oo + 4mp} + mm,$$

o qual se deve subtrair do retângulo precedente, obtendo-se $mm + ox - (p/m)xx$ para o quadrado de *CL*, o qual, por conseguinte, é uma linha aplicada ordenadamente, em uma elipse ou em um círculo, ao segmento do diâmetro *NL*.

E quando se quiser explicar todas as quantidades dadas por números, faça-se, por exemplo:

$$EA = 3, AG = 5, AB = BR, BS = (1/2)BE,$$

$$GB = BT, CD = (3/2)CR, CF = 2CS, CH = (2/3)CT,$$

e que o ângulo *ABR* seja de 60 graus e que, enfim, o retângulo das duas, *CB* e *CF*, seja igual ao retângulo das duas outras, *CD* e *CH*, pois é preciso ter todas essas coisas a fim de que a questão seja inteiramente determinada. E com isso, supondo $AB = x$ e $CB = y$, encontra-se, pela maneira já explicada,

$$yy = 2y - xy + 5x - xx \text{ e } y = 1 - (1/2)x + \sqrt{1 + 4x - (3/4)xx}.$$

De modo que *BK* deve ser 1 e *KL* deve ser a metade de *KI*, e porque o ângulo *IKL* ou *ABR* é de // 60 graus e *KIL*, que é a metade de *KIB* ou *IKL*, é de 30 graus, o ângulo *ILK* é reto. E porque

*A geometria*

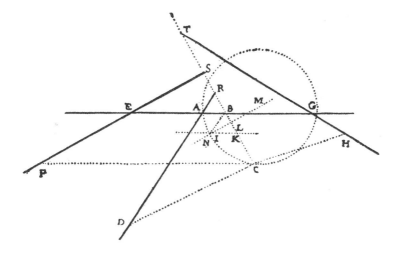

IK ou AB é nomeada x, KL é (1/2)x e IL é x√3/4, e a quantidade anteriormente nomeada z é 1, aquela nomeada a é √3/4, aquela nomeada m é 1, aquela nomeada o é 4 e aquela nomeada p é 3/4. De modo que se tem √16/3 para IM e √19/3 para NM, e porque *aam*, que é 3/4, é aqui igual a *pzz* e o ângulo ILC é reto, descobre-se que a linha curva NC é um círculo. E é possível examinar facilmente todos os outros casos da mesma maneira.

Contudo, porque todas as equações que não se elevam senão até o quadrado estão compreendidas no que acabo de explicar, não somente o problema dos antigos com três e quatro linhas é aqui inteiramente resolvido, mas também tudo o que pertence ao que eles denominavam de composição dos lugares sólidos e, por conseguinte, também a composição dos lugares planos, porque estes estão compreendidos nos sólidos.[49] Pois esses lugares não são outra // coisa senão que, quando a questão é a de encontrar

<small>Quais são os lugares planos e sólidos, e a maneira de encontrá-los</small>

---

49 Os lugares planos (retas e círculos) podem ser considerados casos particulares dos sólidos, como se pode ver na nota 45, na qual são discriminados os resultados para $y = m - nx/z + \sqrt{m^2 + ox - px^2/m}$. Lugares planos e sólidos cobrem integralmente o conjunto de curvas cuja equação tem grau igual ou inferior a dois (curvas do primeiro gênero). Por outro lado, se o círculo tem uma equação em *x* e *y* muito

algum ponto ao qual falta uma condição para ser inteiramente determinado, tal como acontece neste exemplo, todos os pontos de uma mesma linha podem ser tomados como aquele que é procurado. E se essa linha é reta ou circular, ela é nomeada um lugar plano. Mas, se ela é uma parábola ou uma hipérbole ou uma elipse, ela é nomeada um lugar sólido. E, em todas as vezes que isso acontecer, pode-se chegar a uma equação que contém duas quantidades desconhecidas e é semelhante a alguma das equações que acabo de resolver. E se a linha, a qual determina assim o ponto procurado, é de um grau mais composta do que as seções cônicas, pode-se nomeá-la, do mesmo modo, um lugar supersólido, e assim por diante. E se faltam duas condições para a determinação desse ponto, o lugar onde ele se encontra é uma superfície, a qual pode ser, por sua vez, ou plana ou esférica ou mais composta. Mas o objetivo mais alto que tiveram os antigos nessa matéria foi o de chegar à composição dos lugares sólidos e parece-me que tudo o que Apolônio escreveu sobre as seções cônicas não foi senão com o propósito de procurá-la.

Além disso, vê-se aqui que aquilo que tomei como o primeiro gênero das linhas curvas não pode compreender outras linhas além do círculo, da parábola, da hipérbole e da elipse; e isso é tudo o que eu me propusera provar.

Qual é a primeira e mais simples dentre todas as linhas curvas que servem para a questão dos antigos, quando esta é proposta para cinco linhas

E se a questão dos antigos for proposta para cinco linhas que são todas paralelas, é evidente que o ponto procurado estará sempre em uma linha reta. // Mas, se a questão for proposta para cinco linhas das quais existem quatro que sejam paralelas e cortadas em ângulos retos pela quinta linha, e mesmo que todas as linhas traçadas a partir do ponto procurado encontrem-nas também em ângulos retos e, enfim, que o paralelepípedo composto de três das linhas assim traçadas sobre três das linhas

---

semelhante à das cônicas, o caso da reta é diferente, mas Descartes não faz nenhum comentário a respeito.

que são paralelas seja igual ao paralelepípedo composto de duas linhas traçadas, uma sobre a quarta das linhas que são paralelas e a outra sobre aquela linha que as corta em ângulos retos, e de uma terceira linha dada, o que é, parece-me, o caso mais simples que se possa imaginar depois do precedente, então o ponto procurado estará na linha curva que é descrita pelo movimento de uma parábola da maneira antes explicada.[50]

Sejam dadas, por exemplo, as linhas *AB*, *IH*, *ED*, *GF* e *GA*, e seja requerido encontrar o ponto *C* de modo que, traçando *CB*, *CF*, *CD*, *CH* e *CM* em ângulos retos sobre as linhas dadas, o paralelepípedo das três, *CF*, *CD* e *CH*, seja igual àquele das outras duas, *CB* e *CM*, e de uma terceira que seja *AI*. Eu ponho

$$CB = y, CM = x, AI \text{ ou } AE \text{ ou } GE = a,$$

de modo que, estando o ponto *C* entre as linhas *AB* e *DE*, tenho

$$CF = 2a - y, CD = a - y \text{ e } CH = y + a,$$

e multiplicando essas três entre si, tenho $y^3 - 2ayy - aay + 2a^3$, igual ao produto das outras três, que é *axy*. A seguir, considero a linha curva *CEG*, que imagino ser descrita pela intersecção entre a parábola *CKN*, a qual se faz mover de tal modo que seu diâmetro *KL* esteja sempre sobre a linha reta *AB*, e a régua *GL*, a qual gira, entrementes, em torno do ponto *G* de tal modo que ela sempre passe, no plano dessa parábola, pelo ponto *L*. E faço *KL* = *a*, e o lado reto principal, isto é, aquele que se relaciona com o eixo dessa parábola, também faço igual a *a*, e faço *GA* = 2*a*, *CB* ou *MA* = *y* e *CM*

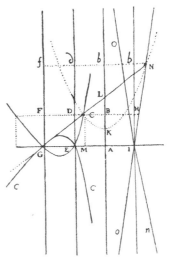

---

50 Cf. Primeiro Livro, p.374-5.

ou $AB = x$. Então, por causa dos triângulos semelhantes $GMC$ e $CBL$, $GM$, que é $2a - y$, está para $MC$, que é $x$, assim como $CB$, que é $y$, está para $BL$, que é, por conseguinte, $xy/(2a-y)$. E, porque $LK$ é $a$, $BK$ é $a - xy/(2a-y)$, ou ainda $(2aa - ay - xy)/(2a-y)$. E, enfim, porque esse mesmo $BK$, sendo um segmento do diâmetro da parábola, está para $BC$, que lhe é ordenadamente aplicado, assim como este último está para o lado reto, que é $a$, o cálculo mostra que

$$y^3 - 2ayy - aay + 2a^3 \text{ é igual a } axy,$$

e, por conseguinte, que o ponto $C$ é o ponto procurado. E ele pode ser tomado em qualquer parte que se desejar da linha $CEG$, ou também em sua // adjunta $cEGc$, a qual se descreve da mesma maneira, exceto que o vértice da parábola está voltado para o outro lado, ou enfim, em suas contrapostas $NIo$ e $nIO$, as quais são descritas pela intersecção que a linha $GL$ faz com o outro lado da parábola $KN$.

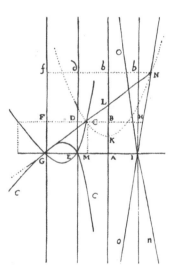

Ora, ainda que as paralelas dadas $AB$, $IH$, $ED$ e $GF$ não estivessem igualmente distantes e $GA$ não as cortasse em ângulos retos, nem cortasse as linhas traçadas para elas a partir do ponto $C$, esse ponto $C$ não deixaria de encontrar-se sempre em uma linha curva que seria dessa mesma natureza. E pode-se também, algumas vezes, encontrá-lo, mesmo que nenhuma das linhas dadas seja paralela. Mas se, quando existem assim quatro linhas paralelas e uma quinta que as intercepta, e que o paralelepípedo de três das linhas traçadas a partir do ponto procurado, uma sobre essa quinta e as duas outras sobre duas daquelas que são paralelas, seja igual ao paralelepípedo das duas traçadas sobre as outras duas paralelas e de alguma outra linha dada, então esse ponto procurado está em uma linha curva de outra natureza, a saber, em uma linha curva tal que, sendo todas as linhas retas ordenadamente aplicadas // sobre seu diâmetro iguais às linhas de uma seção cônica, então os segmentos desse diâmetro, os quais estão entre o vértice e essas linhas, têm a mesma proporção para alguma linha dada que a proporção que essa linha dada tem com os segmentos do diâmetro da seção cônica, aos quais as linhas paralelas são ordenadamente aplicadas. E eu não poderia verdadeiramente dizer que essa linha seja menos simples do que a linha precedente, a qual, todavia, acreditei que se deve tomar como sendo a primeira, porque sua descrição e seu cálculo são, de algum modo, mais fáceis.

Quanto às linhas que servem para os outros casos, não me deterei em distingui-las por espécies, pois não me proponho a dizer tudo e, tendo explicado a maneira de encontrar uma infinidade de pontos por onde elas passam, penso ter dado suficientemente o meio de descrevê-las.

Convém igualmente considerar que existe uma grande diferença entre essa maneira de encontrar muitos pontos para traçar uma linha curva e a maneira da qual nos servimos para traçar a espiral e suas semelhantes, pois, para esta última, não se encontram indiferentemente todos os pontos da linha que se procura, mas somente aqueles que podem ser determinados por alguma medida mais simples do que aquela que é requerida para compô-la, e assim, propriamente falando, não se encontra um de seus pontos, isto é, um daqueles que lhe são de tal modo apropriados que não possam ser encontrados senão por ela. Ao passo que não existe ponto algum, nas linhas que servem para a questão proposta, que não se possa encontrar entre os pontos que são determinados pela // maneira que acabo de explicar. E porque essa maneira de encontrar uma linha curva, encontrando indiferentemente muitos de seus pontos, não se estende senão

*Quais são as linhas curvas que se descrevem passando por vários de seus pontos e que podem ser admitidas na geometria*

*Discurso do método & Ensaios*

Quais são também as linhas curvas, descritas com uma corda, que podem ser admitidas na geometria

às linhas que também podem ser descritas por um movimento regular e contínuo, ela não deve ser inteiramente rejeitada da geometria.[51]

E tampouco se deve rejeitar a maneira que se serve de um fio, ou de uma corda dobrada, para determinar a igualdade ou a diferença entre duas ou mais linhas retas que podem ser traçadas a partir de cada ponto da curva que se procura até certos outros pontos, ou traçadas sobre certas outras linhas, em certos ângulos, tal como fizemos em *A dióptrica* para explicar a elipse e a hipérbole.[52] Pois, embora não se possam admitir quaisquer linhas que se assemelhem às cordas, isto é, que se tornem ora retas ora curvas, porque, não sendo conhecida a proporção que existe entre as retas e as curvas, e mesmo, creio, não o podendo ser pelos homens, daí nada poderia ser concluído que fosse exato e seguro; todavia, porque, nessas construções, não nos servimos de cordas senão para determinar linhas retas das quais se conhece perfeitamente o comprimento, isso não deve fazer que sejam rejeitadas.[53]

---

51 Descartes acaba de identificar as curvas geométricas que são descritas pela composição de movimentos regulares e contínuos, e as curvas para as quais o traçado ponto por ponto é possível; para estas últimas curvas é possível construir tantos pontos quanto se quiser ou qualquer um que se quiser (um ponto genérico), contrariamente às mecânicas, que permitem apenas a determinação de pontos particulares. As curvas geométricas correspondem a equações algébricas (polinomiais); e, assim, Descartes dispõe de três caracterizações equivalentes para o mesmo conjunto de curvas, cuja prova foi elaborada apenas dois séculos e meio mais tarde.

52 Cf. *A dióptrica*, para o procedimento de construção da elipse (p.191-3), e da hipérbole (p.199-201). Ver as notas 37 e 40 de *A dióptrica*.

53 Novo critério aceito, mas limitado a certos casos, como no exemplo da construção da elipse pelo jardineiro. O sucesso da retificação de curvas, conquistado ainda no século XVII, desmentirá o pessimismo cartesiano relativo à impossibilidade cognitiva dessa proporção entre reta e curva.

## A geometria

Ora, a partir apenas de que se sabe a relação que todos os pontos de uma linha curva têm com todos os pontos de uma linha reta, da maneira como expliquei, é fácil encontrar também a relação que eles têm com todos os outros pontos e linhas dadas e, em seguida, conhecer os diâmetros, os eixos, os centros e outras linhas // ou pontos com os quais cada linha curva terá alguma relação mais particular, ou mais simples, do que com outros, e, assim, imaginar diversos meios para descrevê-las e escolher, dentre eles, os mais fáceis. Do mesmo modo, é possível também, unicamente por isso, encontrar quase tudo aquilo que pode ser determinado no tocante à magnitude do espaço que elas compreendem, sem que seja necessário que eu me estenda mais. E, enfim, quanto a todas as outras propriedades que é possível atribuir às linhas curvas, elas dependem somente da magnitude dos ângulos que essas linhas fazem com algumas outras linhas. Mas, quando é possível traçar linhas retas que as cortam em ângulos retos, nos pontos onde elas são encontradas por aquelas com as quais elas fazem os ângulos que se quer medir ou, o que eu tomo aqui como sendo o mesmo, com aquelas que cortam suas tangentes, a magnitude desses ângulos não é mais difícil de encontrar do que se eles estivessem compreendidos entre duas linhas retas. Eis por que creio ter posto aqui tudo o que é requerido para os elementos das linhas curvas, quando tiver fornecido a maneira geral de traçar linhas retas que caem em ângulos retos sobre qualquer de seus pontos que se tenha escolhido. E ouso dizer que esse é o problema mais útil e mais geral, não somente do qual tenho conhecimento, mas também aquele que sempre desejei conhecer na geometria.[54]

*Que, para encontrar todas as propriedades das linhas curvas, é suficiente conhecer a relação que todos seus pontos têm com os pontos das linhas retas. E a maneira de traçar outras linhas que as cortam, em ângulos retos, em todos esses pontos*

---

54 Essa é uma das passagens mais polêmicas entre os intérpretes, quando se trata de determinar os objetivos e a leitura mais adequada da obra. O estudo das curvas, aqui apresentado, é exclusivamente algébrico e permite que se conheçam os elementos característicos de uma curva por meio de um procedimento geral de construção da normal de um

*Discurso do método & Ensaios*

<small>Maneira geral de encontrar as linhas retas que cortam as curvas dadas, ou suas tangentes, em ângulos retos</small>

Seja *CE* a linha curva e que se deva traçar uma linha reta pelo ponto *C* que faça ângulos retos com *CE*. Suponho a coisa já feita e que a linha procurada é *CP*, a qual prolongo até // o ponto *P*, onde ela encontra a linha reta *GA*, a qual suponho ser a linha cujos pontos relacionam-se com todos os pontos da linha *CE*, de modo que, fazendo *MA* ou *CB* = *y* e *CM* ou *BA* = *x*, tenho

alguma equação que explica a relação que existe entre *x* e *y*. A seguir, faço *PC* = *s* e *PA* = *v*, ou *PM* = *v* − *y*, e, por causa do triângulo retângulo *PMC*, tenho *ss*, o qual é o quadrado da base, igual a *xx* + *vv* − 2*vy* + *yy*, os quais são os quadrados dos dois lados,[55] isto é, tenho

$$x = \sqrt{ss - vv + 2vy - yy}, \text{ ou ainda, } y = v + \sqrt{ss - xx},$$

---

ponto (a linha perpendicular à tangente desse ponto). Ele por vezes é avaliado como uma digressão ou afastamento circunstancial do projeto essencialmente construtivista de *A geometria*, mas também, dentro de outra perspectiva, como o resultado mais significativo da obra na medida em que a expressão algébrica é considerada o critério central para o conhecimento de uma curva. Como tal, essa passagem e a investigação relativa ao "método das normais" acabam por assumir um lugar central na compreensão da obra em sua totalidade. Essas duas leituras podem ser sintetizadas ao redor do debate atual entre Bos (1990; 2001) e Giusti (1990; 2000). Para Bos, o objetivo principal de *A geometria* é propor um método geral para a resolução dos problemas geométricos, e não o de estabelecer uma técnica para o estudo das curvas, ao passo que, para Giusti, a relação *curva-equação* ocupa a posição central da obra e determina os problemas a serem tratados, métodos, escolhas e também o que deve ser excluído (cf. Bos, 1990, p.352-3; 2001, p.226-9; Giusti, 1990, 436; 2000, p.42-4). Uma síntese desse debate, com o acréscimo de uma contribuição do autor, encontra-se em Jullien, 1996, p.56-67. Uma interpretação alternativa, referida mais adiante, é a de Maronne, 2007, p.239-41).

55 Descartes fornece aqui a equação da circunferência de centro *P* e raio *s*, a saber, $s^2 = (v - y)^2 + x^2$.

e, por meio dessa equação, eu retiro, da outra equação que me explica a relação que todos os pontos da curva *CE* têm com os pontos da reta *GA*, uma das duas quantidades indeterminadas, *x* ou *y*, o que é fácil de fazer, substituindo toda vez $\sqrt{ss - vv + 2vy - yy}$ no lugar de *x*, e o quadrado dessa soma no lugar de *xx*,[56] e seu cubo no lugar de $x^3$, e assim para as outras, se for *x* que quero eliminar, ou ainda, se for *y*, substituindo em seu lugar $v + \sqrt{ss - xx}$, e o quadrado ou o cubo etc. dessa soma no lugar de *yy* ou $y^3$ etc. De modo que reste sempre, após isso, uma equação na qual não haja mais do que uma única quantidade indeterminada, *x* ou *y*.

Por exemplo, se *CE* é uma elipse e *MA* é o segmento de seu diâmetro ao qual *CM* é ordenadamente aplicado, o qual tem *r* como seu lado reto e *q* como // seu lado transverso, tem-se, pelo teorema 13 do primeiro livro de Apolônio:

Exemplo dessa operação em uma elipse e uma parábola do segundo gênero

$$xx = ry - (r/q)yy,$$

do qual, eliminando *xx*, resta:

$$ss - vv + 2vy - yy = ry - (r/q)yy,$$

ou

$$yy + (qry - 2qvy + qvv - qss)/(q - r) \text{ igual a nada,}$$

pois, neste caso, é melhor considerar conjuntamente toda a soma do que fazer uma parte igual à outra.[57]

---

56 O termo "soma" é utilizado por Descartes no sentido de "expressão" ou "parte de uma expressão" algébrica. Tendo já sido utilizado anteriormente, na p.391, ele aparecerá com certa frequência até o final da obra.

57 Essa é a primeira vez que Descartes põe toda a equação igual a zero. Até aqui ele escrevia equações ou partes de uma equação uma igual à outra.

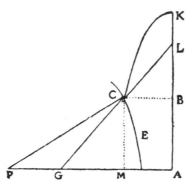

Similarmente, se *CE* é a linha curva descrita pelo movimento de uma parábola, da maneira antes explicada, e se *b* é posta como sendo *GA*, *c* como sendo *KL* e *d* como sendo o lado reto do diâmetro *KL* na parábola, então a equação que explica a relação que existe entre *x* e *y* é:

$$y^3 - byy - cdy + bcd + dxy = 0.$$

Da qual, eliminando *x*, tem-se

$$y^3 - byy - cdy + bcd + dy\sqrt{ss - vv + 2vy - yy},$$

e, reordenando esses termos por meio da multiplicação, resulta

$$y^6 - 2by^5 + \begin{Bmatrix} -2cd \\ +bb \\ +dd \end{Bmatrix} y^4 + \begin{Bmatrix} +4bcd \\ -2ddv \end{Bmatrix} y^3 + \begin{Bmatrix} -2bbcd \\ +ccdd \\ -ddss \\ +ddvv \end{Bmatrix} y^2 - 2bccddy + bbccdd = 0.$$

E assim para as outras.

Outro exemplo em uma oval do segundo gênero

// Do mesmo modo, ainda que os pontos da linha curva não se relacionem, da maneira como eu disse, com os pontos de uma linha reta, mas tenham qualquer outra relação que se possa imaginar, sempre é possível ter uma tal equação. Por exemplo, se *CE*

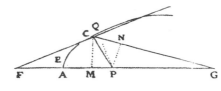

é uma linha que tenha com os três pontos *F*, *G* e *A* uma relação tal que as linhas retas traçadas a partir de cada um de seus pontos, como *C*, até o ponto *F* excedam a linha *FA* em uma quantidade que tenha certa proporção dada com outra quantidade pela qual *GA* excede as linhas traçadas a partir dos mesmos pontos até *G*. Façamos $GA = b, AF = c$ e, tomando à discrição o ponto *C* na curva, façamos que a quantidade pela qual *CF* excede *FA* esteja para aquela pela qual *GA* excede *GC* assim como *d* está para *e*, de modo que, se essa quantidade, que é indeterminada, é nomeada *z*, então *FC* é $c + z$ e *GC* é $b - (e/d)z$. A seguir, fazendo $MA = y$, *GM* é $b - y$ e *FM* é $c + y$, e, por causa do triângulo retângulo *CMG*, subtraindo o quadrado de *GM* do quadrado de *GC*, tem-se

o quadrado de *CM*, que é $(ee/dd)zz - (2be/d)z + 2by - yy$.

A seguir, subtraindo o quadrado de *FM* do quadrado de *FC*, tem-se também o quadrado de *CM* em outros termos,

a saber, $zz + 2cz - 2cy - yy$,

e, sendo esses termos iguais aos precedentes, eles permitem conhecer

*y* ou *MA*, que é $(ddzz + 2cddz - eezz + 2bdez)/(2bdd + 2cdd)$,

417 e, substituindo, no quadrado // de *CM*, essa soma no lugar de *y*, encontra-se que esse quadrado de *CM* é expresso nestes termos:

$(bddzz + ceezz + 2bcddz - 2bcdez)/(bdd + cdd) - yy$.

A seguir, supondo que a linha reta *PC* encontre a curva em ângulos retos no ponto *C* e fazendo $PC = s$ e $PA = v$ como anteriormente, então *PM* é $v - y$ e, por causa do triângulo retângulo *PCM*, tem-se

$ss - vv + 2vy - yy$ para o quadrado de *CM*,

onde novamente, tendo substituído no lugar de *y* a soma que lhe é igual, resulta

$zz + (2bcddz - 2bcdez - 2cddvz - 2bdevz - bddss + bddvv - cddss + cddvv) / (bdd + cee + eev - ddv) = 0$

para a equação que procurávamos.

Ora, após ter encontrado tal equação, em vez de servir-se dela para conhecer as quantidades *x*, *y*, ou *z*, as quais já são dadas, porque o ponto C é dado, deve-se empregá-la para encontrar v ou s, as quais determinam o ponto P que é requerido. E, para esse efeito, deve-se considerar que, se esse ponto P é tal qual o requerido,[58] o círculo do qual ele será o centro e que passará pelo ponto C tocará a linha curva CE sem cortá-la, mas, se esse ponto P estiver um pouco mais próximo ou um pouco mais afastado do ponto A do que deveria ser, esse círculo cortará a curva não somente no ponto C, mas também, necessariamente, em algum outro. A seguir, é necessário também considerar que, quando esse círculo corta a linha curva CE, a equação pela qual se procura a quantidade x ou y, ou qualquer outra semelhante, supondo PA e PC serem conhecidas, contém necessariamente duas raízes que são desiguais. Pois, por exemplo, se esse círculo // corta a curva nos pontos C e E, tendo traçado EQ paralela a CM, os nomes das quantidades indeterminadas, x e y, convirão tanto para as linhas EQ e QA quanto para as linhas CM e MA; além disso, PE é igual

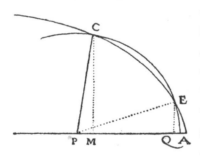

a PC, por causa do círculo, de modo que, procurando as linhas EQ e QA por meio de PE e PA, as quais são supostas como dadas, ter-se-á a mesma equação que se teria se CM e MA fossem procuradas por meio de PC e PA. Do que se segue evidentemente que o valor de x ou de y, ou de qualquer outra tal quantidade que se tiver suposto, será duplo nessa equação, isto é, haverá duas raízes desiguais entre si, e das quais uma será CM e a outra EQ, se for x o que se procura, ou, ainda, uma será MA e outra QA, se for y, e assim para as outras. É verdade que, se o ponto E não se encontrar do mesmo lado da curva em que se encontra o ponto C, ele

---

58 Descartes está supondo o ponto P como dado e o problema resolvido, passo inicial característico do procedimento analítico, como explicitamente dito no início dessa seção, no final da p.405.

*A geometria*

terá somente uma dessas duas raízes verdadeiras, e a outra será invertida, ou menor do que nada, mas, quanto mais próximos estiverem entre si esses dois pontos, *C* e *E*, menor será a diferença entre essas duas raízes, e, enfim, elas serão inteiramente iguais se os dois forem reunidos em um único ponto, isto é, se o círculo que passa por *C* tocar aí a curva *CE* sem cortá-la.[59]

Além disso, deve-se considerar que, quando existem duas raízes iguais em uma equação, esta tem necessariamente a mesma forma que existe quando se multiplica por si mesma a quantidade que se supôs ser desconhecida e dela se subtrai a quantidade conhecida que lhe é igual; e, depois disso, se esta última soma não tiver o tanto de dimensões quanto // a precedente, que seja multiplicada por outra soma que tenha o tanto de dimensões quanto as dimensões que lhe faltem, a fim de que se possa equacionar separadamente cada um dos termos de uma com cada um dos termos da outra.

Por exemplo, digo que a primeira equação encontrada acima, a saber,

$$yy + (qry - 2qvy + qvv - qss)/(q - r),$$

deve ter a mesma forma daquela que se produz ao fazer *e* igual a *y* e multiplicar $y - e$ por si mesmo, donde resulta

$$yy - 2ey + ee$$

---

[59] Haverá um amplo debate, a respeito do modo de determinar a tangente, a partir de *A geometria* e da obra de Fermat. Nele se envolvem também Roberval e Etienne Pascal, dentre outros. Pode-se acompanhar o debate pela correspondência entre eles, intermediada por Mersenne, a partir de janeiro de 1638. Algumas das principais cartas são as cartas de Descartes a Mersenne de janeiro de 1638 (AT, I, p.481-6, 486-96), a carta de Roberval contra Descartes de abril de 1638 (AT, II, p.103-15), a carta de Mersenne a Descartes de 28 de abril de 1638 (AT, II, p.116-122) e a carta de Descartes a Mersenne de 3 de maio de 1638 (AT, II, p.122-34). Para um estudo detalhado desse tema, ver Maronne, 2007.

de modo que é possível comparar separadamente cada um de seus termos e dizer que, uma vez que o primeiro termo, que é *yy*, é exatamente o mesmo em uma e na outra equação,

o segundo termo, que em uma é $(qry - 2qvy)/(q - r)$,

é igual ao segundo termo da outra, que é $-2ey$.

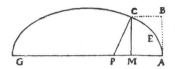

Do que, procurando a quantidade *v*, que é a linha *PA*, tem-se

$$v = e - (r/q)e + (1/2)r,$$

Ou, ainda, porque supusemos que *e* é igual a *y*, tem-se

$$v = y - (r/q)y + (1/2)r.$$

E, assim, poder-se-ia encontrar *s* por meio do terceiro termo:

$$ee = (qvv - qss)/(q - r),$$

mas, porque a quantidade *v* determina suficientemente o ponto *P*, o qual é o único que procuramos, não se tem necessidade de ir adiante.

// Similarmente, a segunda equação encontrada acima, a saber,

$$y^6 - 2by^5 + \left.\begin{matrix}-2cd \\ + bb \\ + dd\end{matrix}\right\}y^4 + \left.\begin{matrix}+4bcd \\ -2ddv\end{matrix}\right\}y^3 + \left.\begin{matrix}-2bbcd \\ + ccdd \\ - ddss \\ + ddvv\end{matrix}\right\}yy - 2bccddy + bbccdd,$$

deve ter a mesma forma que a soma que se produz quando se multiplica

$$yy - 2ey + ee$$
$$\text{por } y^4 + fy^3 + ggyy + h^3y + k^4,$$

a qual é

$$y^6 \left.\begin{matrix}+f \\ -2e\end{matrix}\right\}y^5 \left.\begin{matrix}+gg \\ -2ef \\ +ee\end{matrix}\right\}y^4 \left.\begin{matrix}+h^3 \\ -2egg \\ +eef\end{matrix}\right\}y^3 \left.\begin{matrix}+k^4 \\ -2eh^3 \\ +eegg\end{matrix}\right\}yy \left.\begin{matrix}-2ek^4 \\ +eeh^3\end{matrix}\right\}y + eek^4,$$

de modo que, dessas duas equações, obtenho outras seis, as quais servem para conhecer as seis quantidades *f, g, h, k, v* e *s*. Donde é muito fácil entender que, de qualquer gênero que a linha curva proposta possa ser, resultam sempre, por essa maneira de proceder, tantas equações quantas são as quantidades desconhecidas que se é obrigado a supor. Mas, para resolver ordenadamente essas equações e encontrar, enfim, a quantidade *v*, a qual é a única de que se tem necessidade e que dá a ocasião de procurar as outras quantidades desconhecidas, deve-se, primeiramente, por meio do segundo termo, procurar *f*, a primeira das quantidades desconhecidas da última soma, e encontra-se

$$f = 2e - 2b.$$

A seguir, por meio do último termo, deve-se procurar *k*, a última das quantidades desconhecidas da mesma soma, e encontra-se

$$k^4 = bbccdd/ee.$$

// Depois, por meio do terceiro termo, deve-se procurar *g*, a segunda quantidade, e tem-se

$$gg = 3ee - 4be - 2cd + bb + dd.$$

A seguir, por meio do penúltimo termo, deve-se procurar *h*, a penúltima quantidade, que é

$$h^3 = 2bbccdd/e^3 - 2bccdd/ee.$$

E, assim, seria necessário continuar seguindo essa mesma ordem até a última quantidade, se houvesse outras nessa soma, pois é uma coisa que pode sempre ser feita da mesma maneira.

A seguir, por meio do termo que segue nessa mesma ordem, que é aqui o quarto, deve-se procurar a quantidade *v*, e tem-se

$$v = 2e^3/dd - 3bee/dd + bbe/dd - 2ce/d + e + 2bc/d + bcc/ee - bbcc/e^3,$$

onde, pondo *y* no lugar de *e*, o qual lhe é igual, tem-se

$$v = 2y^3/dd - 3byy/dd + bby/dd - 2cy/d + y + 2bc/d + bcc/yy - bbcc/y^3$$

para a linha *AP*.

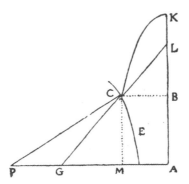

E, assim, a terceira equação, que é

$$zz + (2bcddz - 2bcdez - 2cddvz - 2bdevz - bddss + bddvv - cddss + cddvv)/(bdd + cee + eev - ddv),$$

// tem a mesma forma que

$$zz - 2fz + ff$$

supondo *f* igual a *z*, de modo que existe novamente uma equação entre

$-2f$, ou $-2z$, e $(+ 2bcdd - 2bcde - 2cddv - 2bdev)/(bdd + cee + eev - ddv)$;

donde se conhece que a quantidade

$$v \text{ é } (bcdd - bcde + bddz + ceez)/(cdd + bde - eez + ddz).$$

Eis por que, compondo a linha *AP* dessa soma igual a *v*, da qual todas as quantidades são conhecidas, e traçando do ponto

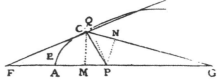

P assim encontrado uma linha reta até *C*, essa linha *AP* corta aí a curva *CE* em ângulos retos, que é o que

se devia fazer. E nada vejo que impeça que se estenda esse problema, da mesma maneira, a todas as linhas curvas que são suscetíveis de algum cálculo geométrico.

Do mesmo modo, deve-se considerar também, no tocante à última soma, a qual se toma à discrição para completar o número de dimensões da outra soma, quando nesta faltam dimensões, tal como acabamos de tomar:

$$y^4 + fy^3 + ggyy + h^3y + k^4,$$

que os sinais $+$ e $-$ podem aqui ser supostos tal como se queira, sem que a linha $v$ ou $AP$ resulte por isso diferente, como podeis facilmente ver pela experiência, pois, se fosse preciso que eu me detivesse para // demonstrar todos os teoremas dos quais faço alguma menção, eu seria forçado a escrever um volume muito mais avantajado do que desejo. Mas quero antes, de passagem, advertir-vos de que a invenção de supor duas equações da mesma forma para comparar separadamente todos os termos de uma aos termos da outra e, assim, fazer nascer muitas equações de uma única, do que vistes aqui um exemplo, pode servir a uma infinidade de outros problemas e não é uma das menores invenções do método do qual me sirvo.[60]

Não acrescento, na sequência do cálculo que acabo de explicar, as construções pelas quais é possível descrever as tangentes ou as perpendiculares procuradas, porque é sempre fácil encontrá-las, embora, muitas vezes, seja necessário um pouco de destreza para torná-las breves e simples.

Por exemplo, se *DC* é a primeira concoide dos antigos,[61] cujo polo seja *A* e *BH* a régua, de modo que sejam iguais todas as linhas

Exemplo da construção desse

---

60 Descartes se refere aqui ao que se denominará "método dos coeficientes indeterminados".

61 Trata-se da concoide de Nicomedes. Sobre ela, pode-se consultar o Livro IV da *Coleção* de Pappus (I, p.185ss.) e o comentário de Eutocius ao tratado, *Sobre a esfera e o cilindro*, de Arquimedes (1972, p.69ss.). Ver também Bos, 2001, p.30ss., 163-5; Vuillemin, 1960, p.148ss.

*Discurso do método & Ensaios*

problema na concoide

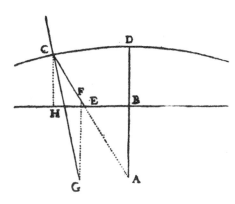

retas que estão voltadas para *A* e compreendidas entre a curva *CD* e a reta *BH*, tal como *DB* e *CE*, e que se deseje encontrar a linha *CG*, a qual a corta no ponto *C* em ângulos retos, poder-se-ia, então, ao procurar na linha *BH* o ponto por onde essa linha *CG* deve passar, segundo o método aqui explicado, engajar-se em um // cálculo tão ou mais longo do que qualquer um dos precedentes. Todavia, a construção que deveria ser depois deduzida é muito simples, pois basta tomar *CF* na linha reta *CA* e fazê-la igual a *CH*, a qual é perpendicular a *HB*, e a seguir, a partir do ponto *F*, traçar *FG* paralela a *BA* e igual a *EA*, por meio do que se tem o ponto *G*, pelo qual deve passar *CG*, a linha procurada.

424

Explicação de quatro novos gêneros de ovais que servem para a óptica

Entretanto, a fim de que saibais que a consideração das linhas curvas aqui proposta não é destituída de uso e que elas têm diversas propriedades que em nada são inferiores àquelas das seções cônicas, quero acrescentar ainda aqui a explicação de certas ovais, as quais vereis serem muito úteis para a teoria da catóptrica e da dióptrica.[62] Eis a maneira pela qual as descrevo.[63]

---

62 O tema das ovais é aqui tratado longa e detalhadamente, estendendo-se até a penúltima página do segundo livro. Ao contrário do livro anterior, predominantemente algébrico, o tema recebe aqui um tratamento predominantemente geométrico, embora sem fazer uso, em suas construções, dos instrumentos ou compassos utilizados anteriormente. Sobre a descrição dessas ovais, ver os *Excerpta mathematica* (AT, X, p.310-24) e carta de Descartes e Beeckman (AT, X, p.338-42). Cabe notar também a relação explícita das ovais com os espelhos (catóptrica) e com as lentes (dióptrica).

63 Qual a relação de *A geometria*, em especial, da segunda metade do Segundo Livro, com *A dióptrica*? Qual a relação do método das normais e do tratamento das ovais com os estudos ópticos e com o tema da confecção de lentes? Sabemos que o Segundo Discurso de *A dióptrica*

*416*

*A geometria*

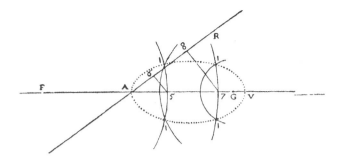

Primeiramente, tendo traçado as linhas retas *FA* e *AR*, as quais se interceptam no ponto *A*, sem importar em quais ângulos, tomo, em uma linha, o ponto *F* à discrição, isto é, mais ou menos afastado do ponto *A*, segundo eu queira fazer essas ovais maiores ou menores, // e desse ponto *F*, tomado como centro, descrevo um círculo que passa um pouco além do ponto *A*, por exemplo pelo ponto 5. A seguir, desse ponto 5, traço a linha reta 56, a qual corta a outra no ponto 6, de modo que *A6* seja menor do que *A5* segundo a proporção dada que se queira, a saber, segundo a proporção que mede as refrações, quando se deseja utilizá-la na dióptrica. Depois disso, tomo também, à discrição, o ponto *G* na linha *FA*, do lado em que está o ponto 5, isto é, fazendo que as linhas *AF* e *GA* tenham entre si a proporção dada que se queira. A seguir, faço *RA* igual a *GA* na linha *A6*, e, do centro *G*,

trata da lei dos senos (lei da refração) e que os discursos finais dessa obra tratam das propriedades óticas das ovais (cônicas) e das figuras que as lentes devem ter na confecção das lunetas. Assim, parece não haver dúvida sobre o fato de *A geometria* responder a questões matemáticas subjacentes a *A dióptrica* e a temas óticos investigados por Descartes desde a década de 1620, presente nos textos indicados. Essas considerações permitem aventar, segundo Maronne (2007, p.239-41), a hipótese de que, dado que, aqui, o texto está se referindo às propriedades, ao uso e à utilidade das ovais, talvez fosse o caso de entendermos a indicação feita a respeito "do problema mais útil e mais geral" (p.405) que Descartes desejou investigar como uma referência, não ao debate sobre a forma de compreensão de *A geometria* (como apresentado na nota correspondente), mas ao estudos das curvas úteis às investigações ópticas. Nesse caso, *A geometria* teria uma clara ligação com os estudos realizados em *A dióptrica*.

descrevendo um círculo cujo raio seja igual a *R6*, ele corta o outro círculo, de um lado e de outro, no ponto *1*, o qual é um dos pontos por onde deve passar a primeira das ovais procuradas. A seguir, novamente, do centro *F* descrevo um círculo que passa um pouco aquém ou além do ponto *5*, por exemplo pelo ponto *7*, e tendo traçado a linha reta *78* paralela a *56*, do centro *G* descrevo outro círculo cujo raio é igual à linha *R8*, e esse círculo corta aquele que passa pelo ponto *7* no ponto *1*, o qual é também um dos pontos da mesma oval. E, assim, podem-se encontrar tantos outros pontos quantos desejados, traçando novamente outras linhas paralelas a *78* e outros círculos a partir dos centros *F* e *G*.

Quanto à segunda oval, não existe diferença alguma, exceto que, em vez de *AR*, deve-se, do outro lado do ponto *A*, tomar *AS* igual a *AG*, e também que o raio do círculo descrito do centro *G*, de modo a cortar aquele círculo que é descrito do centro *F* e que passa pelo ponto *5*, seja // igual à linha *S6*, ou que seja igual a *S8*, se ele tiver que cortar aquele círculo que passa pelo ponto *7*, e assim para os outros. Por meio do que esses círculos se entrecortam nos pontos marcados *2* e *2*, os quais são os pontos dessa segunda oval, *A2X*.

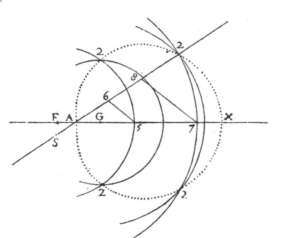

Quanto à terceira e à quarta ovais, em vez da linha *AG*, deve-se tomar *AH* do outro lado do ponto *A*, a saber, do mesmo

## A geometria

lado em que está o ponto *F*. E deve-se aqui ainda observar que essa linha *AH* deve ser maior do que *AF*, a qual pode mesmo ser nula, de modo que o ponto *F* encontre-se onde está o ponto *A* na descrição de todas essas ovais. Depois disso, sendo as linhas *AR* e *AS* iguais a *AH*, para descrever a terceira oval, *A3Y*, eu faço um círculo de centro *H*, cujo raio é igual à *S6*, o qual corta, no ponto *3*, o círculo de centro *F*, o qual passa pelo ponto *5*, e faço outro círculo, cujo raio é igual a *S8*, o qual corta o círculo que // passa pelo ponto *7* no ponto também marcado *3*, e assim para os outros. Enfim, quanto à última oval, faço círculos com centro em *H* e cujos raios são iguais às linhas *R6*, *R8* e semelhantes, as quais cortam os outros círculos nos pontos marcados *4*.

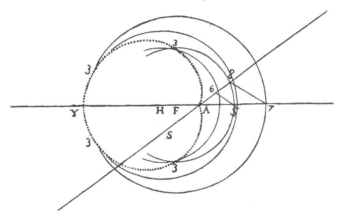

Poder-se-ia encontrar ainda uma infinidade de outros meios para descrever essas mesmas ovais; por exemplo, pode-se traçar a

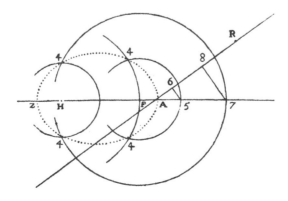

primeira, *AV*, quando se supõe que as linhas *FA* e *AG* são iguais, se // a linha *FG* toda for dividida no ponto *L*, de modo que *FL* esteja para *LG* assim como *A5* está para *A6*, isto é, de modo que elas tenham a proporção que mede as refrações. Depois, tendo dividido *AL* em duas partes iguais no ponto *K*, que se faça girar uma régua, tal como *FE*, em torno do ponto *F*, pressionando com o dedo *C* a corda *EC*, a qual, estando fixada à extremidade dessa régua em *E*, dobra-se de *C* para *K*, e a seguir, novamente, dobra-se de *K* para *C* e de *C* para *G*, onde sua outra extremidade esteja fixada, de modo que o comprimento dessa corda seja composto do comprimento da linha *GA* mais *AL* mais *FE* menos *AF*.

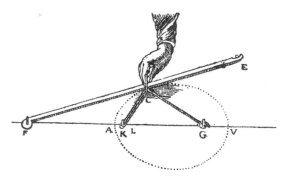

E esse será o movimento do ponto *C* que descreverá essa oval, à semelhança daquilo que foi dito, em *A dióptrica*, acerca da elipse e da hipérbole. Mas não quero deter-me por mais tempo nesse assunto.

Ora, ainda que todas essas ovais pareçam ser quase da mesma natureza, elas são de quatro gêneros distintos, cada um dos quais contém em si uma infinidade de outros gêneros, dos quais cada um contém, por sua vez, outras tantas espécies distintas quantas fazem o gênero das elipses ou o das hipérboles. Pois, segundo seja diferente a proporção que existe entre as linhas *A5* e *A6*, ou // semelhantes, será diferente o gênero subalterno dessas ovais. A seguir, segundo seja mudada a proporção que existe entre as linhas *AF* e *AG*, ou *AH*, mudam de espécie as ovais de cada gênero subalterno. E, segundo *AG*, ou *AH*, é maior ou menor, essas ovais são diferentes em tamanho. E se as linhas $A5$ e $A6$ são iguais, em vez de ovais do primeiro ou do terceiro gênero, descrevem-se somente linhas retas, mas, em vez das ovais do segundo gênero, tem-se todas as hipérboles possíveis e, em vez das ovais do último gênero, tem-se todas as elipses.

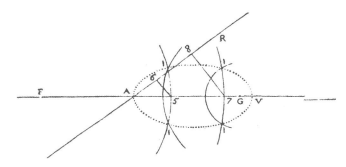

Além disso, em cada uma dessas ovais, devem-se considerar duas partes, as quais têm propriedades distintas, a saber, na primeira oval, a parte que está em $A$ faz que todos os raios que, estando no ar, vêm do ponto $F$ retornem para o ponto $G$, quando encontram a superfície convexa de um vidro cuja superfície é $1A1$ e no qual as refrações são tais que, segundo aquilo que foi dito em *A dióptrica*,[64] todas elas podem ser medidas pela proporção que existe entre as linhas $A5$ e $A6$, ou semelhantes, com o auxílio das quais se descreveu essa oval.

// Mas a parte que está em $V$ faz que todos os raios que vêm do ponto $G$ reflitam-se para $F$, se eles encontrarem a superfície côncava de um espelho, cuja figura fosse $1V1$ e que fosse de tal matéria que diminuísse a força desses raios segundo a proporção que existe entre as linhas $A5$ e $A6$. Pois, a partir do que foi demonstrado em *A dióptrica*, é evidente que, isso posto, os ângulos da reflexão seriam desiguais, assim como são desiguais os ângulos da refração, e poderiam ser medidos da mesma maneira.

As propriedades dessas ovais concernentes às reflexões e às refrações

---

64 Ver o Segundo Discurso de *A dióptrica* (p.137-46).

Na segunda oval, a parte 2*A*2 serve também para as reflexões cujos ângulos são supostos desiguais, pois, sendo a superfície de um espelho composto da mesma matéria que o espelho precedente, ela faria refletir todos os raios que viriam do ponto *G* de tal modo que, após serem refletidos, eles pareceriam vir do ponto *F*. E deve-se notar que, tendo feito a linha *AG* muito maior do que *AF*, esse espelho seria convexo no centro, em *A*, e côncavo nas extremidades, pois tal é a figura dessa linha, a qual, nesse caso, representa antes um coração do que uma oval.

Mas sua outra parte, 2*X*2, serve para as refrações e faz que os raios, os quais, estando no ar, tendem para *F*, desviem-se para *G* ao atravessarem a superfície de um vidro que tenha essa figura.

A terceira oval serve totalmente para as refrações e faz que os raios que, estando no ar, tendem para *F*, dirijam-se para *H* no vidro, depois de terem atravessado sua superfície, cuja figura é *A*3*Y*3, a qual é // inteiramente convexa, exceto em *A*, onde é um pouco côncava, de modo que ela tem a figura de um coração, tal como a precedente. E a diferença que existe entre as duas partes dessa oval consiste em que o ponto *F* está mais próximo de uma delas do que está o ponto *H* e mais afastado da outra do que está esse mesmo ponto *H*.

Da mesma maneira, a última oval serve totalmente para as reflexões e faz que, se os raios que vêm do ponto *H* encontrarem a superfície côncava de um espelho da mesma matéria que os espelhos precedentes e cuja figura seja *A*4*Z*4, todos eles sejam refletidos para *F*.

De modo que é possível nomear os pontos *F* e *G*, ou *H*, como os pontos ardentes dessas ovais, a exemplo dos pontos ardentes das elipses e das hipérboles, os quais foram assim nomeados em *A dióptrica*.[65]

---

65 Ver o Oitavo Discurso de *A dióptrica*, p.191-2. Sobre a noção de *ponto ardente* – foco, *focus* – ver a nota 37 de *A dióptrica*.

Omito uma quantidade de outras refrações e reflexões, as quais são reguladas por essas mesmas ovais, pois, não sendo senão as recíprocas ou as contrárias dessas ovais, elas podem ser facilmente deduzidas.

Demonstração das propriedades dessas ovais concernentes às reflexões e às refrações

Mas não devo omitir a demonstração do que acabo de dizer e, para esse efeito, tomemos à discrição, por

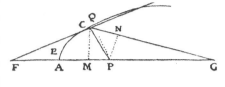

exemplo, o ponto C na primeira parte da primeira dessas ovais e, a seguir, tracemos a linha reta CP, a qual corta a curva no ponto C em ângulos retos, o que é fácil pelo problema precedente. Pois, tomando $b$ como AG, // $c$ como AF, $c + z$ como FC, e supondo que a proporção que existe entre $d$ e $e$, que tomarei aqui sempre como a proporção que mede as refrações do vidro proposto, designa também a proporção que existe entre as linhas A5 e A6, ou semelhantes, as quais serviram para descrever essa oval, o que dá $b - (e/d)z$ para GC, encontra-se que a linha AP é

$$(bcdd - bcde + bddz + ceez)/(bde + cdd + ddz - eez),$$

tal como foi mostrado anteriormente. Além disso, a partir do ponto P, tendo traçado PQ em ângulos retos sobre a reta FC e PN também em ângulos retos sobre a GC,[66] consideremos que, se PQ está para PN assim como $d$ está para $e$, ou seja, assim como estão as linhas que medem as refrações do vidro convexo AC, o raio que vem do ponto F para o ponto C deve aí curvar-se de tal modo que, depois, ao entrar nesse vidro, ele se dirige para G, tal como é muito evidente a partir do que foi dito em *A dióptrica*. A seguir, enfim, vejamos pelo cálculo se é verdadeiro que PQ esteja para PN assim como $d$ está para $e$. Os triângulos retângulos PQF e CMF são semelhantes, do que se segue que CF está para CM

---

66 PQ é aqui o seno do ângulo de incidência e PN, o seno do ângulo de refração, o raio FC sendo refratado para G.

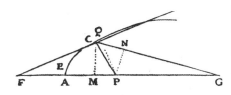

assim como *FP* está para *PQ* e, por conseguinte, que *FP*, sendo multiplicada por *CM* e dividida por *CF*, é igual a *PQ*. Similarmente, os triângulos retângulos *PNG* e *CMG* são semelhantes, do que se segue que *GP*, multiplicada por *CM* e dividida por *CG*, é igual a *PN*. Em seguida, porque as multiplicações ou divisões de duas quantidades por uma mesma não mudam a // proporção que existe entre elas, se *FP*, multiplicada por *CM* e dividida por *CF*, está para *GP*, também multiplicada por *CM* e dividida por *CG*, assim como *d* está para *e*, dividindo uma e outra dessas somas por *CM* e, depois, multiplicando ambas por *CF* e, novamente, por *CG*, então resulta *FP* multiplicada por *CG*, a qual deve estar para *GP*, multiplicada por *CF*, assim como *d* está para *e*. Ora, pela construção,

$$FP \text{ é } c + (bcdd - bcde + bddz + ceez)/(bde + cdd + ddz - eez),$$

ou ainda, $FP = (bcdd + ccdd + bddz + cddz)/(bde + cdd + ddz - eez)$

$$e \; CG \text{ é } b - (e/d)z.$$

De modo que, multiplicando *FP* por *CG*, obtém-se:

$$(bbcdd + bccdd + bbddz + bcddz - bcdez - ccdez - bdezz - cdezz)/(bde + cdd + ddz - eez).$$

A seguir,

$$GP \text{ é } b \; (-bcdd + bcde - bddz - ceez)/(bde + cdd + ddz - eez),$$

ou ainda, $GP = (bbde + bcde - beez - ceez)/(bde + cdd + ddz - eez)$

$$e \; CF \text{ é } c + z.$$

De modo que, multiplicando *GP* por *CF*, obtém-se

$$(bbcde + bccde - bceez - cceez + bbdez + bcdez - beezz - ceezz)/(bde + cdd + ddz - eez).$$

## A geometria

E porque a primeira dessas somas, dividida por *d*, é a mesma que a segunda soma dividida por *e*, é manifesto que *FP*, multiplicada por *CG*, está para *GP*, multiplicada por *CF*, isto é, que *PQ* está para *PN* assim como *d* está para *e*. O que é tudo o que se devia demonstrar.

E sabei que essa mesma demonstração se estende a tudo o que foi dito das outras refrações ou reflexões, as quais se fazem nas ovais propostas sem // que seja necessário mudar coisa alguma a não ser os sinais + e − do cálculo. Eis por que cada um pode examiná-las por si mesmo sem que seja necessário que eu me detenha nisso.

Mas é preciso agora que eu satisfaça aquilo que omiti em *A dióptrica*,[67] quando, após ter considerado que podem existir vidros de muitas figuras diferentes, os quais façam, tão bem uns quanto os outros, que os raios vindos de um mesmo ponto do objeto reúnam-se todos em outro ponto depois de tê-los atravessado e que, dentre esses vidros, os que são muito convexos de um lado e côncavos do outro têm mais força para queimar do que os vidros que são igualmente convexos dos dois lados, ao passo que, ao contrário, estes últimos são melhores para as lunetas, contentei-me em explicar os vidros que acreditei serem os melhores na prática, presumindo a dificuldade que os artesãos devem ter em talhá-los.[68] Eis por que, a fim de que nada fique a desejar no tocante à teoria dessa ciência, devo explicar ainda aqui a figura dos vidros que, tendo uma de suas superfícies tão convexa ou côncava quanto se queira, não deixam de fazer que todos os raios,

---

67 Esta passagem, que se estende da p.425 até a p.431, pode ser considerada como um complemento matemático da discussão sobre a figura das lentes do Oitavo Discurso de *A dióptrica*; ver, em particular, a passagem da p.214.

68 Ver o Nono Discurso de *A dióptrica*, de p.215 a p.226. Sobre a aposta de Descartes nas lentes hiperbólicas, ver nota 53 de *A dióptrica*.

os quais vêm para eles de um mesmo ponto ou são paralelos, reúnam-se, depois, em um mesmo ponto, e explicar também a figura dos vidros que fazem algo semelhante, sendo igualmente convexos dos dois lados, ou, ainda, tendo a convexidade de uma de suas superfícies a proporção dada com a convexidade da outra superfície.

<small>Como é possível fazer um vidro tão convexo, ou tão côncavo, quanto se queira, em uma de suas superfícies, o qual reúna em um ponto dado todos os raios que vêm de outro ponto dado</small>

Suponhamos, para o primeiro caso, que, sendo dados os pontos $G$, $Y$, $C$ e $F$, os raios que vêm do ponto $G$, ou, ainda, que são paralelos a $GA$, devem reunir-se // no ponto $F$ depois de terem atravessado um vidro tão côncavo que, sendo $Y$ o centro de sua superfície interna, a extremidade encontra-se no ponto $C$, de modo que a corda $CMC$ e a flecha $YM$ do arco $CYC$ sejam dadas.

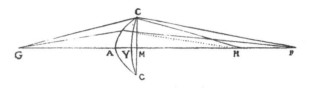

A questão é que se deve primeiramente considerar, dentre as ovais explicadas, qual figura a superfície do vidro $YC$ deve ter para fazer que todos os raios que, estando no interior, tendem para um mesmo ponto, como $H$, o qual não é ainda conhecido, dirijam-se para outro, a saber, para $F$, depois de terem saído. Pois não existe efeito algum, concernente à relação dos raios mudada de um ponto para outro por reflexão ou por refração, que não possa ser causado por alguma dessas ovais, e vê-se facilmente que esse efeito pode ser causado pela parte da terceira oval que há pouco foi marcada $3A3$, ou pela parte da mesma oval que foi marcada $3Y3$, ou, enfim, pela parte da segunda oval que foi marcada $2X2$. E porque essas três ovais são suscetíveis do mesmo cálculo, deve-se, tanto para uma quanto para a outra, tomar $Y$ como seu vértice, $C$ como um dos pontos de sua circunferência e $F$ como um de seus pontos ardentes; depois disso, nada mais resta senão procurar o ponto $H$, o qual deve ser o outro ponto ardente. E ele é encontrado considerando que a diferença que existe entre as linhas *FY* e *FC* deve estar para a diferença que existe entre as linhas *HY* // e *HC* assim como *d* está para *e*, isto é, assim como a maior das linhas que medem as refrações do vidro proposto está para a menor, tal como é possível manifestamente ver a partir da descrição dessas ovais. E porque as linhas *FY* e *FC* são dadas, também é dada a diferença entre elas e, por sua vez, também a diferença que existe entre *HY* e *HC*, porque a proporção que existe entre essas duas diferenças é dada. Além disso, porque *YM* é dada, a diferença que existe entre *MH* e *HC* também é dada e, enfim, porque *CM* é dada, nada mais resta senão encontrar *MH*, o lado do triângulo retângulo *CMH*, do qual se tem o outro lado *CM* e também a diferença que existe entre *CH*, a base, e *MH*, o lado requerido. Donde é fácil encontrá-lo. Pois, se *k* for tomado como o excesso

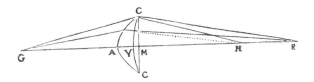

de *CH* em relação a *MH* e *n* for tomado como o comprimento da linha *CM*, ter-se-á $nn/2k - (1/2)k$ para *MH*. E, depois de ter procurado assim o ponto *H*, se ele se encontrar mais afastado do ponto *Y* do que do ponto *F*, a linha *CY* deve ser a primeira parte da oval do terceiro gênero, a qual há pouco foi nomeada *3A3*. Mas, se *HY* é menor do que *FY*, ou bem ela excede *HF* em tanto quanto sua diferença é maior, na razão de *FY* inteira, que é *e*, a menor das linhas que medem as refrações, comparada com *d*, a maior, ou seja, que, fazendo $HF = c$ e $HY = c + h$, $dh$ é maior do que $2ce + eh$, e então *CY* deve ser a // segunda parte da mesma oval do terceiro gênero, parte que há pouco foi nomeada *3Y3*, ou bem $dh$ é igual ou menor do que $2ce + eh$, e então *CY* deve ser a segunda parte da oval do segundo gênero, parte que foi nomeada *2X2*. E, enfim, se o ponto *H* é o mesmo que o ponto

$F$, o que somente acontece quando $FY$ e $FC$ são iguais, essa linha $YC$ é um círculo.

Depois disso, deve-se procurar $CAC$, a outra superfície desse vidro, a qual deve ser uma elipse cujo ponto ardente seja $H$, se for suposto que os raios que caem sobre ela são paralelos, e então é fácil encontrá-la. Mas, se for suposto que eles vêm do ponto $G$, essa superfície deve ser a primeira parte de uma oval do primeiro gênero, da qual os dois pontos ardentes são $G$ e $H$, e a qual passa pelo ponto $C$, de onde se encontra o ponto $A$ como o vértice dessa oval, considerando que $GC$ deve ser maior do que $GA$ por uma quantidade que esteja para a quantidade em que $HA$ excede $HC$ assim como $d$ está para $e$. Pois, tendo tomado $k$ como a diferença que existe entre $CH$ e $HM$, se for suposto $x$ como $AM$, ter-se-á $x - k$ como a diferença que existe entre $AH$ e $CH$; a seguir, se for tomado $g$ como a diferença que existe entre $GC$ e $GM$, as quais são dadas, ter-se-á $g + x$ para a diferença que existe entre $GC$ e $GA$, e porque essa última, $g + x$, está para a outra, $x - k$, assim como $d$ está para $e$, tem-se

$$ge + ex = dx - dk,$$

ou seja, $(ge + dk)/(d - e)$ como a linha $x$ ou $AM$, pela qual se determina o ponto $A$, o qual era procurado.

*Como é possível fazer um vidro que tenha o mesmo efeito que o precedente e cuja convexidade de uma de suas superfícies tenha uma proporção dada com a convexidade da outra*

Suponhamos agora, para o outro caso, que sejam dados somente os pontos $G$, $C$ e $F$ com a proporção que existe // entre as linhas $AM$ e $YM$, e que seja preciso encontrar a figura do vidro $ACY$, a qual faça que todos os raios que vêm do ponto $G$ reúnam-se no ponto $F$.

Novamente, aqui é possível servir-se de duas ovais, das quais uma, $AC$, tenha $G$ e $H$ como seus pontos ardentes, enquanto a outra, *CY*, tenha *F* e *H* como seus pontos ardentes. E, para encontrá-los, supondo ser conhecido o ponto *H*, o qual é comum a ambas, procuro primeiramente *AM* por meio dos três pontos *G*, *C* e *H*, da maneira que acabo de explicar, a saber, tomando *k* como a diferença que existe entre *CH* e *HM*, e *g* como a diferença que existe entre *GC* e *GM*, e, sendo *AC* a primeira parte da oval do primeiro gênero, obtenho $(ge + dk)/(d - e)$ como *AM*. A seguir, procuro também *MY* por meio dos três pontos *F*, *C* e *H*, de modo que *CY* seja a primeira parte de uma oval do terceiro gênero, e, tomando *y* como *MY* e *f* como a diferença que existe entre *CF* e *FM*, obtenho $f + y$ para a diferença que existe entre *CF* e *FY*; a seguir, já tendo *k* como a diferença que existe entre *CH* e *HM*, obtenho $k + y$ como a diferença que existe entre *CH* e *HY*, que sei que deve estar para $f + y$ assim como *e* está para *d*, por causa da oval do terceiro gênero. Disso encontro que *y* ou *MY* é $(fe - dk)/(d - e)$, e depois, juntando as duas quantidades encontradas para *AM* e *MY*, encontro $(ge + fe)/(d - e)$ para a linha *AY* inteira. Do que se segue que, de qualquer lado que seja suposto o ponto *H*, essa linha *AY* é sempre // composta de uma quantidade que está para a quantidade pela qual as duas juntas, *GC* e *CF*, excedem a linha *GF* inteira, assim como *e*, a menor das duas linhas que servem para medir as refrações do vidro proposto, está para $d - e$, a diferença que existe entre essas duas linhas, o que é um belo teorema. Ora, tendo assim a linha *AY* inteira, deve-se cortá-la segundo a proporção que suas partes *AM* e *MY* devem ter, por meio do que, porque já se tem o ponto *M*, encontram-se também os pontos *A* e *Y* e, a seguir, o ponto *H*, pelo problema anterior. Mas, antes disso, deve--se considerar se a linha *AM*, assim encontrada, é maior ou menor ou igual a $ge/(d - e)$. Pois, se ela é maior, aprende-se disso que a curva *AC* deve ser a primeira parte de uma oval do primeiro gênero e a curva *CY* a primeira parte de uma oval do terceiro, tal como foram aqui supostas, ao passo que, se ela é menor, isso mostra que é *CY* que deve ser a primeira parte de uma oval do primeiro gênero e que *AC* deve ser a primeira parte de uma oval do terceiro, enfim, se *AM* é igual a $ge/(d-e)$, as duas curvas, *AC* e *CY*, devem ser duas hipérboles.

Poder-se-ia estender esses dois problemas a uma infinidade de outros casos que não me detenho para deduzir, porque eles não têm uso algum na dióptrica.

Poder-se-ia também ir adiante e dizer, quando uma das superfícies do vidro é dada, desde que ela não seja totalmente plana ou composta de seções cônicas ou de círculos, como se deve fazer sua outra superfície, a fim de que ela transmita todos os raios de um ponto dado para outro ponto também dado. Pois isso em nada é // mais difícil do que aquilo que acabo de explicar, ou antes, é uma coisa muito mais fácil, porque o caminho para isso está aberto. Mas prefiro que outros o procurem, a fim de que, se eles ainda têm um pouco de dificuldade para encontrá-lo, isso faça que estimem tanto mais a invenção das coisas que aqui são demonstradas.

Contudo, não falei, em tudo isso, senão das linhas curvas que podem ser descritas sobre uma superfície plana, mas é fácil relacionar aquilo que eu disse a todas aquelas que poderiam ser imaginadas como formadas pelo movimento regular dos pontos de algum corpo em um espaço que tem três dimensões.[69] A saber, traçando duas perpendiculares, a partir de cada um dos pontos da linha curva que se quer considerar, sobre dois planos que se entrecortam em ângulos retos, uma sobre um plano e a outra sobre o outro plano. Pois as extremidades dessas perpendiculares descrevem duas outras linhas curvas, uma sobre cada um desses planos, a partir das quais é possível, da maneira antes explicada, determinar todos os pontos e relacioná-los aos pontos da linha reta que é comum a esses dois planos, por meio do que são inteiramente determinados os pontos da curva que tem três dimensões. Do mesmo modo, se for requerido traçar

*Como é possível aplicar o que foi dito aqui das linhas curvas descritas sobre uma superfície plana àquelas que são descritas em um espaço que tem três dimensões, ou antes, sobre uma superfície curva*

---

[69] Essa é a única alusão de Descartes a uma "geometria analítica" no espaço tridimensional.

uma linha reta que corte essa curva no ponto dado em ângulos retos, deve-se somente traçar duas outras linhas retas nos dois planos, uma em cada um deles, as quais cortam em ângulos retos as duas linhas curvas que aí estão nos dois pontos onde caem as perpendiculares que vêm desse ponto dado. Pois, tendo elevado dois outros planos, um sobre cada uma dessas linhas retas, cada uma cortando em ângulos retos o plano onde ela está, ter-se-á a intersecção desses dois // planos como a linha reta procurada. E, assim, penso nada ter omitido dos elementos que são necessários para o conhecimento das linhas curvas.

## // *Terceiro livro*
## Da construção dos problemas sólidos ou mais do que sólidos

Embora todas as linhas curvas que podem ser descritas por algum movimento regular devam ser admitidas na geometria, isso não quer dizer que, para a construção de cada problema, seja permitido servir-se indiferentemente da primeira que se encontre, mas deve-se ter o cuidado de sempre escolher a linha mais simples pela qual seja possível resolvê-lo. E, do mesmo modo, deve-se considerar que por mais simples não se deve entender somente aquelas que podem ser mais facilmente descritas, nem aquelas que tornam mais fácil a construção ou a demonstração do problema, mas, principalmente, as linhas que são do gênero mais simples que possa servir para determinar a quantidade que é procurada.

*De quais linhas curvas é possível servir-se na construção de cada problema*

Assim, por exemplo, não creio que exista alguma maneira mais fácil para encontrar tantas médias proporcionais quantas se desejar, nem cuja // demonstração seja mais evidente, do que empregar as linhas curvas descritas por meio do instrumento *XYZ* anteriormente explicado.[70] Pois, se é requerido encontrar duas médias proporcionais entre *YA* e *YE*, não é necessário senão descrever um círculo cujo diâmetro seja *YE*, e, porque esse círculo

*Exemplo concernente à descoberta de muitas médias proporcionais*

---

70 Ver o Segundo Livro de *A geometria*, p.384-5, bem como a nota 40.

*Discurso do método & Ensaios*

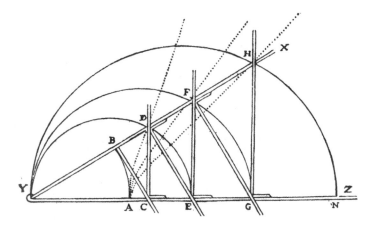

corta a curva *AD* no ponto *D*, *YD* é uma das médias proporcionais procuradas. A demonstração disso salta aos olhos pela mera aplicação desse instrumento sobre a linha *YD*, pois, assim como *YA*, ou *YB*, que lhe é igual, está para *YC*, assim também *YC* está para *YD*, e *YD* para *YE*.

Do mesmo modo, para encontrar quatro médias proporcionais entre *YA* e *YG*, ou para encontrar seis entre *YA* e *YN*, não é necessário senão traçar o círculo *YFG*, o qual, cortando *AF* no ponto *F*, determina a linha reta *YF*, a qual é uma dessas quatro proporcionais, ou traçar o círculo *YHN*, o qual, cortando *AH* no ponto *H*, determina *YH*, uma das seis médias proporcionais, e assim para as outras.

Mas, porque a linha curva *AD* é do segundo // gênero e porque é possível encontrar duas médias proporcionais por meio das seções cônicas,[71] as quais são do primeiro gênero, e também porque é possível encontrar quatro ou seis médias proporcionais por meio de linhas que não são de gêneros tão compostos quanto o são *AF* e *AH*, seria um erro em geometria empregá-las para isso. E é também um erro, por outro lado, empenhar-se inutilmente

444

---

71 Sendo *x* e *y* duas médias proporcionais entre *a* e *b*, temos $a : x = x : y = y : b$; e, assim, $x^2 = ay$; $y^2 = bx$ e $xy = ab$, podendo *x* e *y* serem determinados pela interseção de duas parábolas ou por meio de uma parábola e de uma hipérbole.

em querer construir algum problema por meio de um gênero de linha mais simples do que sua natureza o permite.[72]

Ora, a fim de que eu possa dar aqui algumas regras para evitar ambos os erros, é preciso que eu diga alguma coisa em geral acerca da natureza das equações, ou seja, das somas compostas de muitos termos, em parte conhecidos e em parte desconhecidos, dos quais alguns são iguais aos outros, ou, ainda, todos os quais, considerados conjuntamente, são iguais a nada, pois amiúde será melhor considerá-los desse modo.[73]

Da natureza das equações

---

72 São erros resolutivos tanto o emprego de meios excessivamente complexos quanto o emprego de meios excessivamente simples. Para evitar o primeiro erro, exige-se que a solução do problema seja a mais simples possível, e a mais simples é aquela que faz uso da curva mais simples, isto é, da curva cuja equação possui o gênero mais baixo dentre todas as que correspondem às soluções possíveis. Para evitar o segundo erro, exige-se que se respeitem os requisitos mínimos impostos pelo problema, sendo esse grau mínimo intransponível. E, assim, erra-se seja por excesso, seja por insuficiência, cabendo à entidade-"problema" determinar as condições pelas quais eles são evitados. Para evitar tais erros, Descartes expõe a seguir sua teoria das equações. Mais uma vez, a inspiração vem de Pappus, que, na segunda passagem (já indicada) sobre a classificação dos problemas geométricos, refere-se a um "*peccatum non parum*" (Commandino, 1588, p.61; Pappus, I, p.208) cometido por geômetras quando resolvem um problema por meio de uma curva inapropriada. Ao estabelecer esse "preceito metodológico" (Bos, 2001, p.49), Pappus propicia a Descartes a oportunidade da discussão a respeito dos dois erros que se devem evitar na construção das linhas-solução dos problemas (um dos quais, aquele que não respeita o princípio da simplicidade, já apontado pelo autor grego). Atente-se também para a diferença entre simplicidade e facilidade.

73 Descartes fornecerá a seguir várias regras relativas à natureza das equações e úteis para a sua redução e resolução. Conforme resume Jullien (1996, p.111-3), as seis principais são as seguintes:
(1) o grau de uma equação indica o número possível de suas raízes. Assim, a equação $x^4 - 4x^3 - 19x^2 + 106x - 120 = 0$ tem quatro raízes (2, 3, 4 e −5);
(2) pode-se diminuir o grau ou dimensão de uma equação dividindo-a por $(x - \alpha)$, se ela tiver $\alpha$ como raiz;

*Quantas raízes podem existir em cada equação*

Sabei, portanto, que, em cada equação, quantas dimensões a quantidade desconhecida tiver, tantas serão as diferentes raízes que ela pode ter, isto é, os valores dessa quantidade, pois, por exemplo, se for suposto que $x$ é igual a 2, ou $x - 2$ igual a zero, e, novamente, $x = 3$, ou $x - 3 = 0$, ao multiplicar estas duas equações,

$$x - 2 = 0 \text{ e } x - 3 = 0,$$

uma pela outra, ter-se-á

$$xx - 5x + 6 = 0, \text{ ou seja}, xx = 5x - 6,$$

que é uma equação na qual a quantidade $x$ vale 2 e, ao mesmo tempo, vale 3. E que, se novamente se faz // $x - 4 = 0$ e multiplica-se essa soma por $xx - 5x + 6 = 0$, ter-se-á

$$x^3 - 9xx + 26x - 24 = 0,$$

*Quais são as raízes falsas*

que é outra equação na qual $x$, tendo três dimensões, terá também três valores, que são 2, 3 e 4.

Mas acontece muitas vezes que algumas dessas raízes são falsas, ou menores do que nada; por exemplo, supondo-se que $x$ designe

---

(3) o polinômio fornecido acima é divisível por $(x - 2)$, $(x - 3)$, $(x - 4)$ e $(x - 5)$;

(4) o número de raízes verdadeiras (positivas) e falsas (negativas) pode ser determinado sem que elas sejam conhecidas, por meio da regra dos sinais: em um polinômio ordenado, cada mudança de sinal corresponde a uma raiz positiva e cada repetição de sinal, a uma negativa;

(5) uma equação pode ser modificada ou simplificada por uma mudança de variável do tipo $y = x + \alpha$ ou do tipo $y = ax$;

(6) tais alterações permitem transformações que ajudam na fatoração e na resolução da equação, dentre as quais merece destaque a que possibilita eliminar o segundo termo de um polinômio.

Das várias regras fornecidas por Descartes, muitas delas já eram, completa ou incompletamente, conhecidas pelos matemáticos da época. (Cf. Scott, 1976, p.135-42, para uma apresentação dessas regras e para a contribuição em cada uma delas dos diferentes matemáticos da época.)

também a falta de uma quantidade que seja 5, tem-se $x + 5 = 0$, a qual, sendo multiplicada por $x^3 - 9xx + 26x - 24 = 0$, faz

$$x^4 - 4x^3 - 19xx + 106x - 120 = 0,$$

que é uma equação na qual existem quatro raízes, a saber, três raízes verdadeiras, que são 2, 3 e 4, e uma falsa, que é 5.[74]

E vê-se evidentemente, a partir disso, que a soma de uma equação que contém várias raízes pode sempre ser dividida por um binômio composto da quantidade desconhecida menos o valor de uma das raízes verdadeiras, qualquer que ela seja, ou mais o valor de uma das falsas. Por meio do que se diminui o mesmo tanto suas dimensões.

*Como se pode diminuir o número de dimensões de uma equação, quando alguma de suas raízes é conhecida*

E, reciprocamente, vê-se que, se a soma de uma equação não puder ser dividida por um binômio composto pela quantidade desconhecida + ou − alguma outra quantidade, isso testemunha que essa outra quantidade não é o valor de qualquer de suas raízes. Por exemplo, esta última,

$$x^4 - 4x^3 - 19xx + 106x - 120 = 0$$

*Como se pode examinar se alguma quantidade dada é o valor de uma raiz*

pode ser dividida por $x - 2$, por $x - 3$, // por $x - 4$ e por $x + 5$, mas não por $x +$ ou $-$ alguma outra quantidade, o que mostra que ela não pode ter senão as quatro raízes 2, 3, 4 e 5.

Também se conhece, a partir disso, quantas raízes verdadeiras e quantas falsas podem existir em cada equação. A saber, podem existir tantas verdadeiras quantas forem, na equação, as vezes em que os sinais + e − são mudados, e tantas falsas quantas forem as vezes em que nela se encontrar dois sinais +, ou dois sinais −, que se sucedem. Assim, na última equação, porque depois de

*Quantas raízes verdadeiras podem existir em cada equação*

---

74 As raízes falsas (negativas) eram denominadas de formas distintas pelos matemáticos do período renascentista e imediatamente posterior, e nem sempre eram admitidas como solução de uma equação. Como afirmam Smith e Latham (1954, p.159), Fibonacci não as aceitava, e Cardano as nomeava *aestimationes falsae* ou *fictae*, enquanto Stifel e Rudolff as intitulavam *numeri absurdi*.

$+x^4$ está $-4x^3$, que é uma mudança do sinal $+$ em $-$, e depois de $-19xx$ está $+106x$ e depois de $+106x$ está $-120$, que são também duas outras mudanças, chega-se ao conhecimento de que existem três raízes verdadeiras e uma falsa, porque os dois sinais $-$, de $4x^3$ e de $19xx$, são sucessivos.[75]

*Como se faz para as raízes falsas de uma equação se tornarem verdadeiras e as verdadeiras, falsas*

Além disso, é fácil fazer, em uma mesma equação, que todas as raízes que eram falsas tornem-se verdadeiras e, pelo mesmo meio, que todas aquelas que eram verdadeiras tornem-se falsas, a saber, mudando todos os sinais $+$ ou $-$ que estão no segundo, no quarto, no sexto ou em outros lugares que se designam pelos números pares, sem mudar os sinais do primeiro, do terceiro, do quinto e de outros semelhantes que se designam pelos números ímpares. Por exemplo, se, em vez de

$$+x^4 - 4x^3 - 19xx + 106x - 120 = 0,$$

for escrito

$$+x^4 + 4x^3 - 19xx - 106x - 120 = 0,$$

tem-se uma equação na qual existe somente uma // raiz verdadeira, que é 5, e três falsas, que são 2, 3 e 4.

*Como se pode aumentar ou diminuir as raízes de uma equação, sem conhecê-las*

Que, sem conhecer o valor das raízes de uma equação, quando se quiser aumentá-lo ou diminuí-lo em alguma quantidade conhecida, basta supor, em vez do termo desconhecido, outro termo que seja maior ou menor do que essa mesma quantidade

---

75 Essa é a *regra dos sinais* de Descartes, já enunciada por Thomas Harriot em 1631 (mas sem conhecimento, pelo que parece, de Descartes, contrariamente à acusação de plágio que lhe fez John Wallis). Como foi dito, a *regra dos sinais* afirma que o número de raízes positivas de um polinômio (estando ele em ordem decrescente de grau) é igual ao número de permutações de sinal que ele apresenta, e o número de raízes negativas é igual ao número de repetições de sinal que nele ocorrem. Com a incorporação das raízes imaginárias, essa regra diz que o número de permutações indica seja o número de raízes positivas seja o número de raízes positivas acrescido do número de raízes imaginárias (que sempre acontecem aos pares).

e substituí-lo em todos os lugares do primeiro. Por exemplo, quando se quiser aumentar em 3 a raiz da equação

$$x^4 + 4x^3 - 19xx - 106x - 120 = 0,$$

deve-se tomar $y$ no lugar de $x$ e pensar que essa quantidade $y$ é maior do que $x$ em 3, de modo que $y - 3$ é igual a $x$, e, no lugar de $xx$, deve-se colocar o quadrado de $y - 3$, o qual é $yy - 6y + 9$, e, no lugar de $x^3$, deve-se colocar seu cubo, o qual é $y^3 - 9yy + 27y - 27$, e, enfim, no lugar de $x^4$, deve-se colocar seu quadrado do quadrado, o qual é $y^4 - 12y^3 + 54yy - 108y + 81$. E, assim, descrevendo a soma precedente ao substituir, em todos lugares, $y$ no lugar de $x$, tem-se

$$\begin{array}{r} y^4 - 12y^3 + 54yy - 108y + 81 \\ +\ 4y^3 - 36yy + 108y - 108 \\ -\ 19yy + 114y - 171 \\ -\ 106y + 318 \\ -\ 120 \\ \hline y^4 -\ 8y^3 -\ 1yy +\ 8y \quad\quad * = 0 \end{array}$$

ou seja,[76]

$$y^3 - 8yy - 1y + 8 = 0,$$

onde a raiz verdadeira, que era 5, é agora 8, por causa do número 3 que lhe foi acrescentado.

**448**  // Quando se quiser, ao contrário, diminuir em 3 a raiz dessa equação, deve-se fazer

$$y + 3 = x \text{ e } yy + 6y + 9 = xx,$$

e assim para as outras. De modo que, em vez de

$$x^4 + 4x^3 - 19xx - 106x - 120 = 0,$$

---

76 O asterisco indica que o resultado da coluna é zero e, portanto, marca a ausência de um termo no polinômio.

coloca-se

$$
\begin{aligned}
& y^4 + 12y^3 + 54yy + 108y + \phantom{0}81 \\
& \phantom{y^4} + \phantom{1}4y^3 + 36yy + 108y + 108 \\
& \phantom{y^4 + 12y^3} - 19yy - 114y - 171 \\
& \phantom{y^4 + 12y^3 + 54yy} - 106y - 318 \\
& \phantom{y^4 + 12y^3 + 54yy + 108y} - 120 \\
\hline
& y^4 + 16y^3 + 71yy - \phantom{00}4y - 420 = 0.
\end{aligned}
$$

Que, aumentando assim as raízes verdadeiras, diminuem-se as falsas, e ao contrário

E deve-se considerar que, aumentando as raízes verdadeiras de uma equação, diminuem-se as falsas na mesma quantidade, ou, ao contrário, diminuindo as verdadeiras, aumentam-se as falsas, e que, se são diminuídas, sejam as verdadeiras, sejam as falsas, de uma quantidade que lhes é igual, elas tornam-se nulas, e que, se são diminuídas de uma quantidade que as ultrapassa, de verdadeiras elas tornam-se falsas, ou de falsas tornam-se verdadeiras.[77] Como aqui, aumentando em 3 a raiz verdadeira, que era 5, diminui-se em 3 cada uma das falsas, de modo que aquela que era 4 não é senão 1 e aquela que era 3 é nula, e aquela que era 2 torna-se verdadeira e é 1, porque –2 + 3 faz +1. Eis por que, na equação

$$y^3 - 8yy - 1y + 8 = 0,$$

não existem mais do que três raízes, das quais // duas são verdadeiras, 1 e 8, e uma é falsa, que também é 1. E, nesta outra equação,

$$y^4 + 16y^3 + 71yy - 4y - 420 = 0,$$

existe somente uma raiz verdadeira, que é 2, porque +5 –3 faz +2, e três falsas, que são 5, 6 e 7.

---

77 Depois de parecer proceder a uma discriminação entre raízes falsas e verdadeiras, Descartes mostra, aqui, que elas são da mesma natureza, o que permite a aplicação da regra.

Ora, por meio dessa maneira de mudar o valor das raízes sem conhecê-las, é possível fazer duas coisas que a seguir terão algum uso. A primeira é que é sempre possível eliminar o segundo termo da equação que se examina, a saber, diminuindo as raízes verdadeiras da quantidade conhecida desse segundo termo dividida pelo número de dimensões do primeiro termo, se, estando um desses dois termos marcado pelo sinal +, o outro é marcado pelo sinal −, ou aumentando-as na mesma quantidade se ambos os termos tiverem o sinal +, ou se ambos tiverem o sinal −. Por exemplo, para eliminar o segundo termo da última equação, a qual é

$$y^4 + 16y^3 + 71yy - 4y - 420 = 0,$$

*Como se pode eliminar o segundo termo de uma equação*

tendo dividido 16 por 4, por causa das quatro dimensões do termo $y^4$, resulta novamente 4. Eis por que faço $z - 4 = y$ e escrevo

$$
\begin{array}{r}
z^4 - 16z^3 + 96zz - 256z + 256 \\
+ 16z^3 - 192zz + 768z - 1.024 \\
+ 71zz - 568z + 1.136 \\
- 4z + 16 \\
- 420 \\
\hline
z^4 \quad * \quad - 25zz - 60z - 36 = 0,
\end{array}
$$

onde a raiz verdadeira, que era 2, é 6, porque ela // é aumentada em 4, e as raízes falsas, que eram 5, 6 e 7, não são mais do que 1, 2 e 3, porque cada uma delas é diminuída em 4.[78]

---

78 A regra de eliminação do segundo termo da equação, importantíssima para o tratamento das equações cúbicas e quárticas, era bem conhecida pelos matemáticos da época (tendo sido utilizada por Cardano, Bombelli, Girard, Viète, Harriot, dentre outros), embora se constituísse apenas como a primeira das suas várias etapas resolutivas. Para a resolução de uma equação do tipo $x^3 + ax^2 + bx + c = 0$, fazemos $x = y - a/3$ e eliminamos o seu segundo termo, donde resulta uma equação

Similarmente, quando se quiser eliminar o segundo termo de

$$x^4 - 2ax^3 \begin{matrix} +2aa \\ -cc \end{matrix} \Big\} xx - 2a^3 x + a^4 = 0,$$

porque, dividindo $2a$ por 4, resulta $(1/2)a$, deve-se fazer $z + (1/2)a = x$ e escrever

$$
\begin{array}{l}
z^4 + 2az^3 + (3/2)aazz + (1/2)a^3 z + (1/16)a^4 \\
\quad - 2az^3 - \phantom{xx} 3aa\,zz - (3/2)a^3\big|z - \phantom{xx}(1/4)a^4 \\
\phantom{xxxxxx} + \phantom{xxx} 2aa\big|zz + \phantom{xx} 2a^3 + (1/2)a^4 \\
\phantom{xxxxxx} - \phantom{xxxx} cc\big| - \phantom{xx} acc - (1/4)aacc \\
\phantom{xxxxxxxxxxxxxxxxxxx} - \phantom{xx} 2a^3 \phantom{xx} - a^4 \\
\phantom{xxxxxxxxxxxxxxxxxxxxxxxxxxxxxx} + a^4 \\
\hline
z^4 \phantom{xx} * \phantom{xx} + (1/2)aa\big| - \phantom{xx} a^3\big| + (5/16)a^4 \\
\phantom{xxxxxxxxxxxxxxxx} zz \phantom{xxxxxxxx} z \phantom{xxxxxxxxxxxx} = 0, \\
\phantom{xxxxxxxxx} - \phantom{xxxx} cc\big| - \phantom{xx} acc\big| - (1/4)aacc
\end{array}
$$

---

do tipo $y^3 + py + q = 0$. Depois disso, pensando $y$ como a soma de duas parcelas, $u$ e $v$, substituímos $y$ por $u + v$, de onde temos $y^3 + 3uvy$ $(u^3 + v^3) = 0$, por cuja comparação de seus termos com os da equação anterior, $y^3 + py + q = 0$, podemos afirmar que $u^3 + v^3 = -q$ e $u \cdot v = -p/3$; e, portanto, $u^3 + v^3 = -q$ e $u^3 \cdot v^3 = -p^3/27$ representam a soma e o produto das duas raízes, $u^3$ e $v^3$, de uma equação do segundo grau como $w^2 + qw - p^3/27 = 0$, sendo $u^3 = w_1$ e $v^3 = w_2$. Feito isso, podem-se determinar as raízes, $w_1$ e $w_2$, dessa equação de segundo grau e, em seguida, os valores de $u$ e de $v$, e também de $y$, dado que $y = u + v$. Sendo esta uma das três raízes de $y^3 + py + q = 0$, para encontrarmos as outras duas, dividimos, conforme regra dada anteriormente, a equação pelo binômio formado pela incógnita menos a raiz, $(y - \alpha)$, sendo $(\alpha - y_1)$, cuja equação resultante de segundo grau fornece as outras duas raízes, $y_2$ e $y_3$. Fazendo $x = y - a/3$ para as três raízes de $y$, encontramos $x_1$, $x_2$ e $x_3$. Esse procedimento, aqui apresentado segundo a nossa (cartesiana) forma algébrica, sintetiza as etapas resolutivas elaboradas pelos autores citados.

e, se a seguir for encontrado o valor de *z*, adicionando-lhe (1/2)*a*, ter-se-á o valor de *x*.

A segunda coisa que terá adiante algum uso é que é sempre possível, com o aumento do valor das raízes verdadeiras em uma quantidade que seja maior do que a quantidade de qualquer uma das raízes falsas, fazer que se tornem todas verdadeiras, de modo que não existam dois sinais +, ou dois sinais −, que se sucedam, e, além disso, que a quantidade conhecida do terceiro termo seja maior do que o quadrado da metade da quantidade do segundo.[79] Pois, embora isso se faça quando essas raízes falsas são desconhecidas, é fácil, contudo, // estimar aproximadamente sua grandeza, tomando uma quantidade que as exceda tanto ou mais do que o requerido para esse efeito. Por exemplo, quando se tem

$$x^6 + nx^5 - 6nnx^4 + 36n^3x^3 - 216n^4x^2 + 1296n^5x - 7776n^6 = 0,$$

fazendo $y - 6n = x$, encontrar-se-á

$$\begin{array}{rrrrrrr}
y^6 - 36n|y^5 & +540nn|y^4 & -4320n^3|y^3 & +19440n^4|yy & -46656n^5|y & +46656n^6 \\
+ n & -30nn & +360n^3 & -2160n^4 & +6480n^5 & -7776n^6 \\
& -6nn & +144n^3 & -1296n^4 & +5184n^5 & -7776n^6 \\
& & +36n^3 & -648n^4 & +3888n^5 & -7776n^6 \\
& & & -216n^4 & +2592n^5 & -7776n^6 \\
& & & & +1296n^5 & -7776n^6 \\
& & & & & -7776n^6 \\
\hline
y^6 & -35ny^5 & +504nny^4 & -3780n^3y^3 & +15120n^4y^2 & -27216n^5y & * & = 0;
\end{array}$$

onde é evidente que 504*nn*, que é a quantidade conhecida do terceiro termo, é maior do que o quadrado de (35/2)*n*, que é a metade da quantidade do segundo termo. E não existe caso algum para o qual a quantidade com a qual se aumentam as raízes verdadeiras tenha necessidade, para esse efeito, de ser maior, em proporção às quantidades que são dadas, do que para este aqui.

Mas, porque ocorre que o último termo é aí nulo, quando não se quiser que isso aconteça, deve-se então aumentar por

---

Como se pode fazer que todas as raízes falsas de uma equação se tornem verdadeiras, sem que as raízes verdadeiras se tornem falsas

Como se faz que todos os

---

79 Técnica a ser utilizada mais adiante (p.463-5) para a resolução da equação geral de sexto grau.

|lugares de uma equação sejam preenchidos| pouco que seja o valor das raízes, e esse aumento não poderia ser tão pequeno que não fosse suficiente para esse efeito, não mais que quando se quiser aumentar o número de dimensões de alguma equação e fazer que todos os lugares desses termos sejam preenchidos. Por exemplo, quando se quiser, em vez de

$$x^5 **** - b = 0,$$

ter uma equação na qual a quantidade desconhecida tenha seis dimensões e da qual nenhum dos termos seja nulo, deve-se, primeiramente, em vez de

$$x^5 **** - b = 0,$$

// escrever

$$x^6 **** - bx * = 0,$$

e, a seguir, tendo feito $y - a = x$, ter-se-á

$$y^6 - 6ay^5 + 15aay^4 - 20a^3y^3 + 15a^4yy \begin{matrix} -6a^5y + a^6 \\ -by + ab \end{matrix} = 0,$$

onde é evidente que, por menor que seja suposta a quantidade $a$, todos os lugares da equação não deixam de ser preenchidos.

|Como se pode multiplicar ou dividir as raízes sem conhecê-las| Além disso, sem conhecer o valor das raízes verdadeiras de uma equação, todas elas podem ser multiplicadas ou divididas por qualquer quantidade conhecida que se queira. Isso se faz supondo que a quantidade desconhecida, sendo multiplicada ou dividida pela quantidade que deve multiplicar ou dividir as raízes, seja igual a alguma outra quantidade; a seguir, multiplicando ou dividindo a quantidade conhecida do segundo termo por essa mesma quantidade que deve multiplicar ou dividir as raízes, e aquela do terceiro termo por seu quadrado, e aquela do quarto termo por seu cubo, e assim até o último.

|Como reduzir os números fracionários de| Isso pode servir para reduzir, a números inteiros e racionais, as frações e também, amiúde, os números irracionais que se en-

contram nos termos das equações. Por exemplo, quando se tiver a equação

$$x^3 - \sqrt{3}xx + (26/27)x - 8/27\sqrt{3} = 0,$$

e se desejar, em seu lugar, ter outra em que todos os termos se expressem por números racionais, deve-se supor $y = x\sqrt{3}$ e multiplicar por $\sqrt{3}$ // a quantidade conhecida do segundo termo, a qual é também $\sqrt{3}$, e, por seu quadrado, que é 3, multiplicar a quantidade do terceiro termo, que é 26/27, e, por seu cubo, que é $3\sqrt{3}$, multiplicar a quantidade do último termo, que é $8/27\sqrt{3}$. O que faz

$$y^3 - 3yy + (26/9)y - 8/9 = 0.$$

A seguir, quando, no lugar desta última, se quiser ainda ter outra em que as quantidades conhecidas não se expressem senão por números inteiros, deve-se supor $z = 3y$ e, multiplicando 3 por 3, 26/9 por 9 e 8/9 por 27, encontra-se

$$z^3 - 9zz + 26z - 24 = 0,$$

na qual, sendo as raízes 2, 3 e 4, conhece-se disso que as raízes da equação anterior eram 2/3, 1 e 4/3, e que as raízes da primeira equação eram $(2/9)\sqrt{3}$, $(1/3)\sqrt{3}$ e $(4/9)\sqrt{3}$.

Essa operação pode servir também para tornar a quantidade conhecida de qualquer um dos termos da equação igual a alguma outra quantidade dada. Como, se, tendo

$$x^3 * - bbx + c^3 = 0,$$

quiser-se em vez dela outra equação, na qual a quantidade conhecida do termo que ocupa o terceiro lugar, a saber, a quantidade que é aqui $bb$, seja $3aa$, deve-se supor $y = x\sqrt{3aa/bb}$ e a seguir escrever

$$y^3 * - 3aay + (3a^3c^3/b^3)\sqrt{3} = 0.$$

*Discurso do método & Ensaios*

**Que as raízes, tanto as verdadeiras quanto as falsas, podem ser reais ou imaginárias**

Entretanto, tanto as raízes verdadeiras quanto as falsas não são sempre reais, mas algumas vezes somente imaginárias, isto é, sempre é possível imaginar tantas raízes quantas eu disse para cada equação, embora não exista, por vezes, quantidade alguma que // corresponda às quantidades imaginadas. Por exemplo, ainda que seja possível imaginar três raízes na equação

$$x^3 - 6xx + 13x - 10 = 0,$$

não existe, entretanto, senão uma única raiz real, que é 2, e, para as outras duas raízes, por mais que sejam aumentadas ou diminuídas ou multiplicadas, da maneira que acabo de explicar, somente seria possível torná-las imaginárias.

**A redução das equações cúbicas, quando o problema é plano**

Ora, quando, para encontrar a construção de algum problema, chega-se a uma equação na qual a quantidade desconhecida tem três dimensões, primeiramente, se as quantidades conhecidas que aí estão presentes contêm alguns números fracionários, deve-se reduzi-los a outros inteiros por meio da multiplicação já explicada. E, se elas contêm números irracionais, deve-se também reduzi-los, tanto quanto possível, a outros números racionais, seja por meio dessa mesma multiplicação, seja por diversos outros meios, os quais são bem fáceis de encontrar. A seguir, examinando ordenadamente todas as quantidades que podem dividir sem fração o último termo, deve-se ver se alguma delas, unida à quantidade desconhecida pelo sinal + ou −, pode compor um binômio que divide toda a soma. E, se isso acontece, o problema é plano, isto é, pode ser construído com régua e compasso. Pois, ou a quantidade conhecida desse binômio é a raiz procurada, ou então a equação, sendo dividida por ele, reduz-se a duas dimensões, de modo que depois é possível encontrar a raiz por meio do que foi dito no Primeiro Livro.

Por exemplo, quando se tiver

$$y^6 - 8y^4 - 124y^2 - 64 = 0,$$

// o último termo, que é 64, pode ser dividido sem fração por 1, 2, 4, 8, 16, 32 e 64. É por isso que se deve examinar ordenadamente se essa equação não pode ser dividida por algum dos binômios: *yy* − 1 ou *yy* + 1, *yy* − 2 ou *yy* + 2, *yy* − 4 etc.; e descobre-se que ela pode ser dividida por *yy* − 16, da seguinte maneira:

$$\begin{array}{r}+y^6 - 8y^4 - 124yy - 64 = 0 \\ \underline{-1y^6 - 8y^4 - 4yy} \\ 0 \quad -16y^4 - 128yy - 16 \\ \underline{16 \quad 16} \\ +y^4 + 8yy + 4 = 0\end{array}$$

Começo pelo último termo e divido −64 por −16, o que faz +4, que escrevo no quociente. A seguir, multiplico +4 por +*yy*, o que faz +4*yy*, eis por que escrevo −4*yy* na soma que é preciso dividir, pois deve-se sempre escrever o sinal + ou − de modo contrário àquele que a multiplicação produz, e, juntando −124*yy* com −4*yy*, obtenho −128*yy*, que divido novamente por −16, e obtenho +8*yy* para pôr no quociente. E, multiplicando este último por *yy*, obtenho −8*y*⁴ para juntar ao termo que se deve dividir, o qual é também −8*y*⁴, e esses dois reunidos fazem −16*y*⁴, que divido por −16. Disso resulta +1*y*⁴ para o quociente, e −1*y*⁶ para juntar com +1*y*⁶, o que faz 0, e mostra que a divisão está concluída. Mas, se restasse alguma quantidade, ou seja, se não fosse possível dividir sem fração algum dos termos precedentes, ter-se-ia reconhecido não ser possível que ela seja feita.

A maneira de dividir uma equação por um binômio que contém sua raiz

// Do mesmo modo, quando se tiver

$$y^6 \left.\begin{array}{c}+aa\\-2cc\end{array}\right\} y^4 \left.\begin{array}{c}-a^4\\+c^4\end{array}\right\} yy \left.\begin{array}{c}-a^6\\-2a^4cc\\-aac^4\end{array}\right\} = 0,$$

o último termo pode ser dividido sem fração por *a*, *aa*, *aa* + *cc*, *a*³ + *acc* e outros semelhantes. Mas não há senão dois deles que devem ser considerados, a saber, *aa* e *aa* + *cc*, pois os outros, dando ao quociente mais ou menos dimensões do que as que existem na quantidade conhecida do penúltimo termo, impediriam que a divisão pudesse ser feita. E notai que não conto aqui as dimensões de $y^6$ senão como sendo três, porque não existe $y^5$ nem $y^3$ nem $y$ em toda a soma. Ora, examinado o binômio $yy - aa - cc = 0$, encontra-se que a divisão pode ser feita por ele da seguinte maneira:

$$
\begin{array}{r}
\phantom{-}y^6 \begin{array}{l} + aa \\ - 2cc \end{array} \quad y^4 \begin{array}{l} - a^4 \\ + c^4 \end{array} \quad yy \begin{array}{l} - a^6 \\ - 2a^4cc \\ - aac^4 \end{array} = 0. \\
\underline{-y^6 \begin{array}{l} -2aa \\ +cc \end{array} \quad \phantom{y^4}\begin{array}{l} -a^4 \\ -aacc \end{array} \quad \phantom{yy}\begin{array}{l} -aa - cc \end{array}} \\
0 \quad \underline{-aa - cc} \quad \underline{-aa - cc} \\
+ y^4 \quad \begin{array}{l}+2aa\\-cc\end{array} \quad yy \begin{array}{l}+a^4\\+aacc\end{array} = 0,
\end{array}
$$

o que mostra que a raiz procurada é $aa + cc$. E é fácil fazer a prova pela multiplicação.

**Quais problemas são sólidos, quando a equação é cúbica**

Mas, quando não se encontra binômio algum que possa assim dividir toda a soma da equação proposta, é certo que o problema que dela depende é // sólido. E não é um erro menor, depois disso, tentar construí-lo empregando unicamente círculos e linhas retas do que seria empregar seções cônicas para construir aqueles problemas para os quais são necessários somente círculos, pois, afinal, tudo o que testemunha alguma ignorância chama-se erro.[80]

---

80 Descartes se refere aqui ao segundo erro indicado, no início do Terceiro Livro, nas p.433-4. Um problema impõe requisitos mínimos; se não forem respeitados, peca-se por insuficiência. Contrariamente aos intérpretes que consideram como "óbvio" o preceito daí decorrente, parece-nos que esse segundo preceito enfatiza, ainda mais, o fato de que é o problema que impõe as condições de sua resolubilidade. Querer resolver um problema por meio de uma curva mais simples do que a mínima exigida é querer resolver um problema sem considerá-lo adequadamente, é confundir simplicidade resolutiva com simplicidade do objeto. Descartes não concede imediatamente independência às equações e aos objetos geométricos em relação aos problemas. Os preceitos emergentes dos dois erros a serem evitados tampouco deixarão de ter "consequências" no pensamento cartesiano posterior. Uma causa (entendida como razão produtiva e explicativa de um efeito), embora

*A geometria*

Que, quando se tem uma equação cuja quantidade desconhecida tem quatro dimensões, deve-se, da mesma maneira, depois de ter tirado os números irracionais e fracionários, se eles existirem, ver se é possível encontrar algum binômio que divida toda a soma, compondo-o de uma das quantidades que dividem sem fração o último termo. E, se um binômio for encontrado, então ou a quantidade conhecida desse binômio é a raiz procurada ou, pelo menos, depois dessa divisão, não restarão na equação mais do que três dimensões, após o que é preciso examiná-la novamente da mesma maneira. Mas, quando não se encontra tal binômio, deve-se, aumentando ou diminuindo o valor da raiz, eliminar o segundo termo da soma da maneira que se acaba de explicar e, a seguir, reduzi-la a outra equação que contenha somente três dimensões. O que se faz da seguinte maneira:[81]

em vez de $+x^4 \quad * \quad .pxx \ .qx \ .r = 0$

deve-se escrever $+y^6 .2py^4 \left.\begin{array}{l}+pp \\ .4r\end{array}\right\} yy - qq = 0.$

A redução das equações que têm quatro dimensões, quando o problema é plano. E quais são os problemas sólidos

---

possa ser eminente (ser mais excelente do que seu efeito), precisa ser, em princípio, apenas formal (tão excelente quanto o efeito). Ora, é o efeito (problema) que determina o mínimo que deve ser exigido à causa (solução), visto que esta poderia ser "mais excelente" que o efeito. A relação causal constitutiva da inteligibilidade de algo – este algo entendido necessariamente como efeito, pois tudo é efeito, visto que "não há coisa existente da qual não se possa perguntar qual a causa" (cf. Axioma I, da *Exposição geométrica* das *Segundas Respostas*, AT, IX, p.127) – é paralela à relação resolutiva de um problema. Da mesma forma que um problema impõe condições mínimas para poder ser solucionado, um efeito exige da causa um grau mínimo de realidade para causá-lo (uma causa formal): por mais que uma causa *possa* ser eminente e por mais que haja casos que ela *seja* eminente (Deus), a inteligibilidade de algo exige apenas uma causa formal para a compreensão e produção do efeito. Como se pode ver, para a resolução de um problema ou para a compreensão de algo, o primeiro erro é um erro de superabundância, ao passo que o segundo é uma questão de insuficiência.

81 Um ponto (·) em uma equação corresponde ao sinal atual ±.

E quanto aos sinais + ou −, que omiti, se existia +$p$ na primeira equação, deve-se colocar +2$p$ na segunda, ou, se existia −$p$, deve-se colocar −2$p$; e, ao contrário, se existia +$r$, deve-se colocar −4$r$, ou, se // existia −$r$, deve-se colocar +4$r$; e, se existisse +$q$ ou −$q$, deve-se sempre colocar −$qq$ e +$pp$, pelo menos quando se supõe que $x^4$ e $y^6$ são marcados pelo sinal +, pois seria totalmente o contrário quando estivessem marcados pelo sinal −.

Por exemplo, quando se tem

$$+x^4 * - 4xx - 8x + 35 = 0,$$

deve-se escrever em seu lugar

$$y^6 - 8y^4 - 124yy - 64 = 0,$$

pois, sendo −4 a quantidade que nomeei $p$, deve-se colocar −8$y^4$ no lugar de 2$py^4$, e, sendo 35 a que nomeei $r$, deve-se colocar $\genfrac{}{}{0pt}{}{+16}{-140}yy$, isto é, −124$yy$, no lugar de $\genfrac{}{}{0pt}{}{+pp}{-4r}yy$, e, enfim, sendo $q$ igual a 8, deve-se colocar −64 no lugar de −$qq$.

Do mesmo modo,

$$\text{em vez de } +x^4 * - 17xx - 20x - 6 = 0,$$
$$\text{deve-se escrever } +y^6 - 34y^4 + 313yy - 400 = 0,$$

pois 34 é o dobro de 17, e 313 é seu quadrado adicionado ao quádruplo de 6, e 400 é o quadrado de 20.

Do mesmo modo,

$$\text{em vez de } +z^4 * \genfrac{}{}{0pt}{}{+(1/2)aa}{-cc}zz \genfrac{}{}{0pt}{}{-a^3}{-acc}z \genfrac{}{}{0pt}{}{+(5/16)a^4}{-(1/4)aacc} = 0,$$

$$\text{deve-se escrever } +y^6 \genfrac{}{}{0pt}{}{+aa}{-2cc}y^4 \genfrac{}{}{0pt}{}{-a^4}{+c^4}yy \genfrac{}{}{0pt}{}{-a^6}{-2a^4cc \atop -aac^4} - 2a^4cc = 0,$$

pois $p$ é $+(1/2)aa - cc$, $pp$ é $(1/4)a^4 - aacc + c^4$, 4$r$ é $-(5/4)a^4 + aacc$, e, enfim, $-qq$ é $-a^6 - 2a^4cc - aac^4$.

**459** // Após a equação ter sido assim reduzida a três dimensões, deve-se procurar o valor de *yy* pelo método já explicado, e se esse valor não puder ser encontrado, não se tem a necessidade de ir adiante, pois disso se segue, infalivelmente, que o problema é sólido. Mas, se esse valor for encontrado, pode-se dividir por seu meio a primeira equação em duas outras, em cada uma das quais a quantidade desconhecida terá somente duas dimensões e cujas raízes serão as mesmas que as suas. A saber, em vez de

$$+x^4 * .pxx .qx .r = 0,$$

devem-se escrever estas duas outras equações:

$$+ xx - yx + (1/2)yy .(1/2)p .(q/2y) = 0$$
$$e + xx + yx + (1/2)yy .(1/2)p .(q/2y) = 0.$$

E, quanto aos sinais + e −, que omiti, se existe +*p* na primeira equação, deve-se colocar + (1/2)*p* em cada uma delas, e deve-se colocar − (1/2)*p*, se existe −*p* na outra. Mas deve-se colocar + *q*/2*y* na equação em que existe −*yx*, e colocar − *q*/2*y* naquela em que existe +*yx*, quando existe +*q* na primeira equação. E, ao contrário, se existe −*q*, deve-se colocar − *q*/2*y* na equação em que existe −*yx*, e + *q*/2*y* na qual existe +*yx*. Depois disso, é fácil conhecer todas as raízes da equação proposta e, por conseguinte, construir o problema do qual ela contém a solução, empregando somente círculos e linhas retas.

Por exemplo, porque, fazendo

$$y^6 - 34y^4 + 313yy - 400 = 0$$
$$\text{para } x^4 \quad * \quad - 17xx - 20x - 6 = 0,$$

**460** // encontra-se que *yy* é 16, deve-se, em vez da equação

$$x^4 * - 17xx - 20x - 6 = 0,$$

escrever estas duas outras

$$+xx - 4x - 3 = 0$$

$$e + xx + 4x + 2 = 0,$$

pois $y$ é 4, $(1/2)yy$ é 8, $p$ é 17 e $q$ é 20, de modo que

$$+ (1/2)yy - (1/2)p - q/2y \text{ faz } -3,$$

$$e + (1/2)yy - (1/2)p + q/2y \text{ faz } +2.$$

E, extraindo as raízes dessas duas equações, encontram-se as mesmas raízes que se elas fossem extraídas da equação em que está $x^4$, a saber, encontra-se uma raiz verdadeira, que é $\sqrt{7} + 2$, e três raízes falsas, que são

$$\sqrt{7} - 2, 2 + \sqrt{2} \text{ e } 2 - \sqrt{2}.$$

Assim, tendo

$$x^4 * - 4xx - 8x + 35 = 0,$$

porque a raiz de

$$y^6 - 8y^4 - 124yy - 64 = 0$$

é novamente 16, deve-se escrever

$$xx - 4x + 5 = 0$$

$$e\ xx + 4x + 7 = 0.$$

Pois, aqui,

$$+ (1/2)yy - (1/2)p - q/2y \text{ faz } 5$$

$$e + (1/2)yy - (1/2)p + q/2y \text{ faz } 7.$$

// E porque não se encontra raiz alguma, nem verdadeira nem falsa, nestas duas últimas equações, disso se conhece que as quatro raízes da equação da qual elas procedem são imaginárias e que o problema pelo qual ela foi encontrada é, por sua natureza, plano, mas que ele não poderia de maneira alguma ser construído, porque as quantidades dadas não podem ser somadas.

Similarmente, tendo

$$z^4 * \begin{Bmatrix} +(1/2)aa \\ - cc \end{Bmatrix} zz \begin{Bmatrix} -a^3 \\ -acc \end{Bmatrix} z \begin{Bmatrix} +(5/16)a^4 \\ -(1/4)aacc \end{Bmatrix} = 0,$$

porque se encontra $aa + cc$ para $yy$, deve-se escrever

$$zz - \sqrt{aa+cc}\, z + (3/4)aa - (1/2)a\sqrt{aa+cc} = 0$$

e $$zz + \sqrt{aa+cc}\, z + (3/4)aa + (1/2)a\sqrt{aa+cc} = 0.$$

Pois $y$ é $\sqrt{aa+cc}$, e $+(1/2)yy + (1/2)p$ é $(3/4)aa$, e $q/2y$ é $(1/2)a\sqrt{aa+cc}$. Do que se conhece que o valor de $z$ é

$$(1/2)\sqrt{aa+cc} + \sqrt{-(1/2)aa + (1/4)cc + (1/2)a\sqrt{aa+cc}},$$

ou

$$(1/2)\sqrt{aa+cc} - \sqrt{-(1/2)aa + (1/4)cc + (1/2)a\sqrt{aa+cc}}.$$

E, porque fizemos anteriormente $z + (1/2)a = x$, descobrimos que a quantidade $x$, para o conhecimento do qual fizemos todas essas operações, é

$$+(1/2)a + \sqrt{(1/4)aa + (1/4)cc} - \sqrt{(1/4)cc - (1/2)aa + (1/2)a\sqrt{aa+cc}}.$$

Mas, a fim de que se possa melhor conhecer a utilidade // dessa regra, é preciso que eu a aplique a algum problema.

Exemplo do uso dessas reduções

Sendo dados o quadrado *AD* e a linha *BN*, se é preciso prolongar o lado *AC* até *E*, de modo que *EF*, traçada de *E* para *B*, seja

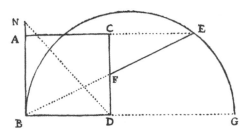

igual a *NB*, aprende-se de Pappus que,[82] tendo inicialmente prolongado *BD* até *G*, de modo que *DG* seja igual a *DN*, e tendo descrito um círculo cujo diâmetro seja *BG*, se a linha reta *AC* for prolongada, ela encontrará a circunferência desse círculo no ponto *E*, que é o que se pediu. Mas, para aqueles que não conhecem essa construção, ela seria muito difícil de ser encontrada e, procurando-a pelo método aqui proposto, eles jamais pensariam em tomar *DG* como a quantidade desconhecida, mas, antes, *CF* ou *FD*, porque são elas que conduzem mais facilmente à equação, e então eles encontrariam uma equação que não seria fácil de desmembrar sem a regra que acabo de explicar. Pois, pondo *a* no lugar de *BD*, ou de *CD*, *c* no lugar de *EF* e *x* no lugar de *DF*, tem-se $CF = a - x$, e assim como *CF*, ou $a - x$, está para *FE*, ou *c*, assim também *FD*, ou *x*, está para *BF*, o qual, consequentemente, é $cx/(a-x)$. A seguir, por causa do triângulo retângulo *BDF*, do qual um dos lados é *x* e o outro é *a*, seus quadrados, que são $xx + aa$, são iguais ao quadrado da base, que é $ccxx/(xx - 2ax + aa)$ de modo que, multiplicando o todo por $xx - 2ax + aa$, encontra-se que a equação é

$$x^4 - 2ax^3 + 2aaxx - 2a^3x + a^4 = ccxx,$$

// ou

$$x^4 - 2ax^3 + \genfrac{}{}{0pt}{}{+2aa}{-cc} xx - 2a^3x + a^4 = 0.$$

E chega-se ao conhecimento, pelas regras precedentes, que sua raiz, que é o comprimento da linha *DF*, é

$$(1/2)a + \sqrt{(1/4)aa + (1/4)cc} - \sqrt{(1/4)cc - (1/2)aa + (1/2)a\sqrt{aa+cc}}.$$

---

82 Trata-se da Proposição 72 do Livro VII da Coleção de Pappus (cf. Pappus, 1982, II, p.606-8).

E se fosse posta *BF* ou *CE* ou *BE* para a quantidade desconhecida, chegar-se-ia novamente a uma equação em que existiriam quatro dimensões, mas a qual seria mais fácil de desmembrar, e a ela chegar-se-ia muito facilmente, ao passo que, se fosse *DG* a ser suposta, chegar-se-ia muito mais dificilmente à equação, mas também ela seria muito simples. O que ressalto aqui para advertir-vos de que, quando o problema proposto não é sólido, se, ao investigá-lo por um caminho, chega-se a uma equação muito composta, pode-se comumente chegar a uma mais simples procurando-a por outro caminho.

Poderia acrescentar ainda diversas regras para desmembrar as equações que vão até o cubo ou até o quadrado do quadrado, mas elas seriam supérfluas, pois, quando os problemas são planos, sempre é possível encontrar a construção pelas regras já dadas.

Eu poderia também acrescentar outras regras para as equações que chegam até o supersólido, ou até o quadrado do cubo, ou até mais ainda, mas prefiro, antes, que todas as regras estejam contidas em uma única e dizer em geral que, // quando se tenta reduzi-las à mesma forma das equações que, tendo o mesmo tanto de dimensões, vêm da multiplicação de duas outras que possuem menos dimensões, e quando, tendo enumerado todos os meios pelos quais essa multiplicação é possível, a coisa não teve êxito por nenhum deles, então se deve estar seguro de que essas equações não poderiam ser reduzidas a outras mais simples. De modo que, se a quantidade desconhecida tem três ou quatro dimensões, o problema pelo qual ela é procurada é sólido, e se a quantidade desconhecida tem cinco ou seis dimensões, ele é de um grau mais composto, e assim por diante.

*Regra geral para reduzir as equações que ultrapassam o quadrado do quadrado*

Contudo, omiti aqui as demonstrações da maior parte do que eu disse, porque elas me pareceram tão fáceis que se vos apresentarão por si mesmas, contanto que vos esforceis em examinar metodicamente se cometi erros, e será mais útil aprendê-las dessa maneira do que as lendo.

Ora, quando se está seguro de que o problema proposto é sólido, seja porque a equação pela qual ele é procurado chega até o

*Maneira geral de construir todos*

*os problemas sólidos reduzidos a uma equação de três ou quatro dimensões*

quadrado do quadrado, seja porque ela chega somente até o cubo, sempre é possível encontrar a raiz por uma das três seções cônicas, qualquer que seja, ou mesmo por alguma parte de uma delas, uma parte tão pequena quanto possa ser, sem servir-se de algo mais senão de linhas retas e de círculos. Mas contentar-me-ei aqui em dar uma regra geral para encontrar todas as raízes por meio de uma parábola, porque ela é, de algum modo, a mais simples.

Primeiramente, deve-se eliminar o segundo termo da equação, se ele já não é nulo, e, assim, reduzi-la à seguinte forma

$$z^3 = * .apz.aaq,$$

// se a quantidade desconhecida tiver somente três dimensões; ou a esta outra forma

$$z^4 = * .apzz.aaqz.a^3r,$$

se ela tiver quatro; ou ainda, tomando *a* como a unidade,

a esta forma $z^3 = * .pz.q$

e a esta $z^4 = * .pzz.qz.r.$

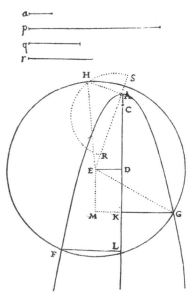

Depois disso, supondo que a parábola *FAG* já foi descrita e que seu eixo é *ACDKL*, e que seu lado reto é *a*, ou 1, do qual *AC* é a metade, e enfim, que o ponto *C* está no interior dessa parábola e que A está no vértice, então deve-se fazer $CD = (1/2)p$ e tomá-la do mesmo lado em que está o ponto *C* em relação ao ponto *A*, se existir $+p$ na equação, mas, se existir $-p$, deve-se tomá-la do outro lado. E, a partir do ponto *D*, ou, se a quantidade *p* for nula, a partir do ponto C, deve-se elevar uma linha em ângulos retos até E, de modo que ela seja igual a $(1/2)q$. E, enfim, // do centro E, deve-se descrever o círculo FG, cujo semidiâmetro seja AE, se a equação for somente cúbica, de modo que a quantidade r seja nula. Mas, quando existir $+r$, deve-se tomar, nessa linha AE prolongada, de um lado, AR igual a r e, do outro lado, AS igual ao lado reto da parábola, que é 1, e tendo descrito um círculo cujo

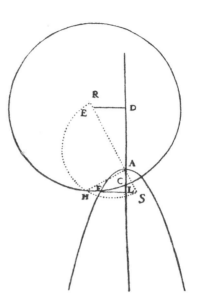

diâmetro seja RS, deve-se fazer AH perpendicular sobre AE e que AH encontre o círculo RHS no ponto H, que é o ponto pelo qual o outro círculo FHG deve passar. E, quando existir $-r$, deve-se,

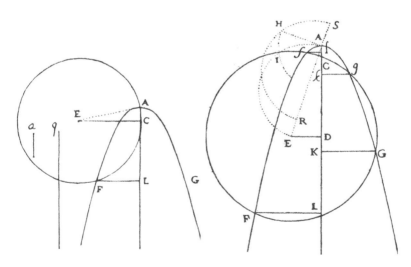

depois de ter assim encontrado a linha AH, // inscrever AI, a qual lhe seja igual, em outro círculo cujo diâmetro seja AE, e, então, é pelo ponto I que deve passar FIG, o primeiro círculo procurado.

Ora, esse círculo *FG* pode cortar ou tocar a parábola em um, dois, três ou quatro pontos, dos quais, traçando perpendiculares sobre o eixo, tem-se todas as raízes da equação, tanto as verdadeiras quanto as falsas. A saber, se a quantidade $q$ é marcada com o sinal +, as raízes verdadeiras serão aquelas dentre as perpendiculares, tal como *FL*, que se encontrarão do mesmo lado da parábola onde está *E*, o centro do círculo, e as outras raízes, tal como *GK*, serão falsas. Mas, ao contrário, se essa quantidade $q$ é marcada com o sinal –, as raízes verdadeiras estarão do outro lado, e as falsas, ou menores que nada, estarão do lado onde está E, o centro do círculo. E, enfim, se esse círculo não corta nem toca a parábola em ponto algum, isso testemunha que não existem raízes verdadeiras nem falsas na equação e que todas elas são imaginárias. De modo que essa regra é a mais geral e completa que seja possível desejar.

E a demonstração é muito fácil. Pois, se a linha *GK*, encontrada por essa construção, for nomeada $z$, *AK* será $zz$, por causa da parábola, na qual *GK* deve ser a média proporcional entre *AK* e o lado reto, que é 1. A seguir, se de *AK* retiro *AC*, que é 1/2, e *CD*, que é $(1/2)p$, resta *DK* ou *EM*, que é $zz - (1/2)p - 1/2$, cujo quadrado é

$$z^4 - pzz - zz + (1/4)pp + (1/2)p + 1/4,$$

// e porque *DE*, ou *KM*, é $(1/2)q$, a linha toda *GM* é $z + (1/2)q$, cujo quadrado é

$$zz + qz + (1/4)qq,$$

e, juntando esses dois quadrados, tem-se

$$z^4 - pzz + qz + (1/4)qq + (1/4)pp + (1/2)p + 1/4$$

para o quadrado da linha *GE*, porque ela é a base do triângulo retângulo *EMG*.

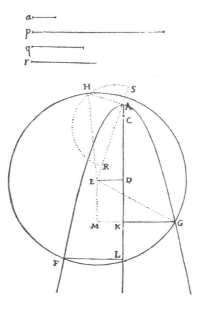

Mas porque essa mesma linha GE é o semidiâmetro do círculo FG, ela pode ainda ser explicada em outros termos. A saber,

Se ED é $(1/2)q$ e AD é $(1/2)p + 1/2$,

EA é $\sqrt{(1/4)qq + (1/4)pp + (1/2)p + 1/4}$,

**469** // por causa do ângulo reto ADE. A seguir, sendo HA a média proporcional entre AS, que é 1, e AR, que é r, HA é $\sqrt{r}$, e, por causa do ângulo reto EAH, o quadrado de HE, ou de EG, é

$(1/4)qq + (1/4)pp + (1/2)p + 1/4 + r,$

de modo que existe uma equação entre essa soma e a precedente, o que é o mesmo que

$$z^4 = {}^{*} pzz - qz + r;$$

e, por conseguinte, a linha encontrada GK, que foi nomeada z, é a raiz dessa equação, como devia ser demonstrado. Se aplicardes

*Discurso do método & Ensaios*

esse mesmo cálculo a todos os outros casos dessa regra, mudando os sinais + e − segundo a ocasião, vós mesmos encontrareis o resultado da mesma maneira, sem que seja necessário que eu nisso me detenha.

*A descoberta de duas médias proporcionais*

Se, portanto, seguindo essa regra, for requerido encontrar duas médias proporcionais entre as linhas *a* e *q*, todos sabem que, pondo *z* como uma delas, assim como *a* está para *z*, assim também *z* está para *zz/a* e *zz/a* está para $z^3/aa$, de modo que existe uma equação entre *q* e $z^3/aa$, isto é,

$$z^3 = {}^{**} aaq.$$

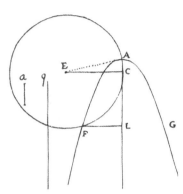

E, tendo sido descrita a parábola *FAG* com a parte de seu eixo *AC*, que é $(1/2)a$, a metade do lado reto, deve-se, do ponto *C*, elevar a perpendicular *CE* igual a $(1/2)q$, e, descrevendo do centro *E*, por *A*, o círculo *AF*, // encontra-se *FL* e *LA* como as duas médias procuradas.

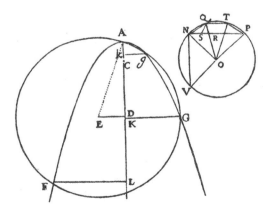

*A maneira de dividir um ângulo em três*

Do mesmo modo, quando se quer dividir o ângulo *NOP*, ou ainda, o arco ou a porção de círculo *NQTP*, em três partes iguais, fazendo *NO* = 1 para o raio do círculo, *NP* = *q* para a corda subtendida ao arco dado e $NQ = z$ para a corda subtendida à terça parte desse arco, a equação resulta

$$z^3 = * 3z - q.$$

Pois, tendo traçado as linhas $NQ$, $OQ$ e $OT$ e fazendo $QS$ paralela a $TO$, vê-se que, assim como $NO$ está para $NQ$, $NQ$ está para $QR$ e $QR$ está para $RS$, de modo que, $NO$ sendo 1 e $NQ$ sendo $z$, $QR$ é $zz$ e $RS$ é $z^3$. E porque falta somente $RS$ ou $z^3$ para que a linha $NP$, que é $q$, seja o triplo de $NQ$, que é $z$, tem-se

$$q = 3z - z^3, \text{ ou ainda, } z^3 = * 3z - q.$$

A seguir, tendo sido descrita a parábola $FAG$ e sendo $CA$, a metade de seu lado reto principal, igual a 1/2, se for tomada $CD = 3/2$ e a perpendicular $DE = (1/2)q$, e se, do centro $E$, por $A$, for descrito o círculo $FAgG$, ele cortará essa parábola nos três pontos $F$, $g$ e $G$, sem contar o ponto // $A$, que é o vértice. Isso mostra que existem três raízes nessa equação, a saber, as duas, $GK$ e $gk$, que são verdadeiras, e a terceira que é falsa, a saber, $FL$. E, dentre essas duas raízes verdadeiras, é $gk$, a menor, que se deve tomar como a linha $NQ$ que era procurada. Pois a outra, $GK$, é igual a $NV$, a corda subtendida à terça parte do arco $NVP$, o qual completa o círculo com o outro arco $NQP$. E a falsa, $FL$, é igual a essas duas juntas, $QN$ e $NV$, como é fácil de ver pelo cálculo.

Seria supérfluo deter-me aqui para dar outros exemplos, pois todos os problemas que não são senão sólidos podem ser reduzidos a tal ponto que não se tem necessidade alguma dessa regra para construí-los, exceto enquanto ela serve para encontrar duas médias proporcionais ou, ainda, para dividir um ângulo em três partes iguais; assim conhecereis, ao considerar que suas dificuldades podem sempre estar contidas em equações que não vão senão até o quadrado do quadrado ou até o cubo, e que todas as equações que vão até o quadrado do quadrado reduzem-se ao quadrado por meio de algumas outras que vão somente até o

Que todos os problemas sólidos podem ser reduzidos a essas duas construções cubo, e que, enfim, é possível eliminar o segundo termo dessas últimas. De modo que não existe equação alguma que não seja possível reduzir a alguma destas três formas:

$$z^3 = * - pz + q,$$
$$z^3 = * + pz + q,$$
$$z^3 = * + pz - q.$$

Ora, quando se tem $z^3 = * - pz + q$, a regra, cuja invenção Cardano // atribui a certo Scipio Ferreus,[83] ensina-nos que a raiz é    **472**

$$\sqrt{C. + (1/2)q + \sqrt{(1/4)qq + (1/27)p^3}} - \sqrt{C. - (1/2)q + \sqrt{(1/4)qq + (1/27)p^3}} \, ;$$

de modo que, quando se tem $z^3 = * + pz + q$ e que o quadrado da metade do último termo é maior do que o cubo da terça parte da quantidade conhecida do penúltimo termo, uma regra semelhante ensina-nos que a raiz é

$$\sqrt{C. + (1/2)q + \sqrt{(1/4)qq - (1/27)p^3}} + \sqrt{C. + (1/2)q - \sqrt{(1/4)qq - (1/27)p^3}} \, .$$

Do que parece que é possível construir todos os problemas cujas dificuldades reduzem-se a uma dessas duas formas, sem

---

83 Publicada por Cardano em sua *Ars magna* (1545), a resolução de uma equação cúbica foi objeto de um célebre episódio na matemática renascentista italiana, envolvendo suspeita de traição e disputa pela primazia da descoberta. Os principais personagens desse episódio foram Scipione del Ferro, Tartaglia, Cardano e Ferrari. Scipione del Ferro a teria elaborado em 1515 e Tartaglia, em 1535, ambos mantendo a demonstração em segredo. Três anos depois, em 1539, Tartaglia a mostra a Cardano sob juramento deste de não publicá-la. Contudo, em 1542, Cardano e Ferrari têm a permissão para examinar os manuscritos de del Ferro e, encontrando-a, sentem-se livres do juramento e publicam-na. Tartaglia, sentindo-se traído, inicia uma polêmica que acaba em debate público (realizado em agosto de 1548, no jardim da igreja Frati Zoccolanti em Milão) entre Tartaglia e Ferrari, e também na demissão de Tartaglia da Universidade de Brescia.

ter necessidade das seções cônicas para outra coisa que não seja extrair as raízes cúbicas de algumas quantidades dadas, isto é, para encontrar duas médias proporcionais entre essas quantidades e a unidade.

A seguir, quando se tem $z^3 = * + pz + q$ e o quadrado da metade do último termo não é maior do que o cubo de um terço da quantidade conhecida do penúltimo, supondo o círculo $NQPV$, cujo semidiâmetro $NO$ seja $\sqrt{(1/3)p}$, isto é, a média proporcional entre um terço da quantidade dada $p$ e a unidade, e supondo também que a linha $NP$ inscrita nesse círculo seja $3q/p$, isto é, que esteja para a outra quantidade dada, $q$, assim como a unidade está para um terço de $p$, deve-se somente dividir cada um dos dois arcos $NQP$ e $NVP$ em três partes iguais e ter-se-á $NQ$, a linha subtendida a um terço de um arco, // e $NV$, a linha subtendida a um terço do outro, as quais, tomadas conjuntamente, comporão a raiz procurada.

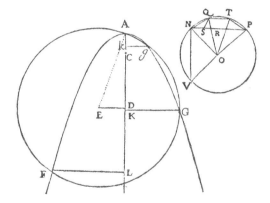

Enfim, quando se tem $z^3 = * pz - q$, supondo novamente o círculo $NQPV$, cujo raio $NO$ seja $\sqrt{(1/3)p}$ e a linha inscrita NP seja $3q/p$, então $NQ$, a linha subtendida a um terço do arco $NQP$, será uma das raízes procuradas, e $NV$, a linha subtendida a um terço do outro arco, será a outra raiz procurada. Ao menos se o quadrado da metade do último termo não for maior do que o cubo de um terço da quantidade conhecida do penúltimo, pois, se for maior, a linha NP não poderá ser inscrita no círculo, porque ela será mais comprida do que seu diâmetro. O que causará que as duas raízes verdadeiras dessa equação não sejam senão imaginárias e que não haja raízes reais, senão a falsa, a qual, segundo a regra de Cardano, seria

$$\sqrt{C. + (1/2)q + \sqrt{(1/4)qq - (1/27)p^3}} + \sqrt{C. + (1/2)q - \sqrt{(1/4)qq - (1/27)p^3}}.$$

*A maneira de expressar o valor de todas as raízes das equações cúbicas e, em seguida, de todas aquelas que não chegam senão até o quadrado do quadrado*

Contudo, deve-se considerar que essa maneira de // expressar o valor das raízes pela relação que elas têm com os lados de certos cubos, dos quais se conhece somente o volume, em nada é mais inteligível, nem mais simples, do que expressá-las pela relação que elas têm com as linhas subtendidas a certos arcos ou partes de círculos, cujo triplo é dado. De modo que todas as raízes das equações cúbicas que não podem ser expressas pelas regras de Cardano podem sê-lo tão ou mais claramente pela maneira aqui proposta.

Pois, por exemplo, quando se pensa conhecer a raiz desta equação

$$z^3 = * + pz + q,$$

porque se sabe que ela é composta de duas linhas, das quais uma é o lado de um cubo, cujo volume é $(1/2)q$ adicionado ao lado de um quadrado cuja área é novamente $(1/4)qq - (1/27)p^3$, e a outra é o lado de outro cubo, cujo volume é a diferença que existe entre $(1/2)q$ e o lado do quadrado cuja área é $(1/4)qq - (1/27)p^3$, que é tudo o que se aprende pela regra de Cardano, não há dúvida alguma de que se conhece tão ou mais distintamente a raiz desta equação

$$z^3 = * + pz - q,$$

considerando-a inscrita em um círculo cujo semidiâmetro é $\sqrt{(1/3)p}$ e sabendo que ela é a linha subtendida a um arco cujo triplo tem, como sua subtendida, a linha $3q/p$. E esses termos são muito menos complicados do que os outros, e eles se mostrarão muito mais curtos, quando se quiser usar algum símbolo particular para // expressar essas linhas subtendidas, tal como foi feito com o símbolo $\sqrt{C.}$ para expressar o lado dos cubos.

E pode-se também, a seguir, expressar as raízes de todas as equações que vão até o quadrado do quadrado pelas regras antes explicadas. De modo que não conheço nada mais desejável neste assunto. Pois, enfim, a natureza dessas raízes não permite que elas sejam expressas em termos mais simples, nem que sejam determinadas por alguma construção que seja, ao mesmo tempo, mais geral e mais fácil.

É verdade que eu ainda não disse sobre quais razões me apoio para ousar assim assegurar se uma coisa é ou não possível. Mas, se for dada atenção ao modo como, pelo método do qual me sirvo, tudo o que cai sob a consideração dos geômetras reduz-se a um mesmo gênero de problemas, que é o de procurar o valor das raízes de alguma equação, então bem julgar-se-á que não é difícil fazer uma enumeração de todas as vias pelas quais é possível encontrá--las, tal que seja suficiente para demonstrar que se escolheu a via mais geral e a mais simples. E particularmente quanto aos problemas sólidos, os quais eu disse que não podem ser construídos sem que se empregue alguma linha mais composta do que a circular, é coisa que pode ser facilmente encontrada a partir de que todos eles se reduzem a duas construções: em uma da quais é preciso ter conjuntamente todos os dois pontos que determinam duas médias proporcionais entre duas linhas dadas, e, na outra, os dois pontos que dividem em três partes iguais um arco dado. Pois, uma vez que a curvatura do círculo não depende senão de uma simples relação de todas as suas // partes com o ponto que lhes é o centro, tampouco é possível fazer uso dela senão para determinar um único ponto entre dois extremos, por exemplo, para encontrar uma média proporcional entre duas linhas retas dadas, ou para dividir em dois um arco dado. Ao passo que a curvatura das seções cônicas, dependendo sempre de duas coisas distintas, pode servir também para determinar dois pontos diferentes.

*Por que os problemas sólidos não podem ser construídos sem as seções cônicas, nem aqueles que são mais compostos, sem algumas outras linhas mais compostas*

*Discurso do método & Ensaios*

Mas, por essa mesma razão, é impossível que quaisquer dos problemas que são de um grau mais compostos do que os sólidos, e os quais pressupõem a determinação de quatro médias proporcionais ou a divisão de um ângulo em cinco partes iguais, possam ser construídos por alguma das seções cônicas. Eis por que creio fazer nisso o melhor que se possa, se eu der uma regra geral para construí-los, empregando a linha curva que se descreve pela intersecção entre uma parábola e uma linha reta, da maneira anteriormente explicada.[84] Pois ouso assegurar que não existe outra mais simples na natureza que possa servir para esse mesmo efeito, e vós vistes como ela segue imediatamente as seções cônicas nessa questão tão procurada pelos antigos, cuja solução ensina ordenadamente todas as linhas curvas que devem ser admitidas na geometria.

<small>Maneira geral de construir todos os problemas reduzidos a uma equação que não tem mais do que seis dimensões</small>

Vós já sabeis como, quando se procuram as quantidades requeridas para a construção desses problemas, eles podem sempre ser reduzidos a alguma equação que não vai senão até o quadrado do cubo, ou até o supersólido. Além disso, sabeis também como, aumentando o valor das raízes dessa equação, pode-se sempre fazer que todas elas se tornem verdadeiras // e, com isso, que a quantidade conhecida do terceiro termo seja maior do que o quadrado da metade da quantidade do segundo termo, e, enfim, sabeis como, se ela chegar somente até o supersólido, é possível fazê-la chegar até o quadrado do cubo e fazer que o lugar de cada um de seus termos não deixe de ser preenchido. Ora, a fim de que todas as dificuldades das quais aqui se trata possam ser resolvidas por uma mesma regra, desejo que se façam todas essas coisas e, por esse meio, que elas sejam reduzidas sempre a uma equação da seguinte forma:

$$y^6 - py^5 + qy^4 - ry^3 + syy - ty + v = 0,$$

---

84 Ver p.399-400 do Segundo Livro.

*A geometria*

e na qual a quantidade nomeada *q* seja maior do que o quadrado da metade da quantidade nomeada *p*.

Em seguida, tendo prolongado indefinidamente a linha BK para os dois lados e tendo traçado, do ponto B, a perpendicular *AB* cujo comprimento é (1/2)*p*, deve-se, em um plano separado, descrever uma parábola, por exemplo *CDF*, cujo lado reto principal seja $\sqrt{t/\sqrt{v} + q - (1/4)pp}$, que nomearei *n*, para abreviar. Após isso, deve-se colocar o

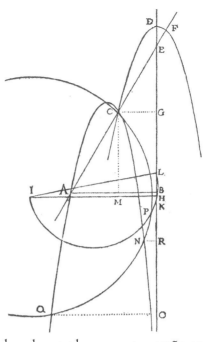

plano em que está essa parábola sobre o plano em que estão as linhas *AB* // e *BK*, de modo que seu eixo *DE* ajuste-se exatamente sobre a linha reta *BK*. E, tendo tomado a parte desse eixo que está entre os pontos *E* e *D* como igual a $2\sqrt{v/pn}$, deve-se aplicar sobre esse ponto *E* uma longa régua, de tal modo que, estando também aplicada sobre o ponto *A* do plano que está abaixo, ela permaneça sempre conjugada a esses dois pontos, enquanto se ergue ou abaixa a parábola ao longo da linha *BK*, sobre a qual seu eixo é aplicado. Por meio do que, a intersecção entre essa parábola e essa régua, que se fará no ponto *C*, descreverá a linha curva *ACN*, que é aquela que necessitamos empregar para a construção do problema proposto. Pois, após ela ter sido assim descrita, se for tomado o ponto *L* na linha *BK*, do lado para o qual está voltado o vértice da parábola, e se for feito *BL* igual a *DE*, isto é, igual a $2\sqrt{v/pn}$; a seguir, que do ponto *L* em direção a *B* seja tomada, na mesma linha *BK*, a linha *LH* igual a $t/2n\sqrt{v}$ e que do ponto *H*, assim encontrado, seja traçada, em ângulos retos, do lado em que está a curva *ACN*, a linha *HI* cujo comprimento seja $r/2nn + \sqrt{v}/nn + pt/4nn\sqrt{v}$, o qual, para abreviar, será nomeado *m/nn*; e, a seguir, tendo unido os pontos *L* e *I*, que se descreva o círculo *LPI* cujo diâmetro seja *IL* e que se inscreva nesse círculo a linha *LP* cujo comprimento seja $\sqrt{(s + p\sqrt{v})/nn}$; depois, enfim, do centro *I*, pelo ponto *P* assim encontrado, que se descreva o círculo *PCN*. Esse círculo cortará ou tocará a linha curva *ACN* em tantos pontos quantas forem as raízes da equação, de modo que as perpendiculares traçadas a partir desses pontos sobre a linha *BK*, tais como *CG*, *NR*, *QO* e // semelhantes, serão as raízes procuradas, sem que haja alguma exceção ou defeito nessa regra. Pois, se a quantidade *s* fosse tão grande em proporção às outras quantidades *p*, *q*, *r*, *t* e *v*, tal que a linha *LP* se mostrasse maior do que o diâmetro do círculo *IL*, de modo que ela não pudesse ser nele inscrita, então não existiria raiz alguma na equação proposta

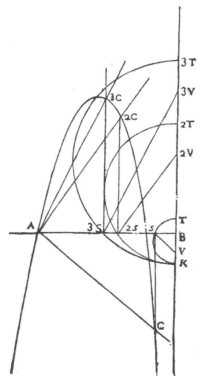

que não fosse imaginária. O mesmo ocorreria se o círculo *IP* fosse tão pequeno que não cortasse a curva *ACN* em ponto algum. E ele pode cortá-la em seis pontos diferentes, tanto quanto podem existir seis raízes diferentes na equação. Mas, quando ele a corta em menos pontos, isso mostra que existem algumas dessas raízes que são iguais entre si, ou ainda, que são somente imaginárias.

E se a maneira de traçar a linha *ACN* pelo movimento de uma parábola parecer-vos incômoda, é fácil encontrar vários outros meios para descrevê-la. Por exemplo, tendo as mesmas quantidades para *AB* e *BL* que anteriormente e, para *BK*, a mesma quantidade que havia sido posta para o lado reto principal da parábola, se for descrito o semicírculo // *KST* cujo centro seja tomado à discrição sobre a linha *BK*, de modo que ele corte em algum lugar a linha *AB*, tal como no ponto *S*; e, se for tomada, do ponto *T* onde ele termina, na direção de *K*, a linha *TV* igual a *BL*; a seguir, tendo traçado a linha *SV*, se for traçada, pelo ponto *A*, outra linha que lhe seja paralela, tal como *AC*; e se também for traçada, por *S*, outra linha que seja paralela a *BK*, tal como *SC*, então o ponto *C*, onde se encontram essas duas paralelas, será um dos pontos da linha curva procurada. E é possível encontrar da mesma maneira tantos outros pontos quanto se deseja.

Ora, a demonstração de tudo isso é bastante fácil. Pois, aplicando a régua *AE* com a parábola *FD* sobre o ponto *C*, como é certo que elas podem ser aí aplicadas conjuntamente, uma vez que esse ponto *C* está na curva *ACN*, a qual é descrita por sua intersecção, se *CG* for nomeada *y*, *GD* será $yy/n$, porque o lado reto, que é $n$, está para *CG* assim como *CG* está para *GD*. E, subtraindo *DE*, que é $2\sqrt{v}/pn$, de *GD*, tem-se $yy/n - 2\sqrt{v}/pn$ para *GE*. A seguir, porque *AB* está para *BE* assim como *CG* está para *GE*, sendo *AB* igual a $(1/2)p$, *BE* é $py/2n - \sqrt{v}/ny$.

E, do mesmo modo, supondo que o ponto *C* da curva tenha sido encontrado pela intersecção das linhas retas *SC*, paralela a *BK*, e *AC*, paralela a *SV*, então *SB*, que é igual a *CG*, é *y*, e sendo *BK* igual ao lado reto da parábola, que nomeio *n*, *BT* é $yy/n$. Pois, assim como *KB* está para *BS*, assim também *BS* está para *BT*. E, sendo *TV* a mesma que *BL*, isto é, $2\sqrt{v}/pn$, *BV* é $yy/n - 2\sqrt{v}/pn$. E *SB* está para *BV* assim como *AB* está para *BE*, a qual é, por conseguinte, $py/2n - \sqrt{v}/ny$, como anteriormente. // Donde se vê que é uma mesma linha curva que se descreve por essas duas maneiras.

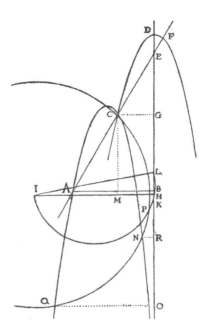

Depois disso, porque *BL* e *DE* são iguais, *DL* e *BE* também o são, de modo que, adicionando *LH*, que é $t/2n\sqrt{v}$, a *DL*, que é $py/2n - \sqrt{v}/ny$, tem-se a linha inteira *DH*, que é

$$py/2n - \sqrt{v}/ny + t/2n\sqrt{v},$$

e, subtraindo *GD*, que é $yy/n$, tem-se *GH*, que é

$$py/2n - \sqrt{v}/ny + t/2n\sqrt{v} - yy/n.$$

O que escrevo ordenadamente desta maneira:

$$GH = (-y^3 + (1/2)pyy + ty/2\sqrt{v} - \sqrt{v})/ny.$$

// E o quadrado de *GH* é

$$\left( y^6 - py^5 \begin{Bmatrix} -t/\sqrt{v} \\ +(1/4)pp \end{Bmatrix} y^4 \begin{Bmatrix} +2\sqrt{v} \\ +pt/2\sqrt{v} \end{Bmatrix} y^3 \begin{Bmatrix} -p\sqrt{v} \\ +tt/4v \end{Bmatrix} yy - ty + v \right)/nnyy$$

E em qualquer outro lugar dessa linha curva no qual se queira imaginar o ponto *C*, tal como em *N* ou em *Q*, encontrar-se-á sempre que o quadrado da linha reta, a qual está entre o ponto *H* e o ponto no qual cai a perpendicular do ponto *C* sobre *BH*, pode ser expresso nesses mesmos termos e com os mesmos sinais + e −.

Além disso, *IH* sendo $m/nn$ e *LH* sendo $t/2n\sqrt{v}$, *IL* é

$$\sqrt{mm/n^4 + tt/4nnv},$$

por causa do ângulo reto *IHL*, e *LP* sendo $\sqrt{s/nn + p\sqrt{v}/nn}$, *IP* ou *IC* é

$$\sqrt{mm/n^4 + tt/4nnv - s/nn - p\sqrt{v}/nn},$$

também por causa do ângulo reto *IPL*. A seguir, tendo feito *CM* perpendicular sobre *IH*, *IM* é a diferença que existe entre *IH* e *HM*, ou *CG*, isto é, entre $m/nn$ e $y$, de modo que seu quadrado é sempre

$$mm/n^4 - 2my/nn + yy,$$

o qual, sendo subtraído do quadrado de *IC*, resta

$$tt/4nnv - s/nn - p\sqrt{v}/nn + 2my/nn - yy$$

483   para o quadrado de *CM*, o qual é igual ao quadrado de *GH* // já encontrado. Ou ainda, fazendo que essa soma seja dividida como a outra por *nnyy*, tem-se

$$(-nny^4 + 2my^3 - p\sqrt{v}yy - syy + (tt/4v)yy)/nnyy.$$

A seguir, recolocando

$$(t/\sqrt{v})y^4 + qy^4 - (1/4)ppy^4 \text{ para } nny^4$$

$$\text{e } ry^3 + 2\sqrt{v}\,y^3 + (pt/2\sqrt{v})y^3 \text{ para } 2my^3,$$

e multiplicando ambas as somas por *nnyy*, tem-se

$$y^6 - py^5 \left.\begin{array}{c}-t/\sqrt{v}\\+(1/4)pp\end{array}\right\}y^4 \left.\begin{array}{c}+2\sqrt{v}\\+pt/2\sqrt{v}\end{array}\right\}y^3 \left.\begin{array}{c}-p\sqrt{v}\\+tt/4v\end{array}\right\}yy - ty + v$$

igual a

$$\left.\begin{array}{c}-t/\sqrt{v}\\-q\\+(1/4)pp\end{array}\right\}y^4 \left.\begin{array}{c}+r\\+2\sqrt{v}\\+pt/2\sqrt{v}\end{array}\right\}y^3 \left.\begin{array}{c}-p\sqrt{v}\\-s\\+tt/4v\end{array}\right\}yy,$$

isto é, tem-se

$$y^6 - py^5 + qy^4 - ry^3 + syy - ty + v = 0.$$

<small>A descoberta de quatro médias proporcionais</small>

Do que é manifesto que as linhas *CG*, *NR*, *QO* e semelhantes são as raízes dessa equação, que é o que devia ser demonstrado.

Assim, portanto, quando se quer encontrar quatro médias proporcionais entre as linhas *a* e *b*, tendo posto *x* para a primeira, a equação é

$$x^5 * * * * - a^4b = 0,$$
ou ainda, $$x^6 * * * * - a^4bx * = 0.$$

// E fazendo $y - a = x$, resulta

$$y^6 - 6ay^5 + 15aay^4 - 20a^3y^3 + 15a^4yy \left.\begin{array}{c}-6a^5\\-a^4b\end{array}\right\}y + \left.\begin{array}{c}+a^6\\a^5b\end{array}\right. = 0.$$

Eis por que se deve tomar $3a$ para a linha *AB* e $\sqrt{(6a^3 + aab)/\sqrt{aa+ab} + 6aa}$ para *BK*, ou o lado reto da parábola, que nomeio *n*, e $(a/3n)\sqrt{aa+ab}$ para *DE* ou *BL*.

E depois de ter descrito a linha curva *ACN* sobre a medida dessas três, deve-se fazer

$$LH = (6a^3 + aab)/2n\sqrt{aa+ab},$$

$$HI = 10a^3/nn + (aa/nn)\sqrt{aa+ab} + (18a^4 + 3a^3b)/2nn\sqrt{aa+ab},$$

e $$LP = \sqrt{(15a^4 + 6a^3\sqrt{aa+ab})/nn}.$$

Pois o círculo que, tendo seu centro no ponto *I*, passar pelo ponto *P* assim encontrado cortará a curva nos dois pontos *C* e *N*, a partir dos quais, tendo traçado as perpendiculares *NR* e *CG*, se a menor, *NR*, for subtraída da maior, *CG*, o resto será *x*, a primeira das quatro médias proporcionais procuradas.

É fácil dividir, do mesmo modo, um ângulo em cinco partes iguais e inscrever uma figura de onze ou treze lados iguais em um círculo e encontrar uma infinidade de outros exemplos dessa regra.

Todavia, deve-se considerar que, em muitos desses exemplos, pode acontecer que o círculo corte tão obliquamente a parábola do segundo gênero que o ponto de sua intersecção seja difícil de reconhecer e, assim, // que essa construção não seja cômoda na prática. O que será fácil de remediar compondo outras réguas à imitação desta; composição que é possível de mil maneiras diferentes.

Mas meu propósito não é o de fazer um livro volumoso e procuro, antes, compreender muito em poucas palavras, como se julgará talvez que eu fiz, se for considerado que, tendo reduzido a uma mesma construção todos os problemas de um mesmo gênero, forneci, ao mesmo tempo, a maneira de reduzi-los a uma infinidade de outras diferentes e, assim, de resolver cada um deles por uma infinidade de maneiras; depois, além disso, tendo construído todos os que são planos cortando de um círculo uma linha reta, e todos os que são sólidos cortando também de um círculo uma parábola, e, enfim, todos os que são de um grau mais compostos cortando igualmente de um círculo uma linha que não é senão de um grau mais composta do que a parábola, deve-se tão somente seguir a mesma via para construir todos os problemas que são mais compostos, e assim ao infinito.[85] Pois,

---

85 *A geometria* termina como começa, ou seja, pela consideração dos *problemas geométricos*: os *problemas planos* são construídos pela intersecção de um círculo e de uma linha reta; os *problemas sólidos*, pela intersecção entre um círculo e uma parábola; os *problemas de um grau mais composto que os sólidos*, pela intersecção de um círculo e de uma linha de um grau mais composta que a parábola.

em matéria de progressões matemáticas, quando se tem os dois ou três primeiros termos, não é difícil encontrar os demais. E espero que nossos descendentes me sejam gratos não somente pelas coisas que aqui expliquei, mas também por aquelas que voluntariamente omiti a fim de deixar-lhes o prazer de descobri-las.

FIM

# Índices

## // Advertência

*Aqueles que visitam os sumários dos livros apenas para neles escolher as matérias que querem ver, eximindo-se do esforço de ler o restante, não tirarão qualquer satisfação deste sumário, pois a explicação das questões que nele estão marcadas depende quase sempre tão expressamente das questões que as precedem e, muitas vezes, também daquelas que as seguem, que não se poderá entender perfeitamente se não se ler com atenção todo o livro. Mas, para aqueles que já o tiverem lido e que souberem muito bem as coisas mais gerais que ele contém, este sumário poder-lhes-á servir tanto para recordá-los dos lugares em que se fala das coisas mais particulares que tiverem escapado de sua memória, quanto amiúde também para torná--los atentos àquelas coisas pelas quais tiverem talvez passado sem as notar.*

# ÍNDICE
## *das principais dificuldades explicadas em*
# A dióptrica

### Primeiro discurso
### *Da luz*

Como é suficiente conceber a natureza da luz para entender todas as suas propriedades • 130

Como seus raios passam instantaneamente do Sol até nós • 130

Como se veem as cores por seu meio • 130-1

Qual é a natureza das cores em geral • 131

Que não se tem necessidade de *espécies intencionais* para vê-las • 131

Nem mesmo que exista algo nos objetos que seja semelhante às sensações que temos deles • 131

Que nós vemos, de dia, por meio dos raios que vêm dos objetos para nossos olhos • 131-2

E que, ao contrário, os gatos veem, de noite, por meio dos raios que se estendem de seus olhos para os objetos • 131-2

Qual é a matéria que transmite os raios • 132-3

Como os raios de vários objetos diferentes podem entrar conjuntamente no olho • 132-3

Ou como, indo para vários olhos, podem passar por um mesmo lugar do ar sem misturar-se, nem se impedir mutuamente • 132-3

Nem podem ser impedidos pela fluidez do ar • 132-3

Nem pela agitação dos ventos • 132-3

Nem pela dureza do vidro ou de outros corpos transparentes • 133-4

Como isso não impede que os raios sejam exatamente retos • 133-4

E o que são propriamente esses raios • 133-4

E como uma infinidade de raios vem de cada um dos pontos dos corpos luminosos • 134

O que é um corpo negro • 135-6

O que é um espelho • 135-6

Como os espelhos, tanto planos quanto convexos e côncavos, refletem os raios • 135-6

O que é um corpo branco • 136

Em que consiste a natureza das cores intermediárias • 136-7

Como os corpos coloridos refletem os raios • 136-7

O que é a refração • 137-8

## Segundo discurso
### *Da refração*

Que os corpos que se movem não devem parar por um momento quando incidem contra aqueles que os fazem refletir • 138

Por que o ângulo de reflexão é igual ao ângulo de incidência • 138-40

Por quanto o movimento de uma bola é desviado quando ela passa através de uma tela • 139-141

E por quanto ele é desviado quando ela entra na água • 141

Por que a refração é tanto maior quanto a incidência é mais oblíqua • 141-2

E nula quando a incidência é perpendicular • 141-2

Por que algumas vezes as balas de canhão atiradas para a água não podem entrar nela, refletindo-se para o ar • 142-3

Por quanto os raios são desviados pelos corpos transparentes que eles penetram • 142-3

Como se deve medir a grandeza das refrações • 143-4

Que os raios passam mais facilmente através do vidro do que da água, e através da água do que do ar, e o porquê • 144-5

Por que a refração dos raios que entram na água é igual à refração dos raios que dela saem • 145-6

E por que isso não acontece geralmente em todos os corpos transparentes • 145-6

Que algumas vezes os raios podem ser curvados sem sair de um mesmo corpo transparente • 145-6

Como a refração se faz em cada ponto das superfícies curvadas • 146

## Terceiro discurso
### *Do olho*

Que a pele chamada vulgarmente de *retina* não é outra coisa que o nervo óptico • 146-7

Quais são as refrações causadas pelos humores do olho • 146-8

Qual é o uso para o qual a pupila é contraída e alargada • 147-8

Que esse movimento da pupila é voluntário • 147-8

Que o humor cristalino é como um músculo que pode mudar a figura do olho todo • 148

E que os pequenos filamentos chamados de *processos ciliares* são seus tendões • 148

## Quarto discurso
### Dos sentidos em geral

Que é a alma que sente e não o corpo • 149

Que ela sente enquanto está no cérebro e não enquanto anima os outros membros • 149

Que é por intermédio dos nervos que ela sente • 149

Que a substância interior desses nervos é composta de muitos pequenos filamentos bastante tênues • 149-50

Que são os mesmos nervos que servem para os sentidos e para os movimentos • 149-50

Que são os espíritos animais, contidos nas peles desses nervos, que movem os membros • 149-50

Que é a substância interior dos nervos que serve aos sentidos • 150

Como se faz a sensação com a ajuda desses nervos • 150

Que as ideias enviadas pelos sentidos externos para a fantasia não são imagens dos objetos, ou, pelo menos, não têm necessidade de assemelhar-se a eles • 151

Que os diversos movimentos dos pequenos filamentos de cada nervo são suficientes para causar diversas sensações • 152-3

## Quinto discurso
### *Das imagens que se formam sobre o fundo do olho*

Comparação dessas imagens com aquelas que se veem em uma câmara escura • 151-2

Explicação dessas imagens no olho de um animal morto • 153

Que se deve tornar a figura desse olho um pouco mais longa quando os objetos estão muito próximos do que quando estão mais afastados • 154-5

Que entram nesse olho muitos raios de cada ponto do objeto • 154-5

Que todos os raios que vêm de um mesmo ponto devem reunir-se no fundo desse olho em torno do mesmo ponto, e como se deve dispor sua figura para esse efeito • 155

Que aqueles raios que vêm de pontos diferentes devem reunir-se, no fundo do olho, em pontos diferentes • 155-6

Como se veem as cores através de um papel branco que está sobre o fundo desse olho • 155-6

Que as imagens que se formam no fundo do olho são semelhantes aos objetos • 155-6

Como o tamanho da pupila serve para a perfeição dessas imagens • 156-7

Como a refração que se faz no olho serve para a perfeição dessas imagens e como ela a prejudicaria sendo maior ou menor do que é • 156-8

Como a cor negra das partes internas desse olho e a escuridão da câmara onde as imagens são vistas também servem para a perfeição dessas imagens • 157-8

Por que as imagens jamais são tão perfeitas em suas extremidades como o são no centro • 157-8

O que se deve entender quando se diz que *visio sit per axem* • 158-9

Que o tamanho da pupila, tornando as cores mais vivas, torna as figuras menos distintas e, assim, não pode ser senão moderado • 158-9

Que os objetos que são laterais ao objeto a cuja distância o olho está disposto, estando muito mais afastados ou muito mais próximos, são representados menos distintamente do que se estivessem quase à mesma distância • 158-9

Que essas imagens são invertidas • 158-60

Que suas figuras são mudadas ou diminuídas na razão da distância ou da posição dos objetos • 159-60

Que essas imagens são mais perfeitas no olho de um animal vivo do que naquele de um animal morto, e no olho de um homem do que no de um boi • 159-60

Que as imagens que aparecem por meio de uma lente de vidro em uma câmara escura formam-se aí da mesma maneira que no olho, e que é possível fazer a experiência de várias coisas que confirmam o que é aqui explicado • 159-62

Como essas imagens passam do olho para o cérebro • 162-3

## Sexto discurso
### Da visão

Que a visão não se faz por meio das imagens que passam dos olhos para o cérebro, mas por meio dos movimentos que as compõem • 164

Que é pela força desses movimentos que se sente a luz • 164

E por suas outras variedades que se sentem as cores • 164

Como se sentem os sons, os sabores, e o agradável e a dor • 164-5

Por que os golpes que se recebem no olho fazem ver diversas luzes, e aqueles que se recebem contra as orelhas fazem ouvir sons; e também por que uma mesma força causa diversas sensações em diversos órgãos • 164-5

Por que, mantendo os olhos fechados pouco após ter olhado o Sol, parece que se veem diversas cores • 164-5

Por que algumas vezes aparecem cores nos corpos transparentes, tal como o arco-íris aparece na chuva • 165-6 e 315-7

Que a sensação que se tem da luz é mais ou menos forte conforme o objeto esteja mais ou menos próximo • 165-6

E conforme a pupila seja maior ou menor • 165-6

E conforme a imagem pintada no fundo do olho seja maior ou menor • 165-6

Como a multidão de pequenos filamentos do nervo óptico serve para tornar a visão distinta • 166

Por que os prados, sendo pintados de diversas cores, aparecem de longe de uma só cor • 166-7

Por que todos os corpos são vistos menos distintamente de longe do que de perto • 166-7

Como o tamanho da imagem serve para tornar a visão mais distinta • 166-7

Como se conhece para qual lado está o objeto que se olha, ou o objeto que se mostra apontando o dedo sem tocá-lo • 166-8

Por que a inversão da imagem que se faz no olho não impede que os objetos apareçam eretos • 167-8

Por que aquilo que vemos com os dois olhos, ou que tocamos com as duas mãos, não aparece duplo por isso • 168-9

Como os movimentos que mudam a figura do olho servem para fazer ver a distância dos objetos • 168-9

Que, embora ignoremos esses movimentos, não deixamos de conhecer o que eles designam • 168-9

Como a relação entre os dois olhos também serve para fazer ver a distância • 168-9

Como é possível ver a própria distância com um único olho, fazendo-o mudar de lugar • 169-70

Como a distinção ou a confusão da figura e a debilidade ou a força da luz também servem para ver a própria distância • 169-71

Que o conhecimento que se obteve anteriormente dos objetos que se olha serve para conhecer melhor a distância desses objetos • 169-70

Como a posição desses objetos também serve para isso • 170-1

Como se vê o tamanho de cada objeto • 170-1

Como se vê sua figura • 170-2

Por que muitas vezes aqueles que deliram, ou aqueles que dormem, pensam ver o que não veem • 171-2

Por que algumas vezes se veem objetos duplicados • 171-2

Como o sentido do tato também faz algumas vezes julgar que um objeto seja duplo • 172-3

Por que aqueles que têm icterícia, ou mesmo aqueles que olham através de um vidro amarelo, julgam que tudo o que veem possui essa cor • 172-3

Qual é o lugar onde se vê o objeto através de um vidro plano cujas superfícies não são paralelas • 172-4

E qual é o lugar onde se vê o objeto através de um vidro côncavo • 172-4

E por que o objeto aparece então menor do que é • 173-4

Qual é o lugar onde ele aparece através de um vidro convexo, e por que algumas vezes ele aparece aí maior e mais afastado do que é, e outras vezes menor e mais próximo e, com isso, invertido • 174

Qual é o lugar das imagens que se veem nos espelhos, tanto planos como convexos e côncavos, e por que elas aparecem eretas ou invertidas, maiores ou menores, e mais próximas ou mais afastadas de onde os objetos estão • 174

Por que nos enganamos facilmente em julgar a distância • 174

Como é possível provar que não temos o costume de imaginar uma distância maior do que a de 100 ou 200 pés • 174

Por que o Sol e a Lua parecem maiores quando estão próximos do horizonte do que quando afastados • 175

Que o tamanho aparente dos objetos não deve ser medido pelo tamanho do ângulo de visão • 175

Por que os objetos brancos e luminosos aparecem mais próximos e maiores do que são • 175-6

Por que todos os corpos muito pequenos, ou muito afastados, aparecem redondos • 176

Como se fazem os afastamentos nas pinturas em perspectiva • 176-7

## Sétimo discurso
### *Dos meios de aperfeiçoar a visão*

Que não há mais do que quatro coisas que são requeridas para tornar a visão totalmente perfeita • 176-9

Como a natureza proveu a primeira dessas coisas, e o que resta à arte acrescentar • 179-80

Qual é a diferença que existe entre os olhos dos jovens e os olhos dos velhos • 179-80

Como se deve prover aquilo que a natureza omitiu aos olhos daqueles que possuem a visão curta, e como prover aquilo que ela omitiu aos olhos dos velhos • 180-1

Que, dentre os vários vidros que podem servir para esse efeito, devem-se escolher os mais fáceis de talhar e, com isso, aqueles que melhor fazem que os raios que vêm de diversos pontos pareçam vir de tantos outros diversos pontos • 180-1

Que não é necessário nisso escolher de outro modo senão aproximadamente, e o porquê • 181-2

Que o tamanho das imagens não depende senão da distância dos objetos ao lugar onde se cruzam os raios que entram no olho e da refração desses raios • 181-2

Que a refração não é aqui muito considerável, nem a distância dos objetos acessíveis. E como se deve fazer quando eles são inacessíveis • 182-3

Em que consiste a invenção das lupas compostas de um só vidro, e qual é seu efeito • 182-4

Como é possível aumentar as imagens, ao fazer que os raios se cruzem muito afastados do olho, por meio de um tubo repleto de água • 183-4

Que, quanto mais longo é esse tubo, mais ele aumenta a imagem, e faz o mesmo que se a natureza tivesse feito o olho esse tanto mais longo • 184

Que a pupila do olho atrapalha, em vez de ajudar, quando se faz uso de tal tubo • 185

Que tampouco as refrações do vidro que contém água no interior do tubo, nem as refrações das peles que envolvem os humores do olho, são consideráveis • 185

Como é possível fazer, por meio de um tubo separado do olho, o mesmo que por meio de um tubo que lhe está muito próximo • 185-6

Em que consiste a invenção das lunetas de aproximação • 185-6

Como é possível impedir que a força dos raios que entram no olho seja muito grande • 186 e 188-9

Como é possível aumentá-la, quando a força dos raios é muito fraca e os objetos são acessíveis • 186-7

E como é possível aumentá-la, quando os objetos são inacessíveis, servindo-se de lunetas de aproximação • 186-7

De quanto é possível fazer que a abertura dessas lunetas seja maior do que a pupila. E por que se deve fazê-la maior • 186-8

Que, para os objetos acessíveis, não se tem necessidade de aumentar assim a abertura do tubo • 188

Que, para diminuir a força dos raios, quando se faz uso de lunetas, é melhor estreitar a abertura da luneta do que a cobrir com um vidro colorido • 188-9

Que, para estreitá-la, é melhor cobrir as extremidades do vidro por fora do que por dentro • 189

Para isso, é útil ver muitos objetos ao mesmo tempo e o que se deve fazer para não ter a necessidade de cobrir as extremidades do vidro • 189

Que se pode adquirir pelo uso a facilidade de ver objetos próximos ou afastados • 189-90

De onde vem que os gimnosofistas puderam olhar o Sol sem danificar a visão • 189-90

# Oitavo discurso
## *Das figuras que os corpos transparentes devem ter para desviar os raios por refração de todas as maneiras que servem à visão*

Qual é a natureza da elipse e como se deve descrevê-la • 190-1

Demonstração da propriedade da elipse no tocante às refrações • 193-4

Como é possível fazer, sem empregar outras linhas senão círculos ou elipses, que os raios paralelos reúnam-se em um ponto, ou que os raios que vêm de um ponto tornem-se paralelos • 194-5

Como é possível fazer que os raios paralelos de um lado do vidro sejam desviados, do outro lado, como se viessem todos de um mesmo ponto • 194-5

Como é possível fazer que, sendo paralelos dos dois lados, os raios sejam estreitados em um espaço menor de um lado do que do outro • 196

Como é possível realizar o mesmo fazendo, além disso, que os raios sejam invertidos • 196-7

Como é possível fazer que todos os raios que vêm de um ponto reúnam-se em outro ponto • 196-7

E que todos aqueles que vêm de um ponto afastem-se como se viessem de outro ponto • 198

E que todos aqueles que são desviados como se tendessem para um mesmo ponto afastem-se novamente como se viessem de um mesmo ponto • 198

A natureza da hipérbole e a maneira de descrevê-la • 199-201

Demonstração da propriedade da hipérbole no tocante às refrações • 201-2

Como é possível, sem empregar senão hipérboles e linhas retas, fazer vidros que mudem todos os raios da mesma maneira que os vidros que são compostos somente de elipses e círculos • 203-5

Que, embora existam muitas outras figuras que possam causar os mesmos efeitos, não existem figuras mais apropriadas, para as lunetas, do que as precedentes • 205-6

Que os vidros compostos de hipérboles e de linhas retas são os mais fáceis de traçar • 205-6

Que o vidro não pode, qualquer que seja sua figura, fazer exatamente que os raios vindos de diversos pontos reúnam-se em tantos outros pontos diversos • 206-7

Que os vidros compostos de hipérboles são os melhores de todos para esse efeito • 207-8

Que os raios que vêm de diversos pontos desviam-se mais, depois de terem atravessado um vidro hiperbólico, do que depois de terem atravessado um vidro elíptico • 207-8

Que, quanto mais espesso é o vidro elíptico, tanto menos os raios desviam-se ao atravessá-lo • 208-9

Que, por mais espesso que possa ser, o vidro elíptico pode tornar a imagem que pintam seus raios somente um quarto ou um terço menor do que faz o vidro hiperbólico • 209-10

Que essa desigualdade é tanto maior quanto maior é a refração do vidro • 209-10

Que não é possível dar ao vidro qualquer outra figura que torne essa imagem maior do que aquela da hipérbole, nem que a torne menor do que aquela da elipse • 209-10

Como se deve entender que os raios vindos de diversos pontos cruzem-se sobre a primeira superfície, a qual tem a força de fazer que eles se reúnam em tantos outros pontos diversos • 209-10

Que os vidros elípticos têm mais força para queimar do que os hiperbólicos • 211

Como se deve medir a força dos espelhos ou dos vidros ardentes • 211

Que não se podem fazer para isso espelhos ou vidros ardentes que queimem em linha reta ao infinito • 211

Que os vidros ou os espelhos menores reúnem tantos raios para queimar, no espaço em que os reúnem, quanto fazem os maiores que têm figuras semelhantes aos dos menores, em um mesmo espaço • 211

Que os maiores não têm outra vantagem que a de reunir os raios em um espaço maior e mais afastado, e que é possível assim fazer espelhos ou vidros muito pequenos que não deixam de queimar com muita força • 211-2

Que um espelho ardente, cujo diâmetro não excede a centésima parte da distância na qual ele reúne os raios, não pode fazer que eles queimem ou esquentem mais do que os raios que vêm diretamente do Sol • 211-2

Que os vidros elípticos podem receber mais raios de um mesmo ponto, para torná-los depois paralelos, do que aqueles que vêm de qualquer outra figura • 211-4

Que muitas vezes os vidros hiperbólicos são preferíveis aos elípticos, porque é possível fazer com um único vidro aquilo para o que seria necessário empregar dois vidros • 214

## Nono discurso
### *Da descrição das lunetas*

Quais qualidades são consideráveis para escolher a matéria das lunetas • 214-5

Por que quase sempre se faz alguma reflexão na superfície dos corpos transparentes • 214-5

Por que essa reflexão é mais forte sobre o cristal do que sobre o vidro • 215-6

Explicação das lunetas que servem para aqueles que possuem a visão curta • 216

Explicação das lunetas que servem para aqueles que não podem ver senão de longe • 216

Por que é possível supor como paralelos os raios que vêm de um ponto bastante afastado • 216

Por que a figura dos óculos para velhos não tem necessidade de ser muito exata • 217

Como devem ser feitas as lupas com um único vidro • 217

Como devem ser feitas as lunetas de aproximação para serem perfeitas • 217-8

E como também devem ser as lupas para serem perfeitas • 220-1

Que, para servir-se das lunetas, é melhor tapar um olho do que fechá-lo com a ajuda dos músculos • 224-5

Que seria bom também ter anteriormente temperado a própria vista, permanecendo em um lugar muito escuro • 225

E também ter a imaginação disposta para olhar coisas muito afastadas e escurecidas • 225

Do que se segue que se encontra aqui menos instruções para bem fazer as lunetas de aproximação do que as outras • 225-6

# Décimo discurso
## *Da maneira de talhar os vidros*

Como se deve encontrar a medida das refrações do vidro do qual se deseja servir-se • 225-7

Como se encontram os pontos ardentes e o vértice da hipérbole cuja figura deve ter o vidro do qual se conhecem as refrações • 227-8

Como é possível aumentar ou diminuir a distância desses pontos • 228

Como é possível descrever essa hipérbole com uma corda • 228

Como é possível descrevê-la pela descoberta de muitos pontos • 228-9

Como é possível encontrar o cone no qual a mesma hipérbole pode ser cortada por um plano paralelo ao eixo • 229

Como é possível descrevê-la com um único traço por meio de uma máquina • 229-30

Como é possível fazer outra máquina que dá a figura dessa hipérbole a tudo o que possa ser necessário para talhar os vidros. E como se deve servir-se dela • 231

O que se deve observar, em particular, quanto aos vidros côncavos e, em particular, quanto aos vidros convexos • 235-6

A ordem que se deve ter para exercitar-se em talhar esses vidros • 236

Que os vidros convexos que servem para as lunetas mais longas têm necessidade de serem talhados mais exatamente do que os outros • 236

Qual é a principal utilidade das lupas • 237

Como se pode fazer que os centros das duas superfícies de um mesmo vidro sejam correspondentes • 237-8

# ÍNDICE
## *das principais dificuldades explicadas em*
# Os meteoros

### Primeiro discurso
*Da natureza dos corpos terrestres*

Que a água, a terra, o ar e todos os outros corpos são compostos de muitas partes • 243-5

Que em todos esses corpos existem poros, os quais são preenchidos de uma matéria muito sutil • 243-5

Que as partes da água são longas, unidas e escorregadias • 243-5 e 257

Que as partes da maioria dos outros corpos são como ramos de árvores e possuem diversas figuras irregulares • 243-5

Que esses ramos, estando juntos ou entrelaçados, compõem os corpos duros • 245

Que, quando não estão assim entrelaçados, nem são tão grandes que não possam ser agitados pela matéria sutil, eles compõem os óleos e o ar • 245

Que essa matéria sutil jamais cessa de mover-se • 245

Que ela se move, comumente, com maior rapidez na superfície da Terra do que nas nuvens, mais no equador do que nos polos, mais no verão do que no inverno e mais durante o dia do que à noite • 245

Que ela é composta de partes desiguais • 245-6

Que as partes menores da matéria sutil têm menos força para mover os outros corpos • 245-6

Que as partes maiores encontram-se mais nos lugares onde ela é mais agitada • 245-6

Que as partes maiores não podem passar através de vários corpos. E que isso torna frios esses corpos • 245-7

O que se pode conceber como calor e como frio • 246-7

Como os corpos duros podem ser aquecidos • 246-7

De onde vem que a água é comumente líquida e como o frio a torna dura • 246-7

Como o gelo conserva sempre sua frieza, mesmo no verão. E por que ele não se torna mole pouco a pouco como a cera • 247

Quais são as partes dos sais • 247-8 e 258

Quais são as partes dos espíritos ou aguardentes • 247-8

Por que a água infla ao gelar-se • 247-8

Por que ela também infla ao aquecer-se • 247-8

Por que a água fervida gela antes do que a que não foi fervida • 247-8

Que as partes menores dos corpos não devem ser concebidas como átomos, mas como partes que são vistas pelo olho, exceto por serem incomparavelmente menores. E que nada é necessário rejeitar da filosofia comum para entender o que está neste tratado • 247-50

## Segundo discurso
### *Dos vapores e das exalações*

Como o Sol faz elevar no ar muitas das pequenas partes dos corpos terrestres • 248-50

Quais dessas partes são os vapores • 250-1

Quais delas são as exalações • 250-1

Que no ar sobem muito mais exalações do que vapores • 250-1

Como as exalações mais grosseiras saem dos corpos terrestres • 251-2

Por que a água, sendo convertida em vapor, ocupa incomparavelmente mais espaço do que anteriormente • 251-3

Como os mesmos vapores podem ser mais ou menos comprimidos • 253

De onde vem que algumas vezes no verão um calor mais sufocante do que de costume é sentido • 253-4

Como os vapores são mais ou menos quentes ou mais ou menos frios • 253-4

Por que o hálito é sentido mais quente quando se sopra tendo a boca muito aberta do que quando ela está quase fechada • 254-5

Por que os ventos impetuosos são sempre frios • 254-5

Como os vapores são mais ou menos transparentes • 254-5

Por que se vê nosso hálito melhor no inverno do que no verão • 255

Que comumente existem no ar mais vapores quando eles são menos vistos • 255

Como os mesmos vapores são mais ou menos úmidos ou secos. E como um mesmo vapor pode ser dito, em diferentes sentidos, mais seco e mais úmido do que outro • 255-6

Quais são as diversas naturezas das exalações • 255-6

Como elas se desemaranham e separam-se dos vapores • 256-7

## Terceiro discurso
### *Do sal*

Qual é a natureza da água salgada. E que as partes da água são tais como foi dito • 257

Por que os corpos molhados de água são mais fáceis de secar do que os corpos molhados de óleo • 257

Por que o sal tem um sabor tão diferente daquele da água doce • 258

Por que as carnes se conservam sendo salgadas • 258

Por que o sal as endurece • 258

Por que a água doce as estraga • 258

Por que a água salgada é mais pesada do que a água doce • 258-9

Por que, todavia, o sal não se forma senão na superfície da água do mar • 258-9

Que as partes do sal comum são retas e igualmente grossas nas duas extremidades • 258-9

Como elas se arranjam, sendo misturadas com as partes da água doce • 258-9

Que as partes da água salgada se movem mais rápido do que as partes da água doce • 258-60

Por que o sal é facilmente fundido pela umidade. E por que em certa quantidade de água ele não se funde senão até certa quantidade • 258-60

Por que a água do mar é mais transparente do que a água dos rios • 259-60

Por que ela causa refrações um pouco maiores • 259-60

Por que ela não se congela tão facilmente • 259-60

Como se pode fazer congelar a água no verão com o sal, e o porquê • 259-60

Por que o sal é muito fixo e a água doce, muito volátil • 260

Por que a água do mar se torna doce ao passar através da areia • 261

Por que a água das fontes e dos rios é doce • 261

Por que os rios, entrando no mar, não o impedem de ser salgado, nem o tornam maior • 261

Por que o mar é mais salgado no equador do que nos polos • 261

De onde vem que a água do mar é menos apropriada para apagar os incêndios do que a água dos rios • 261-2

De onde vem que, sendo agitada, ela brilha à noite • 262

Por que nem a salmoura nem a água do mar, que é turva e corrompida, brilham desse modo • 262

Por que a água do mar brilha mais quando faz calor do que quando faz frio • 262

Por que não brilham igualmente todas as suas ondas nem todas as suas gotas • 262

Por que a água é retida em fossos à beira-mar para fazer o sal • 262-3

Por que isso não se faz senão em tempo quente e seco • 262-3

Por que a superfície dos licores é muito unida • 262-3

Por que a superfície da água é mais difícil de dividir do que seu interior • 262-3

Como as partes do sal chegam a flutuar em cima da água • 263-5

Por que a base de cada grão de sal é quadrada • 264-5

Por que essa base quadrada aparece ao olho toda plana e, entretanto, é um pouco curvada • 264-5

Como o restante de cada grão de sal é construído sobre essa base • 265

Por que esses grãos são ocos no centro • 265

Por que sua parte superior é mais larga do que sua base • 265

O que pode tornar sua base maior ou menor • 265

Por que o sal vai algumas vezes ao fundo da água sem que se formem grãos em cima • 265-6

O que faz que a inclinação dos quatro lados de cada grão seja maior ou menor. E por que eles estão algumas vezes em degraus • 265-6

Por que as arestas desses quatro lados não são nem muito agudas nem muito unidas. E por que os grãos de sal se fundem aí mais do que em outros lugares • 266-7

Por que a concavidade de cada grão é redonda em vez de quadrada • 266-7

Por que esses grãos, sendo inteiros, crepitam no fogo, e não crepitam quando são esmagados • 266-7

De onde vem o odor do sal branco e a cor do sal negro • 266-7

Por que o sal é friável • 267

Por que ele é branco e transparente • 267

Por que, sendo inteiro, ele se funde mais facilmente do que quando é pulverizado e seco • 267

De onde vem a grande diferença que existe entre as partes do sal e as partes da água doce • 267

Por que umas e outras são redondas • 267

Como se faz o óleo do sal • 267-8

Por que esse óleo tem um sabor amargo que difere muito do sabor do sal • 267-8

## Quarto discurso
*Dos ventos*

O que é o vento • 268-9

Como ele se faz em uma eolípila • 268-9

Como ele se faz no ar. E em que ele difere do vento de uma eolípila • 269-71

Que são principalmente os vapores que causam os ventos, embora não os componham sozinhos • 270-1

Por que a causa dos ventos deve ser atribuída aos vapores e não às exalações • 270-1

Por que os ventos orientais são mais secos do que os ocidentais • 271

Por que é principalmente pela manhã que sopram os ventos orientais e à tarde que sopram os ocidentais • 271-2

Que esse vento oriental é mais forte do que o vento ocidental que provém da mesma causa • 272-3

Por que o vento do norte sopra mais durante o dia do que à noite • 272-3

Por que ele sopra de cima para baixo, antes que de baixo para cima • 272-3

Por que ele é comumente mais violento do que os outros ventos • 273

Por que ele é muito frio e muito seco • 273

Por que o vento do sul predomina mais à noite do que de dia • 273

Por que ele vem de baixo para cima • 274

Por que ele é comumente mais lento e mais fraco do que os outros ventos • 274

Por que ele é quente e úmido • 274

Por que, próximo do mês de março, os ventos são mais secos do que em outra estação • 274-5

Por que as mudanças de ar são, no mês de março, mais súbitas e mais frequentes • 274-5

Quais são os ventos que os antigos chamavam de orníticos • 275

Quais são os etésios • 275

Como a diferença que existe entre o mar e a terra contribui para a produção dos ventos • 275

Por que muitas vezes, à beira-mar, o vento vem, de dia, do lado da água e, à noite, do lado da terra • 276

Por que os fogos ardentes conduzem os viajantes através das águas • 276

Por que os ventos mudam amiúde, ao longo das costas do mar, com seus fluxos e refluxos • 276

Por que as mesmas tempestades costumam ser mais violentas no mar do que na terra • 276

Como um mesmo vento pode ser seco em uma região e úmido em outra • 276-7

Por que os ventos do sul são mais secos no Egito. E por que aí raramente chove • 276-7

Como e o quanto os astros contribuem para a produção dos meteoros • 276-7

Como contribui para isso também a diversidade que existe entre as partes da Terra • 276-7

De onde vem a irregularidade e a variedade dos ventos particulares, e o quanto é difícil prevê-los • 276-7

Que os ventos gerais são mais fáceis de predizer. E por que existem menos ventos irregulares no meio dos grandes mares do que na terra • 277

Que a maioria das mudanças do ar depende dos ventos • 277

Como o ar não deixa de ser algumas vezes frio ou seco quando sopra um vento que é quente e úmido • 277-8

Que o curso que tomam os vapores na terra também contribui para as mudanças do ar • 277-8

# Quinto discurso
## *Das nuvens*

Qual é a diferença que existe entre as nuvens, os vapores e os nevoeiros • 278-9

Que as nuvens não são compostas senão de gotas de água ou de parcelas de gelo • 278-9

Por que as nuvens não são transparentes • 278-9

Como os vapores se transformam em gotas de água nas nuvens • 279

Por que essas gotas são exatamente redondas • 279-80

O que torna essas gotas grandes ou pequenas • 280-1

Como os vapores se transformam em parcelas de gelo nas nuvens • 280-2

De onde vem que essas parcelas de gelo são algumas vezes redondas e transparentes, algumas vezes longas e tênues, e algumas vezes redondas e brancas • 281

De onde vem que essas últimas são cobertas por pequenos pelos. E o que é que as torna maiores ou menores, e esses pelos, mais fortes e mais curtos, ou mais tênues e mais longos • 281-2

Que o frio não é suficiente por si só para converter os vapores em água ou em gelo • 282

Quais são as causas que reúnem os vapores em nuvens • 282

Quais são as causas que os reúnem em nevoeiros • 282

De onde vem que existem mais nevoeiros na primavera do que em outras estações, e mais nos lugares pantanosos ou marítimos do que longe das águas ou longe da terra • 282

Que os maiores nevoeiros ou as maiores nuvens fazem-se pela oposição de dois ou mais ventos • 282-3

Que as gotas de água ou parcelas de gelo que compõem os nevoeiros não podem ser senão muito pequenas • 282-3

Que não pode haver vento onde os nevoeiros estão que não os dissipe prontamente • 282-3

Que há amiúde várias nuvens umas sobre as outras, e mais nas regiões montanhosas do que em outros lugares • 282-3

Que as nuvens altas não são comumente compostas senão de parcelas de gelo • 283 e 289

Que os ventos pressionam e pulem as superfícies das nuvens, tornando-as planas • 283-4

Que, sendo essas superfícies planas, os pequenos novelos de gelo que as compõem arranjam-se de tal maneira que cada um tem seis outros que o envolvem • 284

Como dois ventos tomam seu curso um mais alto do que o outro, polindo as superfícies superior e inferior das nuvens • 284-5

Que as superfícies do perímetro das nuvens não são, por isso, polidas, sendo comumente muito irregulares • 284-5

Como se reúnem comumente abaixo das nuvens muitas folhas ou superfícies compostas de parcelas de gelo, cada uma das quais é envolvida por seis outras • 285-6

Que amiúde essas folhas ou superfícies movem-se separadamente uma da outra • 285-6

Que podem existir nuvens que não são compostas senão de tais folhas • 286

Que as gotas de água podem também arranjar-se, nas nuvens, da mesma maneira que as parcelas de gelo • 286

Como algumas vezes o perímetro das maiores nuvens se arredonda e como pode mesmo cobrir-se com uma superfície de gelo bastante espessa sem que seu peso as faça cair • 286 e 336

## Sexto discurso
### *Da neve, da chuva e do granizo*

Como as nuvens se sustentam no ar • 287

Como o calor, que costuma rarefazer outros corpos, condensa as nuvens • 287-8

Como as parcelas de gelo que compõem as nuvens amontoam-se em diversos flocos • 288-9

Como esses flocos tornam-se maiores e caem como neve, ou como chuva, ou como granizo • 288-9

Por que o granizo é algumas vezes totalmente transparente e todo redondo • 289

Ou somente um pouco mais plano de um lado do que de outro • 289 e 291-2

Como o granizo, que é comumente pontiagudo e irregular, torna-se maior • 289

Por que algumas vezes, dentro das casas, sente-se mais calor do que comumente • 289

Por que o granizo maior, sendo transparente em sua superfície, é todo branco e composto de neve no interior • 289-90

De onde vem que só raramente esse granizo grande cai no verão • 289-90

Como se faz o granizo que é branco como o açúcar • 289-90

Por que seus grãos são algumas vezes bastante redondos e mais duros em suas superfícies do que em seus centros • 289-90

Por que eles são algumas vezes pontiagudos e têm a figura de uma pirâmide ou de um pão de açúcar • 290-1

Como as pequenas partes da neve tomam a figura de rodas ou estrelas, das quais cada uma tem seis pontas • 290-1

De onde vem que algumas vezes caem também pequenos grãos de granizo, todos eles transparentes e que possuem ao redor de si seis pontas totalmente brancas • 291-2

De onde vem que caem também pequenas lâminas transparentes que são hexagonais • 293

E outras que parecem rosas, ou rodas de um relógio, as quais têm apenas seis dentes arredondados em semicírculo • 294-5

Por que algumas dessas rodas têm um pequeno ponto branco em seu centro • 295

De onde vem que elas são algumas vezes unidas em duplas por um eixo ou uma pequena coluna de gelo. E de onde vem que uma das rodas que são assim unidas é algumas vezes maior do que a outra • 295-6

Por que algumas vezes caem pequenas estrelas de gelo que têm doze raios • 295-6 e 296-7

Por que caem também, embora muito raramente, aquelas que têm oito • 296-7

Por que algumas dessas estrelas são brancas e outras transparentes. E por que os raios de umas são muito curtos e redondos em forma de dentes, e os raios de outras, longos e pontiagudos, e comumente divididos em muitos ramos, os quais representam plumas ou folhas de samambaias ou flores-
-de-lis • 297

Como essas estrelas de gelo descem das nuvens • 298

Por que, quando caem em tempo calmo, elas costumam ser seguidas de mais neve, mas por que isso não acontece quando está ventando • 298

Como a chuva desce das nuvens. E o que torna suas gotas grandes ou pequenas • 298-9

De onde vem que algumas vezes comece a chover antes mesmo que o ar esteja coberto de nuvens • 300

Como os nevoeiros caem como orvalho ou geada. E o que é o sereno • 300

De onde provém o maná e outros sucos semelhantes. E por que alguns se fixam em certos corpos mais do que a outros • 300-1

Por que, se os nevoeiros sobem pela manhã e o orvalho não cai, é sinal de chuva • 300-1

Por que, se o Sol brilha pela manhã quando há nuvens no ar, também é sinal de chuva • 300-1

Por que todos os sinais de chuva são incertos • 301

# Sétimo discurso
*Das tempestades, do relâmpago e de todos os outros fogos que se acendem no ar*

Como as nuvens, abaixando-se, podem causar ventos muito impetuosos • 302

De onde vem que as chuvas fortes são amiúde precedidas por tal vento • 302

Por que as andorinhas voam muito baixo antes da chuva • 302

De onde vem que algumas vezes se veem rodopiar as cinzas e as palhas em torno do fogo nas chaminés • 302

Como se fazem as tempestades denominadas de trovoadas • 302-3

Como se engendram esses fogos que se fixam nos mastros dos navios no final das grandes tempestades • 303-4

Por que os antigos, vendo dois desses fogos, tomavam-nos como um bom presságio e, vendo um ou três, como um mau presságio • 304-5

Por que se veem agora, algumas vezes, até quatro ou cinco desses fogos sobre um mesmo navio • 304-5

Qual é a causa do trovão • 304-6

Por que troveja mais raramente no inverno do que no verão • 305-6

Por que é sinal de trovoada quando, depois de um vento setentrional, sente-se um calor úmido e abafado • 305-6

Por que o barulho do trovão é enorme e de onde vêm todas as diferenças que nele se notam • 306

Em que consiste a diferença entre os clarões, os turbilhões e o relâmpago. E como se engendram os clarões • 306

Por que algumas vezes há clarões sem que troveje e sem que se vejam nuvens no ar. E por que algumas vezes troveja sem que haja clarões • 306-7

Como se engendram os turbilhões • 306-7

Como se engendra o relâmpago • 306-7

De onde vem que o relâmpago pode queimar as roupas sem causar dano ao corpo ou, ao contrário, fundir a espada sem danificar a bainha, e coisas semelhantes • 307-8

Como a matéria do relâmpago pode converter-se em uma pedra • 307-8

Por que o relâmpago cai sobre as pontas das torres ou dos rochedos mais do que sobre os lugares baixos • 307-8

Por que o trovão é comumente seguido de uma pancada de chuva. E por que acaba o trovão quando essa chuva chega muito abundante • 308-9

Por que o barulho dos sinos e dos canhões diminui a força do trovão • 308-9

Como se engendram as estrelas ou bolas de fogo que algumas vezes caem do céu sem trovão nem chuva • 309

Como algumas vezes pode chover leite, sangue, ferro, pedras ou coisas semelhantes • 309

Como se engendram as estrelas de fogo que parecem atravessar o céu. E os fogos-fátuos que vagam perto da terra. E os fogos que se fixam nas crinas dos cavalos ou nas pontas das lanças • 309

Por que esses fogos têm pouquíssima força. E por que, ao contrário, o fogo do relâmpago tem muita • 309-10

Que os fogos que se engendram na região baixa do ar podem durar bastante tempo, mas que aqueles que se engendram mais alto devem apagar-se muito rapidamente. E que, consequentemente, nem os cometas nem as vigas, que parecem de fogo, são de tais fogos • 310-11

Como se podem ver, nas nuvens, luzes e movimentos que representam combates, tomados pelas pessoas como prodígios • 310-11

Como é possível ver o Sol também durante a noite • 311 e 340

## Oitavo discurso
### *Do arco-íris*

Que não é nos vapores nem nas nuvens, mas somente nas gotas da chuva, que se forma o arco-íris • 312-4

Como se pode considerar aquilo que o causa em um frasco de vidro todo redondo e repleto de água • 312-4

Que o arco-íris interior é causado por raios que chegam ao olho depois de duas refrações e uma reflexão, e o arco-íris exterior por raios que chegam depois de duas refrações e duas reflexões, o que torna este mais fraco do que aquele • 315-6

Como, por meio de um prisma ou triângulo de cristal, são vistas as mesmas cores que no arco-íris • 316-7

Que nem a figura dos corpos transparentes nem a reflexão dos raios nem a pluralidade de suas refrações servem para a produção dessas cores • 317-8

Que para isso nada serve senão uma refração, a luz e a sombra que limita essa luz • 318-9

De onde vem a diversidade que existe entre essas cores • 318-9

Em que consiste a natureza do vermelho e a do amarelo, cores que se veem por meio de um prisma de cristal, e em que consiste a natureza do verde e a do azul • 320

Como se mistura o encarnado com esse azul para compor o violeta • 320-1

Em que consiste a natureza das cores que outros objetos fazem aparecer, e que não existem cores falsas • 321-2

Como são produzidas as cores do arco-íris. E como aí se encontra a sombra que limita a luz • 321-2

Por que o semidiâmetro do arco-íris interior não deve ser maior do que 42 graus, nem o semidiâmetro do arco-íris exterior, menor do que 51 graus • 322-3

Por que o primeiro é mais limitado em sua superfície externa do que na interna, e o segundo é totalmente o contrário • 322-3

Como tudo isso se demonstra exatamente pelo cálculo • 323-4

Que, estando quente a água, sua refração é um pouco menor, e que ela faz que o arco-íris interior seja um pouco maior e o exterior menor do que quando ela está fria • 326

Como se demonstra que a refração da água para o ar é cerca de 187 para 250. E que o semidiâmetro do arco-íris não pode ser senão de 45 graus • 326

Por que é a parte externa do arco-íris interior que é vermelha, e também a parte interna do arco-íris exterior • 326

Como pode acontecer que esse arco não seja exatamente redondo • 326-7

Como ele pode aparecer invertido • 327-8

Como é possível que apareçam três, um sobre o outro • 328-9

Como se pode fazer aparecer sinais no céu que parecem prodígios • 328-9

# Nono discurso
## *Da cor das nuvens e dos círculos ou coroas que algumas vezes se veem em torno dos astros*

O que faz aparecer as nuvens brancas ou escuras • 329-30

Por que nem o vidro moído nem a neve nem as nuvens um pouco espessas são transparentes • 329-30

Quais são propriamente os corpos brancos. E por que a espuma, o vidro moído, a neve e as nuvens são brancas • 330-1

Por que, sendo o ar muito calmo, o céu aparece azul. E por que ele aparece branco quando o ar está repleto de vapores • 330-1

Por que a água do mar aparece azul nos lugares onde ela é muito clara e muito profunda • 331-2

Por que, quando o Sol se põe ou nasce, o céu aparece amiúde vermelho • 331-2

Por que, ao amanhecer, essa vermelhidão do céu pressagia ventos ou chuva e, ao anoitecer, bom tempo • 332

Como se formam as coroas em torno dos astros • 332

Que elas podem ser de vários tamanhos. E o que as torna grandes ou pequenas • 332-3

Por que, sendo coloridas, elas são vermelhas por dentro e azuis por fora • 333-4

Por que algumas vezes aparecem duas coroas, uma em torno da outra, e das quais a interna é a mais bem pintada • 333-4

Por que elas não aparecem em torno dos astros que estão muito baixos no horizonte • 333-4

Por que suas cores não são tão vivas como as cores do arco-íris. E por que elas aparecem mais comumente em torno da Lua, e por que são vistas mesmo em torno das estrelas • 333-4

Por que comumente elas não aparecem senão todas brancas • 334

Por que elas não podem aparecer nas gotas de água, assim como faz o arco-íris • 334

Qual é a causa das coroas que algumas vezes se veem em torno das tochas • 334

De onde vem que nelas também sejam vistos grandes raios que se estendem aqui e ali em linhas retas • 334-5

Por que essas coroas são comumente vermelhas por fora e azuis ou brancas por dentro, ao contrário daquelas que são vistas em torno dos astros • 335-6

Por que as refrações do olho não nos fazem sempre ver cores • 335-6

## Último discurso
### *Da aparição de vários sóis*

Como se formam as nuvens que fazem aparecer vários sóis • 336

Que se faz como um anel de gelo em torno das nuvens cuja superfície é muito polida • 336-7

Que esse gelo é comumente mais espesso do lado do Sol do que dos outros lados • 336-7

O que é que o sustenta no alto do ar • 337-8

O que é que faz aparecer algumas vezes no céu um grande círculo branco que não tem astro algum como seu centro • 337-8

Como se podem ver até seis sóis no círculo branco: o primeiro diretamente, os dois seguintes, por refração, e os outros três, por reflexão • 337-8

Por que os sóis que se veem por refração têm, de um lado, suas bordas pintadas de vermelho e, do outro, de azul • 338-9

Por que os três outros sóis não são senão brancos e têm pouco brilho • 357

De onde vem que algumas vezes se veem apenas cinco sóis, algumas vezes apenas quatro e algumas vezes apenas três • 338-9

Por que, quando se veem somente três sóis, algumas vezes aparece, no lugar do círculo branco, uma barra branca que os atravessa • 339

Que o Sol, estando mais alto ou mais baixo do que o círculo branco, não deixa de aparecer na mesma altura • 339

Que isso pode fazer que ele seja visto depois que ele se põe, avançando ou recuando muito a sombra dos relógios • 339-40

Como se pode ver um sétimo sol acima ou abaixo dos seis precedentes • 339-40

Como se podem ver também três sóis, um sobre o outro. E por que então não se tem o costume de ver outros sóis ao lado • 340-1

Explicação de alguns exemplos dessas aparições e, dentre outras, da observação de cinco sóis que apareceram em Roma, em 20 de março de 1629 • 341-2

Por que o sexto sol não apareceu nessa observação • 344

Por que a parte do círculo branco, a mais afastada do Sol, é representada maior do que ela pode ser • 344

De onde vem que um desses sóis tinha uma cauda de fogo que muitas vezes mudava de figura • 344-5

De onde vem que apareciam duas coroas em torno do Sol principal. E de onde vem que nem sempre apareciam tais coroas • 344-5

Que o lugar dessas coroas nada tem em comum com o lugar dos sóis que se veem ao lado do Sol principal • 345-6

Que o Sol nem sempre é exatamente o centro dessas coroas. E que pode haver duas coroas, uma em torno da outra, que possuem centros diferentes • 346-7

Quais podem ser as causas de todas as outras aparições extraordinárias que pertencem aos meteoros • 346-7

# ÍNDICE
## *dos assuntos de*
## A geometria

### Primeiro livro
*Dos problemas que podem ser construídos empregando somente círculos e linhas retas*

Como o cálculo da aritmética relaciona-se com as operações da geometria • 357

Como se fazem, geometricamente, a multiplicação, a divisão e a extração da raiz quadrada • 357-9

Como se podem empregar símbolos na geometria • 359-60

Como chegar às equações que servem para resolver os problemas • 360-2

Quais são os problemas planos e como são resolvidos • 363-4

Exemplo extraído de Pappus • 367-8

Resposta à questão de Pappus • 371-2

Como os termos devem ser postos para chegar à equação neste exemplo • 374-5

Como se descobre que esse problema é plano, quando não é proposto para mais do que cinco linhas • 378-9

## Segundo livro
### *Da natureza das linhas curvas*

Quais são as linhas curvas que podem ser admitidas na geometria • 381

A maneira de distinguir todas as linhas curvas em certos gêneros e de conhecer a relação que todos os seus pontos têm com os pontos das linhas retas • 385

Continuação da explicação da questão de Pappus apresentada no livro anterior • 389-90

Solução dessa questão, quando ela é proposta somente para três ou quatro linhas • 390

Demonstração dessa solução • 396-7

Quais são os lugares planos e sólidos, e a maneira de encontrar todos eles • 398-9

Qual é a primeira e mais simples dentre todas as linhas curvas que servem para a questão dos antigos, quando esta é proposta para cinco linhas • 399-401

Quais são as linhas curvas que se descrevem passando por vários de seus pontos e que podem ser admitidas na geometria • 403

Quais são também as linhas curvas, descritas com uma corda, que podem ser admitidas na geometria • 403-5

Que, para encontrar todas as propriedades das linhas curvas, é suficiente conhecer a relação que todos os seus pontos têm com os pontos das linhas retas. E a maneira de traçar outras linhas que as cortam, em ângulos retos, em todos esses pontos • 403-6

Maneira geral de encontrar as linhas retas que cortam as curvas dadas, ou suas tangentes, em ângulos retos • 405-7

Exemplo dessa operação em uma elipse e em uma parábola do segundo gênero • 406-7

Outro exemplo em uma oval do segundo gênero • 408-9

Exemplo da construção desse problema na concoide • 415-6

Explicação de quatro novos gêneros de ovais que servem para a óptica • 416-7

As propriedades dessas ovais concernentes às reflexões e às refrações • 420-1

Demonstração dessas propriedades • 422-3

Como é possível fazer um vidro tão convexo, ou tão côncavo, quanto se queira, em uma de suas superfícies, o qual reúna em um ponto dado todos os raios que vêm de outro ponto dado • 426-7

Como é possível fazer um vidro que tenha o mesmo efeito que o precedente e cuja convexidade de uma de suas superfícies tenha uma proporção dada com a convexidade da outra • 427-9

Como é possível aplicar o que foi dito aqui das linhas curvas descritas sobre uma superfície plana àquelas que são descritas em um espaço que tem três dimensões, ou antes, sobre uma superfície curva • 430-1

## Terceiro livro
*Da construção dos problemas sólidos ou mais do que sólidos*

De quais linhas curvas é possível servir-se na construção de cada problema • 433

Exemplo concernente à descoberta de muitas médias proporcionais • 433

Da natureza das equações • 434-6

Quantas raízes podem existir em cada equação • 434-6

Quais são as raízes falsas • 436-7

Como se pode diminuir o número de dimensões de uma equação, quando alguma de suas raízes é conhecida • 436-7

Como se pode examinar se alguma quantidade dada é o valor de uma raiz • 436-7

Quantas raízes verdadeiras podem existir em cada equação • 437-8

Como se faz para as raízes falsas de uma equação tornarem-se verdadeiras e as verdadeiras, falsas • 437-8

Como se pode aumentar ou diminuir as raízes de uma equação, sem conhecê-las • 438-9

Que aumentando assim as raízes verdadeiras, diminuem-se as falsas, ou ao contrário • 439-40

Como se pode eliminar o segundo termo de uma equação • 440-1

Como se faz que as raízes falsas de uma equação se tornem verdadeiras, sem que as raízes verdadeiras se tornem falsas • 441-3

Como se faz que todos os lugares de uma equação sejam preenchidos • 443-4

Como se pode multiplicar ou dividir as raízes de uma equação • 444-5

Como se eliminam os números fracionários de uma equação • 444-5

Como tornar a quantidade conhecida de um dos termos de uma equação igual a qualquer outra quantidade que se queira • 445-6

Que as raízes, tanto as verdadeiras quanto as falsas, podem ser reais ou imaginárias • 445-6

A redução das equações cúbicas, quando o problema é plano • 446

A maneira de dividir uma equação por um binômio que contém sua raiz • 446-7

Quais são os problemas sólidos quando a equação é cúbica • 447-8

A redução das equações que têm quatro dimensões, quando o problema é plano. E quais são os problemas sólidos • 448-50

Exemplo do uso dessas reduções • 452-3

Regra geral para reduzir todas as equações que ultrapassam o quadrado do quadrado • 454-5

Maneira geral de construir todos os problemas sólidos reduzidos a uma equação de três ou quatro dimensões • 455-6

A descoberta de duas médias proporcionais • 459-60

A divisão do ângulo em três • 460-1

Que todos os problemas sólidos podem ser reduzidos a essas duas construções • 461-2

A maneira de expressar o valor de todas as raízes das equações cúbicas e, em seguida, de todas aquelas que não chegam senão até o quadrado do quadrado • 463-5

Por que os problemas sólidos não podem ser construídos sem as seções cônicas, nem aqueles que são mais compostos, sem algumas outras linhas mais compostas • 465

Maneira geral de construir todos os problemas reduzidos a uma equação que não tem mais do que seis dimensões • 465-6

A descoberta de quatro médias proporcionais • 471-2

# *Referências bibliográficas*

ADAM, C.; TANNERY, P. (Ed). *Œuvres de Descartes*. 11v. Paris: Vrin, 1996. [AT]

ALLEN, P. Problems Connected with the Development of the Telescope (1609-1687). *Isis*, v.34, p.302-11, 1943.

ALQUIÉ, F. *Œuvres philosophiques de Descartes*. 3v. Paris: Garnier, 1963.

ANDRIEU, E. Duplication du cube: calcul de moyennes proportionnelles. In: HÉBERT, E. (Ed.). *Instruments scientifiques à travers l'histoire*. Paris: Ellipses, 2004. cap.17, p.299-313.

APOLÔNIO. *Conics*. Trad. T. L. Heath. Chicago: Britannica, 1952.

ARISTÓTELES. *Meteorologica*. Trad. H. D. Lee. Cambridge; London: Harvard University Press; Heinemann, 1962.

ARMOGATHE, J. P. La Publication du *Discours* et des *Essais*. In: BELGIOIOSO, G. et al. (Orgs.). *Descartes*: il metodo e i saggi. v.1. Roma: Enciclopedia Italiana, 1990. p.17-25.

ARQUIMEDES. *Commentaires d'Eutocius et fragments*. Trad. C. Mugler. t.4. Paris: Belles Lettres, 1972.

ASSOCIATION DES AMIES DU MUSEE DESCARTES (Ed.). *Le Cartésianisme et les arts*. Paris: Minuit, 1999.

BACON, F. *Nova Atlântida*. Trad. J. A. R. de Andrade. São Paulo: Abril Cultural, 1973 [1627]. [Os Pensadores, v.13.]

BATTISTI, C. A. *O método de análise em Descartes*: da resolução de problemas à constituição do sistema do conhecimento. Cascavel: Edunioeste, 2002.

BELGIOIOSO, G. (Org.). *René Descartes*: opere 1637-1649. Milano: Bompiani, 2009.

_____ et al. (Orgs.). *Descartes*: il metodo e i saggi. 2v. Roma: Enciclopedia Italiana, 1990.

BEYSSADE, J. M.; KAMBOUCHNER, D. (Eds.). *René Descartes*. Œuvres complètes. v.3: Discours de la méthode et essais. Paris: Gallimard, 2009.

BLAY, M. Luz e cores: arco-íris cartesiano. In: FUKS, S. (Org.). *Descartes*: 400 anos. Um legado científico e filosófico. Rio de Janeiro: Relume Dumará; Coppe, 1997. p.127-43.

_____. Présentation des Météores. In: BEYSSADE, J. M.; KAMBOUCHNER, D. (Eds.). *René Descartes*. Œuvres complètes. v.3. Paris: Gallimard, 2009. p.265-83.

_____; DE BUZON, F. Notes à *La Dioptrique*. In: BEYSSADE, J. M.; KAMBOUCHNER, D. (Eds.). *René Descartes*. Œuvres complètes. v.3. Paris: Gallimard, 2009. p.669-83.

_____; _____. Notes à *Les Météores*. In: BEYSSADE, J. M.; KAMBOUCHNER, D. (Eds.). *René Descartes*. Œuvres complètes. v.3. Paris: Gallimard, 2009. p.684-701.

BOS, H. J. M. On the Representation of Curves in Descartes. "Geometrie". *Archive for History of Exact Sciences*, v.24, p.295-338, 1981.

_____. *Redefining Geometrical Exactness*: Descartes Transformation of the Early Modern Concept of Construction. New York: Springer, 2001.

BOYER, C. B. *History of Analytic Geometry*. New York: Scripta Mathematica, 1956.

_____. *The Rainbow*: from Myth to Mathematics. London: Tomas Youseloff, 1959.

BRANDÃO, J. de S. *Mitologia grega*. 3v. Petrópolis: Vozes, 1987.

BUCCIANTINI, M.; CAMEROTA, M.; GIUDICE, F. *Galileo's Telescope*: an European Story. Cambridge (Ms): Harvard University Press, 2015.

BURNETT, D. G. Descartes and the Hyperbolic Quest: Lens Making Machines and their Significance in the Seventeenth Century. *Transactions of the American Philosophical Society*, v.95, n.3, p.1-152, 2005.

CANGUILHEM, G. Qu'est-ce qu'une Idéologie scientifique? In: CANGUILHEM, G. *Idéologie et rationalité dans l'histoire des sciences de la vie*. Paris: Vrin, 1981. p.33-45.

_____. Descartes et la technique. In: CANGUILHEM, G. *Écrits philosophiques et politiques 1926-1939*. Paris: Vrin, 2011 [1937]. p.490-8. [Œuvres complètes, v.1.]

CECON, K. A tradução química de experimentos alquímicos envolvendo água régia em Boyle. *Scientiae Studia*, v.10, n.4, p.711-32, 2012.

CLARKE, D. *La filosofía de la ciencia de Descartes*. Madrid: Alianza, 1982.

CLERICUZIO, A. *Elements, Principles and Corpuscles*: a Study of Atomism and Chemistry in the Seventeenth Century. Dordrecht: Kluwer Academic Publishers, 2000.

COSTABEL, P. La Propagation de la lumière sans transport de matière de Descarte à Huygens. In: TATON, R. (Ed.). *Roemer et la vitesse de la lumière*. Paris: Vrin, 1978. p.83-91.

CROMBIE, A. C. *Da S. Agostino a Galileo*. Storia della scienza dal V al XVII secolo. Trad. V. D. Giuro. Milano: Feltrinelli, 1970 [1954].

CROMBIE, A. C. *Science, Optics, and Music in Medieval and Early Modern Thought*. London/Ronceverte: The Hambledon Press, 1990.

_____. Expectation, Modeling and Assent in the History of Optics II. Kepler and Descartes. *Studies in History and Philosophy of Science*, v.22, n.1, p.89-115, 1991.

DAUMAS, M. *Les Instruments scientifiques aux XVII$^e$ et XVIII$^e$ siècles*. Paris: PUF, 1953.

DE BUZON, F. Présentation de *La Dioptrique*. In: BEYSSADE, J. M.; KAMBOUCHNER, D. (Eds.). *René Descartes. Œuvres complètes*. v.3. Paris: Gallimard, 2009. p.137-47.

DESCARTES, R. *Discours de la méthode*. Introd. et notes E. Gilson. Paris: Vrin, 1935.

_____. *Discours de la méthode*. Comment. E. Gilson. Paris: Vrin, 1947.

_____. *The Geometry*. Trad. D. E. Smith e M. L. Latham. New York: Dover, 1954.

_____. *Regras para a direção do espírito*. Trad. J. Gama. Lisboa: Edições 70, 1985.

_____. La Description du corps humain. In: ADAM, C.; TANNERY, P. (Eds.). *Œuvres de Descartes*. v.11. Paris: Vrin; Centre National du Livre, 2000. p.252-86.

_____. *Princípios de filosofia*. Trad. J. Gama. Lisboa: Edições 70, 2006 [1644].

_____. *Regras para a orientação do espírito*. Trad. M. E. de A. P. Galvão. São Paulo: Martins Fontes, 2007.

_____. *O mundo ou tratado da luz*. Trad. E. Andrade. São Paulo: Hedra, 2008.

_____. Carta de René Descartes a Constantin Huygens. *Scientiae Studia*, 6, 4, p. 655-64, 2008 [1637].

_____. *O mundo ou tratado da luz*: o homem. Trad. C. A. Battisti e M. C. de O. F. Donatelli. Campinas: Editora da Unicamp, 2009.

_____. Discours de la méthode et essais. In: BEYSSADE, J. M.; KAMBOUCHNER, D. (Eds.). *René Descartes. Œuvres complètes*. v.3. Paris: Gallimard, 2009 [1637].

DIJKSTERHUIS, E. J. *Archimedes*. Trad. C. Dikshoorn. Princeton: Princeton University Press, 1987.

DONATELLI, M. C. DE O. F. Sobre o "Tratado de mecânica" de Descartes. *Scientiae Studia*, v.6, n.4, p.639-54, 2008.

DUBOIS, J. Descartes et les arts mécaniques. In: ASSOCIATION DES AMIES DU MUSÉE DESCARTES (Ed.). *Le Cartésianisme et les arts*. Paris: Minuit, 1999. p.179-95.

DUHEM, P. M. Physique et métaphysique. *Revue des Questions Scientifiques*, v.34, p.55-83, 1893.

EASTWOOD, B. S. Descartes on Refraction: Scientific *versus* Rhetorical Method. *Isis*, v.75, p.481-502, 1984.

EUCLIDES. *The Thirteen Books of Euclid's Elements*. Trad. T. L. Heath. 3v. New York: Dover Publications, 1956. [Elementos.]

EUCLIDES. *Les Données*. Introd. J. Itard; trad. F. Peyrard. Paris: Albert Blanchard, 1966.

_____. Óptica. Trad. G. Rodrigues Neto. *Scientiae Studia*, v.11, n.4, p.893-936, 2013.

FAULHABER, P. Interrogando as teorias sobre o arco-íris. *História, Ciências, Saúde – Manguinhos*, v.14, n.2, p.503-27, 2007.

FORBES, E. G. Descartes and the Birth of Analytic Geometry. *Historia Mathematica*, v.4, p.141-51, 1977.

GAL, O.; CHEN-MORRIS, R. *Baroque Science*. Chicago; London: University of Chicago Press, 2013.

GALILEI, G. *A mensagem das estrelas*. Trad., introd. e notas C. Z. Camenietzki. Rio de Janeiro: Museu de Astronomia e Ciências Afins; Salamandra, 1987 [1610].

GARBER, D. *Descartes' Metaphysical Physics*. Chicago: University of Chicago Press, 1992.

GAUKROGER, S. *Descartes*: uma biografia intelectual. Rio de Janeiro: Contraponto, 1999.

_____. *The Emergence of a Scientific Culture*: Science and the Shaping of Modernity 1210-1685. Oxford: Oxford University Press, 2006.

GIUSTI, E. Numeri, grandezze e géométrie. In: BELGIOIOSO, G. et al. (Orgs.). *Descartes*: il metodo e i saggi. v.2. Roma: Enciclopedia Italiana, 1990. p.419-39.

_____. *La Naissance des objets mathématiques*. Paris: Ellipses, 2000.

GONTHIER, T. Les Animaux-machines chez Descartes. *Corpus Revue de Philosophie*, v.16-17, p.3-16, 1991.

_____. *De l'Homme à l'animal*. Paris: Vrin, 1998.

_____. Descartes et les animaux-machines: une réhabilitation? In: GUICHET, J. L. (Ed.). *De l'Animal-machine à l'âme des machines*: querelles biomécaniques de l'âme (XVII$^{\text{e}}$-XX$^{\text{e}}$ siècle). Paris: Publications de la Sorbonne, 2010. p.25-44.

GRANGER, G. G. *A razão*. São Paulo: Difel, 1962.

_____. *Filosofia do estilo*. São Paulo: Perspectiva, 1974.

GUEROULT, M. *Descartes selon l'ordre des raisons*. 2v. Paris: Aubier-Montaigne, 1953.

GUICHET, J. L. (Ed.). *De l'Animal-machine à l'âme des machines*: querelles biomécaniques de l'âme (XVII$^{\text{e}}$-XX$^{\text{e}}$ siècle). Paris: Publications de la Sorbonne, 2010.

HARRÉ, R. *Great Scientific Experiments*. Oxford: Phaidon, 1981. cap.8: Theodoric of Freibourg: the Causes of the Rainbow.

HARVEY, W. *Estudo anatômico do movimento do coração e do sangue dos animais*. São Paulo: Editora da Unifesp, 2009.

HATTAB, H. *Descartes on Forms and Mechanisms*. Cambridge: Cambridge University Press, 2009.

HEATH, T. L. *A History of Greek Mathematics*. 2v. New York: Dover, 1981.

HÉBERT, E. (Ed.). *Instruments scientifiques à travers l'histoire.* Paris: Ellipses, 2004.

HERON DE ALEXANDRIA. *The Pneumatics.* Trad. B. Woodcroft. London: Taylor Walton; Maberly, 1851.

ILARDI, V. *Renaissance Vision from Spectacles to Telescope.* Philadelphia: American Philosophical Society, 2007.

JONES, A. *Pappus of Alexandria Book 7 of the Collection.* 2v. New York: Springer, 1986.

JULLIEN, V. *Descartes*: la géométrie de 1634. Paris: PUF, 1996.

KARGON, R. H. *Atomism in England from Hariot to Newton.* Oxford: Clarendon Press, 1966.

KEPLER, J. *Les Fondaments de l'optique moderne*: Paralipomènes à Vitellion. Trad. C. Chevalley. Paris: Vrin, 1980 [1604].

LEMAÎTRE, Y. La Machine imaginée par Descartes. In: ASSOCIATION DES AMIES DU MUSÉE DESCARTES (Ed.). *Le Cartésianisme et les arts.* Paris: Minuit, 1999. p.196-201.

LINDBERG, D. C. *Theories of Vision from Al Kindy to Kepler.* Chicago: Chicago University Press, 1976.

MAAR, J. H. *História da química*: dos primórdios a Lavoisier. Florianópolis: Conceito, 2008.

MAHONEY, M. S. *The Mathematical Career of Pierre de Fermat, 1601-1665.* 2.ed. Princeton: Princeton University Press, 1994.

MALET, A. Kepler and the Telescope. *Annals of Science*, v.60, p.107-36, 2003.

_____. Early Conceptualizations of the Telescope as an Optical Instrument. *Early Science and Medicine*, v.10, p.237-62, 2005.

_____. Kepler's Legacy: Telescopes and Geometrical Optics, 1611-1669. In: VAN HELDEN, A. et al. (Eds.). *The Origins of the Telescope.* Amsterdam: Royal Netherlands Academy of Arts and Sciences, 2010. p.281-300.

MARONNE, S. *La Théorie des courbes et des équations dans la géométrie cartésienne*: 1637-1661. Paris, 2007. Tese (Doutorado) – Université Paris-Diderot – Paris VII. Disponível em: https://hal.archives-ouvertes.fr/tel-00204125/document. Acesso em: dez. 2017.

MILHAUD, G. *Descartes savant.* Paris: Félix Alcan, 1921.

MOLLAND, A. G. Shifting the Foundations: Descartes's Transformation of Ancient Geometry. *Historia Mathematica*, v.3, p.21-49, 1976.

MONTAIGNE, M. E. de. *Ensaios.* Trad. S. Milliet. 3v. Brasília: Editora Universidade de Brasília; Hucitec, 1987.

PANOFSKY, E. *A perspectiva como forma simbólica.* Lisboa: Edições 70, 1993 [1927].

PAPPUS DE ALEXANDRIA. *Pappi Alexandrini mathematicae collectiones a Fed. Commandino urbinate in latinum conversae et commentariis illustratae.* Pisauri: 1588.

PAPPUS DE ALEXANDRIA. *La Collection mathématique*. Trad., introd. et notes P. V. Eecke. Paris: Blanchard, 1982.

RASHED, R. Les Premières classifications des courbes. *Physis*, v.42, n.1, p.1-64, 2005.

RODIS-LEWIS, G. *Descartes*. Paris: Calmann-Lévy, 1995.

RODRIGUES NETO, G. Euclides e a geometria do raio visual. *Scientiae Studia*, v.11, n.4, p.873-90, 2013.

RONCHI, V. *Optics*: the Science of Vision. New York: Dover, 1991.

ROTTMAN, G. *The Geometry of Light*: Galileo's Telescope, Kepler's Optics. Baltimore: Gerald Rottman, 2008.

SABRA, A. I. *Theories of Light from Descartes to Newton*. Cambridge: Cambridge University Press, 1981.

SARTON, G. *Introduction to the History of Science*. v.2: From Rabbi Ben Ezra to Roger Bacon. Washington: Carnegie Institution of Washington, 1931.

SCHUSTER, J. A. *Descartes and the Scientific Revolution, 1618-1634*. Princeton, 1977. Tese (Doutorado em História da Ciência) – University of Princeton.

SCOTT, J. F. *The Scientific Work of René Descartes*. London: Taylor; Francis, 1976.

SHEA, W. R. *The Magic of Numbers and Motion: the Scientific Career of René Descartes*. Canton: Watson, 1991.

SIMON, G. *Archéologie de la vision*. L'optique, le corps, la peinture. Paris: Seuil, 2003.

SMITH, A. M. Descartes's Theory of Light and Refraction: a Discourse on Method. *Transactions of the American Philosophical Society*, v.77, p.1-92, 1987.

TATON, R. (Ed.). *Roemer et la vitesse de la lumière*. Paris: Vrin, 1978.

TEIXEIRA, L. *Ensaio sobre a moral de Descartes*. São Paulo: Faculdade de Filosofia, Ciências e Letras, 1955.

TOSSATO, C. R. Os fundamentos da óptica geométrica de Johannes Kepler. *Scientiae Studia*, v.5, n.4, p.471-99, 2007.

VAN HELDEN, A. The Telescope in the Seventeenth Century. *Isis*, v.65, p.38-58, 1974.

_____. The Invention of the Telescope. *Transactions of the American Philosophical Society*, v.67, p.1-67, 1977.

_____ et al. (Eds.). *The Origins of the Telescope*. Amsterdam: Royal Netherlands Academy of Arts and Sciences, 2010.

VERNANT, J. P. *O universo, os deuses e os homens*. Trad. R. F. d'Aguiar. São Paulo: Companhia das Letras, 2000.

VITRÚVIO. *Ten Books on Architecture*. Trad. I. Rowland. Cambridge: Cambridge University Press, 1999.

VUILLEMIN, J. *Mathématiques et métaphysique chez Descartes*. Paris: PUF, 1960.

*Referências bibliográficas*

WILLACH, R. *The Long Route to the Invention of the Telescope*. Philadelphia: American Philosophical Society, 2008.

WOLF-DEVINE, C. *Descartes on Seeing*: Epistemology and Visual Perception. Carbondale: Southern Illinois University Press, 1993.

ZIK, Y. Science and Instruments: the Telescope as a Scientific Instrument at the Beginning of the Seventeenth Century. *Perspectives on Science*, v.9, p.259-84, 2001.

SOBRE O LIVRO

*Formato:* 16 x 23 cm
*Mancha:* 27,8 x 48 paicas
*Tipologia:* Venetian 301 12,5/16
*Papel:* Off-white 80 g/m² (miolo)
Couché fosco encartonado 150 g/m² (capa)

1ª *edição Editora Unesp:* 2018

EQUIPE DE REALIZAÇÃO

*Edição de texto*
Tulio Kawata (Copidesque)
Ricardo Inácio dos Santos (Revisão)

*Capa*
Vicente Pimenta

*Editoração eletrônica*
Eduardo Seiji Seki

*Assistência editorial*
Alberto Bononi
Richard Sanches

Rua Xavier Curado, 388 • Ipiranga - SP • 04210 100
Tel.: (11) 2063 7000 • Fax: (11) 2061 8709
rettec@rettec.com.br • www.rettec.com.br